장애인 신학

대한예수교장로회총회 사회봉사부 장애인신학준비위원회 편

김옥순 · 김한호 · 손은실 · 안교성 · 이계윤 · 이범성 · 이종원 · 이예자 · 채은하 · 최대열 · 홍지훈 · 황홍렬 공저

한국장로교출판사

서문 : 장애인신학의 정립을 위하여 - 채은하 교수 / 4

제1장 장애인신학의 이해 / 7
1. 장애인신학의 정의와 이해 - 이계윤 목사 / 8
2. 모든 사람을 위한 장애인신학 - 최대열 목사 / 26

제2장 성경에 나타난 장애인의 삶과 신학 / 51
1. 한글 공인 성경들에 나타난 장애인 호칭과 그 의미 - 채은하 교수 / 52
2. 구약성경에 나타난 장애인의 삶과 장애인신학의 시도 - 채은하 교수 / 68

제3장 교회사에 나타난 장애인의 삶과 신학 / 95
1. 서양 중세교회의 장애인 인식 - 손은실 교수 / 96
2. 종교개혁사에 나타난 장애인의 삶과 신학 - 홍지훈 교수 / 118
3. 현대사에 나타난 장애인의 삶과 신학 - 안교성 교수 / 132
4. 한국교회사에 나타난 장애인의 삶과 신학 - 안교성 교수 / 158

제4장 장애인신학과 선교 / 181
1. 장애인신학과 선교 - 이범성 교수 / 182
2. 장애인선교신학 정립을 위한 한 시도 - 황홍렬 교수 / 212

제5장 장애인신학과 실천 / 241
1. 디아코니아 신학과 장애인신학 - 김한호 목사 / 242
2. 디아코니아 관점에서 본 장애인과 함께하는 교회공동체 - 김옥순 교수 / 268
3. 기독교윤리적 관점에서 본 장애인의 삶과 신학 - 이종원 교수 / 298
4. 총회의 장애인복지선교 현황과 장애인신학의 전망 - 이계윤 목사, 최대열 목사 / 320
5. 세계교회협의회(WCC)와 장애인신학 - 이예자 / 346

참고문헌 / 357

서문 : 장애인신학의 정립을 위하여

채은하 교수(장애인신학준비위원회 위원장)

지난 10여 년 동안 본 교단(대한예수교장로회 통합)은 장애인선교 및 복지를 위해 여러 문서들을 발간하고 그에 따른 정책들을 논의해 왔다. 이것은 우리 모두 장애인선교에 깊은 관심을 두고, 약자를 향한 선교 현장에서 애쓴 사람들의 노력과 그 구체적인 결과이다.

이즈음 장애인신학 정립을 위해 본 교단의 신학 교수 및 목사들로 이루어진 신학 모임이 시작되었다. 아쉽지만 장애인신학과 관련된 참고도서는 주로 외국 서적에 의존해야 하는 것이 한국교회의 현실이다. 일본이나 인도와 같이 기독교가 소수 종교인 국가에서도 장애인신학은 이미 활발하게 논의되고 있으며, 이것에 관한 신학 서적들을 쉽게 찾을 수 있다. 그러나 수많은 장애인교회들, 장애인선교라는 측면에서 지대한 공헌을 하고 있는 한국교회는 장애인교회와 비장애인교회로 나뉘어져 있고, 이것 때문에 장애인 및 그의 가족은 신앙생활을 위해 가족 해체를 겪기도 한다. 통합 사회, 통합 교육과 같은 사회적 통합운동이 곳곳에서 활발하게 진행되고 있는데, 교회 안에서는 여전히 통합교회/통합선교라는 단어가 생소하다. 그 이유 가운데 하나는 아마도 장애인신학의 부재 내지는 장애인에 대한 시선이 여전히 '분리' 혹은 '다름'이라는 고정관념에서 벗어나지 못했기 때문일 것이다.

우리의 신앙과 실천의 기초로서 절대적인 영향을 끼치는 성경 역시 다양한 모습의 장애인들을 묘사하고 있다. 어느 시대에나 존재했을 장애인들이 성경에서 어떤 모습으로 등장하고 그들에 대한 하나님/예수님의 명령들 그리고 성경 인물들의 태도는 바로 우리들의 사고와 행동의 지침이 된다. 하지만 성경이 오래전에 기록되었기에 오해되고 왜곡될 수밖에 없는 시간과 공간적인 한계가 있기에 이 시대에 맞게 재해석하고 적용해야 하는 것이 각 시대마다 수행해야 할 과제이다. 예를 들면 개역성경(마 15 : 30-31)은 장애인을 '절뚝발이, 불구자, 소경과 벙어리'와 같은 용어로 묘사하고 있다. 한편 개역개정성경은 이런 용어들을 '다리 저는 사람, 장애인, 맹인과 말 못하는 사람'으로 수정·번역하였다. 하지만 이런 명칭들 역시 여전히 만족스럽지 않기에 이 시대에 걸맞은 수정이 필요하다. 성경을 많이 읽는 한국교회/교인들을 생각한다면 장애인 인식을 그대로 반영하고 있는 장애인 호칭들이 이 시대의 정신에 따라 바뀌어야 할 것이다. 신학이란 우리의 신앙과 실천을 위한 요약이고 방향이기에 장애인신학의 논의와 정립은 한국교회의 중요한 과제이다. 현재 한국 사회는 장애인에 대한 인식과 복지 정책이 혁명적이라 표현할 만큼 과거와 다르게 향상되고 있다. 하지만 교회의 장애인선교 내지 신학은 이와는 대조적으로 너무 미비하고 느리게 움직이고 있다.

이제 장애인신학의 정립을 이 책과 함께 본격화하려고 한다. 지난 2011년부터 2013년까지 본 교단은 신학 포럼을 개최하고 이것을 다각적으로 점검하여 서로 소통하고 보완하면서 적용 가능한 장애인신학을 정립하려고 노력해 왔다. 우리의 작은 모임은 장애인신학의 많은 측면들을 함께 나누었고, 그 글들을 이 책으로 묶어서 본 교단의 장애인신학으로 내놓을 수 있는 귀한 자료가 될 것을 기대하고 있다. 그러나 장애인신학은 앞으로도 계속 진행되어야 할 신학적 과제이다.

이 책은 모두 5장으로 구성되어 있다. 제1장은 장애인신학의 이해, 제2장은 신·구약성경에 나타난 장애인을 통해 장애인의 삶과 신학에 관심을 두고 있다. 제3장은 한국 교회사와 세계 교회사에 나타난 장애인의 삶과 신학, 제4장은 장애인신학과 선교, 그리고 제5장은 장애인신학과 실천을 다루고 있다. 이 책을 완성하기 위해 여러 차례 장애인신학 포럼을 열었고, 그 외에 다양한 관점에서 장애인신학을 시도하였다. 이런 과제는 계속 이어질 전망이다. 부족한 점은 아직도 장애인신학에 대한 정립된 개념이나 용어들이 통일되지 않아 집필자에 따라 조금씩 다른 용어들과 이해들이 발견된다는 점이다.

이 책이 세상에 나올 수 있도록 적극 지원한 총회 사회봉사부와 총무이신 이승열 목사, 이명숙 목사, 그리고 이 책을 위해 글을 써 주신 모든 집필자들과 포럼 참석자들에게 깊은 감사를 드린다. 이 책이 한국교회의 장애인신학과 선교와 복지와 장애인의 삶과 신앙에 작은 힘이 될 수 있기를 희망한다.

제1장
장애인신학의 이해

1. 장애인신학의 정의와 이해 | 이계윤 목사
2. 모든 사람을 위한 장애인신학 | 최대열 목사

1

장애인신학의 정의와 이해

이계윤 목사(제99회기 지체장애인선교협의회장)

장애인신학의 재정의를 통하여 조직신학, 성경신학, 실천신학, 역사신학이 가지고 있었던 대부분의 내용이 재조명되어야 하며, 모든 체계와 내용을 장애인신학(장애인과 함께하는 신학)의 관점에서 새롭게 구성할 때, 비로소 올바른 성경 이해와 신학이 정립될 것이다.

1. 장애인신학, 제목에 담겨 있는 의미 탐구

장애인신학이란 무엇인가? 왜 장애인신학인가? 장애인신학의 근거는 무엇인가? 다양한 질문이 제기될 수 있다. 장애인신학은 그 제목 자체에 사람을 의미하는 장애인(障碍人)을 포함하고 있어서 여성신학, 흑인신학과 궤를 같이하고 있다.

그렇다면 그 내용에 있어서 장애인신학의 성립 가능성은 타당성을 담보하고 있는가? 실질적으로 장애인신학이 여성신학과 흑인신학의 내용에 있어서 어떤 유사점을 가지고 있는가를 살펴보아야 한다.

장애인신학이란 영어로 어떻게 번역되는가? 보통 장애인신학을 영어로 'Disability Theology'라고 한다. 이것을 직역하면 장애신학이 될 수 있다. 그렇다면, 장애인신학이라고 번역될 수 있는 영어 표기는 무엇이 있을까? 이에 대하여 다양한 가능성을 가지고 그 의미를 분석해 보고자 한다.

1) 첫째, 'Theology of the disabled'(장애인의 신학)

'장애인의 신학'에 따르면 신학은 장애인의 것이다. 성경 전체를 살펴보아도 장애인을 배제하고는 신학 자체가 전개되지 않는다. 그러나 그동안의 신학사를 살펴보면 장애인을 배제한 신학이 주류를 이루었다. 이는 대단히 잘못된 것이다. 신의 이해, 그리스도를 통한 구속의 이해, 인간의 이해, 성령의 역사를 통한 교회 시대의 확장 등 그 어느 것 하나도 장애인을 배제하고 이루어진 것이 하나도 없다. 결국 신학은 장애인이 주류(Mainstream)를 이루는 장애인의 신학이어야 한다.

2) 둘째, 'Theology for the disabled'(장애인을 위한 신학)

'장애인을 위한 신학'은 장애인을 위하여 신학 체계를 전개하는 것을 가리킨다. 이는 장애인에 대하여 전문적으로 이해하거나 가장 근거리에서 이해한 비장애인(일부 장애인 포함)에 의하여 이루어진 신학 체계이다. 과거 장애인이 교육 현장이나 사회적인 분야에 있어서 주도적으로 활동하거나 참여하는 부분에 있어서 배제되고 주변인으로 존재했던 시기가 있었다. 이 시기에는 장애인 스스로 주변인이 되는 것을 거부하고 중심이 되는 역할을 하기에 역량이 부족했거나 인정받을 수 있는 입장에 서 있지 못했다. 이때 비장애인 중에서 장애인에 대한 의식이 깨어 있거나 전문성을 가진 자들이 장애인을 주체로서 인정하고 신학 체계를 수립하는 시도를 해 왔다. 이와 같이 장애인을 이해하고 장애인을 주변인이 아니라 중심이 되는 존재로서 부각시키기 위하여 노력한 비장애인(非障碍人)에 의하여 이루어진 신학 작업을 말한다. 분명한 것은 이러한 노력을 주도한 비장애인이 장애인 당사자가 아니기 때문에 장애인을 정확하게 이해하는 데 있어서 어려움이 있다. 따라서 '장애인을 위한 신학'은 그 자체로 한계를 갖는다.

3) 셋째, 'Theology by the disabled'(장애인에 의한 신학)
'장애인에 의한 신학'은 신학 체계를 구성함에 있어서 비장애인이 아니라 장애인이 주체가 되어 만들어 내는 신학을 의미한다. 과거 장애인은 대상(object)에 머물러 있었다. 장애인에 대한 명칭도, 장애인에 대한 설명도, 그리고 장애인의 권리조차 장애인의 목소리에 의한 것이 아니라 소위 전문가라고 하는 비장애인에 의하여 규정되었다. 따라서 비장애인에 의하여 기술된 장애인신학은 장애인 당사자에 의하여 이루어진 장애인신학에 비하면 주변적이고 추상적일 수밖에 없다. 그러나 장애인들의 역량이 강화되고, 장애인들이 '자기의 목소리'를 주장할 수 있을 뿐 아니라 자신이 겪고 있는 장애를 스스로 분석하고 이해하고 구체적으로 진술할 수 있게 되었다. 따라서 이러한 장애인 당사자에 의하여 주체적으로 전개되고 수립된 신학 체계가 바로 장애인에 의한 신학이다.

4) 넷째, 'Theology with the disabled'(장애인과 함께하는 신학)
'장애인과 함께하는 신학'은 장애인과 비장애인이 함께 이루어 내는 신학 체계를 말한다. 신학은 사람을 향한 것이다. 사람은 장애인과 비장애인을 포괄한다. 장애인을 배제한 비장애인 중심의 신학이나 비장애인을 배제한 장애인 중심의 신학은 모두 잘못된 것이다. 장애인과 비장애인이 함께 만들어 가는 것이 장애인신학의 핵심이다. 그 이유는 성경은 장애인과 비장애인이 함께하는 세상이 전제되어 있기 때문이다. 장애인을 통하여 비장애인이 구원받고, 비장애인을 통하여 장애인이 구원받을 뿐 아니라 장애인과 비장애인이 그리스도 안에서 하나가 되는 것이 성경의 가르침이다. 따라서 '장애인과 함께하는 신학'은 장애인과 비장애인에 의하여 이루어지는 것이다.

위와 같이 장애인신학(Disability Theology)이 담고 있는 의미를 정확히 파악하기 위하여 네 종류의 장애인신학을 분석해 보았다. 이와 같은 분석을 통해서 볼 때 장애인신학은 '장애신학'이라기보다는 '장애인과 함께하는 신학'의 관점에서 바라보고 정의를 내려야 한다. 이러한 정의를 통해서 장애인신학의 내용을 균형적으로 검토해 볼 수 있을 것이다.

2. 여성신학과 흑인신학을 통하여 정의한 장애인신학

신학을 '하나님에 대한 인간 경험의 의미와 가치를 성찰하는 것'이라고 정의한다면, 여성신학은 지금까지의 기독교신학과 전통이 남성의 경험만을 중심으로 성찰하여 온 것임을 비판하고, 이제 여성의 경험이 포괄된 신학을 정립하며 전통을 새로이 수립하고자 하는 학문이다.

메리 힐커트(Hilkert)[1]는 성경에서 남성 대 여성의 의미는 무의미한 구도이며, 사람을 해방시키러 온 예수님이 성경의 주제라고 주장한다. 따라서 예수님이 남자라는 사실도 중요한 상징은 아니며, 남성 위주로 해석하고 구조화했던 모든 노력을 버려야 한다고 하였다.

---

1) Mary Catherine Hilkert(1995), *Source Theological Studies* 56(2) : 341-352.

아울러 성차별적인 구조 속에서 여성의 문제를 새롭게 조명하고, 이러한 여성의 경험을 중요하게 다룬 신학을 정립하여 새로운 전통을 수립하는 것을 여성신학의 과제로 삼았다.

메리 데일리(Mary Daly)[2]는 가부장적 사회가 가부장적 사고를 만들고 이에 따라 예수님의 남성성을 강조하는 기독론이 형성되고, 따라서 가부장적 교회 직제가 나왔다고 주장한다. 그녀는 그리스도 우상론에서 해방되고 탈기독교화를 선언하는 것이 여성 해방의 길이라고 하였다. 이는 예수님과의 관계를 부정하는 것이 아니라 여성의 경험을 존중함으로써 모든 사람의 구원과 해방을 지향하는 관점에서 여성신학의 방향성을 제시하였다고 할 수 있다.

이와 같이 여성신학은 여성이 현재에서 경험하는 문제로부터 시작하여 과거 남성(가부장적) 위주의 사고와 신학을 부정하고, 모든 사람을 향한 구원의 관점에서 여성을 새롭게 조망하려는 시도라고 할 수 있다.

흑인신학(Black Theology)은 미국과 남아프리카에서 흑인들이 처한 불의의 문제로부터 해방시키기 위한 기초를 제공하는 이론적 바탕이다. 제임스 콘(James Cone)[3]은 "권력을 가진 백인이 그가 가진 권력을 흑인에게 양도하거나 포기하지 않는 한 그리스도인이 될 수 없다."고 주장했다. 이같이 흑인신학은 백인에게 억압되었던 상황에서 해방하는 내용을 담고 있다. 흑인신학은 일종의 해방신학(Liberation Theology)이다.

피부 색깔을 중심으로 정치적, 사회적, 경제적, 그리고 종교적 억압의 모든 형태로부터 사람을 해방시키고, 억압받는 공동체의 실존적인 상황에 비추어서 하나님의 존재를 합리적으로 조망하고, 복음의 본질인 예수 그리스도의 힘과 연계하여 다루는 것이 흑인신학[4]이다.

---

2) Mary Daly(1973), *Beyond God Father. Toward a Philosophy Women's Liberation*, Boston : Beacon Press.
3) James H. Cone(1975), *My People Black Theology and the Black Church*, New York : Orbis Books.
4) James H. Cone(1969), *Black Theology and Black Power(Hereafter Theology)*, New Yoir : Seabury Press.

이는 우선 아프리카 출신의 미국인과 함께 다루어졌고, 내세보다는 지금 그리고 여기(here and now)에서 해방의 문제를 다루며, 모든 흑인 신학자들은 자유와 정의를 추구하고 있다. 특히 성경으로 돌아가 성화(Sanctification)에 이르기를 바라는 흑인의 요구에 대한 하나님의 응답을 말하고 있다.

여성신학과 흑인신학은 공통적으로 오늘 억압받고 차별받는 현실에서의 '경험'(Experience)으로부터 신학적인 출발점을 삼는다. 그리고 과거의 남성 혹은 백인 위주의 신학 체계를 부정하고, 여성 그리고 흑인 중심의 신학 체계를 새롭게 수립하려고 한다.

이를 통하여 성경이 담보하고 있는 올바른 진리를 추구하고, 나아가 이들의 경험에서 제기되는 수많은 질문들을 성경을 통해서 새롭게 대답을 찾으려는 노력을 추구하고 있다.

이러한 관점에서 예수님의 남성성은 의미를 상실하고, 하나님은 남성을 넘어 여성성을 강조하게 되고, 예수님은 백인이 아니라 흑인이라는 사실을 강조하게 된다.

여성신학과 흑인신학은 여성 혹은 흑인이라는 사람을 중심으로 이루어진 신학 체계이다. 이러한 관점에서 장애인신학의 가능성은 열려 있다. 즉, 성경에서 치유의 대상, 죄의 상징, 변화되어야 할 부정한 몸을 가진 존재로 간주되어 왔던 비장애인 중심의 '성결법전'적 관점에서 이루어진 과거의 신학 체계를 부정하고, 하나님이 창조하신 하나님의 형상을 가진 존재이며 장애인 예수 그리스도를 통한 구속의 역사, 나아가 장애인이 주역이 되는 하나님 나라를 새롭게 조명함으로써 장애인신학은 성립될 수 있다.

뿐만 아니라 과거에 이 땅에서 장애인으로서 받는 차별과 억압의 문제를 신학적 관점에서 조명하고, 장애인으로서의 경험을 존중하되 이를 신학적 관점에서 새롭게 재해석하려는 노력이 장애인신학이 될 수 있는 것이다. 이러한 관점에서 신학의 주체로서 장애인과 장애인의 경험은 장애인신학을 구성하는 데 매우 중요하고 의미 있는 요소가 될 것이다.

3. 장애신학, 무엇을 말하는가?

우리는 사회에서 다루어야 할 수많은 문제에 직면하고 있다. 생태(Ecology) 문제, 빈곤 문제, 차별로부터의 해방의 문제 등 이루 셀 수 없는 사회문제를 바라보고 있다. 이러한 사회문제들에 대하여 신학은 무엇을 말하고 있는가?

그러한 사회문제들 중의 하나가 장애 문제이다. 장애(障碍)가 선천적이든 후천적이든 간에 장애로 인하여 야기되는 문제는 개인의 문제가 아니라 사회문제이다. 사회문제로서 장애에 대하여 신학적 체계를 구성하는 것이 장애신학이다. 김홍덕[5]은 "성경 속의 장애인의 이야기는 장애인선교이고, 장애를 주제로 풀어 가는 하나님 나라의 이야기가 장애신학이다. 장애인신학은 장애인의 경험이 신학의 중심이고, 장애신학은 하나님의 마음에 초점을 맞추고 장애 모티브를 통해 하나님 나라의 속성을 말한다."고 하여 장애인신학보다는 장애신학에 비중을 더 할애하고 있다. 그러나 그의 저서를 살펴보면 이러한 정의와는 달리 장애인과 장애를 혼용하고 있고, 장애신학을 언급하면서 장애인에 대하여 열거하고 있다. 따라서 이러한 구분은 설득력이 약하다.

장애신학이 성립하기 위해서는 "무엇이 장애인가?"가 먼저 정의되어야 한다. 무엇보다 장애를 신학적으로 어떻게 정의할 것인가? 또한 장애는 신학적으로 정의가 가능한가? 이러한 질문들이 나오게 된다. 이러한 정의를 규명할 수 있다면, 장애라는 개념은 성경에서 도출될 수 있는가?

장애는 심리학적 용어가 아니라 사회학적 용어이고, 신학은 사회가 규정한 장애에 대하여 어떻게 이해하고 접근하는가를 다루어야 한다. 여성신학에서 볼 때, 성경 자체에서 여성이 경험하는 문제를 다룬다기보다는 사회에서 문제가 된 여성 차별 등의 과제를 성경은 어떻게 바라보아야 하는가를 다루는 것이다.

---

5) 김홍덕, 「장애신학」, 서울 : 대장간, 2010.

그동안 가부장적인 관점으로 성경을 보았을 때 여성의 문제와 양성의 관점을 넘어서 성경을 보았을 때 여성의 문제가 전혀 다르게 다루어질 수 있다는 것이다. 성경 안에 여성 문제가 있는가? 있다면, 남성의 관점에서 보았을 때 여성 문제가 존재하는 것이고, 성경을 균형 잡힌 관점에서 보면 오히려 이러한 문제를 올바르게 규명할 수 있다는 것이다.

마찬가지로 사회가 장애를 정의하고 다루는 부분에 대하여 성경에 근거하여 신학적으로 정의하고 취급하는 것이 장애신학이 될 수 있다. 그러나 단지 '장애'만을 키워드로 삼고 신학을 수립하는 것이 가능한가에 대하여 진지하게 고민하지 않을 수 없다. 그 이유는 장애인이 아닌 사람과 분리된 장애는 큰 의미가 없기 때문이다. 우리가 장애 문제를 다루는 이유는 장애로 인하여 고통을 겪는 사람이 존재하기 때문이다. 설령 'disability theology'라고 영어로 표현해도 이를 장애신학이라고 번역하기에는 어려움이 따른다.

스콧 캠벨(Scott Campbell)[6]은 '장애 사역'(disability ministry)을 시작했다고 하며, '장애 에티켓'(disability etiquette)을 가르쳤다. 이때에 그의 표현은 단지 장애 사역과 장애 에티켓이 아니라 장애인 사역과 장애인에 대한 예의범절을 의미한다. 따라서 장애신학이라는 용어가 'disability theology'의 직역이라고 할 때, 올바른 표현이라고 보기가 어렵다.

4. 장애란 무엇인가?

장애인신학, 장애신학에 대하여 설명하고 난 다음에 장애란 무엇인가라는 제목을 다루는 것은 논리적으로 어울리지 않는다. 본래 장애에 대하여 정의를 하고, 그 다음에 장애인신학, 장애신학에 대하여 다루어야 옳은 것이다. 그럼에도 불구하고 이러한 순서를 갖게 된 것은 장애인신학, 장애신학에 대하여 익숙해진 우리들의 태도에 대하여 먼저 정의를 내리려 함이다.

장애인선교가 되었든 장애인신학이 되었든 간에 무엇이 장애인가라는

---

6) http://members.tripod.com/FionaCampbell/desire.htm.

질문에 대하여 그렇게 진지하게 고민했던 모습을 찾아보기 어렵다. 사실 이 것이 제일 중요하다. 이는 단지 신학에서만 그러한 것은 아니다. 장애인복지법이 제정되고, 장애인 관련 제도와 서비스가 정확하게 규정되고, 이러한 것이 현실 안에서 지원이 되고 있는 21세기에 들어와서, 아니 정확하게 보면 1992년 이후부터 장애란 무엇인가에 대하여 국제사회에서 진지하게 고민하기 시작했다.

그동안 장애에 대하여 정의를 내릴 때, 의학적인 판단에 의존했다. 즉, 의학적인 판단에 따른 해부학적 내용을 가지고 장애를 정의하였다. 1981년 장애인복지법상에는 '지체장애, 시각장애, 청각장애, 언어장애, 정신지체' 의 다섯 가지 범주를 설정했다. 1988년 이후 장애인등록제도가 실시되면서 장애의 범주를 넘어서 장애인 등급제가 실시되었다. 그리고 1997년 이후 장애의 범주는 크게는 신체장애와 정신장애, 신체장애는 외부기능장애와 내부기능장애로 구분하여 15가지 범주로 확대되었다. 이렇게 법적으로 구분한 것에는 분명한 배경이 있다. 그것은 장애인복지법 제2조에서 '장애인'이란 신체적·정신적 장애로 오랫동안 일상생활이나 사회생활에서 상당한 제약을 받는 자로 규정했기 때문이다.

미카엘 올리버(Michael Oliver)[7]는 의학적 모델에 의한 장애의 정의를 거부하고 사회적 모델에 의한 장애의 정의를 지지한다. 이는 장애(障碍)를 개인의 문제로 다루고, 특히 의학적인 관점에서 다루고 있기 때문에 이에 대한 비판을 제기한 것이다.

낸시 아이슬랜드(Nancy L. Eiesland)[8]는 그의 책 서두에서 장애와 관련된 용어를 먼저 다루고 이에 대한 설명을 함으로써 장애 문제에 대한 그의 생각을 펼쳐 보이고 있다.

---

7) Oliver Michael(1996), *Understanding Disability from Theory to Practice*, Macmillan Press Ltd.
8) Nancy L. Eiesland(1994), *The Disabled God Toward a Liberatory Theology of Disability*, Abingdon Press.

'다리를 저는'(crippled), '불리한'(handicapped), '불능이 된'(disabled), '신체적으로 도전받는'(physically challenged), '장애를 겪는 사람'(person with disability) 등이다. 이 책에서 나는 '장애를 겪는 사람'(person with disability, PWD)을 사용하며, 다른 용어들은 다양한 개인들과 집단에 의하여 사용된다. '다리를 절다'(crippled, gimp)와 같은 표현들은 일반적으로 장애인공동체로부터 지지를 받지 못한다. 왜냐하면 수동성(passivity)과 손상이 부정적인 의미를 내포하고 있기 때문이다. 그럼에도 불구하고 장애를 겪고 있는 일부 사람들은 수사적인 표현으로서 '다리를 절다'라는 표현을 계속 사용하고 있다. 낸시 메어즈(Nancy Mairs)는 중병을 앓고 있는 유명한 수필가인데, 그녀는 자신을 '다리를 저는 사람'(cripple)이라고 표현한다. 그녀는 정확하고 명쾌한 뜻을 가지고 있기에 이 용어를 사용하며, '장애를 겪는'(disabled)이란 표현은 모호한 의미, 신체적으로나 정신적으로 무능한(incapacity) 면을 나타내기 때문에 사용하기를 거절한다. 이와 비슷하게 그녀는 '불리한'(handicapped)이란 용어도 적극적인 행위자가 불리한 위치에 놓여 있다는 의미로 전달되기에 사용하지 않는다. 비록 메어즈(Mairs)가 '다리를 저는 사람'(cripple)이라고 자기 파괴적인 의미를 사용한다 할지라도 그녀는 "나는 다른 사람은 다리를 절고 있다고 말하지 않는다."라고 기록하고 있다. 비록 '다리를 저는 사람'이 개인적으로 역량 강화하는 방향으로 재해석된다 할지라도 그 용어의 사회적 의미와 부정적으로 계속해서 사용되는 용도는 장애를 겪는 사람에게는 받아들이기 어려운 것이다.

장애를 겪는 사람들을 위한 완곡한 표현(Euphemism)은 '다르게 행할 수 있는 사람'(differently abled person), '신체적으로 도전받는'(physically challenged), '불리한'(handicapable)을 포함하여 최근의 사용과 깊은 관련이 있다. 장애를 겪는 사람들(PWD)을 받아들이는 정도가 변화함에 따라 보다 다양한 표현들이 사용되고 있다. 어떤 사람들은 이러한 표현을 말장난이라고 하면서 거절한다. 그 이유는 이는 모든 사람을 표현하거나 어느 누구도 표현하지 않기 때문이다. 이와 같은 사람들은 완곡한 표현은 장애를 실제로 존재하지 않는 것으로 만들며, 장애를 공공의 담론에 있어서 받아들일 수 있도록 변질시키는 것이라는 사실을 부정하는 것이라고 주장한다. 또 다른 장애를 겪는 개인들은 특히 '신체적으로 도전받는'이란 용어를 자신의 경험에 가장 유용하고 적절한 것으로 지적하고 있다.

장애라는 용어에 대한 논쟁에 있어서 장애를 겪는 사람들은 사회적으로 낙인이 된 의미가 부여된 용어를 사용하기를 거절한다. 비록 다른 사람들은 자신을 다양한 용어로 명명한다 할지라도 장애를 겪는 사람들이 수용하기 가장 용이한 최근의 용법은 '장애를 겪는 사람'(person with disability, PWD)이다. 이 용어는 개인의 장애가 사람 자신과 동의어거나 공존한다는 의미라기보다는 개인적인 특징들 중의 하나일 뿐이라는 확신을 강조한다. 1990년 미국 장애인법을 포함하여 최근 시민권법에 있어서 '장애를 겪는 사람'(person with disability, PWD)은 가장 일반적으로 사용되고 있다. 장애권리운동과 관련된 문헌에서도 가장 지배적으로 많이 사용된다.

'손상'(impairment), '불능'(disability), '핸디캡'(handicap)과 같은 용어 사이에서 중요한 구분을 하고자 하는 것은 이와 같은 작업을 하는 데 있어서 매우 중요하다. '손상'은 신체적 형태나 기능의 이상(abnormality)이나 상실(loss)을 의미한다. '불능'(disability)은 손상의 결과를 기술하며, 필요하다고 여겨지는 과제나 활동을 수행함에 있어서 무능력함을 초래한 결과를 말한다. 이것은 사회적 환경 내에서 개인에게 기대되는 역할이나 과업을 수행함에 있어서 '무능력' 또는 '제한'(limitation)으로 불능을 정의하는 것이 일반적으로 받아들여지는 것과 일치한다. '핸디캡'은 손상이나 불능으로부터 초래되는 사회적 불이익을 지칭한다. 그러나 손상은 불능을 반드시 초래하는 것은 아니며, 불능이 핸디캡을 초래하는 것도 아닌 것으로 정의된다. 이와 같은 구분이 전문가들에 의하여 습관적으로 사용되고 있는데, 그들은 인기 있고 기술적인 언어 사이에 중간 지대를 차지하고 있다.

이와 같은 작업에 있어서 '장애를 겪는 사람'이란 표현은 신체적 장애만을 겪는 사람을 지칭하게 될 것이다.

앞에서와 같이 'person with disability'를 장애를 가진 사람이 아닌 장애를 겪는 사람으로 번역했다. 이는 장애가 개인에게 있는 것이 아니라 장애를 경험하게 하는 사회적 조건을 강조하기 위함이다.

비켄바크[9]는 사회적으로 만들어진 불이익을 개인의 신체나 정신의 문제로 전환함으로써 외재적 원인을 모두 내재적 원인으로 환원하는 의료 모델을 비판하지만, 모든 문제를 외재적인 문제로만 환원한다는 의미에서 의료 모델과 같은 극단적인 이론이 되고 있다고 주장한다. 이에 대해 스기노 아키히로(杉野昭博)[10]는 '장애'를 이론적으로 만들기 위해 개인의 내재적인 손상(impairment)과 외재적인 사회적 장벽과의 상호 관계를 간파할 수 있는 국제적 장애 분류의 3층 모델이 태어났다고 주장하면서 능력장애(disability), 사회적 불리(social handicap)와 참여 제약(participation restriction)을 제시했다.

아울러 그는 'Disability'를 우리들이 사회의 완전 참여로부터 부당하게 고립당하고 배제됨으로써 우리들의 'Impairment'를 극복해야 한다고 외부로부터 강요받는 것을 의미한다고 주장하고, 신체적 손상과 구별되어 그 손상을 가진 사람들이 처한 사회적 상황을 'Disability'라고 정의하고 있다.

'Disability'(불능)는 'Inability'(무능)와 구분되어야 한다. 장애는 무능이 아니라 불능의 문제이며, 불능하게 된 배경에는 사회가 존재한다. 즉, 장애는 개인에게 있는 것이 아니라 개인이 사회생활에서 경험하게 되는 문제이다. 이와 같이 장애에 대한 이해를 과학적으로 하기 위하여 장애학 연구(Disabilities Studies)가 활발하게 전개되고 있다.

다음은 장애의 구성 요소를 모델에 따라 설명된 표로 제시해 본다.

---

9) Jerome E. Bickenbach, Chatterji Somnath, Elizabeth Badley and Üstün(1999), "Models of disablement, universalism and the international classification of impairment, disability and handicaps," *Social Science and Medicine*, 48. 1173-1183. 스기노 아키히로의 「장애학 이론 형성과 과정」에서 재인용.
10) 스기노 아키히로(杉野昭博)(2010), 정희경 역, 「장애학 이론 형성과 과정」, 한국장애인단체 총연합회.
11) Institution of Medicine.
12) International Classification of Impairment, Disability and Handicap.

Disability의 이론적 정의를 위한 개념적 구성 요소					
	1차 구성 요소	2차 구성 요소	3차 구성 요소	4차 구성 요소	5차 구성 요소
Nagi Model (1965)	Pathology	Impairment	Functional limitation	Disability(C)	
Verbrugg and Jette Model(1993)	Pathology/ disease	Impairment	Functional limitation	Disability(D)	
IOM[1]-1 Model	Pathology	Impairment	Functional limitation	Disability(E)	
IOM-2 Model	Pathology	Impairment	Functional limitation	Disability(E)	
ICIDH[2]-1 Model	Disease and Disorders	Impairment	Disability(B)	Handicap	
ICIDH-2 Model	Health Context	Body function/ body structure /impairment	Activity/ activity limitation	Participation/ participation limitation	Context : environmental and personal
Social Model	Impairment	Disability(A)			

5가지 이론적 모델에 나타난 Disability의 다양한 의미					
	Disability(A)	Disability(B)	Disability(C)	Disability(D)	Disability(E)
Model	Social Model	ICIDH-1 Model	Nagi Model	Verbrugg and Jette Model	IOM-1, 2 Mode
Definition	신체적, 사회적 장벽 때문에 지역사회생활에 참여함에 있어서 기회의 제한 또는 상실	건강 경험의 맥락 안에서 인간으로서 정상생활을 할 수 있도록 이루어진 영역 안에서 활동을 수행하는 능력의 제한이나 결핍(손상에 의한)	기능적 제한을 동반한 장기적인 혹은 지속적인 손상의 상태에서 나타나는 행동의 유형	Disability는 건강 혹은 신체적 문제로 인하여 일상생활의 영역에서 활동함에 있어서 겪게 되는 어려움	개인의 능력과 환경의 요구 사이에 나타나는 불일치-사회적 맥락에서 신체적, 정신적 제한의 표현

Gary L. Albrecht, Katherine D. Seelman and Michael Bury(2001 : 103).
Handbook of Disabilities Studies에서 인용

5. 장애인은 누구인가?

장애인은 장애를 어떻게 정의하느냐에 따라 달라진다. 앞에서 제시한 모델 중 사회적 모델에 의한 장애의 정의가 오늘날 가장 많이 채택되고 있는 정의이다. 다시 말하면 장애인은 장애가 있는 사람이 아니라 장애를 경험하는 사람이요, 그 장애는 사회적 장벽(Social Barrier)을 의미한다.

장애인신학에 있어서 과거 장애의 정의는 의학적 모델에 근거하여 제시된 것에 근거한 것이다. 즉, 한 사람의 정상성(Normality)을 전제하고, 이에 도달하지 못하는 비정상성(Abnormality)을 장애로 규정한 것이다. 문제는 정상성에 대한 구체적인 합의가 존재하지 않는다는 것이다. 정상성과 정상화된 사회는 구별된다. 정상화된 사회는 다양성이 인정된 통합된 사회를 말한다. 그러나 정상성이 표준(Standard)을 가리키는 것인지, 평균(the Mean)을 가리키는 것인지, 혹은 다수(Majority)를 가리키는 것인지 모호하다. 엄밀히 말하면 그 어느 것도 아니며, 단지 정상성이라는 단어가 존재할 뿐이다.

그렇다면 누가 사람으로 하여금 장애를 겪게 하는가, 누가 사람으로 하여금 장애를 경험하게 하는가라는 질문이 성립하게 된다.

이러한 질문에는 "하나님이 장애인을 창조하셨는가?"라는 질문에 대한 대답이 이미 포함되어 있다. 다시 말하면 하나님은 장애인을 창조하지 않으셨다. 사람을 제각기 다르게 창조하셨다. 그들 중에 일부를 우리는 지체장애, 시각장애, 청각장애 등으로 명명할 뿐이다. 하나님에게 장애인이란 존재하지 않는다. 하나님이 만드신 사회에 장애인이 존재할 뿐이다. 장애가 사람에게 있는 것이 아니라 사회에 조건(condition)으로 존재하는 것이다. 예수 그리스도가 이 땅에 오신 목적은 그러한 조건을 만들어 사람을 장애인으로 규정하고 차별하는 사회를 차별이 없는 그리고 모든 개인이 존중받고 사랑하는 하나님 나라로 만들기 위한 것이다. 하나님 나라에는 신체적이며 정신적인 몸(body)이 영적인 몸(spiritual body)으로 변화하기 때문에 더over

I. 장애인신학의 정의와 이해

욱 이 땅에서와 같이 장애를 경험하는 일은 존재하지 않는다. 오직 존중받아야 할 다름(Different)만 존재할 뿐이다. 따라서 장애는 태어나는 것이 아니라 만들어지는 것이다. 선천적 장애는 존재하지 않고 후천적 장애만 존재할 뿐이고, 장애를 가진 사람이 아니라 장애를 경험하는(겪는) 사람이 존재하는 것이다. 다만 이러한 장애는 사회 혹은 시대에 따라 다르게 구분되고 구별된다.

  10세기 이전의 삼국, 10세기의 고려, 16세기의 조선, 그리고 20세기의 한국에서 장애는 동일할 수 없다. 다만 장애를 경험하는 정도는 유사할 수 있다. 장애인 복지에서 장애인은 개별적인 존재로 다루어진다. 즉, 각기 다름에 근거하여 개인에 따른 맞춤형 지원이 이루어지면 장애는 존재하지 않거나 최소화된다. 이것이 장애인 복지의 목적이다. 즉, 장애는 최소화되고 다름이 인정되는 사회를 만들어 가는 것을 사회 통합(Social Integration)이라고 한다.

  사회생활을 함에 있어서 사회적 장벽이 사라지고 다름에 따른 개별적인 지원이 이루어지면 장애를 경험하는 사람은 존재하지 않게 된다. 즉, 장애인이라는 용어 자체가 사라진다. 사회적 모델에 근거한 장애인은 이와 같은 의미에서 해석된다. 따라서 장애가 치료되는 질병(diseases)이 아닌 한, 혹은 의학이 발전되어 오늘날 의학적 관점에서 장애라고 규정된 것이 질병의 차원으로 다루어지는 한이 있어도, 여전히 장애는 사회적 장벽에 의하여 경험되는 사실로 존재한다. 이것을 경험하는 존재가 장애인이다.

6. 장애인신학, 재(再)정의를 위하여

  장애와 장애인을 사회적 모델에 입각하여 정의하였다. 최근에 장애를 문화적 관점, 사회학적 관점, 정치적 관점, 직업적 관점, 생태 체계적 관점, 권리의 관점 등에서 다양하게 정의한다. 이러한 것을 하나하나 탐구해 보고 정의를 분석하는 것이 이번 과제에 해당되는 것은 아니다.

장애인신학의 개념을 올바르게 정의하려고 하는 것이 이 글의 목적이다. 폴 틸리히(Paul Tillich)는 신학은 신에게서 출발하는 것이 아니라 사람으로부터 출발하는 것이라고 하였다.

분명히 신학은 신에 대한 학문이다. 그러나 신은 인간이 논리적으로 알 수 있는 존재가 아니다. 단지 신의 존재를 인간의 언어로 표현한 성경으로 계시된 부분을 통해서 우리가 알 수 있을 뿐이다. 이 또한 인간이 가진 인식의 한계 안에서 논할 수 있을 뿐이다. 결국 이러한 과정 역시 인간으로부터 시작하여 인간의 한계 안에서 인간을 통하여 이루어지는 것이다.

여성신학이나 흑인신학, 그리고 민중신학조차도 성경 안에서 여성/흑인/민중이 경험하는 문제를 연구하고, 올바른 이해의 관점을 모색하고, 나아가 바람직한 해결책으로 모색하는 것이다. 다만 과거에 가부장적/백인/기득권자의 관점에서 성경을 이해하고 분석했던 그릇된 방법을 포기하고 올바른 방법을 선택하고자 했던 시도가 그것이다.

그렇다면 장애인신학 역시 이러한 맥락에서 정의되어야 한다. 비장애인의 입장에서 성경을 해석하여 성경에 나타난 장애 혹은 장애를 경험하는 사람들에 대한 잘못된 이해를 파악하고, 성경이 제시하고 있는 바람직한 이해(이를 하나님의 관점이라고 한다.)를 재구성하여 오늘을 살아가는 모든 사람에게 제시하는 논리적이고 학문적인 과정을 장애인신학이라고 정의할 수 있다. 이러한 관점에서 성경에서 보이는 시대적 흐름에 따른 장애의 정의와 장애를 경험하는 장애인의 정의로 달라져야 할 것이며, 이를 근거로 오늘날 장애인신학에서 다루어야 할 장애와 장애인 역시 다르게 규정할 수 있을 것이다. 예를 들면 사마리아 여인이나 현장에서 간음하다 잡힌 여성의 문제를 여성신학의 관점에서 볼 것인가 아니면 장애인신학에서도 다룰 수 있는 것인가는 우리가 진지하게 논의할 수 있을 것이다. 더 나아가 나면서부터 지체장애인 된 자가 고침을 받았지만, "누가 너를 치유했느냐?"라는 질문 속에서 건강한 몸을 갖고 있음에도 불구하고 여전히 이전 경험 가운데 머물러 있을 수밖에 없는 실존을 통해서 장애와 장애인신학의 실질적인 분석이 요구될 수 있다. 하나님 안에서 존재하지 않는 장애와 장애인이 왜 지상에 존재하는 교회에는 존재하며, 때로는 사회보다 더 차별적인 모습으로 장애와 장애인이 존재해야 하는지에 대한 논의는 장애인신학이 다루어야 할 역동적인 과제라고 할 수 있다. 이는 장애가 있는 사람의 문제가 아니라 장애를 경험하게 하는 지상교회가 해결해야 할 과제라고 볼 수 있다. 엄격한 의미에서 장애인신학의 문제는 단지 신체적으로 장애를 경험하는 사람[13]의 문제가 아니라 모든 사람의 문제를 포함하고 있다. 그 이유는 사람이 경험하는 장애의 문제, 고통의 문제가 별개의 것이 아니기 때문이다.

장애인신학을 올바르게 세워야 하는 것은 단지 신체적 장애, 정신적 장애를 경험하는 일부 소수(Minority)를 위한 그들의 신학이 아니라 이들을 통하여 인간의 근본적인 문제를 통찰할 수 있고, 나아가 성경에서 계시한 하나님을 온전하게 알아 갈 수 있는 길을 제시할 수 있기 때문이다.

장애인신학의 재(再)정의를 통하여 조직신학, 성경신학, 실천신학, 역사신학이 가지고 있었던 대부분의 내용이 재조명되어야 하며, 모든 체계와 내용을 장애인신학(장애인과 함께하는 신학)의 관점에서 새롭게 구성할 때, 비로소 올바른 성경 이해와 신학이 정립될 것이다.

---

13) 신체적 장애인이라 일컬어지는 사람은 신체적으로만 장애를 경험하는 사람이 아니다. 신체적으로 장애를 경험하는 사람은 신체적으로 다름을 인정받지 못해서 정서적, 정신적, 사회적, 심리적, 나아가 영적으로 장애를 경험하는 존재이다. 이는 모든 장애도 이와 같은 복합적인 장애를 경험하는 문제를 안고 있다고 할 수 있다. 장애인은 한 가지가 아니라 다양한 장애를 경험하는 사람이다.

2

모든 사람을 위한 장애인신학

최대열 목사(명성교회)

장애인신학은 장애인 없이/장애인의 불행 위에
비장애인의 해방이나 행복을 말하는 것도 아니고,
반대로 비장애인 없이/비장애인의 불행 위에
장애인의 해방이나 행복을 말하는 것도 아니다.
오히려 장애인신학은 하나님 안에서 장애인과 비장애인 모두의
해방과 모두의 행복을 추구한다.

1. 서 언

박재순에게 장애인신학은 장애인의 목소리로 장애인의 아픈 현실을 드러냄으로써 장애인의 문제를 장애인의 자리에서 보도록 하여 장애인이 교회와 사회에서 스스로 서게 하는 것이다.[1] 반면에, 김홍덕은 장애인을 주인공으로 하여 장애인의 경험을 이야기하는 장애인신학 대신 장애를 주제로 삼아 하나님의 마음에 초점을 맞추어 하나님 나라를 전개하는 장애신학을 주창한다.[2] 그러면 장애인신학과 장애신학은 다른 것인가? 다르다면 무엇이 다른가?

둘을 문자적으로 비교하면, 겨우 사람 '인'(人)자 한 글자 차이이다. 그런데 이 '사람'이 중요하다. 그것은 사람이 신학의 주체와 방법과 목적에 중요한 역할을 하기 때문이다. 사람에 주목하여 둘을 대조하자면, 장애인신학은 장애인이 주체가 되어 장애인의 경험을 매개로 장애인을 위하여 하는 신학이라고 말할 수 있고, 장애신학은 꼭 장애인만 아니라 누구나 장애를 주제로 삼아서 하는 하나님 나라 신학이라고 말할 수 있다. 전자가 장애인에 의한, 장애인을 위한, 장애인의 신학이라면, 후자는 모든 사람에 의한, 모든 사람을 위한, 모든 사람의 장애신학이다.

그러면 둘은 서로 대립되는가? 장애인신학은 비장애인의 참여를 거부하는가? 아니다. 장애인신학이 하나님 나라 신학을 반대하는가? 그것은 더욱 아니다. 오히려 정반대로 장애인신학은 바로 그것을, 하나님 나라 신학을 지향한다. 장애신학은 장애인 없이 하는 신학인가? 아니다. 장애신학은 장애인의 경험을 무시하는가? 그것 역시 더욱 아니다. 오히려 정반대로 장애신학은 바로 거기서부터, 장애인의 장애 경험으로부터 출발한다. 그러므로 이 둘은 함께하며, 상호보완적이고, 서로 협력해야 하는 신학들이다.[3]

---

1) 박재순, "장애인에 대한 조직신학적 접근," 「장애인 차별과 교회」(서울 : 한국기독교교회협의회, 2008), 136-138.
2) 김홍덕, 「장애신학」(대전 : 대장간, 2010), 35-36.
3) 최대열, "장애인신학의 역사와 전망," 「장애 너머 계신 하나님」(서울 : 대한기독교

이와 같은 논쟁은 비단 장애인신학만의 문제는 아니다. 그것은 지난 세기말 발흥하였던 여러 상황신학들이 직면하였던 공통된 문제들 중의 하나였다. 남미 해방신학에서 가난한 자, 여성신학에서 여성, 흑인신학에서 흑인, 민중신학에서 민중이 신학의 주체로 부각되었다. 그렇다면 부자, 남성, 백인, 지배 계층은 이러한 상황신학에 참여하거나 기여할 수 없으며, 이들에게 신학은 무의미한 것인가? 이 문제는 보다 거슬러 올라가면, 신학의 당파성과 보편성에 관련된 문제이다.[4] 사실, 모든 신학은 다 하나의 신학(a theology)이다. 하나의 신학은 각각 자신이 처한 고유한 삶의 자리에서 복음에 대한 이해와 그에 합당한 실천을 추구한다. 그런데 이러한 하나의 신학들은 신학의 본성상 이해와 실천을 추구하므로 동시에 보편을 추구한다고 말할 수 있다. 이해를 추구한다는 말 속에는 이미 보편을 추구한다는 의미가 들어 있다. 이해란 나 자신의 이해를 넘어서 그 이해를 타인과 공유하고자 하기 때문이다. 이해에 합당한 실천 또한 보편을 추구한다. 합당한 실천은 사회 속에서 타인에게 이해되고 용납되어야 하므로 신학은 본성상 보편을 추구한다.

이 글은 바로 이러한 문제의식에서 출발하여 장애인신학이 장애인만을 위한 신학이 아니라 모든 사람을 위한 신학이며, 모든 사람을 위한 신학을

서회, 2012), 21-29. 입장과 관점에 따라서 두 신학은 전혀 다른 신학, 심지어는 서로 대립되는 신학이 될 수 있다. 그러나 두 신학이 궁극적으로 담고자 하는 내용이나 전개하는 방법을 고려한다면, 둘은 오히려 서로 가깝고, 아니 넓은 의미로 동일한 신학이 될 수 있다. 둘은 서로 등을 돌린 채 반대 방향으로 따로 걸어갈 수도 있지만, 함께 손을 잡고 같은 방향으로 나란히 걸어갈 수 있다. 필자는 이 두 신학이 넓은 의미에서 같은 신학이고 같은 신학이 되어야 한다고 생각한다. 그런 차원에서 필자는 그 표현이 어떠하든지 이 신학은 그동안 전개되어 온 장애인을 위한 신학, 장애인에 의한 신학, 장애신학을 모두 포함하여야 한다고 주장하였다. 필자는 이것을 '장애인신학'이라고 부르든 '장애신학'으로 부르든 크게 개의치 않으며, 한동안 이 소모적인 논쟁을 피하고자 다소 애매하게 '장애(인)신학'이라는 용어를 임시적으로 사용하여 왔는데, 이 글에서는 책의 통일성을 위하여 '장애인신학'이라고 표기한다.

4) 임태수, 「제2종교개혁을 지향하는 민중신학」(서울 : 대한기독교서회, 2002), 50-51 참조.

추구하고 있음을 드러내고자 한다. 장애인신학은 그 출발이 되는 인간의 장애 경험을 분명히 인정하고 출발해야 한다. 그렇지 않으면, 자칫 장애인과 아무런 관련이 없는 전혀 다른 신학으로 이름 하게 될 것이다. 장애인신학만이 완전한 신학이거나 최고의 신학이라고 말하려는 것이 결코 아니다. 오히려 그 반대이다. 모든 신학은 저마다의 장점과 단점을 가지고 있기에 서로가 대화하며 서로를 보완하여 기독교신학을 풍성하게 하는 데 기여한다. 그런 점에서 장애인신학은 장애인신학으로서의 기여가 있다. 보편과 당파는 대립되는 개념이지만, 보편은 당파들의 열린 교통 속에 형성되고, 당파는 보편의 기초가 되고 보편 안에 포용된다.

이 글은 모든 사람을 위한 신학으로서 장애인신학의 근거를 확보하기 위하여 두 가지 영역에서 논의하고자 한다. 하나는 인간존재론의 주제들, 곧 장애를 특정인만의 것이 아니라 모든 사람의 것으로 규정하고, 인간을 상호 의존적 존재로 규정함으로써 모든 사람을 위한 장애인신학의 근거를 확보하고자 한다. 다른 하나는 현재 관심을 끌고 있는 장애학과 신학의 주제들, 곧 유니버설 디자인과 공적 신학을 소개하고 이를 적용함으로써 모든 사람을 위한 장애인신학의 근거를 확보하고자 한다. 이 논의들을 통해서 장애인신학이 보편적인 신학으로서 모든 사람이 참여하는, 모든 사람을 위한, 모든 사람의 신학으로 전개되기를 소망한다.

2. 장애-인간론에 기초한 장애인신학

인간에 대한 연구는 오랫동안 개별적인 인간이 아니라 보편적 인간에 관한 것이었으며, 현실적인 인간이 아니라 이념적인 인간에 관한 것이었다. 보편적인 인간에게 있어서 장애는 일시적이며, 예외적인 것이며, 비본질적인 것이었다. 장애란 보편적인 인간에게 매우 부정적인 것으로서 오히려 제거되어야 할 것으로 취급되었기에 그동안 인간론에 대한 논의에서도 제외되어 왔다.

인간에 대한 연구는 지금까지 인간의 보편성에 집중하여 진행되어 왔다. 즉, 사람의 근본은 무엇인가? 무엇을 근거로 인간이라 말할 수 있을까? 그동안 인간론은 인간의 이성, 양심, 도덕, 문화, 사회성, 종교성 등에서 그 답을 찾아왔다. 그래서 인간이라고 하면 의례히 이성적인 인간, 윤리적 인간, 사회적 인간, 종교적 인간 등으로 규정하여 왔다. 부정적으로 취급되었지만 감정, 에로스, 심지어 죄까지도 인간의 보편성에 해당되는 것으로 보았으나, 특이하게도 장애는 다루어지지 못하였다. 왜냐하면 장애는 부정적인 것을 떠나 보편적이라 하기에는 극소수의 일부 사람들에게 해당하는 특이성으로 보였기 때문이다.

그러나 이러한 보편적 인간에 대한 연구에는 치명적인 한계가 있다. 그것은 자칫 이상적인 인간상을 논구하다가 현실적인 인간을 잃어버릴 위험이 있다는 것이다. 전통적으로 사람들은 그 사회가 최고의 가치로 여기는 것의 슈퍼맨(superman)을 최고의 인간상으로 생각하였고, 인간론도 그렇게 상정한 매우 이념적인 인간에 대한 연구였다. 그러므로 이성 시대에는 이성을 인간의 정체성으로 보아 최고로 지적이고 이성적인 인간을 추구하였고, 인간존재론 또한 이성적인 인간에 대하여 집중적으로 연구하였다. 감정을 강조하는 시대에는 감성이 풍부하고 낭만적인 인간상을 추구하였고, 의지를 강조하는 시대에는 불굴의 의지력을 가진 인간상을 추구하였다.

주제별 학문적 연구에서 드러나듯이 신학 또한 주제에 접근하는 방법에 따라 크게 두 가지로 구분할 수 있다. 하나는 교회가 전해 준 교리나 사회가 정한 이념으로부터 출발하여 접근하는 위로부터의 방법론이 있고, 다른 하나는 교회나 사회에서 인간의 현실적인 삶에서부터 출발하여 접근하는 아래로부터의 방법론이다. 신학적 인간론에 있어서 위로부터의 접근은 이념으로부터 출발함으로써 실제 인간존재가 직면한 현실 문제들을 진지하게 고려하지 못하고 놓쳐 버리는 수가 있다.

실존주의는 이러한 문제 때문에 인간을 연구하는 데에 있어서 이념적이고 추상적인 인간의 본질이나 보편을 진술하지 않고, 오히려 현실에서 끊임없이 존재의 위협을 안고 살아가는 실존에 대해서 이야기하였다. 인간은 끊임없이 불안과 염려와 절망 속에 살아가는 존재이다. 달리 말하면 인간 실존은 비존재로의 위협 속에 살아가는 존재이다. 키르케고르(Sören Kierkegaard)는 '불안', 사르트르(Jean Paul Sartre)는 '한계상황', 야스퍼스(Karl Jaspers)는 '허무', 카뮈(Albert Camus)는 '부조리'를 인간 실존이 경험하는 비존재의 현실로 보았다.

하이데거(Martin Heidegger)는 현존재 분석에서 인간 실존은 비존재의 불안 가운데 살아가는데, 무엇보다도 인간인 이상 피할 수 없는 최종 운명인 '죽음'을 향해 가고 있는 존재라고 보았다. 인간은 영존하는 존재가 아니라 모두 다 죽을 수밖에 없는 유한한 존재이다. 현존재는 이 죽음 앞에서 비로소 비본래적 실존으로부터 인간의 진정한 가치 있는 삶인 본래적인 실존으로 전환을 결단할 수 있게 된다. 하이데거는 그것을 '선구적 결단'이라고 불렀다.[5]

장애 또한 인간 실존이 절망과 비존재를 경험하는 인생의 조건이며 계기이다. 인간이란 일평생 건강한 몸을 가지고 살아가는 존재가 아니다. 죽음이라는 최종의 사태를 경험하기 이전에 질병과 장애는 그러한 인간의 유한성을 현실의 삶에서 계속해서 정기 또는 비정기적으로 경험하고 의식하게 한다. 질병이나 장애는 인간이 유한하고 연약한 존재임을 거듭 환기시켜 준다.

장애가 소수 인간의 특이한 예외적 상황이 아니라 모든 인간의 일반적인 공통의 상황이라고 하는 인식은 갈수록 확산되고 있다. 과연 인간의 장애가 개인적이며 특이한 것인가? 전혀 그렇지 않다. 이러한 장애에 대한 의식의 전환은 장애의 범위가 확장되고 그 수가 증가한 데에 기인하고, 또한 장애에 대한 사회적 관심으로 주위에서 장애인을 쉽게 접할 수 있게 된 현실에 기인한다. 통계에 따르면, 어느 사회든지 약 10~20%의 사람은 사회의

---

5) M. Heidegger, *Sein und Zeit*(Tübingen : Max Niemeyer Verlag, 1953), 186-187, 240-245, 262-263.

평균에서 벗어난 편차로 인해 장애인으로 분류될 수 있다. 더욱이 고령화사회로 갈수록 장애인이 많아지고 있다. 그것은 인간이 노화되면서 질병과 장애를 동반하는 것이 일반적이며 자연적인 현상이기 때문이다.

보다 중요한 원인은 장애의 개념이 인간 개인적인 것에서 사회적인 것으로 변화된 데에 따른다. 장애가 처음 사회적 주제가 되었을 때, 장애는 육체적 손상과 그에 따른 기능상의 제약이었다. 세계보건기구(WHO)는 ICIDH(International Classification of Impairments, Disabilities and Handicaps)에서 ICF(International Classification of Functioning, Disability and Health)로 장애의 개념을 확대 개정하였다. 이제 장애를 사회적인 불리를 넘어서 사람의 행복한 삶을 가로막는 모든 환경적 상황으로 보고 있다. 개인적인 육체적 손상이 아니라 어떤 사회적 상황과 환경적 조건이 형성되면 누구나 장애인이 될 수 있다. 더 나아가 사회 문화적인 접근은 장애를 의료적, 복지적, 재활의 관점이 아니라 사회학적 관점에서 사회에 의해서 규정되고, 교육되고, 답습되고, 재생산되는 것으로 보고 있다.[6] 그러므로 장애란 단순히 개인의 문제를 넘어서 사회적인 문제이다.

장애에 대한 인간존재론에서의 근원적인 전환은 인간이란 신체적·정신적으로 항상 무흠하고 무결점의 완전한 존재가 아니라는 사실이다. 인간은 태어나면서부터 질병과 장애에 노출된 존재이고, 장애 차별의 사회 속에 살아가는 존재이다. 인간은 장애 가운데 태어나고 장애와 더불어 살다가 장애를 지닌 채 죽는다. 일생을 살면서 항상 건강하기보다는 오히려 때로 병들고 때로 장애를 입고 그러다가 회복되기도 하지만, 장애 차별적인 사회 속에서 평생을 장애와 더불어 살아가는 것이 오히려 인간의 일반적인 삶이다.

그러므로 장애운동에서 비장애인을 '예비적 장애인' 또는 '잠재적 장애

---

6) 김도현, 「장애학 함께하기」(서울 : 그린비, 2009), 60-61, 67-69. ICIDH는 육체적 손상, 기능상 장애, 사회적 불리를 말하고, ICF는 건강 상태가 신체 기능과 구조, 활동, 참여에 각각 영향을 미치고 이는 상황적 요인에 따라 변화하는 것으로 설명하는데, 이 모든 요소들이 일정하게 상호 영향을 주고받는 것으로 나타난다. 그러나 이 둘 다 여전히 의학적 관점에 따른 것이다.

인' 또는 '일시적으로 건강한 몸을 가진 사람'으로 부르는 것은 매우 정당한 표현이다. 장애란 단순히 이미 장애인인 사람의 관심만이 아니라 비장애인을 포함하여 모든 사람의 관심이 되는 것이다. 장애 개념의 변화에 따라서 인간이 건강한 삶이나 행복한 삶을 추구한다고 말할 때, 건강이나 행복한 삶에 대한 개념도 당연히 변하게 된다. 그러므로 장애인신학은 결코 기존의 법정 장애인을 위한/장애인에 대한/장애인에 의한 신학이 될 수 없다. 일차적인 문제 제기나 해결 방향에 있어서 장애인에게 우선적인 관심을 가질 수는 있지만, 신학적 논의와 교회의 사역은 결국 장애인과 비장애인, 모든 사람을 향한 것이다.

3. 상호 의존의 인간존재론과 장애인신학

장애(인)의 문제는 교회나 사회에서 오랫동안 묻혀 있던 주제였다. 우선은 시대정신의 한계로 장애에 대한 의식이 없었기 때문이기도 하지만, 또한 개인적인 차원에서 본다면 나의 문제가 아니므로 아무런 의식 없이 관심을 기울이지 못하였거나 또는 행여 그로 인해 나에게 어떤 나쁜 영향을 미칠까 하는 불안과 공포 가운데 의식적으로 피하였던 까닭이다. 여기에는 타자를 무시하고, 타자 없이 홀로 존재 가능하다는 인간존재론이 근저에 자리 잡고 있다. 장애(인)의 문제에 대한 무관심은 나를 중심으로 한 자기중심주의의 산물이고 이기주의의 산물이다.

기독교의 세계관은 이러한 자기중심적이고 이기적인 인간존재론이 결코 아니다. 기독교는 '하나님과 인간과 자연'의 관계의 세계관과 존재론을 가지고 있다. 하나님은 세계를 창조하셨고, 그 가운데 인간을 창조하셨다. 세계는 모두 하나님의 선하신 창조 섭리에 따라 서로 어울려 살아가는 존재이다. 인간이란 결코 홀로 살 수 있는 존재가 아니다.

인간은 하나님과 타인과 자연과의 관계 안에 사는 존재이다. 인간은 창조주이신 하나님 앞에 살아가는 존재(coram Deo)로서 그의 주권을 인정하여 그 주권 아래 순종하고, 그와 인격적으로 교제하고, 그의 영광을 위하여 그의 뜻을 이루며 살아가는 존재이다. 인간은 근본적으로 하나님과의 관계 속에서 평안을 누리며 행복을 누리는 존재이다.[7]

인간은 또한 다른 사람들과의 관계 속에 살아가는 존재이다. 인간의 독처나 소외나 차별은 결코 좋은 것이 아니다. 하나님은 인간을 한 사람으로 만든 것이 아니라 함께 어울려 사는 여러 사람들로 창조하였다. 사람들은 모두 하나님의 형상을 따라 지음 받은 존재로서 예수 그리스도 안에서 서로가 서로를 사랑함으로써 하나님의 형상을 발견하게 된다.

인간은 또한 하나님의 창조 세계 가운데에서 살아간다. 인간은 우주 만물과 생태계 가운데 살아가는 존재로서 다른 피조물들을 사랑으로 섬기고 돌볼 책임을 가지고 있다. 사람은 창조 세계가 조화를 이룸으로써 함께 행복을 누리고, 창조 세계가 고난당함으로써 함께 고난당한다. 세계가 그리스도의 구원을 사모하고 있으며, 그것은 성령 안에서 성도의 사랑의 교제를 통해서 실현되어 간다. 기독교의 인간존재론은 하나님과 인간과 자연의 상호관계 안에서 타자를 서로 알아 가고 함께 살아가는 존재이다.[8] 이것은 샬롬(shalom)의 존재론이고, 하나님 나라의 존재론이다. 만유 속에 하나님 나라가 이루어지고 만유가 하나님께 영광 돌리는 세계이다.

현대의 존재론은 상호 의존적인 존재론을 말한다. 하이데거가 존재를 타자로서 자신을 드러내 보이는 것으로 이해한 이후, 레비나스(Emmanuel Levinas)는 존재에 대한 인식을 아예 자아 외부에 있는 타자로부터 사유하기 시작하였다. 현재 존재하는 타자는 이성에 앞서 감성과 관련하여 인식되고, 자아와 타자 사이에 얼굴을 마주 보며 나누는 대화를 통해 인식하게 된다.[9]

---

7) 김균진, 「기독교조직신학 Ⅱ」(서울 : 연세대학교 출판부, 2010), 240-259.
8) J. Moltmann, *Gott im Projekt der modernen Welt*, 곽미숙 역, 「세계 속에 있는 하나님」(서울 : 동연, 2009), 192-216.
9) E. Levinas, *De l'existence à l'existant*, 서동욱 역, 「존재에서 존재자로」(서울 : 민음사, 2001), 159-163. 레비나스는 이후에 「전체성과 무한」에서 열망은 타인의 다음을 존중하며 타인의 무한 의미를 대하는 방식으로 타인의 다음을 열망하는 태

그럴 때에 인간존재론은 다름 속에서 일치를, 다양성 속에서 통일을, 산재 속에 공유를 추구하게 된다. 그것은 인간과 사회가 구분해 놓은 모든 분류와 그로 인한 단절을 넘어서는 것이다. 인간은 타인이 있음으로써 내가 존재하게 되는 존재론이다. 하나님 없는 세계나 세계 없는 하나님, 나 없는 너나 너 없는 나, 세계 없는 인간이나 인간 없는 세계는 무의미한 것이다.

인간은 모두 다 불완전하며 죽음을 운명으로 가지고 살아가는 존재이다. 달리 말하면 인간은 모두 부족한 존재이며, 그러기에 서로 기대어 살아가고 서로 채워 주며 살아가는 존재이다. 하나님은 인간을 그렇게 창조하셨다. 그래서 인간은 서로 사랑하고, 서로 돕고, 서로 협력하는 데에서 하나님의 뜻을 이루어 가며 인간으로서의 행복을 발견한다. 인간은 누구 없이 행복이 아니라 누구와 함께 행복할 때 진정한 행복을 느끼는 존재이다. 인간은 하나님 안에서 참평안을 누리며, 이웃과 자연과 함께 참기쁨을 나눈다.

판넨베르크(Wolfhart Pannenberg)에 따르면, 인간은 세상에 개방된 피조물로서 하나님과의 교제, 인간존재의 통합, 그리고 자아와 실재의 통일을 목표로 한다. 사람은 타인과 함께 살아가는 공동체를 추구한다. 지적이며 정치·경제적인 삶뿐만 아니라 사적인 대화에서조차 세상과 관련하여 서로 교제한다. 이러한 교제는 각자 다른 사람에게 인격적인 존재가 되도록 자신을 내어주는 상호 인정의 기반 위에서 가능하다. 사람은 각자 자아를 넘어서 서로 간의 인격적인 공동체가 되도록 이끌어 가는 사랑을 통해서 묶여 있다.[10]

나우웬(Henrie Nouwen)은 인간이란 연약하여서 결코 혼자서 살 수 없으며, 그러기에 무엇엔가 의존하여 살아가는 의존적인 존재라고 보았다. 그 의존은 근원적으로 하나님과의 영적인 의존에서 발현한다. 사람은 공동체

도에서 타자에로의 초월이 가능하다고 전개하였다. 레비나스의 존재론에 대해서는 강영안, 「타인의 얼굴-레비나스의 철학」(서울 : 문학과 지성사, 2005)과 박원빈, 「레비나스와 기독교」(서울 : 북코리아, 2010), 특히 51-152에 있는 타자신학과 케노시스 신학을 참조.

10) W. Pannenberg, *Was ist der Mensch?*, 유진열 역, 「인간이란 무엇인가」(서울 : 쿰란출판사, 2010), 113-120.

안에서 서로가 서로에게 의존하는 상호 의존적인 존재이다. 그리고 그 의존은 고난과 죽음 앞에서 더 강력한 상호 의존성을 느끼게 된다. 인간은 본질적으로 이미 서로 의존되어 있는 존재로서 서로 사귀며 교제하며 함께 살아가는 존재이다.[11]

인간이 서로 의존하며 서로 안에 존재하는 모습은 삼위일체 하나님 안에서 그 원형을 찾을 수 있다. 몰트만(Jürgen Moltmann)은 인간에게 있는 하나님의 형상(Imago Dei)을 사회적 삼위일체론을 따라 해석하여 삼위일체 하나님의 형상을 인간 상호 간의 사랑의 사귐으로 이해하였다.[12] 몰트만에 따르면, 하나님의 형상은 성부와 성자와 성령의 사랑의 친교에서 찾을 수 있다. 삼위일체 하나님의 세 위격은 영원한 사랑의 친교인 페리코레시스(perichoresis) 안에서 서로가 서로 안에 존재하며 함께 협력함으로써 사역한다.[13]

삼위일체 하나님의 세 위격은 셋 중에 어느 하나 없이 존재할 수 없으며 사역할 수 없다. 영원부터 한 위격 안에 이미 다른 두 위격이 존재하며 관계하고 있어서 세 위격 중 어느 것 하나를 떼어 놓고 생각할 수 없다.

하나님의 형상인 인간의 인간 됨은 삼위일체 하나님의 이러한 사랑의 상호 내 존재(相好內存在), 상호 간 협력(相好間協力)에서 그 원형을 발견할 수 있다. 그러므로 누구 없는 자신만의 존재/누구 위에 군림하는 자신의 존재를 중심으로 구성되는 세계관은 비기독교적이며, 그러한 인간존재론은 끊임없이 비인간화를 초래한다. 남미 해방신학이나 여성신학이나 흑인신학이나 민중신학은 부자나 남성이나 백인이나 지배 계층이 다른 사람을 무시하고 억누름으로써 행복한 것 같지만, 사실은 모두를 불행하게 하는 비인간화의 길을 가고 있다고 지적한다. 억눌린 사람은 인간으로서의 존엄을 누리

---

11) H. Nouwen, *Our Greatest Gift*, 홍석현 역, 「죽음, 가장 큰 선물」(서울 : 홍성사, 1998), 35-37.
12) J. Moltmann, *In der Geschichte des dreieinigen Gottes*, 이신건 역, 「삼위일체와 하나님의 역사」(서울 : 대한기독교서회, 2006), 133-138.
13) J. Moltmann, *Trinität und Reich Gottes*, 김균진 역, 「삼위일체와 하나님의 나라」(서울 : 대한기독교출판사, 1982), 특히 210-211 참조.

지 못하므로 비인간화되고, 억누르는 사람은 타인 위에 군림하고 타인 없이 존재하려 함으로 비인간화된다. 그리고 그러한 인간관계를 만들어 내도록 하는 사회적 구조 또한 비인간화의 구조이다. 그것은 하나님 나라, 평화의 나라가 아니라 불의의 나라, 불행의 나라이다. 하나님 나라 신학은 일차적으로 가난, 성, 인종, 계급, 출신, 배경, 지역, 장애 등으로 인한 차별의 현실로부터의 해방이지만, 다음으로 억압과 지배의 사회구조, 그리고 차별과 증오의 비인간화의 비극으로부터의 해방이다.

그러므로 모든 해방신학은 억눌린 자의 해방을 넘어 억누르는 자의 해방과 사회구조의 해방을 이야기한다. 장애인신학도 마찬가지이다. 장애인과 비장애인의 이분법은 사실은 장애인에게도 비인간화이며, 비장애인에게도 비인간화를 구축하는 구도이다. 장애인은 장애를 부정적인 것으로 보고 차별을 정당히 여기는 사회구조 속에 스스로 자신을 가두어 놓고 저주함으로써 비인간화의 극치를 이룬다. 비장애인은 장애인을 부정적인 것으로 보고 차별을 정당히 여기는 사회구조 속에 아무런 양심의 가책도 없는 존재로 전락됨으로써 비인간화의 극치를 이룬다. 그러한 구조는 장애인에게는 절망 속에 무가치함을, 비장애인에게는 군림 속에 교만함을 안겨 주며 장애인과 비장애인만이 아니라 사회에 존재하는 다른 수많은 인간관계의 차별과 소외를 확장시켜 나가면서 끊임없이 인간을 증오와 분열과 단절과 파멸로 몰아간다.

상호 의존과 상호 내재와 상호 협력의 인간존재론이 기독교의 인간존재론이다. 그것은 타자 없이 나 홀로 존재할 수 없으며, 타자 없이 나 홀로 행복할 수 없는 인간존재론이다. 함께하는 데에서 사랑을 느끼고, 행복을 느끼고, 함께하는 데에서 밝은 미래를 희망할 수 있다. 장애인신학은 장애인 없이/장애인의 불행 위에 비장애인의 해방이나 행복을 말하는 것도 아니고, 반대로 비장애인 없이/비장애인의 불행 위에 장애인의 해방이나 행복을 말하는 것도 아니다. 오히려 장애인신학은 하나님 안에서 장애인과 비장애인 모두의 해방과 모두의 행복을 추구한다. 그것이 장애인신학이 지향하는 하나님 나라이다.

4. 유니버설 디자인과 장애인신학

장애인의 인권과 삶의 복지가 개선되면서 건축과 가구 등 생활 전반에 유니버설 디자인(Universal Design)이 활발하게 전개되고 있다. "유니버설 디자인이란 가능한 최대한 사용자의 요구를 만족시키는 환경 디자인이나 제품 디자인을 말하며, 제품이나 환경을 보다 많은 사람들이 편리하게 사용하도록 함으로써 모든 사람들을 위한 생활을 쾌적하게 하는 것으로 정의된다."[14]

유니버설 디자인이란 장애의 유무를 떠나서 모든 사람들이 편리하고 안전하게 사용하도록 제품을 고안하는 보편 설계를 의미한다. 장애인도 사람이므로 거주할 공간과 사용할 가구가 필요하다. 장애인의 일상적인 생활을 위해서는 의료 기기나 보장구나 의료 신체 등이 필요하고, 도시 설계 전반에 배려가 필요하다. 그런데 이러한 필요에 맞추어 설계를 한 결과, 비단 장애인에게만 유용한 것이 아니라 비장애인을 포함하여 모든 사람에게 유용하게 됨을 발견하게 되었다. 장애인을 위한 무장애 디자인(Barrier Free Design)이라는 개념에서 출발하였던 것이 이제는 장애인은 물론 노인, 어린이, 환자 등 다양한 인간의 상황과 인간의 전체 생애 주기를 고려한 디자인이라는 개념으로 발전하기에 이르렀다.

유니버설 디자인이란 단지 장애 영역에서만 유효한 단어나 설계가 아니다. 유아나 노인은 물론이고, 또 다른 특별한 형편에 있는 모든 사람에게도 유용하다. 그리고 유니버설 디자인은 단순히 생활의 편리나 유익만이 아니라 사회구조는 물론 인간의 사고 자체의 전환을 가져왔다. 기계론적 사고에서 인간 중심적 사고로, 치료 위주의 관점에서 예방 위주의 관점으로 바뀌었다.[15] 무엇보다 장애인을 위한 생활에서 모든 사람을 위한 생활로, 장애인

---

14) 이연숙, 「유니버설 디자인」(서울 : 연세대학교 출판부, 2005), 12.

을 위한 생각에서 모든 사람을 위한 생각으로 전환하게 되었다.

신학에서도 마찬가지이다. 유니버설 디자인은 먼저 교회의 건축물과 교회 안의 가구들을 고려하게 한다. 장애인에게 불편한 교회의 건물과 시설들은 다른 사람들에게도 불편한 것이다. 그러므로 신학은 유니버설 디자인의 차원에서 먼저 교회의 접근과 이용에 대해서 재고해야 한다. 시각장애인에게 일반 문자로 된 주보나 자료는 내용 전달과 장애인의 참여와는 거리가 멀며, 청각장애인에게 언어로 진행되는 예식 또한 내용 전달과 장애인의 참여에 있어서 거리가 멀다. 시청각 자료와 점자와 수화 통역이 제공되고, 지체장애인에게 접근권과 이동권이 확보되고, 지적장애인에게 자료와 정보에 대한 접근과 나눔이 제공되어야 한다.[16] 그렇게 한다고 해서 비장애인이 불편한 것이 아니라 오히려 비장애인에게도 더욱 편하며 이해하기 쉽고 나누기 쉬워진다. 비장애인이 발달장애인부의 예배에서 기독교의 진리를 더욱 쉽게 깨우치고 삶으로 터득하며 은혜를 받는 것이 하나의 좋은 예이다.

장애인신학이 성경을 해석하든, 교의를 해석하든, 교회의 실천을 구상하든 장애인을 위한 것이라면, 그것은 꼭 장애인에게만 해당하고 장애인만을 위한 것이 아니라 다른 어떤 차별을 가진 사람들은 물론 모든 사람들에게 유익하며 유용한 것이다. 그러므로 장애인신학은 모두를 위한 신학(theology for all)으로 자연스럽게 사고의 전환이 이루어진다. 장애인과 비장애인이라는 이분화(二分化)된 사고 구조에서 이제 장애인을 포함한 통전적인 사고 구조, 장애인에게 통하면 다른 모든 사람에게 통할 수 있다는 보편적인 사고 구조가 가능하게 된 것이다.

---

15) Ibid., 31-32. 구체적으로 유니버설 디자인을 위해서 유니버설디자인센터는 4가지 원리(기능적 지원성, 수용성, 접근성, 안전성)를, 코넬(B. R. Connell) 외 9명의 전문가들은 7가지 원리(공평한 사용, 사용상의 융통성, 간단하고 직관적인 사용, 쉽게 인지할 수 있는 정보, 오류에 대한 포용력, 적은 물리적 노력, 접근과 사용을 위한 크기와 공간)를 제시한다.
16) WCC, *A Church of All and for All*, 최대열 역, "모든 사람의, 모든 사람을 위한 교회," 「장애인 차별과 교회」(서울 : 한국기독교교회협의회, 2008), 251-259.

유니버설 디자인은 장애인을 특별한 어떤 존재, 그것이 우등이든 열등이든, 어떤 특별한 존재로 남겨 두지 않는다. 장애인은 그냥 사람일 뿐이다. 장애인도 하나님의 형상으로 창조되었으며, 장애인도 죄로 인해 타락한 존재이다.[17] 그러기에 예수 그리스도가 절실히 필요한 존재이며, 예수 그리스도를 믿을 때에 성령 안에서 교회의 구성원이 되는 존재이다. 그리고 교회에서/교회를 통하여 하나님 나라를 일구어 가는 역사의 일꾼이 될 수 있다.

유니버설 디자인의 사고에 따르면, 장애인은 교회와 사회의 인식과 삶의 기준이 되는 것이다. 그동안은 건강한 사람의 삶이 기준이었다. 인식도, 사고도, 생활도, 건축도, 도시도, 제도나 법도 모두 다 비장애인이 기준이었다. 그러나 이제 유니버설 디자인과 더불어 그 모든 기준에서 장애인을 우선 고려하게 되었다. 이 말은 또다시 장애인과 비장애인을 구분하자는 것이 아니라 무엇을 설계할 때면 비장애인이 먼저 떠오르는 것이 아니라 장애인이 먼저 떠오르게 되었다는 것이다. 장애인에게 이해되고 유용하면 비장애인에게도 이해되고 유용하다. 보편적인 일반인이 아니라 특별한 개인을 먼저 생각하게 되었고, 장애인 없는 보편적인 일반인이 아니라 장애인과 함께 보편적인 일반인을 고려하게 되었다.

신학에 대한 내용은 차치하고 신학을 담는 그릇에 대해서도 재고를 하게 되었다. 난해하고 사변적인 신학적 전개와 소개는 한 번 더 재고하게 된다. 지적장애인이 이해할 수 있는 신학적인 전개와 소개가 필요하다. 아울러 신학은 단순히 인지와 논리로 하는 것이 아니라 삶과 행동으로 하는 것이다. 그런 점에서 교회의 성례전은 물론 말씀 전달의 시청각화와 무엇보다 실제적인 삶에서 복음을 살아 있게 해야 한다. 그런 의미에서 유니버설 디자인은 장애인신학과 더불어 많은 도전을 하고 있다. 장애인신학도 그것이 만약 장애인만을 위하거나 아니면 장애인이 알아듣지 못하는 사변적이고 추상적인 신학 놀음에 머물러 있다면 매우 심각한 일이다.

쉽게 말해 장애인신학이란 하나님이 장애인이든 비장애인이든, 바로 나/

---

17) 김균진, 「기독교조직신학 Ⅱ」, 336-364.

너를 사랑하신다는 사랑의 신학이다. 하나님이 장애 입은 이 세계를 사랑하신다는 '사랑의 신학'이다. 하나님이 우리의 죄와 저주와 억압과 불의의 모든 장애 상황으로부터 그의 아들인 예수 그리스도를 통하여 구원하셨다는 것을 믿는 '믿음의 신학'이다. 하나님이 장애를 넘어 교통하시는 성령으로서 우리의 삶 속에 들어와 우리로 하여금 하나님의 사랑을 느끼게 하고, 하나님이 기뻐하는 삶을 살도록 이끌어 가는 '희망의 신학'이다. 장애인신학은 성도로 하여금 장애와 함께/장애를 고려하여/장애를 넘어 하나님의 사랑과 뜻이 온전히 이루어지는 하나님 나라를 살아가도록 한다. 교회는 하나님 나라를 향한 삶을 장애인과 함께한다. 성도는 교회를 통하여 하나님 나라를 알고, 배우고, 살고, 교회를 통하여 온 세계에 이 사랑과 복음을 전하게 된다. 그리하여 온 세계에 하나님 나라가 이루어지게 하는 것이다. 장애인신학은 한마디로 장애인을 우선 고려함으로 출발하였으나 결국 비장애인과 함께하며, 비장애인도 쉽게 알고 함께 살아가는 하나님 나라 신학이다. 장애인신학은 장애인만이나 비장애인만이 아니라 장애인과 비장애인이 함께 하나님 나라를 바라보는 장애인·비장애인의 공동체신학이다.

유니버설 디자인은 유니버설 신학을 요청한다. 유니버설이란 보편적이란 뜻이다. 교회와 신학은 보편적이어야 한다(katholica ecclesia et katholica theologia). 보편적인 신학, 보편적인 교회에 장애인에 대한 의식이나 배려가 없어서는 안 된다. 오히려 반대이다. 장애인을 고려할 때 보편적 신학이 되고, 장애인을 배려할 때 보편적 교회가 된다.

5. 공적신학으로서의 장애인신학

공적신학(Public Theology)은 교회의 신학이 사적인 영역에만 머물러 있는 것이 아니라 신학으로서 마땅히 해야 할 공적인 영역에서의 책임을 감당하고자 하는 신학이다. 신학이 개인의 신학에서 교회의 신학이 되었으나 사회의 신학이 되지는 못하였다. 공적신학이란 사회적 기능과 책임을 다하는 교회의 신학을 총체적으로 지칭하는 용어이다.[18] 공적신학은 글로벌 시대에 교회가 게토(ghetto)가 되거나 소종파가 되고 있으며, 신학이 주변화되거나 사사화(privatization)되고 있는 상황에 대한 인식 가운데 교회와 신학의 정체성을 재확인하고자 한다.

그러면 공적신학의 내용은 무엇인가? 장신근은 공적신학에 대해서 다음과 같이 잠정적으로 정의한다. "공적신학이란 성경과 기독교신학의 역사에 뿌리를 둔 것으로 기독교 신앙과 실천의 사사화 현상에 직면하여 하나님 나라의 비전 아래 그리스도인 개인들의 공적 신앙 양육과 공적 공동체로서의 공교회 형성을 통하여 공공의 선을 지향하는 여러 차원의 공적 삶을 형성하고 변형시켜 나가는 것을 목표로 하며, 이들이 확고한 기독교적 정체성을 가지면서도 동시에 자기 자신을 넘어서서 여러 차원의 공적 삶에 기독교적 관점에서의 가치관을 다른 전통이나 학문과의 대화를 통하여 제시하고, 이를 변형시켜 나가는 데 기여하는 신학이다."[19]

사실 공적신학의 내용은 하나님 나라 신학과 다르지 않다. 지난 세기 하나님 나라 신학이 자칫 개인적인 차원에서 교회 안의 주제에 머물러 있었던 것에 비해 공적신학은 하나님 나라 신학이 가지고 있는 사회적이고 우주적인 차원의 공적 주제들에 집중한다. 공적신학은 하나님 나라의 신학이다. 자칫 하나님 나라가 개인적인 삶의 영역으로 국한될 수 있기에 공적신학은 삶의 공적인 부분에 있어서도 동일하게 하나님의 주권을 인정하며 하나님이 원하시는 세계를 이루고자 하는 신학운동이다.

몰트만에 따르면, 신학은 단순히 교회의 기능에 국한되는 것이 아니라 그리스도로 말미암은 하나님 나라 신학이며, 하나님 나라의 지평 속에서 공

---

18) M. Marty, *Public Theology : Mainline-Evangelical-Catholic*(New York : Crossroad, 1981). 공적신학이라는 용어는 마틴 마티(Martin Marty)가 "Reinhold Niebuhr : Public Theology and American Experience," *Journal of Religion*(Oct. 1974)에서 라인홀드 니버의 신학을 평가하면서 처음으로 언급하였는데, 최근 신학의 중심 주제가 되고 있다.
19) 장신근, "공적신학이란 무엇인가?"「공적신학과 공적교회」(서울 : 킹덤북스, 2010), 79.

적인 신학이다. 그러므로 신학은 사회의 공적인 일(res publica)에 관여해야 한다. 하나님 나라의 기능으로서 신학은 사회의 정치적, 문화적, 경제적, 생태학적 삶의 영역들에 속한다. 하나님 나라 신학은 이 세계의 모든 영역에서 공적인 신학이 되어야 한다. 공적신학은 하나님 나라의 시각에서 보기 때문에 비판적이고 예언자적으로 참여한다.[20]

스택하우스(Max Stackhouse)에 따르면, 신학은 첫째로 기독교의 진리를 밀교의 전유물이 아니라 공적 영역에서 모든 사람과 합리적으로 대화할 수 있으며, 둘째로 신학은 사회의 구조들과 정책들에 방향을 제시해 줄 수 있기 때문에 공적인 성격을 갖는다.[21] 이를 위해 공적신학은 문화, 사회, 과학, 기술, 경제, 정치에 관한 사회의 모든 공적 주제들에 대하여 사회과학, 역사과학, 자연과학은 물론 다른 종교적 전통이나 사상들과도 함께 비판적으로 대화하고자 한다.

공적신학은 공적 주제를 다룬다. 공적 주제란 교회 안의 문제가 아니라 사회와 인류를 위한 주제들이다. 교회와 신학이 이 주제들에 대해서 눈감아 버린다고 해서 그 책임을 다한 것은 분명히 아니다. 공적 영역은 비어 있는 것이 아니라 지금까지 그러했듯이 언제나 누구 또는 무엇에 의해 채워지고 주도된다. 거기에 교회와 신학의 책임이 있다. 공적 주제들이란 정치, 경제, 정의, 인권, 생태계의 위기, 전쟁, 평화, 문화, 스포츠, 언론, 복지 등 공적인 영역에 있는 모든 사람들을 위한 주제들이다.[22]

장애 문제 또한 분명히 공적 주제이다. 장애의 개념이 개인적이고 육체적인 차원을 넘어서 이제 사회적이고 환경적인 차원으로 확대되어 모든 인

---

20) J. Moltmann, 「세계 속에 있는 하나님」, 7-10. 특히 351-352.
21) M. Stackhouse, *Public Theology and Political Economy*(Grand Rapids : Eerdmas, 1987), xi.
22) 봉사나 복지를 생각한다면 디아코니아 신학이 좋은 대안이 될 수 있다. 장애(인)라는 주제에 있어서는 더욱 그렇다. 김옥순, 「디아코니아학 입문」(서울 : 한들출판사, 2010)과 김한호, 「장애인과 함께하는 디아코니아」(서울 : 한장연, 2010) 참조. 디아코니아 신학이 공적 주제 전반을 다루기에는 역부족이지만, 그 자세나 방법이나 사례들은 다른 공적 주제들에 신학과 교회의 접근을 위하여 좋은 본과 도전을 제공한다.

간의 삶에 해당되고 있으므로 더욱이 사적 주제가 아니라 공적 주제이다. 장애인의 인권, 복지정책, 장애 인식 개선, 장애인의 정치 참여, 경제 활동, 자립생활, 장애인과 비장애인이 함께하는 지역사회 등 장애인 관련 주제만 하더라도 방대하다.[23] 장애라는 공적 주제의 각 분야와 영역에서 신학과 교회는 하나님 나라 실현을 위해 비판적 대화와 책임적 참여를 하여야 한다.

교회는 처음부터 공적인 영역에서 사역을 해 왔다. 우리나라도 예외는 아니다. 한국교회는 초기부터 계몽, 교육, 의료, 인권, 정치, 나라의 독립을 위해서도 그 책임을 감당하여 왔다. 공적신학이란 공적 주제에 교회가 책임을 가지는 것을 말한다. 한국교회는 역사적으로 공적 주제에 끊임없이 참여하여 왔다. 지금도 한국교회가 공적 주제로서 장애 문제에 책임을 다하는 역사가 이어지고 있다.[24]

로제타 홀(Rosetta S. Hall)은 의료선교와 함께 특히 조선의 시각장애인들을 위해서 일하였다.[25] 그녀는 1894년 조선 최초의 시각장애인 학교인 '평양맹아학교'를 설립하여 시각장애인 소녀 오봉래를 가르쳤는데, 이것이 한국 특수교육의 효시가 되었다. 1897년 페리(Jean Perry) 선교사는 서울에 지체장애인 아동을 위한 집을 세웠다. 1897년 한센병자들을 위한 부산나병원이 개설되었다. 홀은 1909년에 평양맹아학교에 농아부를 설치하여 청각

---

23) 정영숙·이현지, 「장애인복지론」(서울 : 학현사, 2003) 참조. 이 책은 장애인 복지와 관련하여 이념, 재활 서비스, 복지정책의 주요 주제들을 상세하게 소개하고 있는데, 이 모든 영역과 분야에 기독교적 접근과 사고와 삶이 반영되어 하나님 나라의 실현을 이루어 가야 한다.
24) 한국교회의 사회참여 전반에 대해서는 민경배, 「한국교회의 사회사(1885-1945)」(서울 : 연세대학교 출판부, 2008) ; 한국교회의 공적 책임의 실천에 대해서는 김명배, "구한말 기독교 사회·민족운동에 대한 공적신학적 성찰"과 임희국, "한국교회의 공적 책임 실천, 그 역사적 사례," 「공적신학과 공적 교회」(서울 : 킹덤북스, 2010) ; 한국교회의 장애인선교 사역에 대해서는 박응규, "역사신학적 접근에서 본 장애인 : 한국교회사적 고찰," 「신학으로 이해하는 장애인」(서울 : 세계밀알, 2009) 참조.
25) S. Hall, *With Stechoscope in Asia : Korea*, 김동열 역, 「닥터 홀의 조선회상」(서울 : 좋은씨앗, 2003), 158-159, 203.

장애인교육을 시작하였다. 1914년에는 우리나라에서 최초로 특수교육 관련 국제회의인 '동양맹농아교육회의'가 열렸다.

곽안련의 「교회샤회사업」을 보면, 한국교회 초기에 교회가 사회적 주제와 이웃을 돌보는 일을 어떻게 해야 하는가를 제시하고 있다. 장애와 관련해서는 한센병, 정신병, 시각장애인과 청각장애인에 대한 교회의 봉사 자세와 방법을 소개하고 있다.[26] 한국교회는 초기부터 교회공동체 차원에서 장애(인)라는 공적 주제에 접근하였으며 봉사하였다.

또한 지난 세기말 장애(인)가 사회적 주제로 떠오를 때에 한국기독교교회협의회(NCCK)는 장애인의 인권, 장애인주일지키기운동, 한·일장애인교류대회, 아시아장애인정책협의회 등을 전개하였다.[27] 대한예수교장로회 예장(통합)은 총회 차원에서 총회 장애인헌장, 장애인복지선교 지침서, 발달장애인부 매뉴얼 등을 제작·보급하였다.[28] 무엇보다 한국의 수많은 교회들이 지역의 장애인시설과 기관과 장애인을 돕고 있으며, 장애인복지관이나 주간·단기보호시설이나 작업장 등의 이용 시설과 장애인과 함께 거주하는 생활 시설들을 운영하고 있다. 장애인 사역과 함께 공적 주제로서 장애(인)에 대한 신학 작업이 전개되기에 이르렀다.

신학은 본질적으로 공적신학이다. 이 말은 개인의 신앙을 무시하거나 신앙의 내면화를 무시하는 것이 결코 아니다. 다만 오랫동안 사회에서 형성된 신앙이 잠시 놓치고 있었던 공적인 영역을 재발견하고 회복하고자 하는 것이다. 신앙과 신학의 내면과 외면은 하나다. 민경배는 신앙의 내연과 외연을 이야기하였다.[29] 신앙이란 내면의 신앙이 공적인 영역에서도 자연스

---

26) 곽안련, 「교회샤회사업」(서울 : 대한기독교서회, 2012), 60-78. 이 책은 1932년에 처음 출간되었는데, 2012년 교회의 사회봉사에 대한 관심 가운데 현대 맞춤법에 따라 개정하여 발간되었다.
27) 이예자, "장애인의 평등과 참여의 세상을 위하여," 「장애인 차별과 교회」(서울 : 한국기독교교회협의회, 2008), 6-7.
28) 대한예수교장로회 총회 사회봉사부 편, 「총회 사회선교 정책문서집」(서울 : 한국장로교출판사, 2005)과 「총회 사회선교 정책문서 자료집」(서울 : 대한예수교장로회 총회 사회봉사부, 2007) 참조.
29) 민경배, 「글로벌 시대와 한국, 한국교회 : 민족교회에서 글로벌 교회로」(서울 :

럽게 드러나게 되어 있다. 그러나 이를 넘어 공적 영역에서의 신앙의 삶이 내면의 신앙을 재정립하고 확신에 거하게 하고, 그 내면의 신앙이 다시 공적인 영역에서 살게 한다.

6. 결 어

장애인신학은 장애(인)라고 하는 삶의 자리에 발을 딛고 있다. 이것을 가리켜 특수한 신학이나 이상한 신학이라고 분리하거나 거부할 수 없다. 왜냐하면 모두 다 자기의 삶의 자리에서 신학을 하기 때문이다. 전통신학에 서 있는 사람은 그 삶의 자리에서 보다 무게 있게 전통의 유산을 의지하고 있는 것이고, 해방신학에 서 있는 사람은 그 삶의 자리에서 다른 것보다 해방의 희망에 기초하고 있는 것이다. 그러므로 모든 신학은 특수하다. 그러나 신학은 결코 특수함에 머물러 다른 전통들을 배척하고 배타적으로 머물러 있을 수 없다. 신학은 끊임없이 다른 신학 전통과 만나며, 이해를 추구하며, 다른 신학 전통과 더불어 실천하는 신학이다. 그런 점에서 모든 신학은 보편을 추구하며 보편신학이 되어 간다. 그것이 하나님 나라를 향한 신학이다.

장애인신학은 그런 점에서 분명히 장애라고 하는 삶의 자리나 장애라고 하는 삶의 경험을 포기할 수 없다. 그것을 떠나는 순간, 그것은 장애인신학이 아니며 또 다른 무엇으로 이름 하여야 할 다른 신학이 된다. 그렇다고 해서 언제까지나 장애에 매여 나아가지 못하는 신학이 되어서도 안 된다. 장애와 관련이 없는 사람이면 아무것도 말할 수 없는 것이 결코 장애인신학은 아니다.

대한기독교서회, 2011), 235-248. 민경배는 이제 한국교회가 세계 사회에서 책임 있는 역할을 감당할 것을 제안하고 있다. 그는 신앙의 내연(內燃) → 외연(外延)의 원리를 주장해 왔다. 한국교회를 향한 민경배의 제안은 시대적으로 매우 적절하다. 다만, 원리에 있어서 필자는 내연→외연보다는 내적 신앙⇌공적 신앙을 주장한다.

그렇다면, 그것이야말로 정말로 장애 입은 신학이 되고 말 것이고, 상대적으로 다른 신학을 언제나 반쪽짜리 신학으로 남겨 두게 될 것이기 때문이다. 그러므로 장애인신학은 장애를 삶의 자리나 주제나 매개로 하지만, 결국은 모든 사람을 위한/모든 사람에 의한 신학이고, 모든 사람을 위한/모든 사람에 의한 신학이 되어야 한다.

그런 차원에서 이 글은 두 가지의 인간존재론과 두 가지의 장애 관련 학문의 최근 동향, 곧 장애학과 공적신학을 통해 모든 사람을 위한 장애인신학의 근거를 확보하고자 하였다.

오랫동안 장애를 인간의 본질이나 보편적인 경험에서 벗어난 것으로 간주하여서 장애 없는 인간을 인간의 본질 또는 원형으로 삼아 인간론을 전개하여 왔는데, 사실 장애란 인간이 일생을 살면서 누구나 겪을 수 있는 삶의 경험이며 삶의 조건이다. 그러므로 장애는 극히 일부의 인간에게서 발견되는 매우 이례적이고 낯선 것이 아니라 인간이면 누구나 경험하게 되는 공통적이고 일반적인 것이다. 모든 인간은 사회가 정한 장애인에 관한 규정을 넘어 모두가 장애인이다. 비단 영적 장애인이나 도덕적 장애인을 말하는 것이 아니다. 그보다 먼저 실제로 인간은 신체적·정신적으로 연약한 존재여서 언제나 장애인이 될 수 있으며 장애를 일상적으로 경험하는 존재이다. 그러므로 장애인만의 신학이 아니라 비장애인을 포함한 모든 사람을 위한 존재론적 신학이 가능하다.

또한 최근의 인간존재론은 인간을 개별적으로 완전 독립된, 더 이상 타자를 필요로 하지 않는 존재론이 아니다. 오히려 인간은 타자를 필요로 하며, 타자 속에서 존재하며, 타자와 관계하는 존재이다. 인간은 타자와의 사랑 속에서 존재하는 것이다. 오랫동안 지배적이던 나와 타인의 분리는 비인간화의 과정이었다. 그러므로 상호 의존의 존재론에 기초할 때에 장애인신학은 장애인과 비장애인 모두를 치유하는 치유신학이며, 장애인과 비장애인 모두를 해방하는 해방신학이다. 아울러 둘 사이 간극을 벌려 놓고 고착화시키는 사회적인 병폐에 대한 치유이며, 사회적인 구조악(構造惡)에 대한 해방이다.

최근의 장애인 복지 현장에서 떠오르고 있는 유니버설 디자인은 교회로 하여금 시설과 커뮤니케이션의 방법을 개선하도록 요청한다. 그것은 시설만이 아니라 장애에 대한 태도와 생각을 전향적으로 바꿀 것을 요청한다. 장애인만을 위한 교회나 신학이 아니라 장애인을 위할 때 모든 사람이 함께 누리고 나눌 수 있는 교회와 신학을 추구하게 한다. 그것은 신학의 전달 방법만 아니라 신학에 대한 이해에도 영향을 주어서 장애인과 함께하는 신학을 요청한다.

최근 신학의 사사화에 반대하여 주창되고 있는 공적신학은 신학의 본질로서 오랫동안 잃어버린 공적 영역의 회복을 추구하고 있다. 하나님의 주권은 인간의 내면뿐만 아니라 사회의 공적 영역에서도 이루어져야 한다. 장애 주제는 분명히 공적 영역에 속한 공적 주제이다. 신학과 교회는 장애(인) 주제로 세계에서 복음이 실현되는 하나님 나라가 되도록 논의하고 실천해야 한다.

더 이상 장애인신학은 당파적인 신학이나 다른 신학을 증오하거나 투쟁의 대상으로 삼는 신학이 아니다. 모든 신학은 부족하고 저마다의 한계를 가지고 있으므로 겸손하게 그 한계를 인정하며 대화로 나아가서 함께 하나님 나라의 실현을 위해 협력해야 한다.

이제 장애인신학은 장애-인간론과 상호 의존의 존재론, 그리고 유니버설 사고의 전환과 공적신학의 관심 가운데 성경, 교의, 신앙, 교회생활, 그리고 사회와 세계 전반에 걸쳐서 하나님 나라를 향하여 여러 신학들과 더불어 대화하며 신학을 전개해 나가야 한다.

이 글은 모든 사람에 의한, 모든 사람을 위한 장애인신학의 근거를 확보하고자 논구한 글이다. 이제는 확보된 근거 위에서, 구체적으로 장애-인간론과 상호 의존의 존재론에서 장애인신학이 어떻게 구성될 수 있는지에 대해 보다 치밀하게 논의해야 한다. 그리고 유니버설 디자인의 사고에서 장애인신학이 어떻게 구성될 수 있고 전달될 수 있는지에 대해서 논의를 시작해야 한다.

그리고 무엇보다 공적신학의 틀 안에서 구체적으로 장애인의 인권, 복지, 제도, 문화, 정책 수립, 기관 운영, 프로그램 진행, 봉사 등에 대해서 하나님 나라의 전망을 가지고 장애인신학을 전개해야 한다.

제2장
성경에 나타난 장애인의 삶과 신학

1. 한글 공인 성경들에 나타난 장애인 호칭과 그 의미 | 채은하 교수

2. 구약성경에 나타난 장애인의 삶과 장애인신학의 시도 | 채은하 교수

1

한글 공인 성경들에 나타난 장애인 호칭과 그 의미

채은하 교수(한일장신대학교)

모든 계층을 막론하고 보편적 언어를 담은 성경은 장애인 호칭에 있어서
그 번역이 이루어진 시대에 장애인에 대한 태도와
나아가 장애인의 삶의 자리를 가늠하게 해 준다.
더욱이 성경은 하나님의 뜻을 전하면서 그 시대를 선도하는 위치에 있는 만큼
성경의 언어와 가르침은 성경 독자들에게
절대적인 영향을 끼친다는 점에서 중요하다.

1. 들어가는 말

언어는 그 말이 사용되는 시대의 정신과 가치관을 담고 있다. 특히 장애인에 대한 호칭은 한국의 근대사에서 빠르게 변화되었는데, 이것은 장애인에 대한 인식 변화가 그렇게 급속히 이루어졌다는 것을 의미한다. 이를테면 경멸이나 욕설로 쓰이는 병신[1]이나 불구자라는 말은 현재 공적인 자리에서 통용되고 있지 않다. 그런 의미에서 장애인 호칭 변화와 그 인식은 지난 1세기 동안 번역된 다양한 한글 성경들 속에 그대로 반영되었다고 할 수 있다.

왜 장애인 호칭이 중요한가? 그것은 장애인에 대한 인식이나 장애인에 대한 비장애인의 태도, 장애인의 이미지, 특정 사회의 장애인에 대한 통념, 비장애인이 장애인에 대해 갖는 집단적 편견이나 무의식 등이 이런 호칭들을 통해 드러나기 때문이다.

그러므로 지난 100여 년 동안 여러 차례 번역되고 개정된 한글 성경에 나타난 장애인 호칭들을 통해 적어도 한국의 근대사 속에서 장애인에 대한 사회의 인식과 태도가 어떻게 발전되었는지를 이해할 수 있다. 그러므로 한글 번역 성경(예수셩교젼셔, 개역/개역개정, 표준새번역/새번역, 공동번역/공동번역개정)에 나타난 장애인들의 호칭 연구는 장애인에 대한 한국 사회와 한국교회/신학의 인식과 나아가 장애인신학을 정립하는 데 중요한 연구가 될 것이다.

---

[1] 근대 이전의 한국에서는 장애인을 병신, 잔질지인(殘疾之人), 잔폐지인(殘廢之人), 폐질자(廢疾者) 등으로 불렀다. 이 중 병신을 제외한 나머지 세 말은 모두 중국에서 건너온 말로서 식자층이 사용한 문어(文語)에 해당된다. 병신이라는 말은 본래 한자어 '病身'에서 온 말로서 그 원의는 병든 몸 혹은 아픈 몸이라는 뜻이다. 병신이란 말의 원의에는 가치적 태도가 개입되어 있지 않으며 따라서 어떤 시선이 내포되어 있지 않다. 하지만 조선 시대에 이 말은 그 뜻이 바뀌어 신체장애자를 가리키는 말로 쓰이게 되었다. 병신이라는 단어는 몸을 중심으로 정상/비정상, 주체/타자, 우/열, 강/약, 유시(有視)/무시, 동화/이화(異化)를 뚜렷이 구분하는 성향을 가진다. 한마디로 말해 병신이란 말에는 차별과 배제와 억압의 시선을 담고 있다. 병신을 이런 의미로 쓴 동아시아 국가는 한국밖에 없다고 한다. 박희병, "병신에의 시선,"「고전문학연구」24(2003), 311-312.

번역 성경은 번역이 이루어진 시대의 보편적 언어뿐만 아니라 그 언어가 담고 있는 가치를 담고 있다. 모든 계층을 막론하고 보편적 언어를 담은 성경은 장애인 호칭에 있어서 그 번역이 이루어진 시대에 장애인에 대한 태도와 나아가 장애인의 삶의 자리를 가늠하게 해 준다. 더욱이 성경은 하나님의 뜻을 전하면서 그 시대를 선도하는 위치에 있는 만큼 성경의 언어와 가르침은 성경 독자들에게 절대적인 영향을 끼친다는 점에서 중요하다. 그러므로 성경에 나타난 장애인 호칭은 긍정적이든 부정적이든 사회와 교회에 막강한 영향력을 발휘하게 된다. 그 호칭이 장애인에 대하여 부정적이고, 차별적이고, 편견을 담게 될 때 비록 몇 단어에 불과할 수 있지만 오히려 장애인에 대하여 편견이나 왜곡된 이미지를 진리로 굳히는 힘을 가질 수 있기에 장애인 호칭의 문제는 간과할 수 없다.

근대 한국 사회에서 장애인 호칭들, 이를테면 소경, 앉은뱅이, 곱추, 귀머거리, 절름발이와 불구자 같은 호칭은 아주 일상적으로 사용된 것들이다. 과거 이런 장애인들을 총체적으로 아우르는 말로서 가장 대중적인 호칭은 '병신'이었다.

하지만 오늘날의 시각으로 볼 때 이러한 호칭들은 장애에 대한 어떤 가치 개입 없이 보는 것이 아니라 이미 이런 호칭들 속에는 도덕적 가치나 판단이 담겨져 있다. 이에 따라 질병이나 장애는 악이자 나쁜 것이며, 나아가 신체적/정신적 장애를 갖고 있는 인간 자체도 죄악시하거나 폄하한다. 더욱이 병신이라는 호칭은 병과 도덕적 죄악을 하나의 개념으로 묶는다. 성치 못한 사람이라는 말과는 비교할 수 없을 정도로 강렬하고 뚜렷하게 정상/비정상, 병/건강, 우/열, 장애/비장애를 차등 짓고 경계 지운다. 그러므로 이 용어는 각종 신체적 장애를 지닌 사람의 몸만이 아니라 그 정신까지도 결함과 문제를 지닌 인간으로 간주하게 만든다. 그러므로 병신이란 개념에는 악, 비정상, 못남, 도덕적 저열성, 어리석음, 분수를 모름, 기생적임, 성가심 등 온갖 부정적인 표상이 있다.[2]

---

2) 박희병, 「고전문학연구」 24, 349-350.

이런 의미에서 다양한 한글 번역 성경들에 나타난 장애인 호칭들은 매우 중요하다. 지금까지 한국교회에서 사용한 한글 성경은 1887년에 나온 예수성교젼셔를 비롯하여 개역(1938/1952/1961)과 개역개정(1998)이 있다. 이 외에 표준새번역(1993)과 이것을 개정한 새번역(2001)과 공동번역(1977)과 공동번역개정(1999)이 대한성서공회에서 발행되어 현재 사용되고 있다. 이것들은 최초의 한글 성경 예수성교젼셔가 1887년 번역된 이래 2001년까지 약 100여 년 동안 번역된 한글 성경들로서, 이것들이 번역된 시대의 언어뿐만 아니라 그 시대의 사상과 인식 변화를 보여 주고 있다. 그러므로 이런 한글 성경들이 장애인에 대한 호칭들을 어떻게 사용하고 있으며 그 호칭이 시대와 번역 성경마다 어떻게 변화되고 있는지를 살피는 일은 장애인에 대한 한국 사회와 교회의 태도를 알 수 있게 한다. 더 나아가 결국 성경이 교회를 지도하고 교훈하므로 성경에 나타난 장애인 호칭이 교회와 교인의 인식 변화의 상관관계를 가늠할 수 있게 한다.

본 연구는 각 시대에 따라 번역된 예수성교젼셔(사복음서로만 제한)와 개역과 개역개정과 표준새번역과 새번역, 그리고 공동번역과 공동번역개정을 중심으로 이 번역본들 안에서 발견되는 장애인 호칭 언어들과 그 변화를 살펴보는 데 있다. 여기에서 장애인이라 할 때 1985년 장애인복지법이 발휘된 이래 지체장애, 시각장애, 청각장애, 언어장애, 정신지체를 장애의 범주에 포함하고 있으나 성경에서는 정신지체를 직접 다룬 경우가 드물기에 정신지체를 제외하고 다른 4종류의 장애인들에 대하여 각 한글 번역본이 어떤 호칭을 사용했는지 찾아보고, 그 변화와 의미를 발견하고자 한다. 결론적으로 이 연구는 한글 성경들에 나타난 장애인 호칭에 있어서 대폭 수정되어야 할 것을 밝히게 될 것이다. 장애인들의 호칭이 가장 중립적으로 수정·보완될 때라야 현재 사용되고 있는 한글 성경이 이 시대의 하나님 말씀으로 더 가까이 성도들에게 접근되고 건강한 장애인 인식을 이끌어 낼 수 있을 것이다.

2. 한글 번역 성경들에 나타난 장애인 호칭

1) 예수셩교젼셔[3]에 나타난 장애인 호칭

1887년 최초로 한글로 번역된 예수셩교젼셔는 장애인에 대하여 앉은뱅이(안잔방이, 마 11:5, 15:30, 21:14; 막 9:45; 눅 14:13, 21), 절룩발이(막 9:45), 병신(마 15:30-31, 18:8; 눅 14:13, 21), 소경(쇠경, 마 9:27-28, 11:5, 12:22; 눅 14:21), 벙어리(벙어이, 마 12:22, 15:31; 막 7:37; 눅 1:22, 11:14)와 귀머거리(귀먹당이, 마 11:5; 막 7:32, 9:25)와 같은 호칭들을 사용하고 있다. 이것은 19세기 말, 이 성경이 번역되었던 근대 한국 사회의 장애인 호칭들을 짐작하게 한다. 이것을 볼 때 성경조차 장애인에 대한 비장애인의 경멸 내지는 무시하는 시선으로부터 자유로울 수 없었음을 알 수 있다. 이것은 예수셩교젼셔가 번역된 19세기 말에 발행된 「독립신문」에서 '병신'이라는 용어가 일반적으로 사용된 것과 일치한다. 박희병은 '병신'이라는 용어가 원래는 경멸적인 뜻을 갖고 있지 않았다고 한다. 그런데 18세기 후반 무렵부터 그런 의미의 용례가 보이기 시작했다가 19세기 중반쯤에 이르러서는 아예 경멸적인 언어로 고정되었다고 한다.[4] 그러다가 개화기에는 병신, 즉 장애인들은 부국강병을 가로막는 해악이자 타도되어야 할 은유로 사용되었고,[5] 병신의 이런 이미지는 여전히

---

3) 본 글에서는 마태복음, 마가복음, 누가복음, 요한복음 등 4개의 복음서만 다루기로 한다. 이것을 위해 나채운이 번역하고 해석한, 「예수셩교젼셔」(서울 : 한국장로교출판사, 2002)를 사용하였다.
4) 박희병은 18세기의 문헌들, 이를테면 「완월회맹연」과 「개수첩해신어」, 「인어대방」, 「존설인과곡」과 「한등록」을 통해 '병신'의 역사적 변천을 추적하고 있다. 「고전문학연구」 24, 352-353.
5) 박희병은 **병신**의 용례를 「독립신문」에서 인용하고 있다(「고전문학연구」 24, 356-357) : "만일 구습을 버리지 못ᄒᆞ고 다만 안져 한탄만 ᄒᆞᄂᆞ 사람은 **병신** 구실만 ᄒᆞᄂᆞ 사ᄅᆞᆷ이니"(1897. 2. 13의 론셜) ; "밤낫 남의게 치쵸를 밧고 업수이 녁임을 밧고 약ᄒᆞ고 가난ᄒᆞ고 무식ᄒᆞ고 어리셕고 **병신** 구실들을 ᄒᆞ면서도 그리고 그거슬 즐겁게 녁여 남이 업수히 녁여야 분히 녁이는 생각도 업고"(1896. 8. 1의 론셜) ; "죠션 사ᄅᆞᆷ은 내일은 엇지 ᄒᆞ엿던지 당쟝만 생각ᄒᆞ고 만스를 경영ᄒᆞ니 갈쇼록 졈졈 궁ᄒᆞ고 어둡고 약ᄒᆞ고 **병신**만 되지 해가 갈쇼록 나아질 여망이 없는지라"(1896. 9. 24의

지속되고 있기에 현재 공식적으로는 장애인에 대하여 거의 사용되고 있지 않다. 목민심서에 따르면 사회의 보호와 복지 혜택을 입어야 할 대상으로 관질(寬疾)이 있었는데, 질(疾)이라 함은 불구의 폐질자(廢疾者)를 말하는 것이요, 폐질이란 봉사, 절름발이, 나병환자, 간질환자, 벙어리, 꼽추, 고자 등으로서 자력으로 의식주 해결을 못할 뿐만 아니라 또한 사람들의 미움과 경멸을 받았다[6]고 한다. 그러므로 장애인에 대한 이런 호칭들은 자연스럽게 부정적이고 차별하고 업신여겨도 될 대상으로 인식하게 만들었다고 할 수 있다. 그런데 더 놀라운 것은 앞으로 볼 것이지만 이런 호칭들의 다수가 1세기가 지난 21세기 한글 번역 성경에 여전히 사용되고 있다는 사실이다. 이것은 성경 번역자들이 장애인에 대한 바른 호칭에 대하여 제대로 인식하지 못하고 있을 뿐만 아니라 여전히 장애인에 대한 인식이 지난 세기의 것과 다르지 않다는 것을 의심하게 하는 부분이다. 그러므로 이런 호칭들이 각 한글 성경에서 어떻게 변화되었는지를 추적하고 이런 호칭들이 현재의 용도에 맞게 수정되도록 해야 할 것이다.

2) 개역(1938/1952/1961)/공동번역(1977)/표준새번역(1993)에 나타난 장애인 호칭

지난 20세기 한국교회가 급성장하던 시대의 한국 개신교 교인들이 주로 사용했던 성경은 개역이었고, 20세기 후반에 공동번역과 표준새번역이 새로 나오게 되었다. 이것은 한국교회의 부흥과 성경 사랑이 비례하고 있었음을 단적으로 증명해 준다. 이렇게 한국교회의 성장과 다양한 번역본들은 서로 불가분의 관계에 있는 만큼 이런 한글 성경들에 나타난 장애인의 호칭들을 통해 장애인에 대한 한국 사회와 한국인의 인식을 찾아볼 수 있는 좋은 근거가 된다.

론설) ; "운슈만 기다리고 안젓는 사람은 **병신**이요 셰상에 쓸데업는 사람이라"(1896. 8. 18의 론설).
6) 한국재활재단 편, 「한국장애인복지변천사」, 서울 : 양서원, 1997, 29-30.

한국의 교회 강단에서 사용되었던 세 종류의 한글 번역 성경에 나타난 장애인 호칭들은 지체장애인에 대하여 앉은뱅이, 절뚝발이, 불구자, 병신과 저는 자로, 언어/청각장애인에 대하여 벙어리와 귀머거리로, 시각장애인에 대하여 소경과 장님과 눈먼 사람이라는 호칭을, 여기에 한센병자에 대하여 문둥이 혹은 나병환자로 부르고 있음을 발견할 수 있다. 이런 용어들이 나타나는 한글 성경들의 번역 시기가 개역의 경우 1938년(1952/1961)이었던 만큼 장애인에 대한 호칭 역시 부정적이고 경멸적[7]으로 사용되고 있다. 1977년에 번역된 공동번역은 1887년의 예수셩교젼셔나 개역[8]과 거의 다르지 않게 장애인에 대한 호칭으로 차별과 경멸이 담긴 비속어를 그대로 많이 사용하고 있다.

마지막으로 세 개의 한글 번역 가운데 가장 늦게 번역된 표준새번역 성경(1993)은 이것을 의식하였던지 장애인에 대한 호칭을 완곡하게 하려는 의도를 갖고 시각적이고 기능적인 측면에서, 이를테면 다리 저는 사람, 말 못하는 사람, 듣지 못하는 사람과 눈먼 사람 등으로 번역하였다. 이 같은 세 개의 한글 번역 성경들이 사용하는 장애인 호칭들을 아래(표 1)와 같이 비교 정리해 볼 수 있다.

---

7) 우리나라 영화가 제작되기 시작한 1920년 이후 영화 제목에 나타난 장애인을 지칭하는 용어들은 다양하다. 그중에는 1920년대에 제작된 "멍텅구리"(1926)를 비롯해서 "벙어리 삼룡"(1929), 1950년대의 "백치 아다다"(1956), "백의 천사와 꼽추"(1959), 1960년대 "바보 온달과 평강 공주"(1961), "벙어리 삼룡이"(1964), "바보"(1965), "팔푼이 애꾸눈"(1969) 등이 있다. 1970년대에는 "애꾸눈 박"(1970), "홍콩의 애꾸눈"(1970), "황야의 외팔이"(1970), "원한의 두 꼽추"(1971), "비련의 벙어리 삼룡"(1973), "돌아온 외다리"(1974), "바보 용칠이"(1975), "외팔이 권왕"(1978), 그리고 1980년대에는 "팔불출"(1980), "난장이가 쏘아 올린 작은 공"(1981), "풍운아 팔불출"(1981), "숲 속의 바보"(1982), "외팔이 여신용"(1982), "바보사냥"(1984), "백치원앙"(1989) 등을 볼 수 있는데, 이런 제목들을 보면 20세기 한국 사회 전체는 장애인의 장애를 비하 내지는 비웃음 내지는 오락의 대상으로 삼았음을 볼 수 있다. 「한국장애인복지변천사」, 573.
8) 성경젼셔 개역(1938)은 최초로 완성된 개역성경이다. 이것을 다시 수정한 것이 개역한글판(1952/1961)이다.
9) 역대하 26:21; 마태복음 8:2, 10:8; 마가복음 1:40, 14:3; 누가복음 4:27 등.

장애인 공식 호칭(현재)	개 역 (1938/1952/1961)	공동번역 (1977)	표준새번역 (1993)
한센인	문둥이[9]	문둥병자[10]/나병환자[11]	나병환자[12]
지체장애인	앉은뱅이[13]/병신[14]/불구자[15]/저는 자/절뚝발이[16]	불구자[17]/절름발이[18]	지체장애인(자)[19]/다리 저는 사람
언어/청각장애인	벙어리[20]/귀머거리[21]	벙어리/귀머거리	말 못하는 사람/귀먹은 사람/듣지 못하는 사람
시각장애인	소경[22]	장님[23]/소경[24]/눈먼 사람	시각장애인[25]/눈먼 사람

표 1 : 장애인 호칭에 대한 개역/표준새번역/공동번역 비교

위의 표 1을 참고할 때 20세기 한국교회가 주로 사용한 한글 성경에서 발견되는 장애인 호칭들은 장애인에 대하여 무시와 멸시와 차별의 태도를 지니고 있었으며, 이런 호칭들은 교회 강단과 사회에서 자연스럽게 사용되었음을 알 수 있다. 표준새번역은 세 개의 번역본 가운데 가장 늦게 된 탓인지 장애인에 대하여 가장 완곡하게 표현하려는 의도를 뚜렷하게 보여 주고

10) 마태복음 15 : 30 ; 누가복음 14 : 13 ; 사도행전 8 : 7 등.
11) 마태복음 8 : 2, 10 : 8, 11 : 5 등.
12) 마태복음 8 : 2, 10 : 8 ; 마가복음 1 : 40 ; 누가복음 4 : 27 등.
13) '앉은뱅이'(마 11 : 5, 7 : 22 ; 행 3 : 2, 8 : 7, 14 : 8).
14) '병신'(눅 14 : 13, 21).
15) '불구자'(마 15 : 30-31, 18 : 8 ; 막 9 : 45).
16) '절뚝발이'(레 21 : 18 ; 삼하 4 : 4, 5 : 6, 8, 9 : 3, 19 : 26 ; 욥 29 : 15 ; 렘 31 : 8 ; 마 15 : 30-31, 18 : 8 ; 막 9 : 45 ; 요 5 : 3).
17) 누가복음 14 : 13, 21 ; 사도행전 8 : 7.
18) 마태복음 11 : 5, 15 : 30, 21 : 14 ; 마가복음 9 : 45 ; 누가복음 14 : 13, 21.
19) 마태복음 15 : 30~31, 21 : 14 ; 요한복음 5 : 3 ; 누가복음 14 : 13, 21.
20) '벙어리'(출 4 : 11 ; 시 31 : 18, 38 : 13 ; 잠 31 : 8 ; 사 35 : 6, 56 : 10 ; 겔 3 : 26 ; 마 9 : 32-33, 12 : 22, 15 : 30-31 ; 막 7 : 37, 9 : 17, 25).
21) '귀머거리'(출 4 : 11 ; 시 58 : 4 ; 사 29 : 18, 35 : 5, 42 : 18-19, 43 : 8 ; 마 11 : 5 ; 막 7 : 37 ; 눅 7 : 22).
22) 출애굽기 4 : 11 ; 마태복음 9 : 27~28, 15 : 24 ; 누가복음 14 : 21을 비롯하여 67회 나타남.
23) 사무엘하 5 : 8.
24) 마태복음 15 : 30~31 ; 누가복음 14 : 21.
25) 마태복음 15 : 30~31.

있지만, 지체장애인을 제외하고는 여전히 장애인의 표준적 호칭과는 거리가 먼 용어들을 담고 있다. 이것은 성경 역시 하나님의 말씀이요 진리이지만 그 시대의 보편적 언어와 가치를 담을 수밖에 없다는 것을 깨닫게 한다. 그러므로 성경에서 발견되는 수많은 장애 관련 본문들은 문자적인 해석이나 적용이 아니라 시대와 상황에 따라 새롭게 재해석되고 적용되어야 할 것임을 분명하게 말해 준다.

3) 개역개정(1998)/공동번역개정(1999)/새번역(2001)에 나타난 장애인 호칭

한국교회는 21세기를 맞아 새로운 비전을 안고 지난 세기에 사용했던 세 종류의 한글 번역 성경을 거의 비슷한 시기에 개정하여 세 개의 개정본이 나오게 되었다. 이 번역 성경들은 현대인에 맞는 한국어 어법과 용어들을 사용해서 독자들에게 더 정확하고, 친근하고, 쉽게 다가가는 것을 목표로 했다고 한다(개정본에 대한 대한성서공회의 의도). 이런 목표 때문인지 장애인에 대한 호칭들 역시 약간 수정되었음을 확인할 수 있다(표 2). 이것은 장애인에 대한 한국 사회와 교회의 인식 변화를 감지할 수 있는 부분이다.

이런 개정본들의 발간 시기보다 약 20년 앞서서 한국 사회는 1981년 심신장애자복지법을 제정하면서 '장애'(障碍)라는 표현을 공식화하게 되었는데, '장애'라는 표현은 영어의 'disability'를, 일본에서 사용하는 장애자(障碍者)라는 한자 표기를 다시 옮긴 것이다. 이후 1990년에 심신장애자복지법이 장애인복지법으로 개정되면서 현재는 모든 종류의 장애인들에 대하여 '장애인'이라는 용어를 공식 용어로 사용하게 되었다. 하지만 개역개정과 새번역과 공동번역개정이 각각 1998, 2001, 1999년에 번역되었음에도 불구하고 한국 사회의 이런 인식 변화에 부응하지 못하고 장애인에 대한 지난 세기의 부정적 호칭들이 여전히 세 개의 개정본들에서 발견되고 있다. 실제로 장애인에 대한 공식적인 장애인 호칭들이 개정번역본들에서 거의 발견되지 않고 있다. 특히 공동번역개정은 달라진 한글 맞춤법에만 집중한 까닭

인지 현재 공식적인 표현으로서는 부적절하다고 판단되어 거의 통용되고 있지 않은 '불구자, 곰배팔이, 절름발이, 소경, 벙어리와 귀머거리'가 여전히 개정되지 않고 그대로 사용되고 있다. 지난 100여 년 동안 사용되었던 장애인 호칭들, 그러나 이제는 공식적으로 거의 사용하지 않는 이런 호칭들이 21세기를 겨냥한 개정본에 그대로 남겨져 있다는 것이 참으로 놀랍다.

장애인 공식명칭	개역개정(1998)	공동번역개정(1999)	새번역(2001)
한센인	나병환자[26]	나병환자[27]	나병환자[28]
지체장애인	다리 저는 사람[29]/장애인[30]	불구자[31]/절름발이[32]/절뚝발이[33]/곰배팔이[34]	지체장애인(자)[35]/다리 저는 사람
언어/청각장애인	벙어리/귀머거리[36]	벙어리[37]/귀머거리[38]	말 못하는 사람/귀먹은 사람(귀머거리[39])/듣지 못하는 사람/벙어리[40]
시각장애인	시각장애인[41]	소경[42]	눈먼 사람[43]

표 2. 장애인 호칭에 대한 개역개정/새번역/공동번역개정 비교

---

26) 역대하 26 : 21 ; 마태복음 8 : 2, 10 : 8 ; 마가복음 1 : 40, 14 : 3 ; 누가복음 4 : 27.
27) 마태복음 8 : 2, 10 : 8, 11 : 5.
28) 마태복음 8 : 2, 10 : 8 ; 마가복음 1 : 40 ; 누가복음 4 : 27.
29) 마태복음 15 : 30 ; 요한복음 5 : 3.
30) '장애인'(마 15 : 30-31, 18 : 8 ; 막 9 : 43).
31) '불구자'(마 12 : 13 ; 눅 14 : 13, 21 ; 행 4 : 9-10, 14, 8 : 7, 14 : 8). 이요한에 따르면 1920~1930년대에 한국의 신문 잡지에서 불구자(不具者)라는 용어는 장애인을 지칭하던 일반적인 용어였다고 한다. 시각장애인, 청각, 언어장애인, 지체장애인, 성불구자, 정신불구자까지도 불구자라는 용어로 지칭되었다고 한다. 그런데 1999년에 새로 개정된 공동번역개정은 여전히 불구자라는 용어를 1977년에 번역된 공동번역과 마찬가지로 변함없이 사용하고 있다. 이요한, "1920~30년대 일제의 장애인 정책과 특징," 동국대학교교육대학원 역사교육전공 석사학위논문," 2009. 4.
32) 레위기 21 : 18 ; 사무엘하 5 : 6, 8 ; 마태복음 11 : 5, 15 : 30, 21 : 14 ; 마가복음 9 : 45 ; 누가복음 14 : 13, 21 등 20회 나타남.
33) 욥기 29 : 15.
34) 마태복음 15 : 30~31.
35) '지체장애인'(행 18 : 7, 14 : 8). 1990년 이후 지체장애인은 신체적 결함으로 상지, 하지 및 척추에 마비, 절단, 관절운동 제한 또는 변형이 6개월 이상 지속되어 운

위의 표 2에서 보듯이 개역개정에서 확인할 수 있는 가장 큰 변화는 비록 장애인이라는 공식적 호칭이 일반화되지 않았지만 문둥이, 절뚝발이, 앉은뱅이, 불구자와 병신과 같은 비속어적인 호칭들이 전혀 나타나지 않고, 대신 표준새번역이나 새번역처럼 완곡하게 장애를 표현하고 있다는 점이다. 개역개정은 표준새번역과 새번역의 원칙과 마찬가지로 장애인의 호칭에 대해 다리 저는 사람, 말 못하는 사람, 듣지 못하는 사람과 같은 기능적인 측면에서 장애인을 표현하고, 이것을 장애인의 호칭으로 사용하고 있다. 공식적인 용어로 사용되고 있는 '지체장애인'이라는 호칭은 모든 한글 개정본 가운데 새번역에서만 두 군데(행 18:7, 14:8) 나타나고 있다. 물론 개역개정에서 장애인이라는 호칭이 신약성경에서만 모두 4회(마 15:30-31, 18:8; 막 9:43) 나타나고 있지만 여기의 장애인[44]이 어떤 종류의 장애인을 가리키는지 분명하게 사용되고 있지 않다. 특히 다리 저는 사람, 지체장애인과 장애인으로 번역된 헬라어 κυλλός과 χωλός는 일관되게 번역되고 있지 않다. 한 예로 헬라어 성경 마태복음 15:30에서 개역개정

　　　동 기능, 일상생활 수행 능력, 사회생활에 상당한 지장을 받는 사람으로 정의하고 있다. 「한국장애인복지변천사」, 57.
36) 「개역개정」에는 벙어리와 귀머거리라는 용어를 사람에게 적용한 예가 한 번도 없으나 개와 독사에게 각각 '벙어리 개와 귀머거리 독사'라는 표현을 사용한 경우가 1회 있음(시 58:4).
37) 마가복음 7:37.
38) 마가복음 7:37.
39) 이사야 38:13, 58:4; 마가복음 9:25.
40) 시편 38:13; 잠언 31:8; 이사야 56:10; 다니엘 10:15; 마가복음 9:25; 누가복음 1:20, 11:14.
41) 개역개정에 '소경'은 전혀 나타나지 않고 '시각장애인'(출 4:11; 레 19:4; 마 11:5, 15:30; 눅 14:13, 21; 요 5:3 등)이 63회 나타남.
42) 레위기 19:14, 21:8; 욥기 29:15; 마태복음 15:30~31; 마가복음 8:23; 누가복음 14:21 등 모두 51회 나타남.
43) 마태복음 9:27, 11:8; 누가복음 14:21.
44) 정부는 1980년 이후부터 장애인 조사를 제도적으로 매 5년마다 실시하고 있다. 1985년부터 장애인은 지체장애, 시각장애, 청각장애, 언어장애, 정신지체를 장애인의 범주로 삼고 있다. 한국재활재단 편, 「한국장애인복지변천사」, 서울: 양서원, 1997, 56-57.

은 '장애인'으로, 새번역은 '지체장애인'으로, 공동번역개정은 '절름발이'로 번역하고 있는 두 개의 헬라어 κυλλός와 χωλός 모두 신체, 특히 다리(혹은 발)나 손이 기형이거나 기능적으로 마비되거나 손실된 것을, 특히 전자의 경우 단순히 상처 입은 사람도 가리킨다.[45] 그런데 이 두 헬라어에 대해 영어 성경과 한글 성경들의 번역을 비교해 보면 참으로 다양하게 번역하고 있다. 다음의 예들을 비교해 보기로 한다.

헬라어 성경	NIV	예수성교 전셔	개역/ 개역개정	표준새번역/ 새번역	공동번역/ 개정공동번역
κυλλός	crippled	앉은뱅이	절뚝발이/ 다리 저는 사람	일어서지 못하는 이/ 걷지 못하는 사람	절름발이/ 절름발이
χωλός	lame	병신	불구자/ 장애인	지체장애자/ 지체를 잃은 사람	곰배팔이/ 곰배팔이

마태복음 15 : 30

헬라어 성경	NIV	예수성교 전셔	개역/개역개정	표준새번역/ 새번역	공동번역/ 개정공동번역
κυλλός 마가복음 9 : 43	maimed	병신	절뚝발이/ 다리 저는 사람	일어서지 못하는 이/ 걷지 못하는 사람	절름발이/ 절름발이
χωλός 마가복음 9 : 45	crippled	절룩발이	절뚝발이/ 저는 자	저는 발/ 한 발을 잃은	절름발이/ 절름발이

마가복음 9 : 43, 45

헬라어 성경	NIV	NRSV	예수성교 전셔	개역/ 개역개정	표준새번역/ 새번역	공동번역/ 개정공동번역
ἀνάπειρος	crippled	crippled	병신	병신/몸 불편한 자	지체장애자/ 지체에 장애가 있는 사람	불구자/ 불구자

---

45) W. Arndt & F. Gingrich, *A Greek-English Lexicon of the NT and other Early Christian Literature*, Chicago & London : The University of Chicago Press, 1979, 457, 889.

| χωλός | maimed | lame | 앉은뱅이 | 저는 자/
저는 자 | 다리 저는 사람/
다리 저는 사람 | 절름발이/
절름발이 |

누가복음 14 : 13

헬라어 성경	NIV	NRSV	개역/ 개역개정	표준새번역/새번역	공동번역/개정공동번역
χωλός	cripples	lame	불구자/ 장애인	지체장애인/ 한 손을 잃은 사람	불구의 몸/ 불구의 몸

사도행전 8 : 7

위의 용어 비교에서 알 수 있듯이 마태복음 15 : 30에서 헬라어 χωλός을 영어성경 NIV는 lame으로, κυλλός을 crippled로 각각 번역하고 있다. 반면 마가복음 9 : 43에서는 같은 헬라어 κυλλός을 maimed로 번역하고 있다. 그러나 개역개정에서 이 두 헬라어를 각각 다리 저는 사람과 장애인으로 다르게 번역하고 있는데, 사실 장애인은 신체적 장애인만이 아니라 정신적 장애인도 포함하므로 여기의 장애인이 어떤 종류의 장애를 가진 사람인지 확실하지 않다. 두 헬라어의 원뜻처럼 이들은 모두 다리나 발에 장애가 있는 지체장애인을 가리키고 있는데, 개역개정은 이 둘을 다리 저는 사람과 장애인으로, 공동번역개정은 각각 절름발이와 곰배팔이로 번역해서 다리와 팔의 장애를 구분해서 번역하고 있다. 누가복음 14 : 13에는 지체장애인에 대하여 자주 사용되는 κυλλός 대신 ἀνάπειρος을 사용하고 있는데, 역시 개정본은 각각 몸 불편한 자, 다리 저는 사람과 불구의 몸으로 애매하고 모호하게 번역하고 있다.

대한성서공회에 따르면 개역개정은 장애인 기피/차별 용어를 의식적으로 고쳤다고 한다. 예를 들면, '문둥병'은 '나병'으로, '소경'은 '시각장애인'으로, '곱사등이'는 '등 굽은 자'로, '난쟁이'는 '키 못 자란 사람'으로, '절뚝발이'는 '다리 저는 자'로, '벙어리'는 '말 못하는 사람'으로, '귀머거리'는 '못 듣는 사람'으로, '앉은뱅이'는 '못 걷는 사람'으로, '불구자'는 '장애인'으로, '병신'은 '몸 불편한 사람' 등으로 표현을 바꾸었다.[46]

물론 이런 용어 변경들이 기존의 장애인 호칭에 대한 부정적 의미를 어느 정도 제거하는 효과는 있지만, 현재 사용되고 있는 장애인 공식 용어들이 아니고, 이를테면 못 걷는 사람, 몸 불편한 사람이라는 표현은 한정된 신체적 기능이나 모습만 강조하는 격이 된다. 현재 장애인복지법에 따르면 손이나 발의 장애가 있는 장애인에 대하여 모두 지체장애인으로 통일하고 있다. 역시 마태복음 18 : 8[47]에서도 장애인과 다리 저는 자를 구별해서 사용하고 있는데, 여기의 장애인이 어떤 종류의 장애인을 가리키는지 애매하다. 이처럼 세 개의 한글 개정본들은 1998~2001년에 출간된 성경임에도 장애인이라는 용어를 확실한 개념 없이 사용하고 있음을 알 수 있다. 한글 성경이 새롭게 개정되기 전의 한글 성경들, 즉 개역이나 표준새번역이나 공동번역에는 거의 나타나지 않는 장애인이라는 용어가 개역개정에 몇 군데 새롭게 등장한 것이 시대의 변화를 느낄 수 있는 부분이긴 하지만 성경에 나타난 많은 장애인 호칭들을 볼 때 신체의 기능적인 측면만 강조하고 있음을 알 수 있다. 한편 사도행전 8 : 7에 나타난 χωλός에 대하여 개정본은 각각 장애인, 한 손을 잃은 사람, 불구의 몸으로 번역하고 있다. 이것을 볼 때 같은 헬라어에 대해서도 서로 다르게 번역하는 등 일관성이 없음을 알 수 있다.

이렇게 세 개의 개정본들을 살펴볼 때 21세기 한국교회와 성도들을 위해 개정된 한글 번역본들은 장애인을 보는 시각이나 문제에 대한 개선 의지가 미약했음을 확인할 수 있다. 위에서 확인할 수 있었던 것처럼 다양한 장애인에 대하여 벙어리, 귀머거리, 시각장애인, 불구자, 절름발이, 절뚝발이, 곰배팔이와 같은 비속어 용어들이 여전히 공동번역개정에 들어 있다. 이것은 한글 성경 전체에서 지극히 사소한 일이라고 치부할 수 있지만 장애인과 같은 사회적 약자에 대한 마땅한 자리가 성경 번역 작업에서조차 고려

---

46) http : //www.bskorea.or.kr/about/owntrans/feature/feature01.aspx.
47) "만일 네 손이나 네 발이 너를 범죄하게 하거든 찍어 내버리라 **장애인이나 다리 저는 자**로 영생에 들어가는 것이 두 손과 두 발을 가지고 영원한 불에 던져지는 것보다 나으니라"(마 18 : 8).

되지 않았다는 사실을 반증해 주는 부분이다. 특히 공동번역은 예수셩교젼셔가 번역되었던 19세기의 장애인 호칭들이 그대로 수정 없이 사용되고 있다. 단지 공동번역개정뿐만 아니라 개역개정과 새번역 역시 장애인 호칭에 있어서 한국 사회가 공식적으로 사용하고 있는 표준 호칭들을 사용해야 할 것이다.

3. 나가는 말

과거에 우리는 간호원, 운전수, 청소부, 식모 등과 같은 호칭을 일상적으로 사용했었다. 그러나 지금 이런 호칭들의 사용은 금지되었고 대신 간호사, 기사, 생활도우미와 환경미화원 등이 신종어로 나오게 되었고 이제는 자연스럽게 사용되고 있다. 이 같은 호칭 변화가 이루어진 것은 무시하는 태도의 반성과 함께 모든 직업에 대하여 귀천을 따지지 않는 인식 변화가 충분히 뒷받침되었기 때문일 것이다. 이런 태도는 사회적 공감대를 얻게 되었으며 현재 모든 공식 표기나 일상생활에서도 변화된 호칭들이 자연스럽게 통용되고 있다.

이런 사회적 인식 변화는 이런 직종들에만 해당한 것이 아니라 모든 영역에서도 비슷한 자각이 일어나고 있다. 그런 측면에서 장애인 호칭도 예외가 아니다. 그럼에도 불구하고 새로 개정된 세 종류의 한글 번역본들에서 발견되는 장애인 호칭들은 이런 인식 변화를 제대로 반영하지 않았을 뿐만 아니라 여전히 비하하고, 멸시하고, 경멸하는 용어들이 그대로 한국교회의 강단에서 선포되고 있다.

요즘 장애인에 대하여 누구도 불구자, 병신, 절름발이, 절뚝발이, 소경, 벙어리, 귀머거리라는 용어를 공적인 상황에서 거의 사용하지 않는다. 이것들은 욕으로 간주될 수 있는 공공연한 비속어들이다. 그런데 최근 개정된 한글 성경에서 비판 의식 없이 하나님의 말씀으로 선포되고 있다는 것은 참으로 놀랍고 부끄러운 일이다. 언어는 그 시대의 정신이자 수준이고 그것은 긍정적이든 부정적이든 사람들 사이에서 막강한 힘을 발휘하고 있다. 그러므로 다양한 언어들과 시대에 따라 이루어져야 하는 성경 번역은 진지하고 조심스럽게 이루어져야 할 막중한 일이다. 그러므로 장애인신학의 정립을 위해 번역본에 들어 있는 장애인 호칭들의 바른 개정은 중차대한 출발점이 될 것이다.

2

구약성경에 나타난 장애인의 삶과 장애인신학의 시도

채은하 교수(한일장신대학교)

이제 장애인에 대한 새로운 시각과 회복의 문제를
성경 안에서 찾는 일이 장애인신학의 과제로 남아 있다.
성경은 기독교인의 삶의 지표가 되고 우리 사고와 행동의 지침이니 만큼
장애인의 시각에서 성경 읽기와 해석은
장애인신학의 가장 초보적이면서도 근본적인 시도이다.

성경은 기독교인의 생각과 말과 행동의 근간이 된다. 예를 들면 "여성이여 잠잠하라!"(고전 14 : 34)는 몇 단어 때문에 교회 여성들은 수천 년 동안 교회 안에서 자기 존재감도 최소화하고 소리 죽이며 사는 것을 하나님의 뜻으로 강요받아 왔다. 지금도 이 요구는 여전하다. 장애인의 경우, 이보다 훨씬 심각하다. 장애인에 관해 직간접적으로 언급한 성경 본문은 우리의 이런 사고에 막강한 영향을 끼치고 있다. 그러므로 구약성경에 나타난 장애인 관련 본문과 그의 성경적 이해는 장애인에 관한 현실 이해나 장애인신학을 확립하는 데 절대적이라고 할 만큼 중요하다.

사실 구약성경이 장애인의 차별을 하나님의 이름으로 직접 명시한 적은 없다. 하지만 장애인의 차별과 소외를 당연시하거나 조장하는 여러 율법 조항과 관습으로 인해 장애인의 삶을 더 어렵게 만드는 성경 본문들이 있다. 또한 실제적으로 그 시대를 살았던 장애를 가진 제사장의 삶과 사울의 손자 지체장애인 므비보셋과 욥의 굴절된 삶을 장애의 측면에서 그려 보고자 한다. 이것들만 볼 때 성경은, 특히 구약성경은 장애인에게 인색하고 잔인하다. 그러나 다행하게도 성경은 이것만 말하지 않는다. 흑인신학이나 여성신학처럼 성경을 재조명하면서 흑인이나 여성의 인권과 인식이 바뀌듯이 장애인신학 역시 성경 안에서 달리 해석될 여지가 많고 실제로 장애인의 인권과 인식을 바꿀 수 있는 본문들도 찾을 수 있다. 따라서 장애인의 입장에서 구약성경을 읽고, 장애인을 차별 내지는 소외시키는 구약성경의 본문들과 그들의 삶을 찾아내고, 역으로 이것을 극복할 수 있는 본문들과 해석학적 적용을 통해 장애인신학을 시도해 보고자 한다.

1. 장애인 차별 조항과 장애인의 삶

1) 장애인 차별을 명시 혹은 조장하는 본문들

구약 시대에 제사 행위는 가장 중요한 종교 행위였고 이것은 신앙의 충성도를 가늠하는 척도이기도 했다. 그랬던 만큼 하나님께 바치는 동물의 상태는 그 제사하는 자의 정성을 측정할 수 있는 기준이기도 했다. 구약성경 (레 21장 ; 신 15 : 21, 17 : 1)은 외관상 상처가 있거나 손상이 있는 제물을 하나님께 드릴 수 없는 부적격한 제물로 간주하고 그런 동물을 헌물로 바치는 것을 법으로 금지하였다. 예를 들면 희생 제물이 절거나 눈에 이상이 있으면 흠이 있으므로 하나님께 바칠 수 없는 기준 미달의 것으로 규정하고 있는데, 심지어 그 흠을 '가증한 것'이라 표현하고 있다(신 5 : 21). 말라기는 훔친 물건과 저는 것, 병든 동물을 하나님께 드리는 일은 하나님의 저주를 부르는 일로 말하고 있다(말 1 : 8-14).

이 원리는 인간에게도 그대로 적용되어 육체적 장애(상처)가 있는 사람은 성문의 출입조차 자유롭지 못했고, 인격적으로 훌륭한 (대)제사장이어도 제사장의 역할을 수행할 수 없었다.

장애인의 차별과 사회적 격리와 관련하여 가장 많은 오해를 불러일으키는 본문이 사무엘하 5 : 8에 기록된 다윗 왕의 명령이다. "그날에 다윗이 이르기를…… 다윗의 마음에 미워하는 다리 저는 사람과 시각장애인을 치라 하였으므로 속담이 되어 이르기를 시각장애인과 다리 저는 사람은 집에 들어오지 못하리라 하더라." 이것은 언뜻 볼 때 다윗 왕이 시각장애인과 다리 저는 자로 하여금 예루살렘 입성을 법으로 금지한 것으로 이해할 수 있다.

이 규정은 다윗 왕이 장애인에 대한 멸시와 차별과 격리를 법제화한 것처럼 보인다.

하지만 이 규정이 나오게 된 전후 사정을 살펴보면 그 의미를 달리 이해할 수 있다. 다윗 왕이 이끄는 군대가 여부스 족속을 침략하려 하자 여부스 사람들이 어떤 경우라도 그의 침략을 막아낼 수 있다고 호언장담하기 위해 눈먼 사람, 다리 저는 사람이라 할지라도 다윗의 군대를 능히 이길 수 있다고 한 것이다. 그런데 이 본문의 배경이나 설명을 묻는 대신 이 본문을 문자적으로 받아들여 다윗 왕이 시각장애인과 지체장애인을 차별하고 무시하는 것으로 해석하려 든다는 점이다. 어쨌든 이 본문은 애석하게도 일반화된 장애인의 무능을 단적으로 드러내고 있기에 장애인에 관해 부정적 인식을 갖게 하는 데 일조하고 있다. 또한 전후 문맥에서 그 말의 본뜻을 찾기보다 다윗 왕의 말이기 때문에 무조건 그 명령을 준수했다면 그 당시 장애인은 이미 성문 출입이 어려운 상황이었기에 그 명령을 자연스럽게 받아들인 것이 아닐까 추측된다. 이것에 대하여 쉬퍼(Schipper)는 예루살렘 입성의 유무는 내부인과 외부인을 구분하는 만큼 장애인은 같은 공동체의 일원이면서도 타인의 삶을 살고 있었다고 지적하고 있다.[1] 눈에 보이는 장애(흠)가 있어서 하나님의 제물로 부적절하다면 동물이나 사람 모두에게 똑같은 원리가 적용되는 것으로 이해한 것이다.

이와 관련하여 이스라엘의 율법 가운데 정결법이 있다. 이런 제의적 규정에서 몸의 부정한 상태, 즉 질병(장애)[2]을 길게 다룬 대표적인 예가 악성 피부병(특히 레 13-14장)인데, 정결의 측면에서 피부의 일시적 혹은 영구적 변형 내지는 변색에 따른 부정과 그 처방을 다루고 있다. 이 피부병을 앓는 사람은 부정한 사람으로서 예배자의 자격뿐만 아니라(대하 23 : 19) 다른 사람들과 함께 거주할 자격이 박탈되고 격리된다. 만일 피부병을 앓는 부정한 사람이 예배에 참석하게 될 때 그는 죽음을 면치 못한다(레 15 : 31). 심지어 그 병을 앓는 사람은—분명 거동이나 문밖 출입도 쉽지 않았을 텐데—머리를 풀어 헤치고 수염을 가리고 찢어진 옷을 입어서 다른 사람에게 자신의 질병과 그의 부정한 상태를 알려야 했다. 그는 길거리와 같은 공공장소에서 "부정하다!"(히브리어 타메)라고 외침으로써 다른 사람과의 교제 내지 교통을 일정 기간 동안 혹은 영구적으로 격리해야 했다(레 13 : 45-46).[3] 악성

---

[1] J. Schipper, *Disability Studies and the Hebrew Bible : Figuring Mephibosheth in the David Story*, New York & London : T & T Clark, 2006, 105-106.
[2] 악성 피부병을 장애와 같은 범주에 넣는 것은 악성 피부병(한센병)은 단지 피부의 표면에만 해당하는 것이 아니라 신체적 절단이나 뒤틀림이 동반될 수 있다. 그러므로 한센병 역시 장애인으로 규정해도 무방할 것이다.
[3] 레위기 13 : 45~46에 나타난 격리 조치는 중세에도 여전해서 한센병 혹은 그와 유사한 중환자는 작은 나뭇조각을 몸에 붙이고 그것을 달랑거리면서 다녀야 하는 비인간적인 취급을 받았다. L. Köhler, *Hebrew Man*, London : SCM, 1956, 85 ; 채은하, "구약성서의 제3세계인, 장애인과 그 신학의 모색,"「지구화시대 제3세계의 현실과 신학」, 서울 : 한들출판사, 2004, 43-47.

피부병으로 판정된 환자는 예배 참여에서 배제되고, 치유가 되었다고 판단되어도 부정한 상태를 완전히 벗어나기 위해서 그 병의 원인이 되는 죄를 용서받는 속건제를 드려야 했다. 속건제는 도덕적인 잘못이나 성소에서 하나님께 불손할 때 드리는 제사라는 점을 감안할 때 악성 피부병은 하나님이 내리신 벌로 이해되고 있음이 분명하다. 간단히 말하면 피부병 환자는 죄인인 것이다. 물론 피부병에만 이 질병과 징벌의 상관관계가 적용되었는지 아니면 모든 질병과 장애도 징벌의 원인인지 정확한 언급이 없어 알 수 없지만 장애인 역시 소외와 차별과 정죄로부터 자유로울 수 없었을 것이다.

무엇보다 성경은 장애인에 대한 여러 편견과 몰이해를 담고 있다. 즉, 성경은 장애인은 무능과 무지를 대변하는 것으로 보고 평가절하고 소외시키는 일반적인 이미지를 제공해 주고 있다.[4] 같은 맥락에서 장애인은 늘 가난한 자, 과부, 고아, 이방인 등과 같이 연약, 유약, 의존, 무익, 무지한 계층으로 분류되고 있으며, 하나님의 거부 내지는 정죄를 받은 사람으로 인식되고 있다. 대표적인 몇 본문들(사 43 : 8, 59 : 10 ; 욥 29 : 12-16)을 인용할 필요가 있다.

> 눈이 있어도 보지 못하고 귀가 있어도 듣지 못하는 백성을 이끌어 내라(사 43 : 8).

> 우리가 시각장애인 같이 담을 더듬으며 눈 없는 자같이 두루 더듬으며 낮에도 황혼 때같이 넘어지니 우리는 강장한 자 중에서도 죽은 자 같은지라(사 59 : 10).

> 이는 부르짖는 빈민과 도와줄 자 없는 고아를 내가 건졌음이라 망하게 된 자도 나를 위하여 복을 빌었으며 과부의 마음이 나로 말미암아 기뻐 노래하였느니라 내가 의를 옷으로 삼아 입었으며 나의 정의는 겉옷과 모

---

4) S. M. Olyan, *Disability in the Hebrew Bible*, Cambridge : Cambridge Uni. Press, 2008, 6.

자 같았느니라 나는 시각장애인의 눈도 되고 다리 저는 사람의 발도 되고 빈궁한 자의 아버지도 되며 내가 모르는 사람의 송사를 돌보아 주었으며 (욥 29 : 12-16).

위의 인용에서 보듯이 장애인이 이스라엘 백성의 불순종과 무능을 말하기 위하여 비유로 사용되고 있다. 시편 기자는 시각장애인과 억눌린 자, 주린 자와 나그네와 고아와 과부를 연결시키고 있다(시 146 : 5-9). 모든 사람이 하나님의 도움을 받아야 할 부족한 존재이지만 특별히 장애인은 다른 약자들과 같이 하나님과 인간의 도움을 전폭적으로 받아야 하는 연약한 존재라는 인상을 강하게 주고 있다. 또한 장애인은 무지하거나 무익하다는 인상을 주고 있다. 더 심한 경우 무능한 이스라엘의 지도자들을 비난할 때 그들을 시각장애인이요, 짖지도 못하는 농아인(벙어리 개)이라고 비유하고(출 3 : 8 ; 신 16 : 19 ; 사 56 : 10), 걷지 못하고 말도 못하는 우상도 장애인과 연결시키기도 한다(렘 10 : 5 ; 시 115 : 5-8). 장애인은 가난한 자와 비천한 자와 같은 범주로 분류되고 연약함, 유약함과 의존성이 이들의 공통적인 특성으로 묘사된 것을 볼 때 오늘의 상황과 크게 다르지 않음을 알 수 있다. 성경의 이런 언급들은 장애인에 대한 이미지가 무지, 무익과 무능과 자연스럽게 연결된다. 또한 장애는 하나님께서 거부한 것의 비유로 사용되고 있다 (미 4 : 6-7 ; 습 3 : 19).

장애인에 관한 이러한 성경의 언급이 구약성경에 나타난 장애인에 관한 차별적 규정 내지 부정적 이미지이다. 바람직한 이미지를 정해 놓고 거기에 맞춰 의도적인 변화를 꾀하려는 이 시대에 장애인의 이런 성경 이미지는 장애인으로 하여금 이 사회에서 더욱 주눅 들게 만드는 요소들이다. 이렇듯 장애인은 고대 이스라엘의 구성원으로 자리매김을 제대로 못하고 있으며 또 부정적으로 각인되어 있다. 실제로 이들은 사회의 온갖 편견을 당연시하면서 차별된 삶을 살 수밖에 없었다. 덧붙여 장애인은 평생 가난하고, 보호받지 못하고, 하나님의 징벌을 받은 자라는 종교적 정죄도 감당하면서 살아야 했다.

2) 장애인의 삶과 현실

(1) 생존권을 박탈당한 장애인 제사장

하나님과 이스라엘 백성의 중보자인 제사장의 자격 요건으로 건강한 신체가 요구되고 있다. 레위기는 제사장의 직분을 유지할 수 없는 12종류의 신체적 손상을 입은 자들을 나열하고 있다(레 21 : 18-20) : 시각장애인, 지체장애인, 코가 불완전한 자, 지체가 불균형한 자, 발 부러진 자, 손 부러진 자, 곱사등이, 난쟁이, 눈에 이상이 있는 자, 부스럼 있는 자, 버짐 있는 자, 고자. 이 목록을 보면 제사장의 제사권 보존 가운데 우선적으로 고려된 것이 제사장의 겉으로 드러난 신체적 조건이었다. 이 목록에서 볼 수 있는 것처럼 제사장의 자격 미달은 외관상 흠이 있는 동물이나 부정한 동물은 제물로 사용될 수 없다는 원리가 적용된 것이다(레 11장). 같은 식으로 신체적 장애가 있는 제사장은 제단에 접근할 수 없음을 반복적으로 금지하고 있다(레 21 : 17-18, 21). 장애가 있을 경우 대제사장이라도 지성소에 들어가는 것이 금지되었다(레 21 : 23). 육체적인 장애가 있는 대제사장은—그것이 비록 일시적인 장애라 하더라도—제단에서의 제사 수행이 허락되지 않았던 것이다(레 22 : 17, 25 ; 말 1 : 7-8). 물론 제사장의 장애가 부정한 것으로 낙인된 것은 아니어서 특별한 복장을 하거나 그 상태를 스스로 알릴 필요는 없었다. 그는 진밖에 거주하지 않아도 되었고 하나님의 빵을 먹는 것도 허락되었다. 하지만 겉으로 드러난 흠(장애)은 제사장의 권리인 제사권마저 행사하지 못하게 하였다. 만일 그 장애가 지속적인 것이면 그것으로 말미암아 제사장의 삶을 평생 영위할 수 없었을 것이다. 더욱이 "고환이 상한 자나 음경이 잘린 자"와 같은 경우 그는 제사장의 역할은 물론 일반 백성의 모임에도 참석할 수 없었다(신 23 : 1).

위에서 언급한 것처럼 사소한 장애라도 있으면 제사 수행을 금지했다는 것은 제사장들의 생존권에 치명적인 위협을 가하는 것이다. 포로 이전까지 철저하게 제사 종교를 특징으로 하는 이스라엘 사회에서 제사권을 잃는다는 것은 곧 제사장의 사회적 죽음을 의미한다. 특히 보이지 않는 신체의 내부가 아닌 겉으로 드러나는 질병이나 장애를 흠으로 간주했다는 것은 의술의 전문성을 갖추지 못한 제사장이 그 부정의 상태를 육안으로 진단해야 하고 또 동물을 옮기고 죽이는 일과 같은 강도 높은 노동력을 요구하기 때문에 처음에는 신체적으로 장애를 가진 제사장을 보호하고 그의 제사 의무를 면제해 주기 위해 제사직에서 제외시켰을 것이다. 하지만 제사장으로 태어난 사람이 제사직을 수행할 수 없다는 것은 그의 생존권마저 박탈당했음을 의미한다. 장애를 가진 제사장이 이러했다면 장애를 가진 일반 백성이 공동체 안에서 어떤 대우를 받았을지 가히 짐작이 가는 대목이다.

이러한 의식은 후대에도 지속되었다. 쿰란 공동체의 문헌 가운데 「성전 두루마리」(Temple Scroll)는 시각장애인이나 성병을 가진 사람, 혹은 시신을 만진 사람은 성전이 있는 예루살렘에 들어오는 것을 금지하고 있다(11QM XLV 12-18).[5] 장애인과 성병에 걸린 사람과 시신을 만진 사람 모두 똑같이 부정한 죄인으로 취급하고 있다. 하나님께서 메시야와 함께 거하실 종말론적 공동체에서 거부된 사람들도 역시 장애인들, 즉 발이나 손을 사용하지 못하는 사람, 지체장애인, 시각장애인, 청각장애인, 혹은 시력에 문제가 있는 사람과 너무 연로해서 안전하게 설 수 없는 사람들이다(1QS^a 2 : 3-9).[6] 이들을 종말론적 공동체에서 제외한 것은 육신의 병을 죄에 대한 하나님의 심판으로 이해하였기 때문이다(1QpHab IX 1-2).[7] 쿰란 공동체가 장애인과 전염병 환자들과 노약자조차도 철저히 추방한 것은 정결법에 따라 죄와 병으로부터 공동체를 보존하기 위해서였을 것이다.

---

5) 이 문헌의 저작 시기는 대체로 주전 2~1세기의 것으로 보고 있다. 장애인에 대한 차별과 금기시는 쿰란 공동체만의 것이라기보다는 아마도 유대 사회, 나아가 고대 근동의 일반적 경향이었을 것이다. F. Martinez, *The Dead Sea Scrolls Translated : The Qumran Texts in English*, Leiden, New York : E. J. Brill, 1992, 167.
6) G. Vermes, *The Dead Sea Scrools in English*, Penguin Books, 1990, 102.
7) F. Martinez, *The Dead Sea Scrolls Translated : The Qumran Texts in English*, Leiden, New York : E. J. Brill, 1992, 167.

물론 쿰란 공동체는 유대 사회로부터 스스로를 격리시켜 사막 한가운데 거주지를 삼은 극도의 금욕주의적인 종파였다. 때문에 그들은 장애인들과 제의적인 부정한 상태에 쉽게 노출될 수 있는 사람들에게 훨씬 엄격한 원칙과 분리를 요구했을 것이다. 이런 경향을 유대 사회 전체에 그대로 적용할 수 없지만 이런 규정은 적어도 그 당시 장애인들에 대한 무시와 편견이 얼마나 심했는지를 상상할 수 있게 해 준다. 자신의 고유한 직업을 장애라는 이유 때문에 행사할 수 없었던 사람은 제사장 계층만이 아니라 전체 백성에게 해당되었을 것이다. 장애를 가지고 있는 한 어떤 장애인도 사회적으로 인정된 직업이나 평가를 받기는 결코 쉽지 않았을 것이다.

(2) 지체장애인 므비보셋

구약성경에서 왕손이지만 장애인이었던 사람이 므비보셋이다. 그는 사울의 후손이요, 요나단의 아들로서 다윗만 없었다면 사울 왕가의 왕위에도 오를 수 있었던 사람이었다. 하지만 그는 다리를 저는 장애인이었기에 사울 가문의 왕손이지만 다윗에게 위협적인 인물이 되지 못했고, 다윗의 동정적 배려로 그나마 생존할 수 있었던 사람으로 그려지고 있다. 쉬퍼(Shipper)는 므비보셋은 장애를 가졌기에 사울 가문의 후손이면서도 살아남았고 다윗의 보호를 받으며 살 수 있었던 인물이었다[8]고 관찰하고 있다. 그가 다윗의 보호를 받으며 생존할 수 있었던 가장 큰 이유는 다윗의 절친한 친구 요나단의 아들이기도 했지만 성경이 여러 차례 언급하듯이 그는 누구에게도 위협이 될 수 없는 장애인이었기 때문이다. 그것은 므비보셋이 등장하는 본문에서 거의 빠지지 않고 그의 장애가 언급되는 데서 엿볼 수 있다(삼하 4 : 4, 9 : 1-13, 16 : 1-4, 19 : 25-31, 21 : 7).[9] 므비보셋의 이야기를 통해 그 시대의 장애인의 삶을 더 가까이 그려 볼 수 있을 것이다.

---

8) Jeremy Schipper, *Disability Studies and the Hebrew Bible : Figuring Mephi-bosheth in the David Story*, 9-10.
9) 역대상에서는 요나단의 아들 므비보셋 대신 므립바알로 표기됨(대상 8 : 34, 9 : 40).

므비보셋, 그가 장애인이 된 것은 다섯 살 때 그의 유모가 그를 안고 황급히 도망하다가 떨어뜨리는 바람에 두 다리를 다쳤기 때문이었다. 그는 졸지에 중도 장애인이 되는 바람에 그나마 사울 집안의 자손임에도 불구하고 제거되어야 할 위험인물에서 제외되었고 그로 인해 다윗의 밥상에서 함께 식사하면서 연명할 수 있었다.

므비보셋에 관한 언급이 성경에서 모두 5회 나타나는데(삼하 4 : 4, 9 : 3, 13, 9 : 16, 19 : 26) 그의 이름이 거론될 때마다 그의 장애가 거의 매번 덧붙여지고 있다. 이를테면 이런 식이다. "왕이 이르되 사울의 집에 아직도 남은 사람이 없느냐 내가 그 사람에게 하나님의 은총을 베풀고자 하노라 하니 시바가 왕께 아뢰되 요나단의 아들 하나가 있는데 다리 저는 자니이다 하니라"(삼하 9 : 3). 이 대목에서 본문의 내용상 굳이 므비보셋에 대하여 '다리 저는 자'라고 소개할 필요는 없다. 하지만 므비보셋이 언급되는 모든 본문에서 그는 '다리 저는 자'라고 묘사되고 있다. 이처럼 장애를 가진 사람은 거의 언제나 그들의 특정 장애로 특징지어진다. 대비스(Davis)도 장애인은 성별이나 성적 취향이나 소수민족이 한 인간의 결정적 요소가 되는 것처럼 장애를 가진 사람일 경우 그 어느 것보다 장애에 의해 정의된다고 피력한 바 있다.[10] 사무엘하 4 : 4은 사울의 아들 이스보셋이 살해됨으로써 결국 사울 가문 전체가 멸망되었는데, 다행히 므비보셋이 유일하게 생존하였다고 보고한다. 그런데 그에 대하여 도망 중에 떨어져 다리를 저는 지체장애인이라고 묘사하고 있다. 이 소개는 그는 비록 사울의 가문으로 살아 있지만 장애인이니만큼 별로 주목할 존재가 아니라는 의미로 전달된다. 그리고 사무엘하 9 : 1~13에서도 생존자 므비보셋을 소개하면서 그는 다리를 절고 있다고 덧붙이고 있다. 므비보셋이 다윗을 만나자 그는 사울의 후손인 자신을 죽일지도 모른다고 생각해서인지 다윗을 두려워한다. 그리곤 그는 무릎을 꿇고 자신은 사울의 자손이어도 아무런 힘이 없는 무능한 존재이며 다윗의 종일 뿐이라고 자신을 굽힌다(삼하 9 : 6). 므비보셋 역시 자신의 생명을

---

10) L. Davis, *Enforcing Normalcy*, London : Verso, 1995, 10.

보존하기 위한 제스처로 자신의 장애를 내세운다. 그러자 다윗은 요나단을 생각하여 왕의 밥상에서 식사하도록 조처한다. 그런 후 그 단락의 마지막 사무엘하 9 : 13에서 므비보셋이 "두 발을 다 절더라"를 덧붙이고 있는데 이 본문에서 그의 장애가 또다시 언급되어야 할 이유가 분명하지 않고 오히려 전체 내용에서 벗어나 있다. 이것은 아마도 므비보셋이 장애인이기에 다윗에게 그는 결코 위험한 인물이 될 수 없음으로 그를 죽이지 않고 왕의 식탁에서 먹어도 괜찮다는 암시를 주는 듯하다. 이렇게 사무엘하 9 : 1~13에서 므비보셋의 장애가 몇 번씩 반복된 것은 그가 사울 왕의 왕족이지만 경계하거나 제거할 필요가 없는 무기력한 장애인이라는 사실을 거듭 인식시킬 뿐이다. 아마도 므비보셋이 사울 가문을 일으킬 수 있는 새로운 정치운동을 이끄는 데 부적격하다는 것을 상기시키려는 것 같다.[11]

므비보셋은 사무엘하 16 : 3b에서 다시 등장하고 있는데, 여기에서 시바라는 사울의 신하가 다윗에게 므비보셋이 왕이 되려 한다는 것을 고자질하자 다윗은 확인조차 하지 않고 처음에 므비보셋에게 주겠다던 재산의 약속(삼하 9 : 9-10)을 번복하고 대신 시바에게 모든 재산을 넘겨주겠다고 한다(삼하 16 : 4). 사실 당시의 사회-문화적인 환경에서 므비보셋처럼 신체적 장애를 가진 사람이 왕이 되는 것은 불가능하다. 왜냐하면 왕은 모든 신하의 도움을 받을 수 있는 최고의 권력자이지만, 전쟁이 일어났을 때 전쟁터에 직접 나가서 군사적 임무를 수행해야 하는 군인이기 때문이다(예 : 사울, 다윗, 솔로몬, 요시야 등).

이것은 다윗을 묘사할 때 이미 그의 외모가 여러 차례 훌륭하다는 것을 언급함으로써 그의 외모가 다윗 왕의 자격을 한층 강화하는 것과 대조를 이룬다(삼상 16 : 12, 17 : 42). 물론 이스라엘의 어떤 법도 장애를 가진 사람의 왕권을 금하고 있지 않지만(비교 : 아사랴, 왕하 15 : 5) 현실적으로 신체적 장애가 왕의 자격 조건에 미달된 것은 자명한 사실이다.[12]

---

11) W. Brueggemann, *First and Second Samuel*, Louisville : John Knox, 1990, 269.
12) A. Anderson, *2 Samuel*, Dallas : Word Books, 1989, 269 ; P. McCarter, *1*

므비보셋, 그는 사울가의 왕손이요, 요나단의 아들로서 다윗의 보호와 특별 대우를 받았다. 하지만 그가 다윗의 동정적 배려를 받을 수 있었던 것은 여러 성경 본문들을 놓고 볼 때 장애인이었기 때문이다. 그가 장애인인 이상 므비보셋은 사울 왕가의 왕손이어도 다윗에게 위험한 인물이 아니었으며, 왕이 될 어떤 가능성도 없는 인물이었던 것이다. 이것이 구약 시대 사울의 왕족이었던 장애인 므비보셋의 삶이다. 장애인이라는 사실 속에 그의 모든 신분과 자격과 재능이 묻히고 말았다. 어찌 므비보셋만이 구약 시대의 장애인이었으랴? 그를 비롯해 성경 시대의 수많은 장애인은 므비보셋과 비교할 수 없는 비인간적 삶을 살아야 했고 역사 속에 묻히고 말았다.

(3) 장애인 욥

욥의 질병과 고통은 너무나 잘 알려진 사실이다. 그러나 욥을 장애인으로 분류한 경우는 거의 없다. 하지만 욥의 이야기를 자세히 들어보면 그가 장애인으로 불리지 않아도 통념상 그를 장애인으로 간주해도 무방해 보인다. 이를테면 장애인이라고 정의할 때 대체로 신체의 손상 내지는 결손에서 출발한다. 하지만 신체적/정신적 손상과 장애는 서로 구분된다. 즉, 손상은 생물/물리적인 조건을 말하나 장애는 그 조건 때문에 사회적 제한 혹은 차별을 받는 것을 의미한다.[13] 예를 들면 청각을 잃는 것은 손상이지만 보청기가 없거나 사용할 수 없어서 청각 손실이 있다면 그것은 청각장애이다. 소아마비는 질병이지만 소아마비 때문에 다리가 불편하다면 그것은 손상이다. 그 손상 때문에 걷는 일에 제한이 있다면 그것은 장애이다.[14] 제사장이

       Samuel, New York : Doubleday, 1965, 407 ; P. McCarter, *2 Samuel*, New York : Doubleday, 1965, 265, 318.
13) S. M. Olyan, *Disability in the Hebrew Bible*, 2.
14) 골덴손(R. Goldenson, *Disability and Rehabilitation Handbook*, XVII)에 따르면 장애는 '상해, 질병, 유전적 결함으로 말미암아 만성적인 신체적-정신적 불능'이라고 정의한다. 하지만 장애는 신체적/정신적인 조건을 넘어서 사회적인 장애가 동반될 때 진정한 의미에서 장애라 할 수 있다. 장애의 규정과 범위는 지극히 시공간에 따라 달라진다. 예를 들면 제사장의 신체적 조건에 결격 조건이었던 눈이 나쁘거나 손이 구부러진 경우를 이제는 더 이상 장애라고 부르지 않는다. 의학

지만 만일 그가 시각장애인, 지체장애인, 코가 불완전한 자, 지체가 불균형한 자, 발 부러진 자, 손 부러진 자, 곱사등이, 난쟁이, 눈에 이상이 있는 자, 부스럼 있는 자, 버짐 있는 자, 고자라면 그는 제사장의 역할을 할 수 없다. 그러므로 신체적/정신적 손상 때문에 제사 수행의 금지를 당하는 이 제사장은 장애인이다.

이런 측면에서 욥이 앓았던 병의 구체적인 이름은 알 수 없지만 그는 악성 피부병을 앓았다. 욥기 2장이 그의 상태를 이렇게 표현하고 있다. 욥의 발바닥에서 정수리까지 '종기'(히브리어, 쉐힌)가 나서 그는 재 가운데 앉아서 질그릇 조각을 가져다가 몸을 긁고 있었다(욥 2 : 7-8). 욥기 본문을 통해 그의 신체적 손상 정도를 자세히 살펴볼 필요가 있다.

> 내가 평안하더니 그가 나를 꺾으시며 내 목을 잡아 나를 부서뜨리시며 나를 세워 과녁을 삼으시고 그의 화살들이 사방에서 날아와 사정없이 나를 쏨으로 그는 내 콩팥들을 꿰뚫고 그는 내 쓸개가 땅에 흘러나오게 하시는구나 그가 나를 치고 다시 치며 용사같이 내게 달려드시니 내가 굵은 베를 꿰매어 내 피부에 덮고 내 뿔을 티끌에 더럽혔구나 내 얼굴은 울음으로 붉었고 내 눈꺼풀에는 죽음의 그늘이 있구나(16 : 12-16).

> 내 눈은 근심 때문에 어두워지고 나의 온 지체는 그림자 같구나(17 : 7).

> 내 피부와 살이 뼈에 붙었고 남은 것은 겨우 잇몸뿐이로구나 나의 친구야 너희는 나를 불쌍히 여겨다오 나를 불쌍히 여겨다오 하나님의 손이 나를 치셨구나 너희가 어찌하여 하나님처럼 나를 박해하느냐 내 살로도 부족하냐(19 : 20-22).

적 교정이 쉽게 가능하기 때문에 굳이 장애의 범주에 넣을 필요가 없다. 안교성, 「장애인을 잃어버린 교회」, 서울 : 홍성사, 2003, 66, 229에서 인용 ; R. Raphael, "Things too wonderful : A Disabled Reading of Job," *Perspectives in Religious Studies* 31(2004), 400-401.

욥은 그의 피부뿐만 아니라 끊어지게 아픈 내장과 어두워지는 눈 때문에 자신의 고통을 이렇듯 호소하고 있다. 이런 육체적 고통 때문에 사회생활은 말할 것도 없고 친구들의 외면 속에서도 이 고통을 혼자서 감내해야 했던 사람이 바로 욥이다. 육체의 이런 손상으로 인해 그의 일상생활이 가능하지 않다면 그 역시 장애인이라고 할 수 있다(욥 30 : 16-19, 29 : 15-16).[15] 피부병으로 인한 온갖 신체적 장애를 겪고 있는 욥, 거기에 그는 절친한 세 친구들로부터 온갖 종교적 정죄를 몸으로 쳐내고 있다. 그가 질병으로 고통받고 있을 때 그의 친구 세 명(엘리바스, 빌닷, 소발)이 그를 찾아왔다. 욥을 향한 그들의 슬픔 그러나 그것은 곧 정죄로 바뀌었고, 가족의 죽음과 종기와 같은 극도의 피부병으로 인해 움직이지도 못하고 잿더미에 앉아서 기왓장으로 자기 몸을 긁고 있는 그 순간에도 욥의 친구들은 욥을 이해하지 못했다. 그들의 비난과 멸시, 세 친구들이 펼치는 그들의 변을 들어 보자!

가장 연장자인 엘리바스는 영적이고 신앙적인 사람이었다. 그는 환상을 보았고 영적인 체험을 했던 사람으로서 하나님의 음성도 들었던 사람이었다(욥 4 : 12-16). 깊은 신앙적 체험을 한 사람이었기에 욥에 대한 그의 정죄는 너무도 당당하고 가혹한 말이었다. 그는 욥에게 하는 말이 하나님으로부터 들은 음성이었다고 하면서 욥을 이렇게 조소하고 있다.

> 생각하여 보라 죄 없이 망한 자가 누구인가 정직한 자의 끊어짐이 어디 있는가 내가 보건대 악을 밭 갈고 독을 뿌리는 자는 그대로 거두나니 다 하나님의 입 기운에 멸망하고 그의 콧김에 사라지느니라(욥 4 : 7-9).

욥의 질병과 그로 인한 장애는 모두 욥이 자초한 하나님의 징벌이라는 것이 엘리바스의 주장이다. 욥은 더 이상 나갈 곳이 없다. 자식 10명과 집안의 종들이 죽었고 모든 재산을 잃었는데, 거기에 종기까지 온몸에 퍼져서 이제 그는 아무것도 할 수 없는 극도의 장애인이 되었다. 이제 그 모든 것이

---

15) R. Raphael, Ibid., 400-401.

하나님의 징벌이라는 최후통첩까지 듣게 되었다. 엘리바스의 말이 끝나자 다른 친구 빌닷이 나선다. 그는 학식이 있는 사람이었다. 그는 선조들의 학문을 연마한 학자로서 욥의 이런 재난은 욥의 자식들의 죄 때문이라는 또 다른 정죄 거리를 찾아준다(8 : 8). 이미 세상을 떠난 10명의 자식들, 그러나 욥은 친구 빌닷으로부터 그의 자녀들의 죄 때문에 욥이 이런 질병을 겪게 되었다는 소리를 듣는다(욥 8 : 4). 또다시 욥이 정죄된다.

> 하나님을 잊어버리는 자의 길은 다 이와 같고 저속한 자의 희망은 무너지리니 그가 믿는 것이 끊어지고 그가 의지하는 것이 거미줄 같은즉 그 집을 의지할지라도 집이 서지 못하고 굳게 붙잡아 주어도 집이 보존되지 못하리라(욥 8 : 13-15).

욥은 죄를 지은 자식 때문에 자식을 잃게 되었고, 자신은 그들의 죄 때문에 질병으로 고통을 겪는다는 말을 듣는다. 그는 하나님을 잃어버린 자가 되었다. 이제 그는 더 이상 희망이 없다는 절망을 통보받는다. 마지막으로 소발이 나선다. 욥을 정죄하는 소발의 근거는 엘리바스와 빌닷의 것과 다르다. 그가 욥을 정죄하는 이유는 다른 친구들처럼 개인적 신앙 체험이나 학문의 연마에서 나온 것이 아니라 지혜의 신비, 즉 세상의 질서를 기초로 말하고 있다. 세상의 이치는 선한 자는 결코 망하지 않는다는 일반적 논리를 말하고 있다. 소발은 욥의 희망마저 헛된 것으로 몰아가고 있다.

> 악한 자들은 눈이 어두워서 도망할 곳을 찾지 못하리니 그들의 희망은 숨을 거두는 것이니라(욥 11 : 20).

위의 인용들에서 볼 수 있는 것처럼 욥의 세 친구들은 한결같이 질병과 장애로 고통받고 있는 욥에게 정죄를 덧붙이고 있다. 욥기에서 이야기 전개상 욥이 짧은 시간에 집중적인 공격을 받은 것으로 그려지고 있지만 욥은 질병과 그로 인한 장애와 고립과 비난이라는 상황에 처해졌다. 욥은 다행히 나중에 회복되어 10명의 또 다른 자식들과 안정을 되찾게 되었다. 그러나 그 질병이 영구했다면 욥은 평생 장애인으로서 사회적 차별과 소외를 안고 살아야 했을 것이다. 욥은 욥기의 극적인 효과를 위해서 지독한 고난을 겪는 사람으로 등장한다. 욥의 이런 모습은 고대이든 현대이든 장애를 가진 장애인의 삶을 대변한다는 점에서 욥의 총체적 고난이 친숙하다. 나중에 우리는 알게 된다. 욥의 고난은 하나님과 사탄 사이의 협상의 결과 혹은 시험으로 판명되었음을. 인간의 질병과 장애와 고난이 죄의 결과 혹은 인과응보적 원리를 적용할 수 없음을 욥기는 절규하듯 알려 주고 있다. 하지만 한 가지 아쉬운 점이 있다. 욥기의 마지막 42장, 욥의 회복은 진정 10자녀들을 다시 얻고 그의 재산이 예전보다 2배나 더 많아야 되는가? 욥은 그의 질병과 고난에도 불구하고 희망을 안고 살아가는 것으로 욥기를 마무리할 수는 없었을까? 왜냐하면 장애인은 욥과는 달리 평생 장애와 함께 살아야 하기 때문에 장애인의 회복을 욥의 결말에서 찾는다면 참으로 궁색하기 이를 데 없기 때문이다.

2. 장애인신학을 위한 신학적 전망

그렇다면 장애인신학을 위하여 구약성경에서 어떤 신학적 전망을 찾을 수 있을까? 장애는 분명 인간이 피하고 싶은 신체적/정신적 손상에서 비롯된다. 장애인의 이미지는 언제나 약하고, 의존적이고, 비생산적이고, 무능함과 관련되어 있다. 그 결과 장애인은 역사적으로 동정이나 자선의 대상이 되고 심지어 대학살의 피해자(나치에 의한 장애인 대학살)이기도 했다. 장애인은 성경 안에서도 모자라고 부족한 사람으로 인식되어 있다. 교회나 기독교신학 역시 이 개념이 정착하는 데 상당한 영향력을 행사했음을 부인할 수 없다. 심지어 기독교는 장애를 죄의 결과나 신앙의 부족이나 악마의 장난으로 간주하기도 한다. 이것은 장애인의 삶을 더욱 억압하고 차별하는 결과를 낳게 하였다. 즉, 장애인에 대한 인식에 있어서 사회의 몰인정과 성경의 문자적 이해가 상호적으로 작용하게 된 것이다.

이제 장애인에 대한 새로운 시각과 회복의 문제를 성경 안에서 찾는 일이 장애인신학의 과제로 남아 있다. 성경은 기독교인의 삶의 지표가 되고 우리 사고와 행동의 지침이니 만큼 장애인의 시각에서 성경 읽기와 해석은 장애인신학의 가장 초보적이면서도 근본적인 시도이다. 복지 차원이나 인권 차원을 넘어서 장애인 역시 동등한 인권과 권리를 누려야 하는 하나님의 자녀요, 우리의 이웃이라는 인식과 태도와 이와 관련된 정책 변화가 동반되어야 할 것이다.

1) 장애인신학을 위한 성경의 해석학적 출발과 이해

장애인에 대한 가장 근본적인 출발은 인간은 누구나 하나님의 형상으로 창조되었다는 점이다.[16] 인종이나 종교나 장애에 상관없이 인간은 누구나 '하나님의 형상'(Imago Dei)대로 창조되었고 하나님의 생기를 받은 피조물이라는 사실은 우리 모두 평등하고 존중되어야 한다는 사실을 말해 준다. 새로운 사실은 아니지만 이것은 분명 장애인신학의 출발점이 된다. 그런데 하나님의 형상대로 창조된 인간은 하나님께 대한 불순종으로 말미암아 하나님으로부터 멀어졌고, 예수 그리스도가 아니면 인간은 모두 그 불완전성을 그대로 물려받은 후손이 될 수밖에 없다는 고백이 기독교 신앙의 기초가 된다(롬 3:32, 5:2). 그렇다면 인간은 누구라도 하나님의 형상과 인간의 제한성을 동시에 지닐 수밖에 없다. 즉, 인간은 하나님의 완전한 피조물이지만 동시에 구원이 필요한 죄인이다. 그런데 장애인은—영구적인 장애를 지닐 경우—그 장애 때문에 평생 장애인이라는 꼬리표를 달고 살아야 하고 그에 대한 모든 평가는 장애로부터 시작된다. 이것이 현실이지만 장애인의 자기 정체성은 장애의 유무에 관계없이 장애인 역시 존중받아야 할 하나님의 피조물이라는 데서 출발해야 할 것이다.

조금 더 나아가서 장애인신학의 또 다른 해석학적 근거로 '장애를 입으신

---

16) 채은하, "장애, 문화적/종교적 고통과 치유," 「신학과 사회」 19(2005), 134-135.

하나님'(Disabled God)의 모델이 최근 제시되고 있다. 쿠퍼(B. Cooper)[17]와 아이스랜드(N. Eiesland)에 의해 제안된 이 패러다임은 비유적인 시도이지만 그리스도를 장애를 입으신 하나님으로 생각할 때 그의 창조적이고 구속사적인 사랑의 본질을 깊이 이해할 수 있음을 주장한다. 아이스랜드는 예수 그리스도의 새로운 상징적 이미지를 장애를 입으신 하나님(The disabled God)으로 본다. 장애를 입으신 하나님이지만 예수님은 단순하고 스스로 동정심을 가지지 않고 정직한 몸으로 사셨다. 이사야 역시 온갖 상해를 입고 고난받는 주의 종을 묘사하고 있다(사 53 : 4-6). 하나님은 그가 남자든, 여자든, 몸이든, 정신이든 그들이 입은 상해 때문에 차별하지 않으신다(갈 2 : 6). 장애를 입으신 하나님은 장애에 대한 선입관을 버리게 하는 근거를 제공한다. 이것은 장애인의 제한된 몸을 진정한 인간존재의 현실로 받아들이게 한다.[18]

장애를 입으신 하나님을 역설하는 아이스랜드는 한 가지 기준, 즉 겉으로 드러난 장애만으로 인간을 판단하고 그의 행불행을 결정하는 일을 경고하고 있다. 하나님 앞에서 장애인과 비장애인의 구별과 차별은 없다.

한편 혼(S. Horne)[19]은 인간의 연약함이나 장애야말로 역설적인 해석학적 도구라고 주장한다. 이 같은 논리는 이사야에서도 발견된다. "내가 높고 거룩한 곳에 있으며 또한 통회하고 마음이 겸손한 자와 함께 있나니 이는 겸손한 자의 영을 소생시키며 통회하는 자의 마음을 소생시키려 함이라"(사 57 : 15 하). 바울도 같은 논리를 말하고 있는데, 인간의 무능력이나 약함을 능력(dunamis)과 대조시키며 이것을 하나님의 활동의 자리로 해석하고 있다. "나(바울)에게 이르시기를 내 은혜가 네게 족하도다 이는 내 능력이 약한 데서 온전하여짐이라 하신지라 그러므로 도리어 크게 기뻐함으로 나의

---

17) B. Cooper, "The Disabled God," *Theology Today* 49(1992), 173-182.
18) N. Eiesland, *The Disabled God*, Nashville : Abingdon Press, 1994, 103.
19) S. Horne, "Those Who Are Blind See : Some New Testament Uses Of Impairment, Inability And Paradox," in *Human Disability and the Service of God : Reassessing religious Practice*(N. Eiesland and D. Saliers⟨ed.⟩), Nashville : Abingdon Press, 1998, 88.

여러 약한 것들에 대하여 자랑하리니 이는 그리스도의 능력이 내게 머물게 하려 함이라"(고후 12 : 9). 같은 맥락에서 고난받는 종은 그의 상한 몸이 하나님의 뜻을 성취하는 속죄에 이르게 하였다고 노래하고 있다(사 52 : 13-53 : 12). 이런 사고는 상처 난 제물은 하나님께서 받아들일 수 없는 것이요, 상처 난 사람은 하나님 앞에 나갈 수 없다는 레위기 전통과 대조를 이룬다. 그러므로 이사야와 바울에게 있어서 약함과 장애는 "하나님의 존재와 그의 임재의 자리"가 된다.[20] 여호와께서는 모세에게 이런 질문을 던졌다. "누가 사람의 입을 지었느냐 누가 말 못하는 자나 못 듣는 자나 눈 밝은 자나 시각장애인이 되게 하였느냐 나 여호와가 아니냐"(출 4 : 11 하). 이와 비슷한 본문이 신명기 32 : 39에도 나타난다. "나는 죽이기도 하며 살리기도 하며 상하게도 하며 낫게도 하나니." 이 구절들은 모두 하나님만이 인간의 궁극적인 조절자이심을 천명한 것이다. 쿠퍼는 마태복음 25 : 31~46에 나타난 마지막 심판에서 하나님과 가난한 자, 병든 자와 외로운 자가 서로 동일시되고 있는데 여기에 장애인도 첨가시킬 수 있다고 말한다.[21] 하나님께서 가난하고, 병들고, 외롭고, 상처받은 인간으로 나타나듯이 역시 장애를 입은 사람으로 나타나신다.[22]

2) 장애인의 희망과 미래

아마도 이 부분이 장애인신학을 구축하는 데 중요한 부분이 될 것이다. 성경 안에서 장애인의 인권 내지 회복을 다루는 본문을 중심으로 장애인의 희망과 미래를 살펴보기로 한다.

(1) 율법서

율법서는 구약성경의 가장 중심이면서 다른 성경 내용의 기초가 되는 만큼 율법서에 나타난 장애인에 대한 본문은 장애인신학의 중요한 출발점

---

20) Ibid., 96.
21) B. Cooper, "The Disabled God," *Theology Today* 49(1992), 179-180.
22) 채은하, "장애인의 현실과 장애인신학," 「구약논단」 27(2008), 45-46.

이 된다. 위에서 언급했듯이 성경은 장애인에 대하여 인색한 태도와 차별을 합법화하기도 하지만 다른 한편으로 이와는 전혀 다르게 장애인에게 삶의 희망과 기대를 갖게 한다. 레위기 19 : 14(표준새번역)이다. "듣지 못하는 사람을 저주해서는 안 된다. 눈이 먼 사람 앞에 걸려 넘어질 것을 놓아서는 안 된다. 너는 하나님 두려운 줄을 알아야 한다. 나는 주다." 이어서 "너의 이웃을 네 몸처럼 사랑하여라"(표준새번역, 레 19 : 18b). 이 명령은 하나님께서 이스라엘 백성의 주인이심을 상기시키면서 어떤 사람도 악용하지 말 것을 요구하고 있다. 이것은 육체/정신적 장애인들이 사회 안에서 살아가는 데 어떤 걸림돌, 다시 말하면 선입관이나 차별로 인한 심리적 장애와 종교적 장애를 만들어서는 안 되는 것으로 해석될 수 있다. 그렇다면 편견 없이 동등하게 사랑해야 할 네 이웃에는 분명 장애인도 포함되어 있다. 이 구절은 함께 살아가야 할 이웃인 장애인들을 단지 그들이 입은 손상 때문에 평가절하하거나 그들에 대한 차별을 합법화하거나 정당화하는 일을 삼가야 하는 것으로 이해할 수 있다.[23] 공동체 속에서 장애인과 비장애인이 동시에 평등과 조화와 회복을 경험하는 것은 매우 중요한 주제이다. 하지만 율법서에서 장애인의 평등과 보호를 직접 명하는 본문들을 찾기는 쉽지 않다.

(2) 예언서

이스라엘의 미래공동체에 관심을 두고 있는 예언자들은 이상적인 미래사회를 꿈꾸고 있다. 그 언급이 그리 많지 않지만 장애인의 회복도 함께 상당수 포함되어 있다. 수천 년 전에 살았던 예언자들이 이스라엘의 회복에 장애인도 그들의 관심이 되었다는 사실이 놀랍다. 결코 간과할 수 없는 부분이다.

---

23) S. Melcher, "Visualizing the perfect cult : the Priestly rationale for Exclusion," in *Human Disability and the Service of God : Reassessing religious Practice*(N. Eiesland and D. Saliers〈ed.〉), Nashville : Abingdon Press, 1998, 69.

(3) 이사야

다른 예언서에 비해 장애인에 대한 언급이 자주 등장한다. 몇 곳을 인용해 보기로 한다.

> 그날에 못 듣는 사람이 책의 말을 들을 것이며 어둡고 캄캄한 데에서 시각장애인의 눈이 볼 것이며 겸손한 자에게 여호와로 말미암아 기쁨이 더하겠고 사람 중 가난한 자가 이스라엘의 거룩하신 이로 말미암아 즐거워하리니(사 29 : 18-19).

> 네(주의 종)가 눈먼 자들의 눈을 밝히며 갇힌 자를 감옥에서 이끌어 내며 흑암에 앉은 자를 감방에서 나오게 하리라(사 42 : 7).

이스라엘이 회복될 때 시각장애인이나 청각장애인의 장애는 제거되어, 모두 말하고 들을 수 있게 된다고 한다. 또한 '주의 종'에게 시각장애인의 시력을 되찾아 주는 일이 부여되고 있다. 이렇듯 이스라엘이 회복되는 그날에 여러 형태의 장애도 제거된다. 다시 말하면 그때 장애인은 장애가 없는 비장애인이 되는 것이다. 이날은 장애인이 맞이하게 될 장애 해방의 날(disability-free day)이다. 이사야는 종말론적인 미래 건설에서 장애인의 치유를 구체적으로 나열하고 있다. "그때에 눈먼 사람의 눈이 밝아지고, 귀먹은 사람의 귀가 열릴 것이다. 그때에 다리를 절던 사람이 사슴처럼 뛰고, 말을 못하던 혀가 노래를 부를 것이다"(표준새번역, 사 35 : 5-6a). 또 이사야 65 : 17~25에서 이스라엘은 죽음이 극복되고 모든 것이 평화롭게 되는 미래를 꿈꾸게 된다고 말한다. 이사야가 꿈꾸는 세상은 불의한 사람을 제외하고는 어느 누구도 소외되거나 배척되지 않는 온전히 통합된 이스라엘이다. 장애 제거라는 소망이 이스라엘의 미래에 포함되어 있음을 명시하고 있다.

(4) 예레미야

포로 시대의 예언자 예레미야는 포로 된 자들이 돌아올 때 그들 중에는 시각장애인과 지체장애인(시각장애인과 다리 저는 사람)[24]과 잉태한 여인과 해산하는 여인도 포함될 것이라고 예언하였다(렘 31:7-9). 포로들의 귀환의 때에 임신한 여인과 아이를 낳은 임산부처럼 시각장애인이나 지체장애인도 어떤 어려움 없이 자유롭게 귀환 대열에 참여할 수 있음을 말하고 있다. 장애인이 장애를 느끼지 않고 귀환 길에 오를 수 있음을 묘사하고 있는데 이때 장애인의 장애(들)가 제거되었기 때문에 자유롭게 귀환 행렬에 동참할 수 있는지, 아니면 무슨 특별한 운송 방법이 동원될 것인지 본문만으로 확실하지 않다.

어쨌든 장애인이든 임신한 여인 혹은 산모이든 그들의 몸 상태 때문에 귀환하지 못하는 사람은 없다는 것으로 이해할 수 있다. 누구라도 다 예루살렘 성으로 귀환한다는 사실을 강조하려는 의도로 언급되었을 것이지만 이때 장애인의 귀환 동참이 함께 언급되고 있다는 사실이 놀랍다.

이렇듯 예언서의 몇몇 본문들은 여호와께서 이스라엘이 회복되는 미래에 장애인의 장애 제거와 함께 일반 사회로의 장애인의 통합을 묘사하고 있다. 그렇게 될 때 장애인은 앞으로 장애 없는 비장애인의 삶을 살 수 있다는 희망과 기대를 가질 수 있다. 이것이 예언자들이 전해 주는 장애인을 향한 하나님의 약속이요, 미래 사회의 청사진이다.

3) 여전히 해결되지 않은 물음 : 장애는 꼭 제거되어야 하는가?

흑인신학이나 여성신학을 구축하기 위한 새로운 성경 읽기는 흑인과 여성의 해방 내지 인권 향상에 많은 영향을 끼쳤음을 부인할 수 없다. 기억해야 할 것은 흑인과 여성이 공통적으로 차별과 소외를 겪었음에도 이 신학들은 흑인 됨과 여성 됨을 결코 부인하거나 피하지 않는다는 것이다. 흑인이든 여성이든 자신의 고유한 정체성을 오히려 더 부각시키면서 차별과 소외의 부당성을 알리고, 피부색이나 성별을 넘어서 하나님의 피조물로서 서로

---

24) 개역개정 성경에는 '맹인'과 '다리 저는 사람'이라고 번역되어 있다. 이것은 현재 사용되고 있는 장애인 호칭과 맞지 않는다. 그러므로 개역개정 성경에서 사용하고 있는 다양한 장애인에 대한 호칭은 개정될 필요가 있다.

상생하면서 살아갈 수 있도록 촉구하는 것이 이 신학들의 지향점이다. 그래서 결코 가능한 일도 아니지만 흑인이 백인으로, 여성이 남성이 되려고 하지 않는다. 오히려 "검은 것이 아름답다!"(Black is beautiful!)와 같은 새로운 가치가 생겨났고, 많은 사람들이 여기에 동조하고 있다! 이 시점에 예언서에 나타난 장애인의 장애 제거라는 새로운 희망과 관련하여 던지고 싶은 질문이 있다. 장애인의 장애는 반드시 제거되는 것이 장애인이 품어야 할 미래의 희망인가? 장애의 제거가 장애인신학의 궁극적인 희망이요, 바람인가? 그렇다면 장애인의 장애는 나쁜 것, 악한 것, 최소한 극복 내지는 제거되어야 할 걸림돌이라는 논리가 성립된다.

이 문제와 관련하여 이사야 56 : 3~8을 읽어 보기로 한다.

> 여호와께 연합한 이방인은 말하기를 여호와께서 나를 그의 백성 중에서 반드시 갈라내시리라 하지 말며 고자도 말하기를 나는 마른 나무라 하지 말라 여호와께서 이와 같이 말씀하시기를 나의 안식일을 지키며 내가 기뻐하는 일을 선택하며 나의 언약을 굳게 잡는 고자들에게는 내가 내 집에서, 내 성 안에서 아들이나 딸보다 나은 기념물과 이름을 그들에게 주며 영원한 이름을 주어 끊어지지 아니하게 할 것이며 또 여호와와 연합하여 그를 섬기며 여호와의 이름을 사랑하며 그의 종이 되며 안식일을 지켜 더럽히지 아니하며 나의 언약을 굳게 지키는 이방인마다 내가 곧 그들을 나의 성산으로 인도하여 기도하는 내 집에서 그들을 기쁘게 할 것이며 그들의 번제와 희생을 나의 제단에서 기꺼이 받게 되리니 이는 내 집은 만민이 기도하는 집이라 일컬음이 될 것임이라

이스라엘 사회에서 낙인이 찍힌 이방인과 고자, 이들은 성문 안에도 들어갈 수 없었고, 제사장으로 태어나도 제의를 수행할 수 없는 고대 이스라엘 사회의 장애인이었다. 그런데 미래에 그들의 장애가 제거되지 않고 장애를 가진 모습 그대로 제의에도 참석하고 완전하게 미래의 나라에 참여할 수 있다고 노래하고 있다(사 56 : 3-7). 여기에서 고자인 제사장의 제사 참여는

말할 것도 없고 제사 또한 드릴 수 있다고 하였다. 이와 비슷하게 이사야 33:23에서도 때가 되면 많은 재물을 탈취하여 나누리니 저는 자도 시온성의 재물을 취할 것이라고 노래하고 있는데, 이때 다리를 저는 자는 고침을 받지 않고도 시온성의 몫을 차지할 수 있게 된다. 시각장애인의 눈이 열리고, 청각장애인의 귀가 열리고, 지체장애인이 사슴처럼 그들의 장애가 제거되어 뛰어놀 수 있다고 노래한 것과는 달리 이스라엘의 온전한 구원이 이루어지는 그날에도 장애인은 여전히 장애를 지니고 있음을 말하고 있다(사 33:23). 딜레마이다. 한 가지 해결점은 부활한 우리의 몸은 지금 우리가 지닌 몸이 아니라 천사의 몸과 같다(마 22:30)고 하였기에 이것을 불필요한 질문으로 돌릴 수 있다. 하지만 이 땅에 사는 한 우리는 결국 다양한 인종과 다양한 민족 등 모양과 생각이 다른 사람들과 함께 살아갈 수밖에 없다. 정말 이 사회는 그 다름이 서로 어울려 살 수밖에 없는 것인데, 그렇다면 장애인과 비장애인이 서로 어울리면서 살 수 있는 그런 나라가 궁극적으로 우리가 노력하고 추구해야 할 공동체라 여겨진다. 이를테면 우리가 가꾸어야 할 이 땅의 하나님의 나라는 장애 때문에 서로 차별하거나 소외시키지 않고 장애와 함께 당당히 자기 몫을 감당하면서 살아갈 수 있는 토양과 시선이 구비된 곳이다. 이 땅에 장애가 없을 수 있는가?!

3. 나가는 말

장애는 이 사회에 엄연히 존재한다. 장애인 역시 나름의 존재 방식이 있다. 앞으로도 그러할 것이다. 이사야에서 보듯이 이 사회가 온전히 회복되는 그때에도 장애가 완전히 제거되지 않고 여전히 남아 있을 수 있다(사 33:23, 56:3-7). 나의 질문은 여전히 남아 있다. 이 땅에 사는 모든 장애인의 장애가 제거되는 것이 궁극적인 바람인가? 이것은 장애인신학의 질문이 아니라 오히려 의학적인 질문 내지 과제로 돌려야 하지 않을까? 장애는 모든 인간에게 일어날 수 있는 존재 양식(mode of being)일 뿐이다. 아무도 장애를 원하는 사람은 없다. 만약에 장애의 유무가 개인의 선택으로 이루어진 것이라면 문제는 다르다. 그런데 장애는 누구에게나 일어날 수 있는 무차별적인 조건임에도 불구하고 그것으로 사람을 차별하고, 무시하고, 냉대하고, 범주화한다. 그래서 장애인은 약하고, 의존적이고, 가난하고, 무지하고, 무익하다와 같은 부정적 편견과 무시가 늘 따라다닌다. 오랜 인류의 역사에서 가진 자와 가지지 못한 자, 누르는 자와 눌림을 당하는 자, 여성과 남성, 흑인과 백인, 장애인과 비장애인 등의 이분법 사고는 분명 사회-문화적 편견이 크게 작용한 것이다. 이것은 오그라디(O'Grady)가 인용한 프레이저의 글에서 분명히 드러난다.

> 우리는 금기(Taboos)를 일반적으로 두 가지로 분류할 수 있다. 하나는 특권을 가진 금기와 장애를 지닌 금기이다. 이를테면 제사장이나 성전이나 추장들이 지닌 금기는 일종의 특권인 반면 환자나 시신과 접촉한 부정한 사람에게 요구하는 금기 사항은 장애라 할 수 있다. …… 전자는 거룩 혹은 성스럽다는 푯말을 붙이는 반면 후자는 부정이나 저주라는 언어를 사용하고 있다.[25]

이렇듯 장애나 질병을 금기시하는 이 사회에서 장애인은 부정의 꼬리표를 달고 매일 전쟁하듯이 살아간다. 이미 확인된 것이지만 장애와 죄 사이의 상관관계는 성립되지 않는다. 물론 순간적 실수나 욕심이 자신이나 타인에게 치명적인 장애를 가져오게도 한다. 그러나 그 원인을 모르는 경우가 더 많다. 설사 그 원인을 안다고 하여도 치유될 수 없는 장애를 평생 안고 살아야 하는 장애인이 많다. 욥과 므비보셋과 장애를 가진 제사장의 삶이 그렇지 아니한가!

구약 시대에 고난의 종이 누구인지 그 정체를 알 수 없지만 그 종의 대

---

25) K. O'Grady, "The Semantics of Taboo : Menstrual Prohibitions in the Hebrew Bible," *Wholly Woman Holy Blood*(Kristin De Troyer⟨ed⟩, etc.), Harrisburg, London, New York : Trinity Press International, 2003에서 인용.

속적 고난을 통해 이스라엘의 회복과 미래를 꿈꾸었던 이사야의 예언처럼 불특정 다수의 장애인의 장애와 고난적 삶이 이 시대의 대속적 고난으로 읽힐 수는 없을지 고민하고 있다. 물론 고난이라 할 때 그 고난의 신체적/정신적 장애에만 국한할 수 없을 것이다. 하지만 영구적인 장애인으로 살아간다는 것이 어느 측면에서도 녹록치 않고 평생 짊어지고 가야 하지만 지니고 가야 할 '가시'(고후 12 : 7)로서의 의미와 이것으로 인해 수많은 사람들이 함께 살아야 할 이유가 된다는 점에서 달리 이해할 수 있을 것이다. 누군가가 지니고 살아가야 할 장애(평균 인구의 10%가 장애인이라고 한다.)는 이 시대의 대표적 아픔이지만 서로 보듬고 껴안는 곳은 예언자의 예언이 성취되는 하나님의 나라가 될 것이다.

제3장
교회사에 나타난 장애인의 삶과 신학

1. 서양 중세교회의 장애인 인식 | 손은실 교수
2. 종교개혁사에 나타난 장애인의 삶과 신학 | 홍지훈 교수
3. 현대사에 나타난 장애인의 삶과 신학 | 안교성 교수
4. 한국교회사에 나타난 장애인의 삶과 신학 | 안교성 교수

1

서양 중세교회의 장애인 인식[1)]
토마스 아퀴나스, 성 루이 9세, 여성 신비가들을 중심으로

손은실 교수(장로회신학대학교)

근대인들의 편견과는 반대로
중세의 장애인들은 은총의 질서 안에서 결코 배제되지 않았다.
고전적인 장애사 연구서의 저자인 스티케의 말처럼,
중세의 장애인 인식은 그 이전과 그 이후와 비교할 때
"윤리적이고 신적인 사랑의 영향 아래 있었다."고 말할 수 있을 것이다.

1. 들어가는 말

　세계보건기구(WHO)의 자료에 따르면, 어느 시대나 세계 인구 가운데 신체적으로 혹은 정신적으로 손상을 입은 사람이 약 10퍼센트에 달했다고 한다.[2] 하지만 심신 손상 혹은 장애 문제가 학문적으로 연구되기 시작한 것은 1970년대에 이르러서이다. 장애인인권운동과 함께 영국과 미국에서부터 연구가 진행되었다. 장애는 역사가들에게 가장 무시되어 온 주제 가운데 하나였고, 그 가운데서도 중세 시대의 장애는 특히 소홀히 취급되었다. 그 결과 표준적인 의학사 텍스트에서도 중세는 '암흑시대'라는 고정관념이 반복되고 있다.[3] 근대의 장애 문제에 대해 탁월한 분석을 한 드보라 마크도 이런 고정관념에 사로잡혀 있는 모습을 보여 준다. 그녀는 중세를 다음과 같은 몇 문장으로 일축해 버린다. "중세 시대에 장애인(disabled people)은 일군의 미신적인 관념에 종속되어 박해로 내몰렸다. 손상(impairment)은 신의 심판의 결과이고, 그러므로 죄에 대한 벌로 믿어졌다. 장애인 학대는 교회에 의해 승인되었다."[4] 중세의 장애인 인식과 장애인들의 삶은 과연 이

---

1) 본고는 총회 장애인신학 정립을 위한 5차 포럼(2013년 4월 10일)과 서양중세사학회(동년 6월 8일)에서 발표되었다. 본고에 대한 논평을 맡아 좋은 질문을 해 주셨던 이범성 교수님(실천신학대학원대학교)과 박홍식 교수님(서울대학교)께 감사드린다.
2) P. H. N. Wood, *International Classification of Impairments, Disabilities, and Handicaps : A Manual of Classifications Relating to the Consequences of Disease*, Geneva : World Health Organiation, 1980. I. Metzler, *Disability in Medieval Europe. Thinking about physical impairment during the high Middle Ages*, c. 1100-1400, London, New York : Routledge, 2006, p. 3에서 재인용. 세계보건기구의 최근 조사(2002-2004년)에 의하면, 장애인 수치는 훨씬 증가하여, 세계 15세 이상 인구의 15~16%가 장애인이다. 2010년 세계 인구 추정치 69억을 기준으로 하면, 현재 세계 장애인 추정치는 10억이 넘을 것으로 본다. 장애에 대한 정의가 상이하기 때문에 이런 수치는 어느 정도 유동적일 수 있지만, 장애인 문제는 결코 소수자 문제로 볼 수 없는 현실이 되었다. 세계보건기구, 「WHO세계장애보고서」, 전지혜·지영·양원태 옮김, 한국장애인재단, 2012. p. 2.
3) I. Metzler, op. cit., p. 13.
4) D. Mark, *Diability : Controversial Debates and Psychological Perspectives*, London and New York : Routledge, 1999, p. 2.

렇게 열악하기만 했을까?

　이 질문에 대답하기 위한 첫걸음으로 본고에서 필자는 서양 중세교회의 장애인 인식이 어떠했는지 고찰하고자 한다. 그리스도교 신앙에 뿌리를 둔 중세 사회가 장애인을 어떻게 인식했는지를 이해하기 위해서는 우선 중세교회의 장애인 인식을 살펴보는 것이 적절한 연구의 출발점이 될 수 있기 때문이다. 중세교회의 장애인에 대한 인식을 살펴보기 위해 다음과 같은 문제들을 다룰 것이다. 1) 장애는 죄의 결과인가? 2) 장애인은 성례전에 참여할 수 있는가? 3) 장애인은 성직을 수행할 수 있는가? 4) 영적으로 장애는 어떻게 이해되었는가?

　이 문제들을 연구하기 위해 방대한 서양 중세교회의 사료를 한정된 시간 안에 두루 살펴볼 수는 없는 노릇이다. 이에 본고에서는 연구의 범위를 다음과 같이 제한하고자 한다. 우선 첫 세 문제에 대해서는 중세 시대의 대표적 신학자일 뿐만 아니라 교회의 전통에 충실한 토마스 아퀴나스의 성경주석과 「신학대전」을 중심으로 고찰할 것이다. 네 번째 문제에 대해서는 국내에서 접근하기 어려운 1차 문헌 연구에 들어가기 전에 주제에 대한 폭넓은 시야를 얻을 수 있는 다양한 2차 문헌을 통해 해외 선행 연구 결과들을 간략하게 정리해서 소개하는 방법을 채택할 것이다. 여기서는 장애의 영적 차원에 대한 중세교회의 이해에 있어서 특징적인 면모를 보여 주는 성 루이 9세(토마스 아퀴나스와 동시대인)와 몇몇 여성 신비가들을 중심으로 살펴볼 것이다.

　이와 같이 본고에서는 원전과 2차 문헌을 병행하여 연구하는 방법을 통해 중세교회 안에서 나타나는 장애인에 대한 인식의 일면을 규명할 것이다. 이를 통해 현대의 많은 중세사가들의 괄목할 만한 연구 성과에도 불구하고 쉽게 사라지지 않는 중세에 대한 편견을 장애인 문제와 관련하여 불식시키는 데 일조하고, 중세의 장애인 인식이 오늘날 장애인 연구에 시사하는 바가 무엇인지 모색할 것이다.

　본고는 필자가 아는 한 국내에서는 처음으로 시도되는 서양 중세의 장애인 연구다. 따라서 위에서 제시한 문제들을 다루기 전에 향후 연구를 위한 디딤돌이 될 수 있도록 먼저 장애 연구에 꼭 필요한 용어 정의와 장애 연구의 모델, 그리고 중세의 장애 문제 연구사를 간략히 짚고 넘어가고자 한다.

2. 예비적 연구

1) 용어 정의

국제적인 영향력을 가진 첫 번째 용어 정의는 1980년 세계보건기구에 의해 시도되었다. 세 가지로 분류한 용어 정의이다. '손상, 장애, 핸디캡의 국제 분류'가 그것이다.[5] 이 분류법에 따르면, '손상'(Impairment)은 심리적, 생리적, 혹은 해부학적 구조나 기능의 상실 혹은 비정상(abnormality)을, '장애'(Disability)는 손상으로부터 유래하는 인간에게 정상적이라고 생각되는 방식 혹은 범위 안에서 활동을 수행할 능력의 제한 혹은 상실을, '핸디캡'(Handicap)은 손상 혹은 장애를 입은 개인에게 나이, 성, 사회적, 그리고 문화적 요인에 걸맞은 정상적인 역할을 수행하는 것을 제한하거나 막는 불이익을 각각 지칭한다.[6] 하지만 이 용어법은 의학적 모델을 기준으로 한 해석이라는 비판을 받았고, 그 이후에 두 차례 수정되었다.[7] 이렇게 장애 용어 정의에 대한 논의는 아직 진행 중에 있다.

---

5) International Classification of Impairements, Disabilities and Handicaps =ICIDH.
6) International Classification of Impairments, Disabilities and Handicaps (ICIDH) WHO, 1980, 27-29. C. Barnes, and G. Mercer, *Exploring Disability. A Sociological Introduction*, Cambridge : Polity Press, 2010, 20에서 재인용.
7) 세계보건기구는 1999년 ICIDH-2의 시안을 제시했다. 이것은 의학적 개념에 사회 환경적 요소를 가미한 모델이었다. 하지만 여전히 의학적 모델을 기준으로 한 장애 해석이라는 비판을 받았고, 2001년 2년간 ICIDH-2 모델 수정 작업을 해서 2001년 ICF(International Classification of Functioning, Disability and Health)라는 이름으로 새 모델이 빛을 보게 되었다. 이 모델은 장애나 질병이 아니라 사람에 강조점을 둔다. 김홍덕, 「장애신학」, 대장간, 2010, 17.

이런 국제 용어 분류가 나오기 전에 의학사가들과 중세사가들은 위의 인용문에서도 볼 수 있었던 것처럼 손상과 장애를 뚜렷하게 구분하지 않고 거의 동의어로 사용해 왔다. 하지만 메츨러는 비록 중세 시대에 이런 용어 상의 구분이 없었지만, 중세 시대 문제를 다룰 때 현대의 구분법에 따라 이 두 개념을 구분된 것으로 논의하는 것은 가능하다고 말한다. 왜냐하면 중세 시대에 모든 심신 손상자가 자동적으로 장애인으로 취급되지는 않았기 때문이다. 그녀는 이 구분법을 적용할 경우 자신이 연구한 대부분의 자료에 따르면 중세 시대는 장애가 아니라 단지 손상에 대해 말할 수 있다고 잠정적인 결론을 내린다.[8] 본고에서 필자는 메츨러를 포함하여 대부분의 중세 장애 문제 연구자들처럼 장애를 현대적인 용어법에서의 손상과 구분되는 의미로만 쓰지 않고, 손상과 장애를 아우르는 의미로 사용할 것이다.

방금 말한 것처럼 많은 논란이 있기는 하지만 대부분의 장애 이론가들[9]이 강조했던 생리적 실재로서의 손상과 사회적 구성물로서의 장애의 구분은 근대의 장애에 관한 연구의 두 가지 모델과 연결되어 있다.

2) 장애 연구의 모델

장애 문제가 이론적으로 연구되면서 의학적 모델에 이어 사회적 모델이 지배적인 연구 모델이 되었다. 의학적 모델은 장애를 단지 해결될 필요가 있거나 치료될 필요가 있는 '문제'로만 이해한다. 이와 같은 의학적 접근법의 문제점에 대해 현대의 유력한 장애 연구자인 린톤은 다음과 같이 말한다.

> 장애의 의학화는 인간적인 차이를 정상으로부터의 이탈로, 병리학적

---

8) I. Metzler, op. cit., 190.
9) S. L. Snyder and D. T. Mitchell, *Cultural Locations of Disability*, Chicago and London, 2006, 7 ; Wheatley E., "Medieval Constructions of Blindness in France and England," in : Davis L. J., *The Disability Studies Reader*, New York, London : Routledge, 2010(3rd edition), 63 ; I. Metzler, op. cit., 20.

조건으로, 결함으로, 그리고 현저하게 개인의 짐과 개인의 비극으로 간주한다. 사회는 장애에 대해 의학적 의미를 부여하기로 동의하면서 의학적 시설의 시야 내에 문제를 유지하고, 장애인의 생활을 위축시키는 사회적 과정과 정책을 취급하기보다는, 장애를 개인의 문제로 유지시키고 그 조건과 그런 조건을 가진 사람을 다루기로 공모한다.[10]

이와 같이 장애 문제를 장애인의 생활을 위축시키는 사회적 과정과 정책의 관점을 도외시하고 개인의 문제와 조건으로만 다루는 의학적 모델의 한계는 사회적 모델의 도입을 유도했다.

사회적 모델은 '손상'과 '장애', 두 개념의 분리를 주장한다. 즉, 선천적 혹은 후천적으로 심신의 손상을 가진 사람은 사회적인 장애로 인해 삶에 충만하게, 공평하게, 그리고 완전하게 참여할 기회를 박탈당할 때 장애인이 된다. 그러므로 사회적 모델의 제안자들은 '시각 손상'은 점자와 같은 대안적인 글자 매체를 제공하지 않을 때 '장애'가 된다고 주장한다. 이런 관점에서 보면 인지적인 손상은 그런 손상을 가진 사람이 포괄적인 교육 기회의 권리를 거부당하지 않는 한 장애가 되지 않는다.

하지만 최근 일부 학자들은 사회적 모델의 효율성에 대해서도 의문을 제기한다. 사회적 모델은 사회적 고통만 강조함으로써 신체적인 고통에 대해서는 큰 비중을 두지 않는 경향이 있으며, '손상'과 '장애'를 때때로 지나치게 인위적인 방식으로 이원적으로 대립시키고 상호작용의 여지를 간과하기 때문이다.[11]

이러한 사회적 모델의 한계를 넘어서는 또 다른 모델은 문화적 모델이다. 문화적 모델은 손상과 장애의 구분을 제거하고, '장애'에 사회적 낙인찍기(stigmatization)뿐만 아니라 신체적 차이의 현실을 포함하는 것을 선호

---

10) S. Linton, *Claiming Disability : Knowledge and Identity*, New York : NYU Press, 1998, 11.
11) S. L. Snyder and D. T. Mitchell, *Cultural Locations of Disability*, Chicago and London, 2006, 7.

한다. 이렇게 손상과 장애를 통합적으로 보는 모델은 장애를 가진 사람들의 경험을 전체적인 스펙트럼으로 고려하는 데 보다 유리한 점이 있다.[12]

3. 중세 장애인 연구사

중세 시대 장애인의 사회적, 경제적, 종교적, 의학적, 문화적 실재를 파악하기 위해 사용할 수 있는 자료는 다양하지만, 별도로 장애인의 체험에 관련된 자료는 없다.[13] 사실 당시 사고방식에서 장애인은 병자와 함께 빈민과 거의 같은 범주에 속하는 것이었다.[14] 따라서 최근까지 중세사 연구자들은 장애를 별도의 주제로 다루지 않고, 중세의 빈민 혹은 질병을 다룰 때 부수적으로 다루어 왔을 뿐이다. 이런 연구 가운데 대표적인 것 세 가지만 예로 들면 다음과 같다. 1) 중세 소외 집단에 관한 탁월한 연구로 손꼽히는 폴란드 역사가 게레멕의 저서는 시각장애인 숙박소와 한센병자 수용소에 대해 특별한 관심을 표명한다.[15] 2) 중세의 빈민 연구에서 고전적인 위치를 가진 프랑스 역사가 몰라의 책에도 장애인에 대한 언급이 산발적으로 나온다.[16] 3) 사회가 질병에 대해 어떻게 대처했는가를 살펴보는 것이 그 사회의 행정조직 혹은 종교적 실천의 실제적인 의미를 보다 잘 관찰할 수 있는 이점이 있다고 보고 중세 시대의 병과 사회의 상호작용을 연구한 프랑스 역사

---

12) 에일러(J. R. Eyler)는 중세 시대 장애 연구를 위한 모델을 모색할 때 문화적 모델이 가장 나은 도구로 입증될 수 있을 것이라고 본다. Eyler J. R., *Disability in the Middle Ages*, Reconsiderations and Reverberations, Ashgate, 2010, 6.
13) D. Le Blévec, "Infirmes et infirmités dans la société médiévale, d'après les sources méridonales," in : F. Collard, E. Samama(sous la direction de), *Handicaps et sociétés dans l'histoire*, L'estropié, l'aveuble et le paralytique de l'Antiquité aux temps modernes, Paris : L'Harmattan, 2010, 145.
14) B. Geremek, *Les marginaux parisiens aux XIVe et XVe siecles*, tr., du polonais par D. Beauvois, Flammarion, 1976, p. 209. [영역 : *The Margins of Society in Medieval Paris*, Cambridge, 1987.]
15) Ibid.
16) Mollat, *Les pauvres au Moyen Age*, étude sociale, Hachette, 1978.

가 뚜아띠는 한센병에 초점을 맞추었다.[17]

이런 선행 연구들과 달리 중세사 분야에서 장애를 별도의 주제로 다룬 첫 번째 연구는 2006년에 출간된 메츨러의 저서다. 메츨러는 대부분의 장애 연구에서 역사 감각이 결여된 점이 주된 문제점이라고 인식하고,[18] 장애에 대한 역사적 접근을 시도한다. 그녀는 처음으로 본격적으로 중세 장애 연구에 착수하면서, 현대의 장애 연구 이론을 차용하여 중세 의학 자료와 12~14세기의 성인 기적 자료를 분석하고 중세 시대의 장애 문제를 포괄적으로 기술하였다. 중세 장애 연구에 전기를 마련한 이 메츨러의 저작에 이어 2010년에 두 권의 연구서가 출판되었다. 에일러와 휘틀리의 연구가 그것이다.[19] 이 가운데서 휘틀리는 장애의 사회적 모델을 채택하지만 중세의 장애는 장애 구성에 영향을 미치는 교회의 힘을 조명하는 종교적 모델로 다루어야 한다고 주장한다.[20] 본고의 연구 방향은 휘틀리의 생각과 연속선상에 있다고 볼 수 있다.

지금까지 살펴본 현대 장애 연구의 개념적 도구와 연구 모델은 중세 장애 연구에 유용한 경우 현대적 관점을 중세에 투사하여 적용하는 시대착오를 범하지 않도록 경계하면서 조심스럽게 사용할 수 있을 것이다. 그러면 이제 이러한 예비적 연구를 토대로 해서 본격적으로 중세교회의 장애인 인식을 살펴보도록 하자.

---

17) F.-O. Touati, *Maladie et société au Moyen âge : la lèpre, les lépreux et les léproseries dans la province ecclésiastique de Sens jusqu'au milieu du XIVe siècle*, Paris ; Bruxelles : De Boeck université, 1998, 11.
18) I. Metzler, op. cit., 36-37 ; 다음 논문도 장애 연구에서 역사 감각의 부재를 강하게 비판한다. E. Bredberg, "Writing Disability History : problems, perspectives and sources," *Disability and Society* 14(2), 1999, 189-201.
19) J. R. Eyler, *Disability in the Middle Ages. Reconsiderations and Reverberations*, Ashgate, 2010 ; E. Wheatley, *Stumbling Blocks Before the Blind. Medieval Construction of a Disability*, The University of Michigan Press, 2010.
20) E. Wheatley, *Stumbling Blocks*, 9-10.

4. 중세교회의 장애인 인식

1) 장애는 죄의 결과인가?

성경은 그리스도교 신앙의 기본 텍스트로서 중세에 통용된 장애에 관한 종교적 개념 탐구의 출발점이다. 구약에서는 신체 손상이 주로 금기 혹은 벌과 연결되어 있는 반면,[21] 신약에서는 주로 예수님과 사도들에 의해 행해진 치유 기적과 연결되어 있다. 벌에서 치유로 강조점이 이동된 경향이 있다. 하지만 구약에도 신체 손상자의 인권을 존중할 것을 명하는 구절(레 19 : 14)이 있고, 신약에서도 신체 손상을 벌과 연결시키는 구절(요 5 : 14)이 있다. 이처럼 신체 손상에 관한 신구약성경의 입장은 단순하지 않다.

그러면 중세교회는 장애와 죄의 관계를 어떻게 이해했을까? 이 문제에 대답하기 위해 중세교회의 공적인 입장을 비교적 충실하게 반영하는 토마스 아퀴나스의 성경주석 가운데서 이 문제에 대한 이해를 가장 잘 보여 주는 텍스트를 분석해 보기로 하자. 성경 본문 가운데서 "장애인들의 복음", 혹은 "장애인을 죄의식으로부터 자유롭게 한 해방선언문"[22]이라고 불리는 요한복음 9 : 1~3에 대한 주석이 바로 그것이다.[23]

이 본문의 내용을 요약하면 다음과 같다. 예수님이 길을 가시다가 날 때부터 시각장애를 가진 사람을 보고 계셨다. 이때 제자들이 예수께 그가 시각장애인으로 태어난 것이 장애인 본인의 죄 때문인지 아니면 부모의 죄 때문인지 묻는다. 예수님은 그 누구의 죄 때문도 아니고 하나님이 하시는 일을 나타내기 위함이라고 대답하신다.

토마스는 이 본문을 주석하면서 누구의 죄 때문인지를 묻는 제자들의 질문을 통해 복음서 기자는 장애의 원인에 대해 접근한다고 해석한다. 제자들은 당시의 통념에 따라 인간의 모든 약함은 죄 때문이라고 생각했다. 그

---

21) 레위기 21 : 17~18, 21, I. Metzler, 43.
22) 김홍덕, 「장애신학」, 310.
23) Thomas de Aquino, *Super Evangelium S. Ioannis lectura*, c. 9, lect. 1.

래서 그가 장애인으로 태어난 것은 죄 때문일 것이라고 추정했던 것이다. 이로 인해 제자들은 그가 장애인으로 태어난 것이 누구의 죄 때문인지를 물었던 것이다.

우선 토마스는 장애의 원인은 시각장애인으로 태어난 당사자의 죄 때문이 아니라고 말한다. 왜냐하면 아무도 태어나기 전에 죄를 짓지 않기 때문이다. 또한 토마스는 "아버지는 아들 때문에, 아들은 아버지 때문에 죽지는 않을 것이다."라는 신명기 24 : 16 말씀을 상기시키며, 그의 부모의 죄 때문에 그가 장애를 겪은 것으로도 보이지 않는다고 해석한다. 이와 같이 그 누구의 죄도 아니라는 예수님의 대답은 죄로 인한 벌이 장애의 원인일 것이라는 제자들의 추측을 배제하신 것이다. 여기서 토마스는 예수님의 대답과 대립되어 보이는 로마서 3 : 23 "모든 사람이 죄를 범하였다"는 말씀을 상기시킨 후, 실제로는 대립되지 않음을 설명한다. 즉, 예수님의 답변은 시각장애인이나 그의 부모가 아담의 죄로부터 모든 사람에게 유전된 원죄나 그들 자신이 범한 죄가 없다는 것을 의미하는 것이 아니라 시각장애인으로 태어난 것이 죄의 결과가 아니라는 것을 의미한다는 것이다.

마지막으로 토마스는 예수님이 그가 시각장애인으로 태어난 참된 이유라고 말씀하신 '그 안에서 하나님의 일이 드러나도록 하기 위해서'를 주석하면서 대 그레고리우스 교황이 「욥기에 대한 도덕적 주석」에서 언급한 하나님이 사람들에게 시련을 보내시는 다섯 가지 방식을 인용한다.[24] 하나님은 때때로 (1) 영원한 벌의 시작으로서(렘 7 : 18), (2) 교정을 위해(시 17 : 36), (3) 미래의 잘못으로부터 보호하기 위해(고후 12 : 7), (4) 박해에 잇달아 오는 구원하시는 하나님의 힘을 드러내기 위해서(고후 12 : 9), (5) 하나님의 영광을 드러내기 위해서(요 9 : 3) 시련을 보내신다. 토마스는 이 가운데서 예수님이 장애의 원인이라고 말씀하신 '그 안에서 하나님의 일이 드러나기 위해서'는 바로 다섯 번째, 즉 하나님의 영광을 드러내기 위한 것에 해당된다고 말한다. 이렇게 토마스는 장애인 해방선언문과 같은 이 성경 본문 주

---

24) *Morales sur Job*, c. 5, SC 32, 12, 133-134.

석에서 성경의 의도에 일치하여 죄가 장애의 원인이 아님을 매우 설득력 있게 밝힌다. 하지만 앞에서도 말한 것처럼 성경의 어떤 구절은 신체 손상과 죄를 연결한다. 같은 요한복음 5 : 1~18에 나오는 베데스다 연못에서 38년 된 병자 치유 사건에서 예수님이 치유받은 사람에게 "보라, 네가 나았으니 더 심한 것이 생기지 않게 다시는 죄를 범하지 말라"(14절)고 말씀하신 구절은 신체 손상과 죄를 연결시키는 구절로 자주 인용된다. 토마스는 이 구절을 주석하면서 이런 질문을 던진다. "왜 주님은 이 마비된 사람과 치유된 어떤 이들에게는 죄를 말하고 다른 이들에게는 말하지 않는가?" 토마스는 이 질문에 대해 이렇게 대답한다. 그 이유는 어떤 이들에게는 병이 과거의 죄에서 온다는 것을 보여 주기 위한 것이다. 하지만 모든 병이 과거의 죄 때문에 오는 것이 아니기 때문에 다른 이들에게는 죄를 말하지 않는다. 다시 말해 어떤 병은 자연의 성향에서 비롯되기도 하고, 또 다른 병은 욥의 경우처럼 시련으로서 주어지기도 한다는 것이다.[25]

방금 살펴본 토마스의 성경 주석에서 확인할 수 있는 것처럼 중세 시대에 병 혹은 장애가 항상 죄와 연결된 것으로 이해하지 않았던 것이 분명하다. 이것은 중세교회에서 매우 중요한 제4차 라테란 공의회(1215년)의 법령에도 명시되어 있다. "신체의 병약함(infirmitas)은 때때로(nonnumquam) 죄에 의해 야기되었다."[26] 이 공의회의 법령은 죄와 병 혹은 장애의 인과적 연결을 단지 '때때로'라는 단어로 표현하고 있다.

2) 장애인은 성례전에 참여할 수 있는가?

토마스는 인지능력이 결여되어 성례전의 의미를 이해하지 못하는 지적

---

25) Thomas de Aquino, *Super Evangelium S. Ioannis lectura*, c. 5, lect. 2. "quia non omnes infirmitates propter peccata priora proveniunt ; sed quaedam ex naturali dispositione, quaedam propter probationem, sicut in Iob."
26) 제4차 라테란 공의회 법령 22(Cum infirmitas). D. W. Amundsen, *Medicine, Society, and Faith in the Ancient and Medieval Worlds*, Baltimore, MD and London : Johns Hopkins University Press, 1996, 266에서 재인용.

장애인도 세례에 참여할 수 있다고 본다. 그가 이 문제를 다루는 곳은 「신학대전」에서 3부 68문이다. 68문의 마지막 절인 12절에서 토마스는 미친 사람(furiosi)과 지각이 없는 사람(amentes), 즉 이성적 능력이 제한된 지적 장애인에게 세례를 주어야 하는가라는 질문을 제기한다. 이 문제에 대해 대답하면서 「신학대전」의 구조에 따라 먼저 이들에게 세례를 주어서는 안 된다고 생각할 수 있는 논거들을 제시한다.[27] 그 가운데서 상대적으로 보다 강력해 보이는 두 가지 논거를 소개하면 다음과 같다. 첫째는 세례를 받기 위해서는 수세자의 의도(intentio)가 요구되는바, 이성의 사용이 결여된 미친 사람과 지각이 없는 사람은 스스로 조절할 수 있는 의도를 가질 수 없기 때문에 세례를 주어서는 안 된다는 것이다. 두 번째 논거는 인간이 동물보다 우월한 점은 이성 사용에 있는바, 미친 사람과 지각이 결여된 사람은 이성을 사용하지 못하기 때문에 동물에게 세례를 주지 않듯이, 미친 사람과 지각이 결여된 사람에게도 세례를 주지 말아야 한다는 것이다.

이 두 가지 논거를 토마스는 어떻게 반박할까? 첫 번째 주장을 반박하는 근거는 지적장애인들은 비록 스스로 의도를 가질 수 없더라도 유아들의 경우처럼 교회의 의도에 의해 세례를 받을 수 있다는 것이다. 두 번째 주장에 대해서는 미친 사람 혹은 지각이 없는 사람은, 가령 신체 기관(뇌)의 어떤 장애와 같은 우연적인 원인에 의해 이성의 사용을 결여한 것이지, 동물처럼 이성적 영혼(anima rationalis) 자체를 결여하고 있는 것은 아니라고 주장함으로써 반박한다.[28]

이와 같이 지적장애인들에게 세례를 줄 수 없다는 주장을 비판한 후 토

---

[27] 「신학대전」에서 가장 작은 단위인 절(articulus)은 중세 대학의 정규 교과목이었던 토론 문제(quaestiones disputatae)의 형식을 띠고 있다. 이 형식은 한 문제에 대해 상반되는 두 입장의 논거를 모두 검토함으로써 논증적 사고를 통해 문제를 이해할 수 있도록 해 준다. 상반되는 두 입장 가운데 바른 대답과 대립되는 입장의 논거가 먼저 제시된다. 「신학대전」 각 절의 구조에 대한 보다 자세한 설명은 다음 책을 참조하시오. 토마스 아퀴나스, 「신학대전 : 자연과 은총에 관한 주요 문제들」(「신학대전」의 발췌 번역본), 손은실·박형국 옮김, 두란노 아카데미, 2011, 46-48.

[28] ST Ⅲ, 68, 12, obj. 1 ; obj. 2 ; ad 1 ; ad2.

마스는 미친 사람과 지각이 결여된 사람의 다양한 경우를 구분하여 각각의 경우에 교회가 어떻게 판단해야 하는지를 제안한다. 우선 태어날 때부터 전혀 이성을 사용하지 못한 경우, 유아들의 경우처럼 교회의 신앙 안에서 세례를 줄 수 있다고 판단해야 한다. 둘째, 한때는 온전한 정신을 가졌다가 미치게 된 사람의 경우는 정신이 온전할 때 그들이 표현한 의지에 따라 판단해야 한다. 즉, 그들이 세례를 받으려는 의지를 표명했으면 세례를 주어야 한다. 셋째, 태어날 때부터 미친 사람이거나 지각이 없는 사람이 잠시 이성을 사용할 수 있게 된 경우, 그들이 세례 받기를 원하면 다시 미치게 되더라도 세례를 줄 수 있다. 죽을 위험이 있는 경우는 바로 그때 세례를 주어야 하지만, 그렇지 않은 경우는 보다 경건하게 성례전을 받을 수 있도록 이성을 사용할 수 있을 때까지 기다리는 것이 더 낫다. 마지막으로 정신이 완전히 온전하지는 않더라도 그들의 구원에 대해 생각하고 성례전의 덕을 이해할 만큼의 충분한 이성을 가진 경우, 정신이 온전한 사람처럼 판단해야 한다. 하지만 그들의 의지에 반해서가 아니라 기꺼이 원할 때 세례를 주어야 한다.[29]

지적장애인에게 세례를 줄 수 있다는 토마스의 주장을 요약해 보자. 첫째, 지적장애인은 뇌의 장애로 인해 이성을 사용하지 못하는 사람일 뿐이지 어떤 사람들이 생각하는 것처럼 이성적 영혼이 없는 사람이 아니다. 둘째, 지적장애인들이 비록 그들 스스로 이성을 사용할 수 없더라도 '교회의 신앙'과 '교회의 의도'에 의해 세례를 받을 수 있다. 성례전의 내적 효과인 은혜를 만들어 내는 것은 오직 하나님께만 속한 것으로서,[30] 하나님은 유아들의 경우와 마찬가지로 지적장애인들에게 영적인 재생에 해당하는 세례의 성례전을 통해 그리스도로부터 비롯되는 은혜를 받게 하시기 때문이다.[31] 마지막으로 토마스는 지적장애인이 자신의 이성을 사용할 수 있게 된 경우, 그들의 의지에 반해서 세례를 주는 것을 경계한다. 토마스는 어떤 경우도 본

---

29) ST Ⅲ, 68, 12, c.
30) ST Ⅲ, 64, 1, c.
31) ST Ⅰ-Ⅱ, 113, 3, ad1.

인의 의지에 반해서 강제로 세례를 받게 해서는 안 된다는 것을 강조한다. 이것은 그가 유대인의 자녀나 불신자의 자녀들이 스스로 이성을 사용하기 전 부모의 보호 아래 있을 때, 그들의 부모의 의사에 반해서 세례를 주는 것은 정의와 교회의 관습에 위배되는 일이라고 천명한 것과 궤를 같이 한다.[32]

그러면 토마스는 지적장애인이 성찬도 받을 수 있다고 생각했을까? 이 문제에 대한 대답은「신학대전」3부 80문 9절에서 찾을 수 있다. 바로 이 부분에서 그는 이성을 사용하지 못하는 사람에게 성찬을 주어야 하는가 하는 문제를 다루고 있다. 토마스는 이들에게 성찬을 주어서는 안 된다고 생각할 수 있는 근거를 몇 가지 제시한다. 그 가운데 가장 설득력 있어 보이는 주장은 고린도전서 11:28 말씀(사람이 자기를 살피고 그 후에야 이 떡을 먹고 이 잔을 마실지니)에 기초하여, 이성을 사용하지 못하는 사람들은 자신을 살펴볼 수 없기 때문에 성찬을 주어서는 안 된다는 것이다. 이 주장에 대해 토마스는 다음과 같이 반박한다. "이성 사용이 결여된 사람들도 어떤 이는 현재, 또 어떤 이는 과거에 성찬에 대해 신심을 가질 수 있다."[33] 또한 토마스는 "지각이 결여된 사람에게 경건에 속하는 것은 무엇이든지 주어야 한다."는 오렌지 공의회 법령을 인용하고, 이 고대교회 공의회 법령에 따라 지적장애인에게 경건의 성례전인 성찬을 주어야 한다는 결론을 도출한다.

그는 이 결론에 목회 차원의 구체적인 정황에 따른 상이한 판단을 덧붙인다. 다시 말해 그는 이성을 사용하지 못하는 사람을 두 개의 범주로 구분한다. 이성 사용이 미약한 사람과 이성을 전혀 사용하지 못하는 사람이 그것이다. 전자의 경우는 성찬에 대해 조금이라도 신심(devotio)을 가질 수 있기 때문에 성찬을 거부하지 말아야 한다. 반면에 이성을 조금도 사용하지 못하는 사람은 이 성례전에 대해 어떤 신심도 가질 수 없기 때문에 성찬을

---

32) ST Ⅲ, 68, 10, c. 토마스는 4차 공의회인 톨레도 공의회의 유대인에게 강제로 세례를 주어서는 안 된다는 규정(decret., dist. XLV)을 인용한다. 이 규정은 정의가 온전히 유지되도록 유대인들이 강제로 구원을 받게 해서는 안 되고, 원할 때 받게 해야 한다고 명시한다. ST Ⅲ, 68, 10, sc.
33) ST Ⅲ, 80, 9, ad1.

주면 안 된다.[34] 세례는 이성을 전혀 사용하지 못하는 사람이라도 교회의 신앙에 의해 받을 수 있다는 것과는 사뭇 다르다. 토마스는 세례가 영적 삶의 시작을 위해 필요한 것인 반면, 성찬은 영적 삶의 완성을 위해 필요한 것이라며 둘의 위상을 구분한다. 이런 위상의 구분을 토대로 성찬은 세례와 같은 방식으로 구원에 필수적인 것은 아니라고 말한다.[35]

3) 장애인은 성직을 수행할 수 있는가?

레위기에서는 신체장애가 있는 제사장은 제단에 접근할 수 없음을 명시하고 있다(레 21 : 17-18, 21). "장애가 있을 경우 대제사장이라도 지성소에 들어가는 것이 금지되었다(레 21 : 23). 육체적인 장애가 있는 대제사장은—그것이 비록 일시적인 장애라 하더라도—제단에서의 제사 수행이 허락되지 않았던 것이다"(레 22 : 17, 25 ; 말 1 : 7-8).[36]

학자들은 레위기 금지 규정(레 21 : 17-23)이 중세 시대에 줄곧 엄격히 고수되었을 것이라고 추정했다.[37] 하지만 이 같은 추정은 역사적인 사실과는 거리가 있다. 「신학대전」에서 토마스는 레위기 금지 규정을 철회하는 법 규정인 그라티우스 교회법[38] 법령 12를 인용하고 있다. "교회 법규는 장애인이 성직을 받을 수 있음을 허용하지 않는다. 하지만 성직 서품을 받은 후 손상을 입는다면, 온전한 상태에서 받은 것을 상실할 수 없다."[39] 이와 같이 어떤 경우에도 장애인에게 제단에 접근하는 것을 금지하는 레위기 규정을 철회하고 이미 성직자가 된 경우 제사 수행을 허용하는 규정은 이보다 훨씬 앞선 5세기에서 4세기로 거슬러 올라가는 사도헌장에서도 발견된다. 사도헌장은 감독은 신체 손상 때문에 직무 수행을 금지 당해서는 안 되고, 사제

---

34) ST Ⅲ, 80, 9, c.
35) ST Ⅲ, 73, 3, c.
36) 채은하, "구약성경에 나타난 장애인의 삶과 장애인신학의 시도," 「대한예수교장로회(통합) 총회 장애인신학기획 2차 포럼 자료집」, 2011, 14.
37) I. Metzler, op. cit., 40.
38) 1140-1150년경에 작성됨.
39) ST Ⅲ, 82, 10, obj. 3.

가 되고 난 다음에 신체가 손상된 사람에게 직무 수행이 금지되어서는 안 된다고 규정하고 있다.[40]

그렇다면 장애 상태에 상관없이 언제나 성례전을 집행할 수 있다는 말인가? 그렇지는 않다. 토마스는 장애를 입은 사제들이 어떤 경우에 성례전을 집행할 수 없는지를 구체적으로 밝힌다. 눈, 손, 혀 등을 상실해서 성찬을 집례할 수 없는 경우, 간질의 경우와 같이 성례전 집례가 위험한 경우, 보는 이들에게 혐오감을 불러일으키는 한센병의 경우는 비공개적으로는 집례할 수 있지만, 공개적으로는 안 된다.[41]

지금까지 살펴본 것에서 이미 우리는 편견으로 가득 찬 근대의 중세관에서 비롯되는 추측, 즉 중세의 장애인 인식은 매우 부정적이었을 것이라는 추측과는 상당히 거리가 멀다는 것을 확인할 수 있었다. 여기서 한 걸음 더 나아가 중세 그리스도인들 가운데는 장애의 영적인 가치와 유익을 강조한 사람들이 있다.

4) 장애의 영적인 가치와 유익을 강조한 성 루이 9세와 중세 여성 신비가들

대부분의 중세인들도 근대인들처럼 병이나 장애를 피해야 할 것으로 보았다. 하지만 병이나 장애가 영적으로 긍정적인 가치와 유익을 가지고 있다는 믿음을 가지고 자발적으로 환영한 사람들도 있었다. 병이나 장애의 영적 유익을 높이 평가한 중세 그리스도인들 가운데서 본고는 13세기의 프랑스 왕 성 루이 9세와 중세 여성 신비가들을 부분적으로나마 소개하고자 한다.

(1) 성 루이 9세(St. Louis IX, 1215-1270)

성 루이 왕은 자주 아팠고 육신의 고통을 많이 겪은 사람이었다. 그는

---

40) *Les constitutions apostoliques*, introduction, texte critique, traduction et notes par M. Metzger, Sources chrétiennes, n. 320.
41) ST III, 82, 10, ad 3.

오른쪽 다리 피부병과 학질 등 만성병을 앓았다. 인격 전체가 신앙에 뿌리를 내린 그는 육체의 고통과 병에 짓눌릴수록 점점 더 열렬하게 영적인 성장을 추구했다.[42] 중세 시대에 신체의 고통은 영적인 정화를 가져오는 것으로 자주 이해되었다. 루이 왕은 이런 이해에 깊이 영향을 받았다. 「성 루이 왕의 생애」는 그가 받은 신체의 고통과 그의 거룩성이 연결되어 있음을 거듭 강조한다. 그가 겪은 잦은 신체의 고통과 그가 흘린 많은 눈물은 예외적인 거룩성으로 인용되었다.[43]

성 루이 왕은 십자가에 달린 그리스도를 자신의 위대한 모델로 삼았다.[44] 그는 그리스도의 고통받은 몸에 대해 절대적인 신심을 가지고 있었다.[45] 그는 영혼을 회개로 인도하고 정화시키는 고통의 영적인 유익에 높은 가치를 부여하여 스스로 고통을 수용할 뿐만 아니라 아들과 딸들에게도 병과 고통을 인내심을 가지고 견디고 그것을 받을 자격이 주어진 것에 대해 감사하라고 권고했다.[46]

이와 같이 그가 육체적 고통에 대해 높은 가치를 부여한 것은 그가 장애인을 바라보는 시각에도 영향을 미쳤다. 루이 왕은 장애인을 단지 비참한 사람들이 아니라 사람들에게 회개와 사랑을 실천할 기회를 제공함으로써 사회가 영적으로 건강한 삶을 유지해 나갈 수 있도록 도와주는 가치 있는 존재로 이해했다.[47] 예컨대 그는 자신이 설립한 깽즈-뱅(Quinze-Vingts) 병원의 시각장애인들이 영적으로 가치 있는 존재이며, 시각장애가 없는 사람들이 구원을 이루기 위한 노력을 할 수 있도록 도와주는 사람들이라고 보

---

42) Guillaume de Saint-Pathus, *Vie de Saint Louis*, p. 39-40 ; 56 ; 122.
43) J. Le Goff, *Saint Louis*, Paris : Editions Gallimard, 1996, 875.
44) Ibid., 882.
45) Guillaume de Saint-Pathus, *Vie de Saint Louis*, Paris : A. Picard et fils, 1899, 56, 122.
46) D. O'Connell, *Les propos de saint Louis*, 186, 193, J. Le Goff, *Saint Louis*, Paris : Editions Gallimard, 1996, 868에서 재인용.
47) H. Skoda, "Representations of Disability in the Thirteenth-Century Miracles de Saint Louis", in : J. R. Eyler, *Disability in the Middle Ages. Reconsiderations and Reverberations*, Ashgate, 2010, 60.

앉다.[48] 루이 왕 자신이 먼저 사랑의 정신으로 가득 차서 수많은 수도원과 병원의 환자와 장애인을 직접 방문하였다.[49] 보니파키우스 8세의 1297년 8월 6일 설교 내용 속에도 루이 왕이 일상적으로 한센병자 수용소를 방문하여 환자들의 고름을 닦아 주고 직접 자기 손으로 음식을 먹여 주곤 했다는 증언이 발견된다.[50]

(2) 중세 여성 신비가들[51]

중세 여성의 경우 신체 경험에 종교적 의미를 부여하고, 또한 종교 경험을 신체 경험과 결부시키려는 경향이 남성보다 훨씬 더 강했다.[52] 1000년에서 1700년 사이에 성인으로 추대된 여성 가운데 절반 이상에게서 병의 고통을 인내한 것이 거룩성의 주요 요소로 발견된다.[53]

대부분의 사람들은 병과 신체의 손상을 피해야 할 불쾌한 것으로 보았지만, 중세 여성 신비가들은 고통을 '치료'해야 하는 것이라기보다 '인내'해야 하는 조건으로 보았다. 쿠도의 알파이스(Alpaïs of Cudot, 1150-1211)는 악마가 의사의 모습으로 나타나는 것을 보았다. 시엔나의 카타리나도 치료받는 것을 유혹으로 이해하였다.[54]

---

48) E. Wheatley, "Blindness, Discipline, and Reward : Louis IX and the Foundation of the Hospice des Quinze-Vingts," *Disability Studies Quarterly*, 22(2002), 194-212.
49) J. Le Goff, op. cit., 881.
50) Ibid., 880.
51) 이 부분에서는 지난 20여 년간 중세의 신체 문제에 관해 괄목할 만한 연구를 수행해 온 바이넘의 문헌에서 얻은 정보를 중심으로 간략히 소개할 것이다.
52) C. W. Bynum, *Fragmentation and Redemption : Essays on Gender and the Human Body in Medieval Religion*, New York : Zone Books, 1992, 189-190.
53) D. Weinstein and R. M. Bell, *Saints and Society*, Chicago : University of Chicago Press, 1982, 234-235. 이 책은 1000년에서 1700년 사이에 살았던 864명의 성인을 다루고 있다.
54) Life of Alpaïs, bk. 3, ch. 4, and bk. 4, ch. 1, AASS, November, vol. 2, pt. 1, Brussels, 1894, 196-198. Raymond of Caoua, The Life of Saint Catharine of Sienna, pt. 2, ch. 5, par. 167, AASS, 904, C. W. Bynum, op. cit., 189에서 재인용.

여성 신비가들은 한 걸음 더 나아가 보다 적극적으로 병의 영적 유익을 추구했다. 줄리안 노르비치(Julian of Norwich, ca. 1342-ca. 1416)처럼 환상을 보는 여성들은 하나님으로부터 오는 선물로서의 병을 구하는 기도를 하기도 했다. 여성 신비가들은 육체와 정신의 고통을 그들 자신과 다른 이들의 구원을 위한 기회로 삼았다. 한센병에 걸린 쉐르베케의 알리스(Alice of Schaerbeke, ca. 1225-1250)는 그녀의 병이 그녀 이웃의 구속(救贖)을 위해 제공될 수 있었다고 말했다.[55] 이 모든 여성들은 병을 자발적으로 환영했다. 이 여성들은 병에서 긍정적인 요소, 즉 그들을 하나님께로 더 가까이 인도하는 것을 보았기 때문이다. 하지만 이들은 고통 자체를 가치 있다고 보는 고통지상주의자들은 아니었으며, 타인이 질병으로 고통을 받을 때는 그들의 고통을 덜어 주기 위해서 노력했다는 것을 잊어서는 안 된다.

5. 나가는 말

본고는 서양 중세교회의 장애인 인식을 이해하기 위한 시론적인 연구로서 토마스 아퀴나스와 성 루이 9세, 그리고 몇몇 여성 신비가들을 중심으로 중세교회의 장애인 인식의 일부분을 살펴보았다. 따라서 본고에서 다룬 인물들이 중세교회 전체 입장을 대변한다고 볼 수는 없다. 하지만 토마스 아퀴나스는 교회의 전통과 당대 교회의 권위를 존중하는 태도를 가지고 있기 때문에 대체로 중세교회의 공식적인 입장을 반영한다고 볼 수 있다. 또한 루이 9세와 본고에서 언급한 여성 신비가들은 장애의 영적 차원의 인식에 있어서 중세교회의 한 전형을 보여 준다. 이런 이유로 본고에서 이들을 하나의 표본으로 선택하여 연구했던 것이다.

본고의 연구 결과는 다음과 같이 요약될 수 있다. 첫째, 장애와 죄의 관계에 대해 중세교회는 장애가 죄와 연결된 경우도 있지만, 항상 그런 것은

---

55) Life of Alice, ch. 3, par. 26, AASS, June, vol. 2(1867), 476. C. W. Bynum, op. cit., 188에서 재인용.

아니라고 보았다. 장애는 때로는 시련으로, 때로는 최고의 '덕'인 사랑을 실현할 수 있는 기회로, 때로는 하나님의 영광을 드러내기 위해서 하나님이 허락하신 것으로 이해되었다. 둘째, 중세교회는 장애인, 심지어 인지능력이 결여되어 성례전의 의미를 이해할 수 없는 지적장애인도 구원에 필요한 성례전인 세례에서 배제하지 않았다. 셋째, 구약성경에서 장애인에게 엄격하게 금지했던 성직 수행에 대해 중세교회는 성직 서품을 받은 성직자가 장애인이 되었을 때, 그의 장애 상태가 성직을 수행할 수 있는 경우에는 원칙적으로 금지하지 않았다. 마지막으로 중세교회는 장애인을 단순히 비참한 자나 자선의 수혜자로만 보지 않고, 사람들에게 회개와 사랑을 실천할 기회를 제공함으로써 사회가 영적으로 건강한 삶을 유지해 나갈 수 있도록 도와주는 매우 가치 있는 존재로 이해하였다.[56]

이러한 연구 결과에 비추어 볼 때, 서두에서 인용했던 근대 장애 연구가들이 중세에 대해 일반적으로 가졌던 생각, 즉 중세 시대에 장애는 죄에 대한 벌로 인식되어 장애인에 대한 부당한 처우가 교회에 의해 용인되었다는 것은 중세교회의 공식적인 입장과는 거리가 먼 것임을 확인할 수 있다. 근대인들의 편견과는 반대로 중세의 장애인들은 은총의 질서 안에서 결코 배제되지 않았다. 고전적인 장애사 연구서의 저자인 스티케의 말처럼, 중세의 장애인 인식은 그 이전과 그 이후와 비교할 때 "윤리적이고 신적인 사랑의 영향 아래 있었다."[57]고 말할 수 있을 것이다.

본고에서 규명한 토마스 아퀴나스가 지적장애인을 이해하는 신학적 통찰력은 현대 장애 연구에도 시사하는 바가 매우 크다고 본다. 토마스는 지적장애인이 비록 신체 기관인 뇌의 장애로 인해 이성을 사용하지 못할지라도 이성적 영혼을 결여한 사람이 아님을 명시했다. 다시 말해 지적장애인은

---

56) 예컨대 한센병자들은 비록 사회로부터 격리되기는 했지만, 하나님이 예수 그리스도처럼 현세에서 고통을 받게 하셨기 때문에 어떤 의미에서는 하나님으로부터 각별한 은총을 받은 사람으로 이해되기도 하였다. 제프리 리처즈, 「중세의 소외집단」, 느티나무, 2003, 310.
57) H.-J. Stiker, *Corps infirmes et sociétés*, Paris : Dunod, 2005(3 edition), 87.

비록 뇌의 기능은 손상되었지만, 하나님이 그에게 부여한 인간의 본질적 형상인 이성적 영혼 자체와 인간의 존엄성을 상실한 것은 결코 아니라는 것이다. 이와 같은 토마스의 장애인 인식은 그보다 3세기 이후의 종교개혁자들의 인식과 비교해 보면 훨씬 복음적이고 장애인의 인권을 존중하는 관점에 입각해 있음을 확인할 수 있다.[58]

짧은 지면으로 구성된 본고에서 천 년을 아우르는 중세교회의 장애인 인식과 장애인의 삶 등을 포괄적으로 접근할 수는 없었다. 본고에서 미처 다루지 못한 중세인의 몸에 대한 기록이나 질병과 병자에 대한 문헌을 폭넓게 찾아서 본고의 미진한 연구를 보완하고 발전시킬 후속 연구를 기대한다.

---

58) 칼뱅은 정신지체자를 사탄에 의해 사로잡힌 사람이라고 설교했으며, 루터는 정신지체 아동을 영혼이 없는 '살덩어리'(massa carnis)라고 말했다. M. A. Winzer, "Disability and Society Before the Eighteenth Century," in : L. J. Davis, *The Disability Studies Reader*, First Edition, 94. 칼뱅과 루터가 이런 표현을 썼다는 것은 여기 인용된 원저 외에도 수많은 연구자들에 의해 거듭 인용되고 있다. 하지만 루터와 칼뱅의 저작에서 직접적인 전거를 확인해야 할 것이다. 그런데 필자가 루터의 「탁상담화」에서 직접 발견한 표현에 따르면, 루터는 정신 이상자들을 "육체적으로 마귀에 사로잡힌 자"라고 말한다. 마르틴 루터, 「탁상담화」, nr. 630, 이길상 옮김, 크리스찬 다이제스트, 2005, 378.

2

종교개혁사에 나타난 장애인의 삶과 신학
―루터를 중심으로―

홍지훈 교수(호남신학대학교)

루터를 중심으로 본 종교개혁사 속에 나타난
장애인의 삶과 신학에 대한 고찰을 통하여 내릴 수 있는 결론은
장애로 인한 경제적 궁핍을 돌보는 것도 신앙적인 일이고,
장애가 결코 인간의 절망적 상황이 아니라
하나님의 역설적인 섭리의 일부임을 알게 된 것이다.

1. 시작하는 말

에릭 틸(Eric Till) 감독의 영화 "루터"(2003)에 등장하는 루터 역의 주인공 조셉 파인즈(Joseph Fiennes)와 나이 들어서 프리드리히 현공 역을 맡았던 페터 우스티노프(Peter Ustinov, 2004년 작고)의 연기가 아직도 기억에 남아 있다. 영화 속에 루터가 사제 서품을 받고 난 후에 교구사목 활동을 하는 것이 나오는데, 이 내용은 사실 확인이 어렵다. 루터는 1505년에 에르푸르트(Erfurt) 어거스틴 수도원에 입회하여 1507년 4월 3일 사제 서품을 받았지만, 그는 수도사였다. 그리고 1511년 비텐베르크로 전입하여 1512년 박사학위를 받고 성경신학 교수가 되었기 때문이다. 아마 영화는 비텐베르크 교수로 부임한 루터의 설교 활동 가운데에 사목 활동을 부각시키려고 한 것이 분명하다.

이 영화를 언급하는 이유는 그의 영화 속 사목 활동 중에 등장하는 두 가지 이야기 때문이다. 하나는 정신적인 고통으로 인하여 자살한 아이 부모의 절망과 슬픔을 덜어 주고, 중세 시대 자살한 사람에 대한 온갖 모욕과 경원을 멀리한 채, 아이의 장례를 직접 치르고 정성껏 매장하면서 주인공의 눈에 타오르는 교회를 향한 분노에 관한 것이고, 다른 하나는 구걸하는 엄마와 그녀에게 딸린 장애를 가진 어린 여자아이의 이야기이다. 영화를 보면서 짐작하건대, 이 아이는 지적장애와 함께 다리에 신체장애를 겸하여 가지고 있는 아이였다. 산에서 땔감을 구해 장에 팔아서 모녀는 겨우 생계를 유지하고 있었고, 엄마는 장애를 가진 아이가 연옥에서 고생할 것을 염려하여, 먹을 것도 없는데 돈은 모아서 면죄부를 사고 기뻐한다. 이것을 보며 분노하는 루터의 모습은 종교개혁 당시의 수많은 신학적인 문제를 대변하고 있다.

영화의 내용처럼 종교개혁자 루터는 과연 우리가 기대하는 만큼의 장애인의 삶과 신학에 관심이 있었을까? 필자가 떠올린 것이 바로 "루터"라는 영화에 나온 장애인에 대한 루터의 태도였고, 허구적인 영화이지만, 분명히 루터의 저작 속에서 이에 관한 단초를 발견할 수 있을 것이라는 희망을 가졌다. 우리가 장애인신학(또는 장애신학)을 정립할 요량이라면, 종교개혁자들의 저작물과 사역 속에서 장애에 대한 그들의 분명한 입장을 찾아내는 것이 요청된다.

2. 중세기와 종교개혁의 장애인

중세를 지나서 근세 초기에 이르기까지 질병이나 장애는 생물학적인 문제만이 아니라 하나님의 징벌이 아니냐는 의심을 받았다. 다시 말하면 나쁜 짓을 했거나, 비도덕적인 행위가 그 원인이며, 그 결과 죄를 지었기 때문이라는 의미였다.[1] 추한 외모를 가진 것조차도 악마와 연결된 것으로 보았고, 하나님의 손작업이 불발로 끝났다고 여겼다. 그래서 장애인에 대한 당시의 심정은 한편으로는 돌보아야 할 존재이지만, 다른 한편으로는 의심받아야 하는 존재였다. 즉, 태어날 때 매우 못생긴 아이를 'Wechelbalge'라고 불렀는데 이것은 '악마가 바꾸어 놓은 못생긴 아이'라는 의미이다. 다시 말하면 악마와 인간의 합작품이라는 의미인데, 이것 때문에 심문과 재판을 받아 화형에 처해진 여인의 이야기가 종종 등장한다.[2] 결국 신체장애를 가지고 출생하는 일은 근세 초기에 이르기까지 인간의 불순종에 대한 하나님의 경고로 받아들여졌다.

지적장애의 경우에는 곧바로 마녀사냥과 직결되었기에, 구빈소나 정신병원보다는 고문대로 보내지기 일쑤였다. 이런 배경에서 볼 때에 종교개혁자 루터가 '악마가 바꾸어 놓은 못생긴 아이'를 영혼이 없이 악마에 의해 출생한 것으로 보고 차라리 익사시키라고 했다는 말은 당시의 시대적 분위기를 반영하는 말이라고 여겨진다.

---

1) Bernd Roeck, Außenseiter, Randgruppen, Minderheiten(Göttingen : Vandenhoeck & Rupprecht), 1993, 58.
2) 참고 W. Soldan, H. Heppe, M. Bauer, Geschichte der Hexenprozesss, 2Bde. Hanau 3 Aufl. 1912, ND 1976, I, 151. Roeck, 59에서 재인용.

여기서 우리는 중세에서 종교개혁으로 진행하는 이행기에 장애인의 장애를 차별 없이 받아들인다는 것이 완전히 낯선 것임을 확인할 수 있다. 여러 기록이나 그림에 등장하는 장애인은 사회의 최저층에 위치하였고, 장애인이나 환자들이 기대할 수 있는 것은 구제와 자선뿐이었다.[3]

결국 종교개혁기의 장애인은 사회적 소수 그룹으로 방외자였고, 주변인이었으며, 신앙적으로도 하나님의 징벌로 여겨졌다. 물론 전쟁이나 전염병으로 인하여 얻은 장애와 장애인의 경우는 그래도 자선과 구제로 연명하는 길이 있었지만, 장애를 가지고 출생하는 경우는 죽임당하였던 것이다. 그러므로 당시 종교개혁자들 가운데 루터의 경우 장애와 장애인에 대하여 어떤 구체적인 생각을 가지고 있었는지를 정확히 밝히는 것은 쉽지 않다.

종교개혁자 루터와 관련된 기록의 대부분은 장애인의 문제보다는 더 폭넓은 문제를 다루고 있다. 즉, 가난과 자선이라는 큰 주제에 관심을 두고 있다. 따라서 앞서 서론에서 언급한 것처럼 오늘 우리의 관심에 흡족할 만큼 직접적으로 장애 문제를 분명하게 다루는 개혁자의 글을 찾아보기는 어렵다. 단지 가난과 자선이라는 큰 범주 속에서 장애인과 관련된 문제가 어떻게 다루어지는지를 살펴볼 것이다.

사회적 약자나 소수자 또는 방외자에 대한 종교개혁자의 전반적인 입장은 분명하다. 그들을 위한 구호소나 제빈소의 설립, 그리고 공동기금 모금을 통한 구제 활동에 대하여는 이미 여러 연구자들에 의하여 소개된 바 있다.[4]

물론 사회봉사의 신학이나, 당시의 빈민구제론, 그리고 구호소 설립과

---

[3] 참고 : http//www.trisomie21.de/lh_fuerth.html.6. Alexander Mayer, Eine Geschichte der Behinderten, Jubiläums-Dokumentation 40 Jahre Lebenshilfe Fürth. Eigenverlag 2001, 6-27.

[4] 김옥순, 「디아코니아 신학. 섬김과 봉사-교회의 디아코니아 활동을 위한 신학적 성찰」, 한들, 2011 ; 황정욱, "J. L. Vives의 〈빈민 구제론〉의 역사적 의미," 한국교회사학회지 26집, 2010, 233-284 ; 박경수 "16세기 종교개혁자들의 사회복지 사상 : 루터와 칼뱅을 중심으로," 「교회의 신학자 칼뱅」, 대한기독교서회, 2009, 263-310.

공동복지기금제도 확립 등등이 장애인과 직결된 것이라고 하기에는 그 범주가 넓은 것도 사실이다. 그러나 장애인에 대한 구제가 당시 사회복지신학의 범주 안에 들어 있는 것은 분명하기 때문에, 적어도 종교개혁기에는 가난과 빈민에 대한 구제 행위가 중세의 전통을 이어서 지속되었고, 동시에 조직적으로 확대된 것만큼은 부인할 수 없는 사실이다. 종교개혁자들은 개혁이 진행되던 지역 안에 구걸하는 이들이 사라지기 원했다. 일할 능력이 있는 사람은 일을 하고, 일할 능력이 없는 사람에게는 도움을 주어서 모두가 하나님의 자녀로 어울려 살기를 소망했던 것이다.

3. 가난에 대한 루터의 태도

중세 시대의 가난(Armut)은 두 가지로 구분된다. 자발적 가난과 비자발적 가난이다. 여기서 비자발적인 가난이란 신체적인 약자를 의미하는데, 부상(vulneratus), 질병(aegrotus), 마비(claudus) 같은 상황에 처한 사람들이다.[5] 여기에 고아(orphanus), 과부(vidua), 추방자(exiliatus) 같은 사람들이 포함된다. 루터는 "하나님께서는 부자의 아버지가 아니라 가난한 자, 과부들, 고아들의 아버지"라고 하였다.[6]

루터는 중세 시대에 만연하던 구걸자들을 분류하여, 일할 수 있는 자와 일할 수 없어서 도움을 받아야 하는 자를 구분하였다. 일할 수 있는 데에도 불구하고 구걸하며 생계를 이어 가는 사람들을 루터는 게으른 자라고 불렀고, 참된 가난(vere pauperes)이 아니라고 비판하였다. 참으로 가난한 자들은 대부분 불구자(Krüppel), 과부, 고아, 노인, 그리고 한센병자라는 것이다.[7]

그러므로 우리는 루터의 가난에 대한 관점은 경제 능력이 없는 사람에

---

5) David Flood, "Armut VI," in : TRE 4, 88.
6) WA 18, 498, 9. Die sieben Bußsalmen 1525.
7) WA 7, 505, 28. 1521년의 짧은 설교.

대한 자선이며, 그 구제의 대상 가운데 신체적 장애가 포함된다는 것을 알 수 있다. 루터는 면죄부의 효능을 반박한 95개 논제에서도 "가난한 자는 교회의 보화"라고까지 하였다.[8] 이런 주장의 배후에 자리 잡고 있는 루터의 신학은 십자가의 신학이다.

4. 자선과 인간-삶과 신학

종교개혁 시대의 장애신학은 인간에 대한 본질적인 차원에서 접근해야 한다. 하나님과 인간의 관계 그리고 인간과 인간의 관계 속에서 장애인과 비장애인이 어떤 구도 속에 있는지 밝혀내야 한다는 말이다. 그래서 "자선과 인간"이라는 두 가지 주제를 장애인의 삶과 장애신학의 중요한 두 주제로 삼았다.

1) 자 선

먼저 자선의 문제에 관하여서는 중세의 가난한 자의 범주에서 다루어야 한다고 이미 앞서서 언급한 바 있다. 종교개혁 시대의 가난한 자 문제에 대하여 구빈소를 설치하고 기금을 마련하여 이들에게 빈곤 탈출의 기회를 제공하려고 한 이야기는 디아코니아 신학을 다룬 글들에 소개가 잘 되어 있다.

예를 들어 김옥순 교수는 디아코니아 신학을 루터의 칭의론적 관점에서 출발한다. 이 말은 모든 인간이 "죄와 고집과 무지 속에" 있는데, "그리스도를 통하여 하나님의 의를 선물로 받은 자"라는 뜻에서 화해의 디아코니아가 가능한 것이다.[9]

칭의된 인간은 하나님의 협력자로서 하나님이 제정한 기관과 함께 하나

---

8) WA 1, 236, 10-23.
9) 김옥순, 「디아코니아 신학. 섬김과 봉사-교회의 디아코니아 활동을 위한 신학적 성찰」, 15-21.

님의 말씀으로 세워진 규범들을 지켜야 하는 존재라는 김옥순 교수의 인간 이해는[10] 자연스럽게 '돌봄'의 신학으로 진행된다. 종교개혁 도시 내에 구걸 행위를 금지하여야 한다는 루터의 주장은 종교개혁 초기 문서 여러 군데에 등장한다.[11]

> 가장 절실하게 필요한 일 중의 하나는 전 그리스도교계를 통하여 모든 구걸을 금지시키는 일이다. 크리스천 가운데서는 하나도 구걸을 해서는 안 된다. …… 이리하여 모든 도시가 자체 내의 가난한 자들에게 필요한 것을 공급하게 하여야 하며…… 가난하게 되고 싶은 사람은 부유하게 되지 않아도 된다. 그리고 부유하게 되고 싶으면 손에 쟁기를 잡고 땅에서 부를 찾으면 된다. 가난한 사람들이 알맞게 도움을 받아 굶어 죽거나 얼어 죽지 않으면 족하다.[12]

이 인용문에서 드러나는 것은 가난한 자에 대한 자선이 제대로 시행될 수 있으려면, 먼저 거짓 가난으로부터 파생된 전반적인 구걸 행위를 정리하여야 한다는 것이다. 그리고 데살로니가후서 3 : 10이나, 고린도전서 9 : 14에서 말씀하시는 것처럼, 일할 수 있는 사람이 성실하게 일하여 스스로 먹고 사는 일이 크리스천의 기본 정신임을 일깨워 주고 있다. 위의 인용부에는 빠져 있지만, 루터의 걱정은 한정된 자선금을 가지고 거짓 가난까지 구제하기 어렵다는 것이다. 정말로 도움을 받아야 할 대상들에게 도움을 주기 위해서 구걸 행위를 정돈하려고 한 루터의 생각은 종교개혁이 진행되는 동안에 공동모금함 설치와 운용에 관한 법률 제정 등 구체적인 자선 계획이 수립되고 시행되는 것이다.

루터는 1521년 비텐베르크 시에서 공동모금함 법령을 발효시키고 1523년

---

10) Ibid., 34-35.
11) "독일 크리스천 귀족에게 고함"(An der christlichen Ader deutscher Nation von des christlichen Standes Besserung, 1520), 「루터선집 9」, 컨콜디아, 133-228.
12) Ibid., 201-202.

에는 라이스니히(Leisnig)에서도 법을 시행하였다. 이 문제에 관한 독일의 연구는 슈트롬(Th. Strohm)의 연구가 유명한데, 이 내용은 김옥순 교수에 의하여 철저히 번역되어 그의 저서에 실렸다. 그 법령의 내용 가운데 핵심적인 내용은 가난과 위기에 처한 빈곤자들, 근심으로 고통당하는 자들, 굶주리는 자들이 돌봄을 받아야 하는 기본 정신이 규명된 것이고, 기금을 모금하는 과정과 기금 관리의 철저성, 특히 기금으로 구제를 받아야 할 대상을 합당하게 선별하는 일들이 강조되어 있다.

이러한 공동기금의 성격에 따르면 도시 내에 노동 능력을 상실한 장애인들에 대한 구제와 자선이 시행되었을 것으로 판단할 수 있다. 질병이나 연로함으로 노동을 할 수 없는 자에 대한 모금 사용이 자주 언급되고 있는 것이 그 증거이다. 이러한 루터의 자선에 대한 사상은 중세의 선행과 다르다는 것이 중요한 평가이다. 즉, 우연한 구제와 다르게 노동의 가치를 높이고, 노동 능력이 없는 자를 구별하는 것이 관건이기 때문이다. 동시에 구제 행위를 선행을 통한 공덕으로 여기던 중세의 관습과 결별하는 새로운 신학 전통을 세운 것으로 평가할 수 있다. 김옥순 교수는 이러한 자선 대상을 다음과 같이 정리하였다. "병든 자, 노인, 혹은 장애자, 혹은 다른 불가피한 이유로 인해서 일할 수 없는 자들과 도와줄 수 있는 친척이나 친구들이 없는 사각지대에 놓인 사람들로서 방치된 어린이, 고아, 과부, 위기로 인정된 외국인, 재소자 혹은 출소자, 실업자, 배우지 못한 자."[13]

그러므로 종교개혁 시대의 자선은 신학적인 근거를 가지고 있으며, 이것은 장애인을 포함하여 하나님의 형상으로 창조된 인간이 인간으로서 누려야 할 최소한의 권리를 보장해 주려는 시도였다고 평가할 수 있다.

2) 장애인신학과 장애신학

이 대목에서 장애인신학과 장애신학의 차이를 논하려는 이유는 이 구분

---

13) 김옥순, 「디아코니아 신학. 섬김과 봉사-교회의 디아코니아 활동을 위한 신학적 성찰」, 96.

의 정확성에 따라서 본 단원의 주제가 좀 더 분명한 의미를 지니기 때문이다. 장애인 문제와 관련하여 최근에 발표된 저서 가운데에 이 문제를 언급한 글이 있다.

> 장애인선교는 장애인을 대상으로 하거나 장애인이 중심이 되어 선교하는 것을 말한다. 이런 장애인선교는 비장애인이 선교에 동참하더라도 철저히 장애인을 위하여 일하여야 한다는 철학적 동의가 요구된다.[14]

저자인 김홍덕은 장애인선교를 장애인신학으로 펼치면서 장애인을 다루는 것이 장애인신학이라면, 장애신학은 "장애라는 주제로 풀어 가는 하나님 나라 이야기"[15]라고 정의한다. 다시 말하면, 장애신학은 이 신학을 다루는 사람이 장애인이건 비장애인이건 개의치 않는다. 그 신학의 대상 역시 반드시 장애인일 필요가 없다. 장애라는 주제를 가지고 하나님 나라 안에서 다루는 모든 노력이 장애신학이라는 뜻이다.

동시에 김홍덕은 서두에서 장애인을 제자리에 돌려놓아야 한다고 강력하게 촉구한다. 장애신학이 장애인을 어떻게 대하고, 이해하고, 도울까 모색하는 목회 차원에 머물지 말고, 그동안 장애인으로 구별되어 자신의 자리에서 밀려난 장애인들을 제자리로 돌려놓는 것이 장애신학의 기초라고 말한다. 따라서 그의 주장에 따르면 "원래는 장애신학이 따로 존재할 필요가 없다." 왜냐하면 하나님께서 장애인과 비장애인을 나누어 그들에게 각자 서로 다른 인생의 목적을 따로 정해 두신 것이 아니기 때문이다.[16]

이런 차원에서 보면, 루터의 장애인에 대한 태도를 살펴보는 본 논문이 노동 능력이 없는 장애인에 대한 자선의 문제만 다루고 만다면, 이것은 종교개혁사에 나타난 장애인의 삶에 대하여서는 다루었지만, 그 신학에 대해서는 논한 것이 적다는 의미가 된다. 따라서 우리는 장애신학을 논구하기

---

14) 김홍덕, 「장애신학」, 대장간, 2010, 35.
15) Ibid., 36.
16) Ibid., 43.

위하여서는 종교개혁기의 인간론을 기초로 당시의 장애신학을 정립해 보는 것이 마땅하다고 본다. 인간론을 이해하기 위하여 다음의 논의를 질병과 인권 문제에서부터 시작해 보기로 하자.

3) 인 간

종교개혁 시대에 장애를 보는 관점 가운데 중요한 변화는 신체장애와 지적장애를 구분하기 시작하였다는 것이다. 사실 그 당시에 지적장애는 영혼의 문제라고 평가되었기에, 지적장애는 마귀에 의하여 인간 영혼이 점령 당한 것으로 보고 축귀하는 수밖에 없었을 것이다. 이런 과정에서 태어난 아이를 물에 던져 죽이는 일이 벌어졌다.

김홍덕은 지적장애를 다룬 또 다른 글에서 종교개혁 시대 루터의 태도를 긍정적으로 평가하고 있다. 장애인에 대하여 심하게 언급하였다는 기록의 실재성보다는 그의 전 생애를 통하여 드러난 장애에 대한 루터의 일반적인 태도를 높이 평가한다. 감당하기 어려운 질병에 대하여 마귀를 자주 언급하는 루터의 입장을 알면서도, '구원'의 문제와 연관된 대목에 등장하는 루터의 신학 속에서 장애신학의 가능성을 발견하려고 노력하고 있다.[17]

우선 우리는 여기서 질병에 대한 당시의 관점을 살펴보자.

종교개혁 시대에는 "질병이란 하나님이 환자에게 스스로를 정화(Läuterung)하라고 배정한 섭리(Geschick) 또는 같은 이유로 하나님이 허락한 악마의 재앙(Plage des Bösen)"이라고 여겼다.[18] 루터는 모든 육체의 질병은 인간이 자기의 본질적인 질병(Wesens-Krankheit)을 깨달아야 한다는 암시라고 이해하였다.[19] 이런 이해는 1518년 요한복음 9장에 관한 사순절 설교문에 나오는 이해인데, 여기서 루터는 한 걸음 더 나아가서 타인의 질병이 자기에게는 어떤 의미인지도 설명하였다.

---

17) 김홍덕, 「교회여 지적장애인에게 세례를 베풀라」, 대장간, 2013, 23-26.
18) Joachimm Melhausen, "Krankheit VI. Reformationszeit," TRE 19, 694.
19) Ibid., 694.

> 자기가 가진 것을 받지 못한 이웃을 보고 주의하여 말할 것입니다. 아 주님, 나는 배웠고 경건하지만, 그러나 하나님 앞에서는 배우지도 못하고 죄인일 뿐입니다. 마치 나의 이 형제처럼 말입니다. 그러면 인간은 이것이 자기 자신의 모습임을 제대로 깨닫게 될 것입니다.[20]

이 요한복음 9장은 나면서부터 보지 못하는 장애인에 대한 예수 그리스도의 가르침을 가지고 역설적으로 자신의 문제를 돌아보라는 루터의 설교문의 일부이다. 여기서 루터의 강조점은 타인이 당하는 질병의 고통이 그 질병 밖에 있는 사람에게 도움이 되는 것은 하나님의 선물과 은총을 깨닫게 한다는 것이다. 질병이 인생의 참된 실존을 보게 하는 눈을 열어 준다.

그러므로 질병의 문제는 루터에게 신학적 인간론의 문제가 된다. 하나님께서 처음 인간을 창조하실 때에 인간에게는 질병이 없었다. 결국 질병의 등장도 타락과 관계가 있다. 그래서 루터는 병의 원인을 인간이 저지르는 죄라고 보았다.[21] 또 한 가지 병의 원인은 욥의 경우에서처럼 하나님이 인간에게 보낸 것이라는 견해이다.[22] 이 경우에 질병은 하나님의 도구 (instrumentum Dei)이다. 하지만 인간이 스스로 자기 자신의 노예가 되는 경우는 악마의 도구(instrumentum diaboli)가 될 것이다. 그러므로 환자는 하나님과 악마가 만난 전쟁터이며, 거기서 인간은 어떤 힘의 지배를 받을 것인지 결정된다.[23] 결국 루터에게 질병의 문제 역시 인간 그 자체의 문제로 귀속됨을 알 수 있다.

> 인간의 의지는 중간에 있는 것이다. 마치 짐승처럼. 하나님이 타시면, 그가 원하는 대로 간다. …… 만일 사탄이 그 위에 타면, 그가 원하는 대로 간다.[24]

---

20) WA 1, 268. Zwei deutsche Fastenpredigten von 1518.
21) WA Tr 5, Nr.6023, 444, 34.
22) WA 6, 73, 24 Sermon vom Ban 1520.
23) Joachimm Melhausen, "Krankheit VI. Reformationszeit," TRE 19, 695.
24) WA 18, 635, 17-20. De servo arbitrio 1525.

그래서 루터에게 인간은 하나님과 악마 사이에 선 인간이다. 이러한 신학적 인간론의 차원에서 볼 때, 루터는 신체적인 질병을 영적인 차원으로 연결시키고 있다.[25] 그러므로 루터에게 장애인과 비장애인의 구분은 눈에 보이는 외적 장애에서 비롯되는 것이 아니다. 장애의 핵심은 영적 장애인 것이다. 앞서 가난한 자에 대한 자선의 문제에서 세속권세에게 가난한 자와 과부와 고아를 억압하지 말고 돌보아 주어야 한다고 루터가 역설한 것도, 죄인에 대한 루터의 칭의적 관점과 일맥상통한다.[26] 칭의가 타락으로 인한 죄인을 창조의 상태로 회복시키는 것과 마찬가지로, 자선도 돌보아야 할 대상을 통하여 인간을 본래 인간의 모습으로 회복시키려는 것이기 때문이다.

이제 루터의 작품 가운데 드러나는 장애인에 대한 루터의 태도를 인간론과 칭의론적 관점에서 정리해 보기로 하자.

5. 루터의 신학에서 장애신학 정립의 가능성

복음서에 나오는 예수 그리스도의 치유 사역은 장애신학 정립의 핵심적인 근거라고 여겨진다. 그래서 필자는 중풍환자(마 9：1-8 ； 막 2：1-12 ； 눅 5：17-26), 혈루증 환자(마 9：18-22 ； 막 5：21-43 ； 눅 8：40-56), 말 못하는 자(마 9：32-34), 나면서부터 못 보는 자(요 9：1-12), 손 오그라든 자(마 12：9-14 ； 막 3：1-6 ； 눅 6：6-11), 가나안 인의 딸(마 15：21-28 ； 막 7：24-30), 귀신 들린 아이(마 17：14-20 ； 막 9：14-29 ； 눅 9：37-43), 한센병자(마 8：1-4 ； 막 1：40-45 ； 눅 5：12-16, 17：12 이하) 등등을 주님이 고쳐 주신 기사를 종교개혁신학이 어떻게 해석하고 있는지를 추적해 보았다. 하지만 루터는 이 문제에 대한 성경 해석을 장애인에 대한 자선이라는 차원에서 접근하지 않는다. 오히려 앞에서 언급한 그의 신학적 인간학의 차원에서 접근한다. 다시 말하면 죄와 칭의의 구조 가운데에서 질

---

25) Joachimm Melhausen, "Krankheit Ⅵ. Reformationszeit," TRE 19, 695.
26) 참고 : Gerhard Krause, "Armut Ⅶ. 16-20. Jahrhundert," TRE 4, 104-105.

병과 치유 문제를 이해한다. 예를 들어 마태복음 8 : 1~4을 다룬 1530년의 주현절 후 3째 주일 설교에서 루터는 한센병자를 그리스도교 신앙의 모범(exempel Christianae fidei)으로 삼고 있다. 한센병자의 처지에서 그가 행위나 공로를 내세울 것이 없이 오직 은총으로 신앙을 통하여 고침 받은 것처럼, 모든 사람들이 그렇게 되기를 설교한다.[27]

앞에서 인용한 날 때부터 못 보는 자에 대한 1518년의 사순절 설교 가운데에서도 루터는 보는 자와 못 보는 자의 대비를 통하여 하나님의 역설을 언급하고 있다. 날 때부터 못 보는 자는 바로 우리 자신이다. 그리고 그가 다시 보게 되었으므로 그를 통하여 우리가 얼마나 눈멀었는지 깨달아야 한다는 것이다.[28] 이 본문에서 보지 못한다는 장애는 멸시의 대상이 아니라 오히려 하나님의 은총을 입게 될 가능성의 대상이며, 실제로 영적인 눈이 먼 우리 자신을 역설적으로 깨우는 표상이 된다. 이런 점에서 오늘날의 장애신학은 장애인신학을 넘어 장애인과 비장애인 구분 없이 면밀하게 숙고되어야 할 신학임이 드러난다. 끝으로 1535~1537년 사이에 학위 취득을 위한 논쟁문들 속에 나타난 장애와 연관 있는 루터의 인간 이해를 보자. 세 번째 토론 10번째 주제에서 루터는 이렇게 말한다.

> 이것은 놀랄 만한 수수께끼이다. 하나님께서 의를 상으로 주시는 대상은 이미 그가 불의와 악이라고 여긴 것들이다.[29]

그 후에 루터는 이 문제를 군주가 악한 종을 참아 주는 것에 비유한다. 그러므로 의를 얻으려고 애쓰거나, 행위를 치장하는 것을 바라보지 말고, 반대로 이해 불가능한 하나님의 인내와 지혜(incomprehensibilem tolerantiam et sapientiam Dei)를 바라보라고 권한다. 하나님은 거대한 악이 모든 것을 파괴하지 않도록 작은 악을 인내하신다. 그래서 "인간은 궤양(vomica)

---

27) WA 32, 4-7. Predigt am 3. Sonntag nach Epiphanias(1530. 1. 23).
28) 참고 : WA 1, 267-273. Zwei deutsche Fastenpredigten von 1518.
29) WA 39 I, 82, 23-24. Die 3. Thesenreihe über Römer 3, 28(1536).

이나 절룩거림(claudicatio) 또는 기타 치유 불가능한 신체의 질병(alius morbus in corpore insanabilis)을 견딘다. 삶을 포기하지 않기 때문이다." 라고 루터는 말하였다.[30] 이 대목에서 우리는 장애가 절망이 아니라는 루터의 견해를 발견할 수 있다. 오히려 장애는 역설적으로 영적 장애를 깨우는 표상이다. 그리고 그 역설 속에 죄인의 칭의가 숨어 있다.

6. 맺는 말

김홍덕의 「장애신학」에서 제시하는 기본적인 주장은 장애와 장애인을 동정의 대상으로만 여기면 안 된다는 것이다. 반대로 너무 쉽게 인간 모두 다 영적인 장애를 지니고 있다는 식으로 장애가 지닌 고통의 문제를 희석해서도 안 된다. 루터의 인간론적 칭의론을 장애신학의 대안으로 제시하는 것이 자칫 잘못하면 두 번째의 오류, 장애를 희석하는 결과를 가져올까 조심스럽다. 그러나 루터를 중심으로 본 종교개혁사 속에 나타난 장애인의 삶과 신학에 대한 고찰을 통하여 내릴 수 있는 결론은, 장애로 인한 경제적 궁핍을 돌보는 것도 신앙적인 일이고, 장애가 결코 인간의 절망적 상황이 아니라 하나님의 역설적인 섭리의 일부임을 알게 된 것은 소중한 성과라고 여겨진다. "장애신학"을 주제로 진행되는 연구는 현대 교회사 속에서 더 구체적인 모양을 갖출 것으로 기대된다. 동시에 또 다른 종교개혁자인 요한 칼뱅의 경우에도 제네바를 중심으로 한 디아코니아 사역을 루터보다 더 조직적으로 시행하였다는 점에서 중요한 인물이지만, 본 단원에서는 다루지 못하였다. 칼뱅 전공자에 의하여 칼뱅의 문서를 통한 장애신학 연구와 부처 전공자에 의한 스트라스부르크에서의 활동이 추가로 연구되기를 소망한다.

---

30) WA 39 I, 82, 31-34.

3

현대사에 나타난 장애인의 삶과 신학

안교성 교수(장로회신학대학교)

종교개혁이 신앙의 의미를 탐구하여 복음을 재발견하고
기독교의 본질을 회복하려는 운동이었다면,
기독교 장애인운동은 고통의 의미를 탐구하여 복음을 재발견하고
기독교의 본질을 회복하려는 운동이다.
이런 점에서 기독교 장애인운동은 제2의 종교개혁운동이라고 부를 수도 있다.

1. 서론 : 장애인이란 주제의 도전과 응답

20세기는 장애인의 세기라고 할 수 있을 정도로, 장애인의 역사 중 가장 괄목할 만한 변화가 이뤄진 시기이다. 그리고 그런 변화는 새로운 세기인 21세기에 계속 이어지고 있다. 그러나 이러한 변화는 이미 근대부터 시작되었다. 한편 변화는 결코 순탄한 것도, 지속적인 것도 아니었다. 즉, 성공만큼 실패가, 진전만큼 퇴보가, 이해만큼 오해가, 환희만큼 좌절이 중첩되는 복잡한 과정이었고, 무엇보다도 끊임없는 투쟁의 역사였다. 본 단원은 이런 장애인과 관련된 변화라는 도전에 대하여 기독교가 어떻게 응답하였는가를 종교개혁 이후의 근현대사를 통하여 고찰하는 데 그 목적이 있다. 본 단원은 이론적인 분석, 특히 신학적인 분석보다는 기독교의 사상과 활동 전반에 대하여 역사적 접근을 하고자 한다.[1] 즉, 이러한 역사적 접근을 통하여 밝힌 사례들에서 찾아볼 수 있는 도전과 그에 대한 기독교의 응답, 그리고 거기에 얻을 수 있는 교훈을 간추리고자 한다. 두 가지 부언할 것은 다음과 같다. 첫째, 근현대사, 특히 20세기에 일어난 장애인운동의 변화는 엄청나기 때문에, 그 역사를 상세히 기술하는 것은 본 단원의 범위를 넘어선다. 따라서 가장 중요한 변화의 흐름만 지적하기로 한다.[2] 둘째, 본 단원이 기본적

---

1) 이 시기에 대한 신학적 접근은 별도의 논문에서 다루고자 한다.
2) 현대 장애인운동과 관련된 역사적 사실들의 연대표에 대해서는 다음 문서들을 볼 것. "Disability History Timeline : Resource and Discussion Guide"(이하 DHT로 약함), http : //www.ncld-youth.info/Downloads/disability_history_timeline.pdf ; "[Timeline of] The Disability Rights and Independent Living Movement"(이하 DRILM으로 약함), http : //bancroft.berkeley.edu/collections/drilm/resources/timeline.html ; "Parallels in Time : A History of Developmental Disabilities"(이하 PIT로 약함), http : //www.mnddc.org/para llils/index.html ; "Disability Social History Project-Timeline"(이하 DSHP로 약함), http : //www.disabilityhistory.org/timelinenew.html ; "A Chronology of the Disability Rights Movements"(이하 CDRM으로 약함), http : //www.sfsu.edu/~dprc/chronology/chron70s.html. 본 단원에 나오는 전자문서들의 접속일자는 2013년 3월 26일임. 또한 다음 책을 볼 것. Henri-Jacques Stiker, William Sayers, tr., *A History of Disability*(Ann Arbor : The University of Michigan Press, 1999).

으로 장애의 도전과 이에 대한 기독교의 응답이란 틀을 사용하지만, 기독교가 항상 수동적·후발적으로 응답하는 것만은 아니고, 능동적·우선적으로 선도하는 경우도 적지 않다는 것을 지적해 둔다.

2. 본론 : 현대사에 나타난 장애인 문제와 기독교의 대응

1) 17~19세기 : 장애인의 발견 시기/장애인을 인식하는 시기

장애인의 역사는 인류의 역사만큼이나 오래되었다. 그러나 장애인은 오랜 세월 동안 오해, 무시, 소외 가운데 심지어 존재조차 인정받지 못하며 삶을 이어 가야 했다. 근현대기 이전의 상황에 대해서는 다른 단원들이 다루고 있기 때문에 생략한다.

근대에 해당되는 17~19세기에 이미 오늘날에 나타난 변화가 시작되었다. 근대 이후 장애인과 관련된 변화는 주로 계몽주의적 관점에서 이뤄졌고, 상대적으로 기독교적 관점은 빈약하였다. 다시 말해, 특히 서구 사회의 경우 장애인 문제에 관심을 가진 사람들 가운데 개인적으로는 진실한 기독교인일지라도, 장애인 문제에 대하여 의도적으로, 명시적으로 기독교적 관점에서 접근했다고 말하기는 어렵다. 왜냐하면 기독교적 관점을 세련화하는 작업은 결국 신학적 작업을 통하여 가능한데, 이런 신학적 노력은 20세기, 그것도 20세기 후반에 이르러서야 비로소 본격화되었기 때문이다.[3] 물론 신학은 신앙의 결과를 반성하는 것이기에, 장애인신학이 가능하기 위해서는 그 이전에 기독교장애인운동이 있었던 것도 사실이다. 여하튼 이런 맥락에서 아쉽게도 현대의 장애인운동은 기독교운동이기보다 세속운동의 성격이 더 강하다는 점을 지적해야 할 것이다. 각설하고, 당시 변화에 대해서 살펴볼 때, 대표적인 변화들은 다음과 같다.

---

3) 17~19세기의 장애인에 대한 기독교적 관점에 대해서는 다음 책을 볼 것. Brian Brock & John Swinton, eds., *Disability in the Christian Tradition : A Reader*(Grand Rapids, Mi ; Cambridge : Wm. B. Eerdmans Publishing Company, 2012), 특히 251-352.

(1) 장애인에 대한 관심의 시작

이 시기에 장애인에 대한 관심이 본격화되기 시작하였다. 그런 관심은 다양한 형태로 나타났다. 첫째, 가장 두드러진 것이 장애인시설의 설치였다. 이런 시설은 내용상으로는 교육·훈련시설, 치료시설(병원), 작업시설 등으로 구분된다. 물론 중복형의 시설도 있었다. 이전 시기에도 장애인 관련 보호시설이 있었으나, 그것은 장애인을 위한 시설이라기보다는 장애인을 사회로부터 격리하는 시설 혹은 최소한의 복지가 이뤄지는 소극적 의미의 시설이었다. 그런데 18세기 말부터 19세기 초에 장애인시설이 급증하기 시작하였다. 이런 노력들은 그동안 방치되거나 무시되던 장애인들에 대한 대안으로 등장하였다. 물론 당시 새롭게 등장한 시설들은 오늘날의 관점에서 볼 때 문제가 많고, 미흡한 것도 사실이다. 여하튼 이런 노력은 시설 중심화(institutionalization) 현상으로 이어졌고, 나아가 오늘날 '의학적 모델'(medical model)로 불리는 대안으로 발전하였다.[4]

둘째, 장애인시설 설립과 더불어 다양한 사역들이 시도되었다. 시각장애인, 청각장애인, 정신장애인, 지체장애인 등 장애별로 다양한 연구 및 사역들이 시도되었다.

(2) 당시의 장애인운동 1 : 연구, 치료, 시설 등

청각장애인의 경우, 1616년 보니파시오(G. Bonifacio)가 수화 관련 논문을 발간하였다. 17세기 후반에는 대학에 속한 포르투갈의 야곱 페레이레(Jacob Rodriguez Pereire, 1715-1780)가 청각장애인교육을 시도하여, 근육을 통한 접촉과 진동을 사용하여 듣기와 말하기를 가르쳤다. 1755, 1760, 1784년에 각각 독일과 프랑스, 영국, 그리고 이탈리아에 청각장애인 학교

---

4) 장애인 문제에 대하여 다양한 모델이 나타나는데, 의학적 모델, 사회적 모델(social model), 기타 모델 등이다. 초기에는 의학적 모델이 우세하다가 점차 사회적 모델이 우세하게 되었다. 장애인 문제는 신체(physical), 정신·신체적(psychosomatic), 사회적(social) 차원 등 다양한 차원이 있어서, 문제에 대한 인식도 복잡하고 그에 따른 대안도 복잡하다.

들이 설립되었다. 1777년 독일인 목사 아르놀디(Arnoldi)는 청각장애인교육은 4세 정도는 시작되어야 한다면서 장애인 조기교육을 주장하기도 했다. 한편 1815년 미국인 토마스 홉킨스 가요데(Thomas Hopkins Gallaudet ; 미국에서는 갈라우뎃 혹은 캘로뎃 등으로 표기됨.)가 청각장애인교육 방법을 배우기 위하여 유럽을 방문하였고, 귀국 후엔 로랑 클레르(Laurent Clerc)와 함께 코네티컷 주 하트포드에 코네티컷 청각장애인교육·훈련원(Connecticut Asylum for the Education and Instruction of Deaf and Dumb Persons in Hartford, Connecticut)을 설립하였다.

지체장애인의 경우, 1696년 네덜란드 의사 피에터 버르뒤인(Pieter Andriannszoon Verduyn〈verduuin〉)이 의족을 만들었다. 1860년대에는 미국의 윌리엄 리틀(William Little)이 지체장애인 중 특히 뇌성마비자에 대한 연구를 시도하였다. 1860년대는 남북전쟁의 시기이기도 하였는데, 이 전쟁으로 인해 연합군만 계산해도 퇴역 상이군인이 무려 3만 명이 나왔다. 이것은 미국인들이 장애인 문제를 인식하게 되는 계기가 되었다. 특히 상이군인들이 중도장애인이기 때문에, 장애인 문제의 새로운 국면이 열렸다. 이후 전쟁은 장애인운동의 중요한 변화의 계기가 되었다. 이것은 한국도 마찬가지로, 한국전쟁(6·25전쟁)은 지체장애인 사역의 실제적인 출발의 계기가 되었다.

시각장애인의 경우, 1784년 발랑탱 아우이(Valentin Huay)가 구경거리로 취급되는 시각장애인들을 본 것이 계기가 되어 시각장애인 아동시설(The Institution for Blind Children)을 설립하였다. 그는 시각장애인이 요철인쇄(돌출된 인쇄)를 읽을 수 있다는 것을 발견하고 읽기를 가르쳤다. 1809년 점자로 잘 알려진 루이 브레이유(Louis Braille)가 파리에 태어났다. 그는 3살 때 사고로 시각을 잃었고, 1819년 발랑탱 아우이가 설립한 파리 맹아학교(파리 시각장애아동학교, Paris Blind School)에 입학하였으며, 1829년 마침내 그의 이름을 딴 브레이유 점자를 발명하였다. 그의 점자는 발명된 후 30년이 지난 뒤 미국에도 보급되어, 1860년 세인트루이스 맹인학교(세인트루이스 시각장애인학교, St. Louis School for the Blind)에서 가르치기 시작하였다. 1849년 최초의 보호작업장인 시각장애인보호작업장(sheltered workshop)이 미국 매사추세츠 주 퍼킨스 기관에 설립되었다.

다른 장애인을 다루기 전에 이 자리에서 브레이유 사례의 의의를 간추려 보자. 첫째, 브레이유의 점자 발명은 장애인 자신이 장애인 문제를 해결한 사례였다. 둘째, 브레이유가 발랑탱 아우이가 설립한 시각장애인교육시설을 통해 교육받아 성장했다는 사실이 보여 주듯이, 그의 사역은 이전의 사역에 바탕하고 있었다. 셋째, 이 사역은 매우 성공적인 사역이었다. 결론적으로 브레이유의 사역은 장애인을 위한 사역(the ministry for the disabled)이 장애인에 의한 사역(the ministry of the disabled)으로 발전한 사례이며, 또한 성공적인 경우로 장애인 사역의 긍정적인 전망을 예시한 사례라고 평가할 수 있을 것이다. 따라서 장애인 사역의 가능성은 이미 20세기 이전부터 찾아볼 수 있다.

정신장애인의 경우, 1790년 필립 피넬이 쇠사슬로 묶여 있던 정신질환자들을 풀어 주었다. 그는 정신질환의 유형을 세분하기도 하였다. 1801년 장 마르크 가스파르 이타르(Jean-Marc Gaspard Itard)가 소위 '아베이롱의 야생소년'(wild boy of Aveyron)이라고 하는 빅토르(Victor)에 대한 교육을 시도하면서 교육 원리 및 교육 방법을 만들었는데, 이것이 오늘날 정신지체장애인교육에 사용되고 있다. 1805년 미국 정신의학의 아버지라 불리는 벤자민 러쉬(Benjamin Rush) 박사는 「의학적 조사와 관찰」(*Medical Inquiries and Observations*)을 저술하였는데, 정신질환을 설명하는 첫 번째 현대적 시도라고 평가되고 있다. 1818년 미국 매사추세츠 종합병원 찰스타운 지원(Charlestown branch of the Massachusetts General Hospital)이 설립되었는데, 후에 매크린 정신병원(McLean Asylum for the Insane)으로 개명되었으며, 미국 최고의 정신건강 관련 시설이 되었다. 1844년 미국정신의학협회(American Psychiatric Association)의 전신인 미국정신병원의료감독자협회(The Association of Medical Superintendents of American Institutions for the Insane)가 설립되었다. 1881년 너무도 유명한 지그문트 프로이드 (Zigmund Freud)가 의사 자격을 취득하였고, 이듬해에 메이너 정신의료원 (Meynert's Psychiatric Clinic)에서 진료를 시작하면서 정신분석이론을 개진하였다.

기타 장애의 경우 1862년 소위 '코끼리 사람'(Elephant Man)이라고 알려진 조셉 메릭(Joseph Carey Merrick)이 영국 라이스터에서 태어났다. 그의 머리와 몸에 희귀한 신경조직 장애로 인한 큰 종양이 생겼는데, 그는 특이한 모습을 보여 주면서 생계를 이어 갔다. 그는 치유되지는 않았지만 평생 병원에 입원할 수 있었고, 그를 연구하면서 돕던 의사 프레데릭 트레비스(Frederick Treves)와 우정을 나누기도 하였다. 그의 사례는 장애에 대한 사회적 관심을 불러일으켰다.

19세기 말까지의 장애인운동의 대미를 장식한 것은 바로 헬렌 켈러 (Helen Keller)의 변화였다. 1887년 앨라배마 주 터스컴비아에 살던 7살 난 시·청각복합장애 아동 헬렌 켈러가 그녀의 새로운 가정교사 애니 설리반 (Annie Sullivan)을 만났는데, 이 둘의 만남, 특히 그것을 통한 헬렌 켈러의 변화는 감동적인 사건이었다. 이 사건을 통하여 장애인에 대한 대중적 관심이 생기는 한편, 장애인의 존엄성, 장애인 사역자의 중요성, 장애인 사역의 가능성 등에 신기원을 이루게 되었다. 여기서 설리반 사역의 의의를 간추려 보자. 첫째, 설리반은 미국에서 시각장애인교육을 선도했던 퍼킨스의 제자였다. 즉, 장애인운동의 이어져 나감을 보여 준다. 둘째, 설리반은 그리스도의 제자이기도 했다. 설리반의 사역의 결과로 헬렌 켈러는 요한일서 3 : 11 상에 나오는 "우리는 서로 사랑할지니"라는 말씀을 좋아하게 되었다.[5]

장애인운동은 장애인 관련 입법 및 법적 조치로도 이어졌다. 1798년 7월 16일 미국 대통령 존 애담스(John Adams)는 질병에 걸리고 장애인이 된 선원의 구호를 위한 법안에 서명하였다. 1855년 정신질환자 죄수를 수용하기 위한 특별시설로 뉴욕 주립정신질환자교도소(The New York State Lunatic

---

5) 안교성, 「장애인을 잃어버린 교회」(서울 : 홍성사, 2003), 90.

Asylum for Insane Convicts)가 설립되었다. 이전까지는 정신질환자 죄수들은 일반 감옥이나 병원에 수감되었다. 비록 이 시기에 이 분야에 괄목할 만한 진전은 없었지만, 장애인운동이 정착하기 위해서는 반드시 입법 및 법적 조치가 필요함을 시사해 준다. 이런 조치가 지속적으로 이뤄진 것은 20세기 후반이다. 이 시기의 장애인운동에 대하여 유의할 점은 19세기 중반 이후 미국은 장애인운동의 중요한 거점이 되었다는 사실이다. 즉, 현대 장애인운동이 유럽에서 시작했지만, 점차 그 중심이 미국으로 옮겨졌다는 점이다. 물론 비서구 세계의 장애인운동에 대해서도 지속적인 연구가 필요하다. 이상의 예 가운데서 짐작할 수 있듯이, 장애인운동에 적지 않은 기독교인들이 참여하였다. 그러나 이런 움직임에 대하여 기독교적 관점에서 보다 구체적으로 발굴하고 분석하는 작업이 필요할 것이다.

(3) 장애인운동의 유산과 역설

장애인운동의 흐름에 대하여 일별하였는데, 장애인운동의 유산 가운데 역설적인 상황을 두 가지 사례를 들어 살펴보자.

먼저, 전화기 발명가로 잘 알려진 알렉산더 그래엄 벨(Alexander Graham Bell)의 사례이다. 그는 1872년 보스턴에 청각장애인 교사를 위한 연설학교를 개설하였다. 그는 대화 내용을 시각적으로 전환하기 위한 기계장치를 개발하다가 전화기를 만들었다. 그는 "청각장애 아동이 말을 통하여 주간학교에서 교육을 받아야만 한다."고 믿었다고 전해진다.[6] 이런 그의 생각은 후에 청각장애인의 수화 및 구화교육, 또한 장애인 통합교육 등에 시사하는 바가 크다. 벨 사역의 의의를 간추려 보면 다음과 같다. 첫째, 벨은 그의 가정환경으로 말미암아 장애인 사역에 참여하게 되었다. 그의 가정은 대대로 연설(elocution)교육가 가정이었다. 따라서 말의 중요성을 강조하였고, 청각장애인에게도 말을 통한 교육을 강조하였다. 다른 한편으로 그의 아내는 청각장애인이었고, 따라서 청각장애인을 돕고자 하는 마음을 가지고 여

---

6) DHT.

러 가지를 시도하였다. 그 결과가 전화기 발명이다. 둘째, 벨은 청각장애인에 대한 편견도 없지 않았다. 그는 비록 청각장애인을 돕고자 하였으나, 청각장애인의 수준을 낮게 보아 부부가 모두 청각장애인일 경우는 자녀 출산을 거부하였다. 이 같은 태도는 후에 우생학(eugenics)과 이어지고, 심지어 우생학적 강제 불임 및 장애인 학살로 이어졌다. 과학적 태도가 장애인운동에 기여한 바도 크지만 장애인운동에 역기능을 했는데, 그에 관한 좋은 예이다. 셋째, 벨은 그의 의도와는 달리 일종의 부산물로 전화를 발명하였고, 그 발명을 달가워하지 않았지만, 결국 인류에게 크게 봉사한 셈이 되었다. 역사의 아이러니로 인하여, 장애인 사역의 결과물이 장애인은 물론 비장애인에게도 유익을 가져오기도 하고, 심지어 나중에 정작 장애인이 소외되는 경우도 왕왕 있다. 결론적으로 벨의 장애인 사역은 장애인과 더불어 있는 경험(experience with the disabled)이 장애인을 위한 사역으로 발전한 경우이나, 아직 장애인에 대한 인식이 제한되어 있어 장애인과 더불어 하는 사역(ministry with the disabled)으로까지는 발전하지 못한 경우라고 할 수 있을 것이다. 이제 몬테소리 교육법을 창안한 몬테소리(Maria Montessori)의 사례를 보자. 몬테소리는 1897년부터 발달장애인의 교육 문제의 중요성을 주창하면서 이 교육법을 창안하였다. 이것은 다시 도시의 저소득층 어린이교육으로 확대되었고, 마침내 모든 아동을 위한 일반적인 교육법으로 각광받고 있다. 한 가지 아쉬운 것은 정작 정신지체장애 아동을 위한 몬테소리 교육은 번성하지 않았다는 것이다. 이런 사실은 아무리 좋은 아이디어가 나온다 해도 상업적 동기와 결부되어야 결실을 맺는다는 점도 시사해 준다.[7] 여하튼 이상의 두 가지 사례가 암시하는 바는 장애인운동과 비장애인운동은 상승작용을 가져올 수 있다는 것이다.

(4) 세계선교와 장애인운동

19세기는 선교의 위대한 세기라고 한다. 이런 세계선교운동은 선진국에

---

7) 안교성, 「장애인을 잃어버린 교회」, 90.

서 시작된 장애인운동이 전 세계, 특히 선교지의 대부분을 차지하는 비서구 지역에 확산되는 계기가 되었다. 한국의 경우도, 선교 사역은 장애인 사역을 시작하는 주도적인 역할을 감당하였다. 물론 한국에도 나름대로 장애인에 대한 태도에 있어서 긍정적인 요소와 부정적인 요소가 공존했다.[8] 그러나 선교 사역을 통하여 선교사들은 장애인 사역을 본격적으로 시작하고, 수준을 높이는 데 기여한 것은 분명한 사실이다. 특히 의료선교사들이 의료선교 사역과 관련하여 장애인 사역을 감당하였다.[9]

2) 20세기 : 장애인의 등장 시기/장애인을 인정하는 시기

20세기는 장애인의 세기라고 할 정도로, 장애인이란 주제가 비약적으로 발전한 시기이다. 특히 1980년대는 장애인운동의 분수령이 되는 시기였다. 일반적으로는 국제연합이 1982년을 장애인의 해로 지정한 것이 대표적인 예라고 할 수 있다. 국제연합 총회는 전 세계 장애인들의 완전한 참여와 평등을 촉진하기 위하여 '장애인에 관한 행동을 위한 세계 프로그램'(The World Program of Action Concerning the Disabled)을 채택하였다. 기독교적으로는 1980년대에 장애인 관련 신학이 본격적으로 시작되었다. 이제 20세기의 변화를 살펴보기로 하자.

(1) 20세기 전반기

① 우생학 충격

20세기는 전반적으로 장애인의 세기라고 할 정도로 장애인운동이 획기적으로 발전한 시기였다. 그러나 20세기의 시작은 장애인에게는 최고의 위

---

8) 정창권 편저, 「역사 속 장애인은 어떻게 살았을까 : 사료와 함께 읽는 장애인사」(파주 : 글항아리, 2011).
9) Minerva L. Guthapel, 이형식 역, 「조선의 소녀 옥분이 : 선교사 구타펠이 만난 아름다운 영혼들」(파주 : 살림출판사, 2008) ; Sherwood Hall, 김동열 역, 「(셔우드 홀의) 조선회상」(개정판 ; 서울 : 좋은씨앗, 2012).

협이 되는 비극적이고 어처구니없는 사건으로 시작되었다. 그것은 바로 우생학적 불임화 법령이다. 인디애나 주는 주립시설에 있는 자들, 특히 '확정된 저능아, 정신박약 및 강간범'(confirmed idiots, imbeciles and rapists)을 대상으로 한 우생학적 불임화 법령을 제정한 첫 번째 주로, 이 법령은 들불처럼 번져 다른 24개 주에서도 제정되었다.[10] 1927년에는 미국 대법원이 정신지체의 강제 불임조치 판결을 내렸고, 이 판결은 아직도 번복되지 않았다. 올리버 웬델 홈즈(Oliver Wendell Holmes) 판사는 보다 나은 세상을 위하여 "정신박약은 3대로 족하다."는 의견을 표시하기도 하였다.[11] 급기야 1939년 독일의 아돌프 히틀러(Adolf Hitler)는 제2차 세계대전을 개전하면서 환자와 정신장애인을 대상으로 한 광범위한 안락사(mercy death)를 명하였다. 코드명 'Aktion T4'로 불린 이 프로그램은 '살 만한 가치가 없는 생명'(life unworthy of life)을 제거하도록 제정되었다. 그 결과 7만 5천 명에서 25만 명에 이르는 지적·육체적 장애인이 1939년부터 1941년까지 조직적으로 살해되었다.[12] 그리고 이에 대하여 사회와 교회로부터 저항이 있었는데, 대표적인 인물로는 개신교에서는 비텐베르크 감독 부름(Theophil Wurm)과 가톨릭교회에서는 뮌스터 주교 폰 갈렌(Clemens A. G. von Gallen) 등이 있었다. 사실상 이 저항운동은 히틀러 정권의 정책에 대한 가장 강력하고도 대중적인 저항운동 가운데 하나였다.

② 전쟁과 장애인운동

그러나 20세기 전반은 긍정적인 면에서 장애인운동이 발전한 시기이기도 하였다. 역설적이지만, 전쟁이 장애인운동의 변화의 계기가 되었다. 제1차 세계대전의 참전 군인이자 문학가인 일단의 사람들이 전쟁으로 인한 장애인들을 주제로 한 문학작품을 내놓음으로써 장애에 대한 관심을 환기시켰다. 가령, 영국의 윌리엄 오웬(William Owen), 지그프리드 새순(Sieg-

---

10) DHT.
11) DHT.
12) DHT.

fried Sassoon), 로버트 그레이브즈(Robert Graves) 3인방을 들 수 있다. 1918년 미 하원은 군인을 위한 첫 번째 대규모 재활 프로그램을 만들었다. 1920년 직업재활지원기금에 관한 법안이 일반 대중에 속한 장애인을 위한 직업 상담 및 훈련을 위해 별도의 연방 예산을 확보하였다.

제2차 세계대전도 중요한 계기가 되었다. 1948년 하워드 러스크(Howard A. Rusk) 박사는 뉴욕에 러스크 재활의학기구(The Rusk Institute of Rehabilitation Medicine)를 설립하여, 참전 상이군인의 건강 증진을 위한 기술을 개발하였다. 그의 이론은 장애인의 정서적, 심리적, 사회적 측면을 치료하는 데 집중하였는데, 후에 현대 재활의학의 기초가 되었다.

③ 장애인의 활동 : 예술, 정치, 사회 행동 등

20세기 전반부터 소규모이기는 하나, 장애인이 다양한 분야에서 자신들의 존재를 알리기 시작하였다. 1925년 교통사고로 불구가 된 프리다 카홀로(Frida Kahlo)가 장애인 화가가 되었다. 1932년 프랭클린 루스벨트가 대통령에 당선되고 4선을 함으로써, 장애인 정치인의 한 획을 그었다. 그는 대통령이 된 후, 소아마비를 위한 국립기금 설립(오늘날 소아마비퇴치기금〈10센트짜리 동전의 행진, March of Dimes〉)에 기여하였고, 그 결과 미국 10센트짜리 동전에 초상이 담겨졌다.[13] 그는 1935년 장애인 성인을 위한 영구 지원 프로그램을 설립하기 위한 사회보장안(Social Security Act)에 서명하였다.[14] 1937년 저명한 가수 레이 찰스(레이 찰스 로빈슨, Ray Charles Robinson)는 7살 때 실명을 하였는데, 점자로 음악을 배워 유명 가수가 되었다. 1939년 유명 야구선수 루 게릭(Lou Gehrig)을 기념하는 루게릭데이가 뉴욕의 양키스타디움에서 거행되었는데, 그는 자신이 행복하다고 소회를 남겼다.[15]

또한 장애인들은 장애인운동을 주도해 나가기 시작했다. 1935년 신체장

---

13) DHT.
14) 장애인 정치인들에 관해서는 다음 글을 볼 것. http://en.wikipedia.org/wiki/List_of_physically_disabled_politicians.
15) 그의 이름을 따 근육병 중 하나가 루게릭병이라고 명명되었다.

애인연맹(The League for the Physically Handicapped) 소속원 300명이 9일간 연좌시위를 벌여 전국적으로 수천 개의 직업을 확보하였는데, 이 연맹은 최초의 장애인에 의한 장애인기구로 인정받았다.

④ 장애인을 위한 활동

1929년 오하이오 주 엘리라아에 사는 사업가 에드가 앨런(Edgar Allen)은 지체부자유 아동을 위한 오하이오 회(후에 전국부활절씨일〈Seals〉협회)를 결성하였는데, 이후 수많은 자선단체의 모델이 되었다. 하지만 아직 당사자인 장애인을 제외한 일방적인 방식을 취했다는 비판도 있다. 1941년 케네디 대통령의 자매인 로즈매리(Rosemary)가 정신지체와 공격적 행위를 치유할 목적으로 뇌수술을 받다 완전 불수가 되자, 특수아동학교로 이송되었다. 유니스 케네디 쉬리버(Eunice Kennedy Shriver)가 자매인 로즈매리를 기념하고자 스페셜올림픽(Special Olympics)을 결성하였다. 이 스페셜올림픽은 1962년 미국에서 최초로, 1968년 최초의 국제대회가 개최되었다.

(2) 20세기 후반기 1 : 3/4분기

① 장애인과 사회 통합 : 장벽(혹은 장애)없애기운동

제2차 세계대전은 20세기 후반기에도 계속해서 영향을 미쳤다. 1950년대에 참전 상이군인과 장애인들이 장벽없애기운동(barrier-free movement)을 시작하였다. 특히 참전군인행정관리위원회(Veterans Administration), 대통령장애인고용위원회(The President's Committee on Employment of the Handicapped), 전국부활절씨일협회 등의 단합된 노력을 통하여 '장벽없는' 건축을 위한 국가표준 마련의 계기를 마련하였다.[16] 이런 움직임은 후일 장애인운동에 있어서 접근성(Accessibility)이라는 개념으로 발전하였고,[17] 최근에는 방문성(Visitability)이라는 개념으로 발전하였다.[18] 양자의

---

16) DHT.

차이는 간략하게 말하면, 전자가 주로 기존 건물에 대한 접근성 보장을 의미했다면, 후자는 신축 가정집 건물에 대한 접근성 보장을 의도하는 것이라고 할 수 있다.[19] 물론 접근성이란 개념은 단순히 물리적 접근성이 아니라 정신적, 사회적 접근성까지 포괄하는 광범위한 개념으로 발전해 오고 있다.

이 같은 운동은 기독교에 큰 의미를 가지게 되었다. 첫째, 장벽없애기운동의 개념은 기독교, 특히 에큐메니칼운동에 반영되었다. 1975년 제5차 세계교회협의회(World Council of Churches, WCC) 나이로비(Nairobi) 총회의 주제는 "장벽을 없애고"(혹은 장벽을 넘어, Breaking Barriers)였다.[20] 그리고 나이로비 총회는 이 총회에서 장애인 문제를 제기하였다. 장애인은 교회의 통합은 물론이고 인류의 통합에 있어서 주목받아야 할 주제이며, 소극적 수혜자가 아닌 적극적 참여자가 되어야 한다는 주장을 하게 되었다.[21] 이 총회 주제가 위에서 언급한 장벽없애기운동의 개념과 어떤 직접적인 연관이 있는가에 대해서는 더 연구가 필요하지만, 적어도 세계교회는 나이로비 총회가 열린 1970년대 중반 이후 장애인에 대한 관심을 본격화하였고, 그 결과 장애인신학이 활발해지기 시작하였다. 특히 이 주제에 대한 연구는 1979년 「삶의 동역자 : 장애인과 교회」(Partners in Life : The Handicapped and the Church)라는 문헌으로 출간되었다.[22] 즉, 이제 교회는 장애인을 교

---

17) http://en.wikipedia.org/wiki/accessibility.
18) http://en.wikipedia.org/wiki/visitability.
19) 위의 문서. 방문성은 신축 건물에 장애인이 거주하든 않든 간에, 최소한 다음과 같은 3가지 요건이 충족될 것을 요구한다. 첫째, 건물로부터 차도나 인도로 직접 나갈 수 있는 계단 없는 통로가 최소 1개 있을 것. 둘째, 모든 실내문은 81cm 정도 너비를 가져 방해받지 않고 출입할 수 있을 것. 셋째, 1층(혹은 기본이 되는 층)에 최소한 1개의 장애인 화장실이 있을 것. 이것은 건축법에 큰 영향을 주게 되었다.
20) David M. Paton, ed., *Breaking Barriers, Nairobi 1975 : The Official Report of the Fifth Assembly of the World Council of Churches, Nairobi, 23 November-10 December, 1975*(London ; Grand Rapids : SPCK ; Wm. B. Eerdmans, 1976).
21) Ibid., 61-62, 69.
22) Geiko Mueller Fahrenholz, ed., *Partners in Life : The Handicapped and the Church*(Geneva : WCC, 1979).

회 교역의 과제, 특히 교회 일치의 과제로 인식하게 된 것이다.[23] 둘째, 이런 접근성, 방문성은 오늘날 교회 건물에 대한 재고의 필요성을 제기한다. 그 이유는 교회 건물은 장애인에 대하여 가장 일차적이면서도 무언의 태도를 나타내기 때문이다. 교회 건물과 건축에 대한 고려는 교회의 장애인 사역에 있어서 우선적인 과제가 되는 것이다.

접근성, 방문성의 주제는 역으로 기독교의 선교적 차원에서 장벽을 초래하기도 하였다. 20세기 후반에 장애인은 점차 독립적인 삶을 영위하며, 이 같은 삶을 영위하는 장애인에 관한 사안은, 특히 선진국 사회에서 점차 국가의 복지 영역으로 인식되었다. 그 결과 이러한 장애인에 대한 비장애인의 접근은 사회복지사 등 전문인으로 국한되어 갔고, 일반인의 접근이 어려워져 갔다. 이런 상황에서 선진국교회들은 차츰 장애인 사역을 국가나 사회의 사역으로 인식하여 소극적이 되었고, 또한 교회의 접근도 쉽지 않았다. 따라서 교회의 구제 사역은 물론이고 전도 사역도 사실상 중단되는 결과를 가져오기도 하였다.

이런 상황에 변화를 가져오려는 작은 시도가 유럽의 독일에서 한국인에 의해 시도되고 있다. 가령 유럽 밀알 소속의 심진산 목사는 유럽에서 장애인 사역을 시도하는데, 기존의 재유럽 한인을 대상으로 하는 사역을 넘어서 유럽 현지인을 대상으로 하는 사역을 목적으로 하였다. 기존의 구제적 측면의 장애인 사역은 동유럽에서는 가능하나 서유럽에서는 가능하지 않아 돌파구를 찾던 중,[24] 유럽 교회와 유럽 현지인 장애인의 연결고리가 되는 사역을 추진하고 있다.[25] 음악회 등을 통하여 유럽 현지인 장애인과 만나는 기회를 가지면서 그런 사역의 주체가 유럽 교회가 되도록 하는 과정을 통하여, 유럽 교회, 한국 장애인 사역 선교사, 유럽 현지인 장애인이 함께 엮어지는 삼각선교를 시도하고 있다.

---

23) 상세한 논의는 다음 책을 볼 것. 안교성, 「장애인을 잃어버린 교회」, 7장, 10장.
24) 심진산이 안교성에게 보낸 이메일 메시지, 2006. 3. 25.
25) 심진산이 안교성에게 보낸 이메일 메시지, 2011. 3. 10.

② 장애인 인권운동(disability rights movement)

20세기 후반기의 장애인운동의 두드러진 특징은 투쟁을 통한 권익 보장이다. 그런 특징은 특히 20세기 3/4분기인 1960년대와 1970년대에 특히 두드러지게 나타났다. 넓은 의미에서, 장애인 인권운동은 흑인, 여성, 이민자 등 소수집단들의 인권운동의 궤적을 따랐고, 그런 운동의 확산 과정으로 이뤄졌다. 그러나 이런 확산 과정은 결코 자연스럽게, 원만하게 이뤄지지 않았다. 같은 인권운동에 속하지만, 각 소수집단들은 결실을 맺기 위하여 각기 노력과 투쟁을 겸해야 했다.

장애인인권운동의 흐름은 장애인을 위한 사역에서 장애인의 사역으로 발전했다. 다시 말해 장애인은 객체에서 주체로, 대상과 수혜자에서 참여자와 주동자로 전환해 나갔다. 물론 장애인운동의 특성상, 특히 정신장애인의 경우, 비장애인과의 협력이 요청되는 경우가 많았다. 특히 장애인운동에 우선적으로 관심을 가지고 참여하고 주도하기 시작한 비장애인 집단은 바로 장애인 부모들이었다. 가령 1950년 미국에서 정신지체 진단을 받은 아동의 부모들이 정신지체시민을위한협회(The Association for Retarded Citizens, ARC)를 결성하였다. 이 협회는 정신지체에 대한 대중의 인식을 바꾸는 일을 하였다. 즉, 정신지체인들도 성공적인 삶을 영위할 수 있다는 것을 인식시키기 위한 교육을 시도하였는데, 그 결과 7백만 이상의 정신지체자들의 권익 보호를 보장받게 되었다. 점차 다른 비장애인 집단들도 장애인운동에 관심을 갖게 되었다. 그렇지만 이 경우도 장애인의 주도성(initiative)을 인정하는 추세가 되었다. 이런 맥락에서 한 가지 아쉬운 사실은 인권운동에 마틴 루터 킹(Martin Luther King) 목사와 같은 괄목할 만한 기독교 운동가가 있지만, 장애인운동에는 그 정도의 위상을 지닌 기독교 운동가가 없다는 사실이다.

사실 장애인인권운동의 앞날이 밝지만은 않았다. 첫째, 1953년까지도 클레멘스 벤다(Clemens Benda)라는 정신지체아동기관의 의료 담당자가 장애 진단을 위하여 정신지체 아동들을 상대로 실험하면서, 특별식사에 방사능 물질이 함유된 사실을 은폐하는 경우가 있었다. 둘째, 1964년 민권법(Civil Rights Act)이 통과되어, 직장에서의 아프리칸 아메리칸(African American, 즉 미국 내 흑인)과 여성의 차별을 금지했지만, 장애인의 차별에 대한 조치는 강구하지 않았다.

그렇다면 이런 인권운동에 대한 기독교의 반응은 어떠했는가? 당시 이런 인권운동에 대하여 적극적인 자세를 취한 교회는 소수에 불과하다고 해도 과언이 아니다. 대다수 교회는 인권운동을 세속적인 운동으로 보거나, 투쟁이란 방법에 거부감을 가지거나, 인권운동의 선교적 의의에 대한 이해가 부족하거나 하는 등의 이유로 해서 인권운동에 소극적이었다. 이런 전반적인 추세는 기독교로 하여금 인권운동의 주도권을 쥐는 데 실패하게 만들었다. 그런 양상은 장애인인권운동의 분야도 마찬가지였다. 이로 말미암아 장애인인권운동은 세속운동의 성격이 강화되었다. 물론 이 시기에도 기독교는 장애인 문제에 대하여 예언적 목소리를 낸 소수에 속하였지만, 그런 영향력은 확산되지 못했다. 설사 기독교인들이 장애인인권운동에 기여하더라도, 기독교의 집단적 영향력을 발휘하는 데는 미흡했다.

당시에 기독교인과 관련하여 아쉬운 사례가 하나 있다. 신앙과 도덕을 앞세운 기독교 정치인으로 잘 알려진 지미 카터(Jimmy Carter) 행정부는 이전 행정부부터 계루되어 온 장애인 관련 법안을 통과시킬 것을 공약으로 내세웠다. 그러나 정작 카터 행정부의 임명을 받은 담당자가 법안 통과를 거부하자, 장애인들이 연좌농성을 벌이고 나서야 비로소 성사되기에 이르렀다.

③ 장애인 주거 양상의 변화 : 시설에서 독립가정으로 다시 공동체로, 혹은 의존에서 독립으로 다시 상호 의존으로

1960년대에 장애인운동의 또 다른 측면이 나타났는데, 장애인 주거 양상의 변화이다. 이런 변화는 단순히 주거에 머물지 않았고, 장애인의 생활 양상 전반에 걸쳐 영향을 미쳤다. 1962년 소아마비를 앓은 청년 에드 로버츠(Ed

Roberts)가 캘리포니아 대학교(University of California, Berkeley)에 등록했다. 그는 입학이 거절되자 투쟁했다. 그는 독립생활운동(Independent Living Movement)의 창시자가 되었고, 첫 번째 독립생활 센터(The Center for Independent Living, CIL) 설립에 기여했다. 이 운동은 장애인의 탈시설화(de-institutionalization)의 물꼬를 텄다. 이후 다양한 형태의 장애인 거주 양태가 나타나기 시작하였다.

그렇다면 이런 새로운 장애인거주운동에 대한 기독교의 대응은 무엇이었을까? 에드 로버츠의 독립생활운동과 거의 시기를 같이하여, 1964년 장 바니에(Jean Vanier)에 의하여 기독교장애인운동, 특히 기독교정신지체인운동의 획기적인 운동인 라르쉬(L'Arche) 운동이 시작되었다. 이 운동의 시작은 미미했다. 장 바니에는 프랑스의 트로즐리-브뢰이으(Trosly-Breuil)라는 작은 도시에서 자기 집에 두 명의 장애인을 받아들여 함께 살기 시작하였다. 오늘날 이 운동은 전 세계 40여 개국에서 전개되고 있다. 이미 장 바니에의 활동과 저술을 통하여 라르쉬 운동은 유명해졌지만,[26] 특히 영성 작가로 유명한 헨리 나우웬(Henri Nouwen)이 캐나다의 새벽(Daybreak)공동체에 신부로 참여하면서 더욱 유명해졌다.[27]

라르쉬 운동의 의의는 여러 가지를 들 수 있다. 첫째, 장애인 주거와 관련하여, 기독교장애인운동이 일반장애인운동과 거의 비슷한 시기에 시작되었다. 둘째, 장 바니에, 나아가 헨리 나우웬 같은 지식인을 통하여 신학적 작업이 이뤄졌다. 셋째, 특히 헨리 나우웬과 같은 대중적인 영향력이 있는 영성작가의 장애인 관련 활동과 저술을 통하여, 장애인운동의 신앙적, 신학적 의의가 심화되고, 다른 한편으로 기독교 대중의 관심을 갖게 되었다. 넷째, 장 바니에와 헨리 나우웬의 저술을 통하여 비장애인과 장애인이 서로 배운다는 사실이 강조되었다. 다섯째, 헨리 나우웬의 장애인 사역 참여가

---

26) 장 바니에, 김은경 역, 「희망의 사람들 라르쉬」(서울 : 홍성사, 2002) ; 안교성, 「장애인을 잃어버린 교회」, 12장.
27) 헨리 나우웬, 신현복 역, 「새벽의 영성」(서울 : 아침영성지도연구원, 2004) ; 안교성, 「장애인을 잃어버린 교회」, 11장.

장 바니에의 초대로 이뤄졌는데, 이처럼 기독교의 장애인 사역이 인간관계의 연계망을 통해 확산되었다. 여섯째, 라르쉬 운동은 장애인 중심의 거주 형태라는 점에서 독립생활운동과 궤를 같이 하지만, 공동체를 지향한다는 점에서 의존 모델에서 독립 모델로의 변화를 넘어서서 상호 의존 모델로 나아간다. 이런 공동체성은 기독교장애인운동의 중요한 한 축이 되었다. 일곱째, 오늘날 라르쉬 운동의 영성은 기독교장애인신학, 나아가 기독교 신학의 새로운 도전으로 인식되어, 그 의미를 계속 탐구하는 작업이 지속되고 있다.[28] 데이빗 포드(David Ford) 같은 신학자는 여기에서 새로운 신학의 가능성을 탐구하고 있다.[29] 뿐만 아니라 데이빗 포드는 현대 사회의 핵가족이 장애의 요구를 다 해결하기에는 취약한데, 이런 공동체운동이 그 대안이 될 수 있음도 시사한다.[30] 그리고 기독교공동체운동은 진화하여 거주공동체뿐 아니라 비거주공동체로 확산되고 있다. 다시 말해, 라르쉬 운동에 대한 다양한 관심은 라르쉬 운동이 이제 하나의 독특한 현상(a sui generis phenomenon)으로 자리 잡았음을 보여 주고 있다.

(3) 20세기 후반기 2 : 4/4분기

① 1980년대의 변화

20세기가 장애인의 세기라고 할 정도로 중요한 세기라면, 1980년대는 그 분수령이라고 할 정도로 특히 중요하다. 교통, 고용, 교육, 복지 등 전반적인 분야에서 장애인의 인권이 신장되었다. 특히 장애인들의 위상이 높아

---

28) 가령, Hans S. Reinders, ed., *The Paradox of Disability : Responses to Jean Vanier and L'Arche Communities from Theology and the Sciences*(Grand Rapids : Wm. B. Eerdmans, 2010).
29) David F. Ford, "Wilderness Wisdom for the Twenty-first Century : Arthur, L'Arche and the Culmination of Christian History," R. S. Sugirthararajah, ed., *Wilderness : Essays in Honour of Frances Young*(London : T & T Clark International, 2005), 153-166.
30) Ibid., 162.

졌다. 이미 언급한 국제연합의 1982년 '장애인의 해' 선포는 말할 것도 없다. 1988년 미국 청각장애인교육 기관의 효시라고 할 수 있는 가요데(혹은 캘로뎃) 대학에서 "이제는 청각장애인 총장을!"(Deaf President Now)이란 구호를 앞세운 투쟁으로 인하여, 킹 조르단(I. King Jordan) 박사가 총장에 부임하였다. 또한 장애인 복지의 역차별 문제의 심각성을 폭로하기 위하여 자기 책을 불사른 것으로 유명한 장애인이요, 장애인학 정립에 기여한 폴 롱모어(Paul Longmore) 등을 통하여 장애인이 장애인학을 발전시켜 나갔다.[31]

이런 변화에 대하여 기독교는 어떤 반응을 보였을까? 다양한 움직임이 있었지만, 크게 두 가지를 주목할 필요가 있다. 첫째, 기독교 장애인들이 간증, 공연, 저술 등 다양한 활동을 통하여, 장애인에 대한 대중적 관심을 환기시키는 데 크게 기여하였다.[32] 이런 저변 확대와 더불어, 교회는 차츰 장애인 사역에 참여하게 되었다. 교회의 장애인 사역은 크게 몇 가지로 나눠 볼 수 있다. 먼저 전도 중심 사역인데, 교회 개척 사역이 가장 중심적 사역이라고 할 수 있다. 또한 재활(혹은 생활) 중심 사역인데 추후에 사회복지 사역으로 발전하였다. 이 밖에 선교 중심 사역인데, 수많은 장애인 단체를 통하여 다양한 사역으로 발전하였다. 마지막으로 이런 사역들의 복합형이 있다.

둘째, 무엇보다 중요한 것은 장애인신학이 본격화되기 시작하였다는 것이다. 기독교의 신앙이 지식을 추구하는 신앙(fides quaerens intellectum)의 측면이 있는 만큼, 기독교장애인운동에 있어서 장애인신학은 본질적인 요구인 동시에 실천적인 요구이다. 1980년에 여러 중진 신학자들이 장애인 신학에 관련된 글들을 발표하기 시작하였다. 왜 당시에 그런 일이 벌어졌는가에 대해서는 좀 더 연구가 필요하다. 여하튼 수많은 발표들이 이뤄졌다.

---

31) Paul Longmore, *Why I Burned My Book and Other Essays on Disability* (Philadelphia : Temple University Press, 2003).
32) Joni Eareckson Tada, *Joni : An Unforgettable Story*(Grand Rapids : Zondervan, 1976, 2001).

세상과 기독교계를 바꿔 놓을 정도로 충분한 것은 아니었으나, 새로운 출발을 알리기에는 충분한 것이었다. 서론에서도 언급하였듯이, 이런 장애인신학의 신학적 의의에 대해서는 별도의 글에서 다루기로 하고, 발전 과정을 간단하게 살펴보기로 하자.

먼저, 장애인과 가까운 관계에 있는 신학자들이 장애인신학의 물꼬를 텄다. 대표적인 인물은 영국의 초대교회 연구가 프랜시스 영(Frances Young)이다. 영은 아들이 장애인인 까닭에 장애, 장애인, 장애인 가족이란 주제들을 심도 있게 다루고 있다. 특히 영이 친밀관계 및 근접관계에서 신학적 작업을 하고 있다는 것은 「얼굴과 얼굴을 맞대고」(Face to Face)라는 저서명에서도 시사되고 있다.[33] 영이 집중적으로 탐구하는 것은 고통의 의미이다. 곧 신정론의 고전적 주제를 다시 거론하는 것이다. 영이 중견 신학자라는 사실은 많은 신학자들도 장애인 문제에 관심을 갖게 되는 계기가 되었다.

또한 장애인 사역에 참여하는 신학자들이 장애인신학을 한 단계 높여 놓았다. 대표적인 인물은 위에서도 살펴보았듯이, 영성 신학자에서 장애인 사역자로 전환한 헨리 나우웬이다. 그는 끊임없이 자신의 소명을 찾아나가는 과정에서 영성 신학자에서 선교사가 되려고 하였고, 선교사가 되는 것에 실패하자 다시 신학자의 길을 걷다가, 마침내 장애인 사역자의 길에 접어들게 되었다. 그는 장애인 사역자가 된 후, 가장 근접 거리에서 장애인의 현실을 접하면서 다양한 신학적 질문들을 던지고 대답하였다. 나우웬이 집중적으로 탐구하는 것은 장애의 영성적 의미이다. 결론적으로, 장애인의 존재는 인간 영성의 본질, 곧 약자로서의 인간을 직면하도록 요구하며, 이 점에서 장애인은 우리에게 교사가 되는 것이다.

그리고 장애인신학을 전문으로 다루기 시작한 신학자들이 장애인신학의 완성도를 높이기 시작했다. 이들 신학자 군(群)은 첫 번째나 두 번째 경우와 달리, 장애인신학을 그들 신학의 본연의 영역으로 삼았고, 많은 경우

---

33) Frances Young, *Face to Face : A Narrative Essay in the Theology of Suffering*(2nd ed., [London] : T & T Clark, 1994). 초판은 1986년에 나왔으며, 2판은 분량이 초판에 비하여 2배가 된다.

이들 자신이 장애인이었다. 따라서 이 신학은 해석적 신학일 뿐 아니라 고백적 신학이다. 다시 말해, 이 신학은 장애인의 관점에서 신학을 재해석할 뿐 아니라 그들의 경험을 신학화하는 경험의 신학이다. 그리고 이 신학은 장애인의 다양한 실존적 문제들을 신학적 주제로 삼고 있다. 즉, 소유격의 신학인 것이다.

마지막으로, 장애인신학이 특수신학인 동시에 보편적 신학이 되려면, 장애인 신학자가 주도하는 신학이 되어야 할 뿐 아니라 장애란 주제를 공동의 신학적 주제로 삼고, 장애인의 시각과 비장애인의 시각에서 다각적으로 접근하는 공동의 신학으로 발전해 나가야 한다. 이런 점에서 이제 장애인신학은 장애인을 위한 신학, 장애인과 함께하는 신학, 장애인의 신학에서 장애신학으로 발전해 나가야 한다.

② '우리 없이 우리에 대한 것은 없다'[34]

20세기 4/4분기는 장애인이 자신의 목소리를 내는 시기이기도 하였다. 따라서 이 시기를 장애인의 자기변호(Self-Advocacy)의 시기, 자율(autonomy)의 시기라고도 할 수 있다. 이런 분위기를 집약적으로 보여 주는 슬로건이 바로 "우리 없이 우리에 대한 것은 없다."(Nothing About Us Without Us)이다. 이 용어는 원래 동구권 외교에서 기원된 것으로, 1990년대부터 장애인운동에 사용되기 시작했다. 제임스 칼튼(James Charlton)이 남아프리카 장애인운동가로부터 이 용어를 듣고, 1998년 출간된 자신의 저서명으로 사용하면서 크게 유행하였다.[35] 그의 책 「우리 없이 우리에 대한 것은 없다」의 부제명이 말해 주듯이, 장애인의 사회적 억압과 능력 부여를 다루고 있다.[36] 당사자주의를 강조한 이 용어는 오늘날 장애인 분야를 넘어서 다양한

---

34) 이 슬로건의 원래 형태인 라틴어 문구는 다음과 같다. Nihil de nobis, sine nobis.
35) http://en.wikipedia.org/wiki/Nothing_about_us-without_us.
36) James I. Charlton, 전지혜 역, 「우리 없이 우리에 대한 것은 없다(Nothing About Us Without Us : Disability Oppression and Empowerment)」(서울 : 울력, 2009).

분야에서 소수집단의 권익 보호를 위하여 사용되고 있다.[37] 물론 장애인당사자주의는 '우리 없이 우리에 대한 것은 없다'에 국한되는 것은 아니고, 이전의 장애인 독립생활운동부터 해당될 수 있다. 오늘날 기독교계에서도 이런 장애인당사자주의에 발맞춰 다양한 시도가 이뤄지고 있다.

3) 21세기 : 장애인의 공생 시기/장애인이 인도하는 시기

21세기는 장애인운동에 있어서 어떤 삶이 전개될까? 미래를 전망하는 것은 쉬운 일이 아니지만, 몇 가지를 생각해 볼 수 있다.

첫째, 이전까지의 성과에 힘입어, 장애인이 주도하고 장애인과 협력하는 장애인의 공생(Konvivenz) 시대가 도래할 것이다. 즉, 장애인과 더불어 사는 사회(a society living with the disabled)가 될 것이다.

둘째, 장애 보편화 시대가 도래함에 따라 장애와 더불어 사는 사회(a society living with disability)가 될 것이다. 그 이유는 무엇일까? 무엇보다도 21세기는 장수(longevity)의 시대이기도 하다. 각 사회마다 편차가 있지만, 어려운 환경에 처한 사회일지라도 이전보다는 장수를 누린다는 점에서, 전 인류가 장수의 시대를 맞이하고 있는 것은 틀림없다. 이런 장수의 시대의 도래는 곧 노령화 사회의 도래를 의미한다. 그런데 이런 장수와 노령화 사회는 장애인운동에 결정적인 변화를 초래한다.

노령화 사회 이전에는 장애인 문제는 소수집단의 문제였다. 그러나 노령화 사회가 도래하면서 장애인 문제는 모두의 문제가 되고 있다. 즉, 대다수의 인간이 노령으로 인하여 장애를 경험하면서 후천적인 장애인이 되고 있으며 그 기간도 연장되고 있다. 따라서 장애는 더 이상 특수경험이 아닌 보편경험이 되고 있다. 즉, 장애는 단순히 극복해야 할 문제, 특정인의 문제가 아니라 더불어 살아야 할 문제, 모든 이의 문제가 되고 있다. 수많은 노인들이 각종 질병으로 인하여 신체장애인이 되며, 치매 등으로 인하여 정신

---

37) 당사자주의란 용어와 그 의미에 대해서는 다음 글을 볼 것. 김병화, "장애인당사자주의의 특수교육[학]적 함의," 「특수교육학연구」 40/1(2005) : 1-22.

장애인이 되고 있다. 이런 장애의 변화와 확산은 장애에 대한 새로운 인식을 가져오고 있다. 물론 그렇다고 해서, 기존의 장애인 문제가 자동적으로 사라진 것은 아니라는 점은 두말할 것도 없다.

극단적인 표현을 쓴다면, 21세기 이후의 시대는 인류의 잠재적인 장애인화의 시대가 될 것이다. 비장애인에 대한 용어 가운데 한때 사용되다가 요즘 사용되지 않는 것으로 '예비장애인'이 있다. 이 용어는 일반인, 정상인, 비장애인과 더불어 사용되다가, 부정적인 이미지로 인하여 사용이 제한되었다. 21세기의 장애 보편화 현상을 고려해 볼 때, 비장애인을 예비장애인으로 보는 시각은 다시금 정당성을 부여받고 있다. 이런 상황에서 장애인은 이웃이 아닌, 바로 나 자신이 되는 것이다.[38]

셋째, 최근에는 장애인의 비중을 인식하면서, 다양한 분야에서 장애인에게 적극적으로 다가가는 양상이 벌어지고 있다. 가령 프랑스의 경우, 관광과 장애를 연계하여 장애인 관련 정보 제공 등 장애인 관광객의 편이를 도모하는 한편 관광의 증진을 꾀하고 있다.[39] 이제 장애인은 회피할 존재가 아닌 다가갈 존재로 여겨지는 것이다.

그렇다면 기독교는 21세기의 이러한 변화들에 대하여 어떤 응답을 보일 것인가?

첫째, 장애인과 더불어 사는 사회에서 기독교는 이전에 장애인 문제를 교회 일치, 인류 일치의 관점에서 보던 신학적 이해를 더욱 발전시키고 확산시킬 것이고, 그래야만 할 것이다. 이런 점에서 이제까지 장애인신학 발전의 한 축을 이루었던 세계교회협의회의 역할이 기대된다. 특히 기독교는 환대공동체(a community of hospitality)라는 주제가 회복되고 강조될 필요가 있다.

둘째, 장애와 더불어 사는 사회에서 기독교는 치유공동체(a community of healing)라는 주제가 심화·발전될 필요가 있다.[40] 이미 20세기 후반부터

---

38) 장애인 등 이웃과 함께 사는 삶에 대한 신학적 이해에 관해서는 다음 글을 볼 것. 안교성, "역사에 나타난 이웃 이해," 「성서마당」 104(2012) : 33-42.
39) Bouches du Rhone, *Tourisme & Handicap*(n. p. : n. d.).

치유를 기독교신학의 중요 쟁점으로 보고, 교회를 치유공동체로 보는 관점이 대두되었다. 21세기에 통전적인 선교의 관점에서 화해와 치유가 다시금 주목받고 있다. 한편 장애인신학 내부에서 장애인의 삶, 나아가 인간 삶의 생존 가능한(viable) 모델로 공동체 모델이 대두되었다. 이제 이런 치유, 화해, 공동체 등의 주제를 종합하여, 공생의 모델을 발전시키고 실천하는 과제가 기독교 앞에 놓여 있다.

셋째, 위에서 언급하였듯이, 기독교는 장애인에게 우선적으로 다가가는 존재가 되는 한편, 사회의 다른 영역도 장애인에게 다가가도록 감시하고 격려하는 역할을 맡을 필요가 있다. 먼저, 교회와 장애인을 연계하여 정보를 제공하는 일, 지역사회나 전국적으로 장애인 우호 기관을 지원하고, 필요하면 압력단체 기능을 하는 일 등 방법은 다양하다고 하겠다.

3. 결론 : 새로운 삶, 새로운 신학

수천 년 동안 장애인은 무시되고, 박해받고, 소외되고, 남에 의하여 좌우되고, 심지어 그 존재 자체를 인정받지 못해 왔다. 그러나 근현대에, 특히 20세기에 장애인운동에 있어서 비약적인 발전이 이뤄졌다. 아직도 가야 할 길이 멀지만, 괄목할 만한 진전이 있었던 것이 사실이다. 그러나 그 길은 기독교신학의 용어를 빌면, 십자가의 길이었다. 그 길은 고통의 현실을 직면하고, 고통의 의미를 체득하고, 고통의 삶을 승화하는 길이었다. 우리는 본 단원을 통하여, 어떻게 장애인을 발견하게 되고, 어떻게 장애인이 등장하게 되고, 어떻게 장애인과 공생하게 되었는지 그 과정을 살펴보았다.

그 길은 새로운 길이기도 했다. 종교개혁이 신앙의 의미를 탐구하여 복음을 재발견하고 기독교의 본질을 회복하려는 운동이었다면, 기독교 장애인운동은 고통의 의미를 탐구하여 복음을 재발견하고 기독교의 본질을 회

---

40) Juergen Moltmann, Margaret Kohl, tr., *The Power of the Powerless*(New York : Harper & Row Publishers, 1983), 152-153.

복하려는 운동이다. 이런 점에서 기독교 장애인운동은 제2의 종교개혁운동이라고 부를 수도 있다. 이를 위하여 새로운 신학과 새로운 삶이 요구된다. 그것은 끊임없이 계시의 조명을 받는 길이고, 물러섬 없이 고난이 기다리는 예루살렘을 향한 길이다. 바로 우리를 위하여 십자가에 달리신 고난의 종, 예수 그리스도가 그 여정에 우리와 함께하시고, 그 여정의 끝에서 우리를 기다리시는 길이다.

4

한국교회사에 나타난 장애인의 삶과 신학

안교성 교수(장로회신학대학교)

사회의 소수자를 대하는 태도가 그 사회의 성숙도에 대한 척도라는 말이 있다.
장애인을 대하는 태도가 교회의 성숙도를 말해 준다.
장애인은 우리의 복음의 진정성을 묻는 시금석이며,
오늘도 하나님의 사랑이 집약적으로 나타나는 기적의 현장이다.

1. 서 론

본 단원은 장애인과 한국교회의 관계를 다루고자 한다. 장애인과 한국교회 관계의 역사에 있어서, 그 역사의 구체적인 내용을 상세히 살피기보다, 그 역사가 어떤 단계를 거쳤는지 그리고 각 단계에서 어떤 일이 생겼는지를 살펴볼 것이다. 자칫 장애인 관련 글은 당위적인 것을 강조하는 느낌을 주기 때문에, 본 단원에서는 소위 스토리텔링(story-telling) 기법에 따라, 각 단계에 나타난 의미 있는 사건들을 이야기식으로 제시하였다.

본 단원은 장애인과 한국교회 관계의 역사를 다음과 같은 6단계로 제시한다. 첫째, 외국인 선교사에 의한 한국 장애인을 위한 선교. 이 선교가 한국의 장애인관에 어떤 변화를 주었는가를 살펴볼 것이다. 둘째, 그런 만남을 통하여 한국 장애인들이 받아들인 신앙. 이 신앙이 한국 장애인 신자의 삶을 어떻게 변화시켰는가를 살펴볼 것이다. 셋째, 한국 장애인이 스스로 장애인 사역에 주체적으로 나서는 과정. 이런 과정의 필요성과 어려움을 살펴볼 것이다. 넷째, 이런 사역을 신학적으로 정당화하고 정립하기 위해 시도된 장애인신학. 이 신학이 어떤 과정을 통해 이뤄졌고, 그 의의는 무엇인가를 살펴볼 것이다. 다섯째, 장애인 사역을 본격적인 궤도에 올려놓기 위하여 네트워크를 구성하고 연대하는 과정. 장애인이 장애인끼리 혹은 비장애인과 함께 소위 장애인 웹(Web, 그물망)을 넓혀 가야 할 이유와 과정을 살펴볼 것이다. 마지막 여섯째, 한국 장애인이 이제 선교의 주체가 되어 다른 장애인을 위해 선교에 참여하는 과정. 이 선교가 어떤 고리를 통해 이어졌고, 또 이런 선교의 의의는 무엇인지를 살펴볼 것이다.

2. 본 론

1) 장애인선교 1 : 한국 장애인을 위한 선교 : 장애인 새로 보기

복음이 들어오기 전에 한국에서 장애인의 삶은 고난의 삶이었다. 장애

인은 그 존재가 부정되거나, 무시되거나, 거부되거나, 소외되었다. 장애인은 보이지 않는 인간이었고, 천한 존재였고, 환영받지 못한 존재였고, 따라서 주변화된 인간이었다. 아니, 장애인은 심지어 저주받은 자였고, 이해할 수 없는 타자였고, 혐오의 대상이었고, 공포의 대상이었다. 더 나아가 인간이 아닌 사물로 취급받는 경우도 많았다. 그래서 쉽게 버려졌다. 또한 마귀의 자식으로 여겨지기도 했다. 가령, 시각장애인은 점을 치기 위하여 태어난 사람으로 취급되어 무당에게 팔리는 식이었다.

그러나 이런 장애인은 기독교 복음의 우선적인 수혜의 대상이 되었다. 장애인은 사회의 주변인인데, 오히려 기독교 복음을 접할 수 있는 기회를 갖게 되었다. 왜냐하면 많은 경우, 선교는 사회의 중심인물이 아닌 주변인을 통하여 시작되기 때문이다. 따라서 그들의 불행은 오히려 행복을 가져오는 기회가 되는 역설이 되었다. 뿐만 아니라 기독교 복음은 장애인을 새롭게 보는 시각을 가져왔다. 장애인은 복음 전도의 우선적인 대상이요, 하나님의 사랑을 받는 존재다. 이런 인식을 복음을 전달한 선교사, 특히 의료선교사들이 가져왔고, 장애인들도 이런 새로운 시각을 통하여 자기 자신들을 보게 되었다. 이러한 장애인 새로 보기가 이 시대의 가장 중요한 의미였다.

질 문 : 이러한 장애인 새로 보기는 백 년이 지난 오늘날 한국 사회, 아니 한국교회에 현실이 되고 있나?
성경읽기 : 누가복음 4 : 18~19(주의 성령이 내게 임하셨으니 이는 가난한 자에게 복음을 전하게 하시려고 내게 기름을 부으시고 나를 보내사 포로 된 자에게 자유를, 눈먼 자에게 다시 보게 함을 전파하며 눌린 자를 자유롭게 하고 주의 은혜의 해를 전파하게 하려 하심이라 하였더라.)

이야기 1 : 행복한 소녀 옥분이
선교사의 뇌리에 소녀의 짧은 인생 여정이 스쳐 갔다. 가난에 찌든 가정에 태어나서 줄곧 굶주림과 추위를 벗으로 삼고 살다가 남은 동생들을 먹일

양식을 받는 대가로 부모가 그녀를 부잣집에 종으로 팔았던 일. 굶주림과 추위에다가 고된 일과 무자비한 매질까지 견뎌내야 했던 일. 그러던 어느 추운 날 두 손과 발 하나가 동상에 걸려 그렇지 않아도 힘겨운 삶의 무게에 고통까지 더해지던 일. 그러다가 몇 달 후 일하는 것이 불가능해지자 주인과 함께 '가능한 한 빨리 나아서 이용 가치가 있는 사람이 되도록 외국인 의사'에게 왔던 일.[1)]

"옥분아, 네가 말한 걸 방금 생각해 봤는데…… 그래, 조선에서 가장 행복한 소녀가 감사하다는 말을 전하더라고 친구들에게 말해 줄게. 단, 내 친구들을 납득시킬 만한 이유를 나한테 말해 주기만 한다면……."
"첫째, 제 모든 고통이 사라졌기 때문에 저는 가장 행복해요.
둘째, 이곳에 온 후로 배고픈 적도 없어요.
셋…… 참, 선교사님. 의사 선생님이 그 사람들에게 돌아가지 않고 계속 여기 있어도 된대요!
넷, 크리스마스트리를 보았어요. 그렇게 예쁜 걸 본 적이 없거든요.
다섯, 내가 예수님께 기도하면 손발이 있는 다른 사람들에게 그랬던 것처럼 내 죄를 씻어 주신다고 사람들이 말했잖아요. 두 손이 없고 발도 하나만 있는 나 옥분이도 예수님이 사랑한다고 말했어요. 그래서 기도했더니 그분이 정말 들어주셨어요. 내 죄를 다 가져가셨어요. 그리고 나를 사랑하세요. 나는 진심으로 그걸 알아요. 그만하면 충분히 말할 수 있지 않나요? 선교사님, 그래요. 내가 조선에서 가장 행복한 소녀예요. '감사해요'라고 대신 말해 주세요."[2)]

조선에서 가장 행복한 소녀는 매우 바빴다. 난생 처음으로 나라 밖으로 보내는 편지를 쓰고 있기 때문이다. 또 그게 보통 편지도 아니었다. 그건

---

1) Minerva L. Guthapfel, *The Happiest Girl in Korea*, 이형식 역, 「조선의 소녀 옥분이 : 선교사 구타펠이 만난 아름다운 영혼들」(파주 : 살림출판사, 2008), 18.
2) Ibid., 20-22.

'감사'의 편지였다. 우리의 행복한 소녀는 학교에 가 본 적도 없었다. 따라서 이 편지 쓰는 작업은 어려운 일이었다. 왜냐하면 기억할지 모르겠지만, 조선에서 가장 행복한 소녀는 두 손과 발 한쪽을 절단했기 때문이다.[3]

그리고 안나(옥분이의 세례명)는 다시 한 번 병원 의무실 구석에서 방 안을 가득 채운 여자들에 둘러싸여 앉았다. 입을 벌린 채 눈을 크게 뜬 여자들은 대개 불신자들로서 주변 구역에서 온 사람들이었다. …… 안나는 고통받던 어린 시절 이야기로부터 시작해서 여성외국인선교사회(감리교여선교회) 병원에 오면서 그녀가 누렸던 사랑, 보살핌, 도움, 보호, 그리고 기쁨에 대한 이야기를 가난하고 무식한 여인들에게 들려주었다.[4]

이야기 2 : 용기 있는 소녀 폴린

선교사는 좀 더 희망적인 어투로 말했다. "네가 다(점자 독서법을) 배웠으니 다른 아이들도 곧 배우게 될 거야. 새로운 조선 땅에 좋은 것들을 가르치는 큰 사역을 위해서 주님께서 우리에게 주시는 교훈은 인내심이야. 우리가 서둘러야 하지만 주님은 일할 사람과 재료가 부족한 것을 아셔. 그리고 우리는 조선의 농아학교뿐만 아니라 맹아학교를 짓는 일에 주님의 도우심을 기다릴 거야. 주님의 일이니 반드시 잘될 거야."[5]

"하지만 얘야, 바쁘다면서 내 이야기만 늘어놓느라고 너한테 남부 구역으로 출장 가는 데 따라갈 건지 물어보지도 않았구나. …… 폴린(시각장애인 소녀), 네가 같이 가겠다면 너를 데려가기로 했다……."

폴린은 17세였다. 그녀는 5년 전에 전도부인이 평양병원의 H 박사님께 (Rosetta Sherwood Hall) 데려왔다. 믿지 않는 부모 밑에서 태어나 어릴 때부터 눈이 먼 그녀를 부모는 무당에게 팔아 버리려고 했고, 그건 조선에 사

---

3) Ibid., 23.
4) Ibid., 27-28.
5) Ibid., 42.

는 맹인 소녀에게 허락된 유일한 삶이었다. 바로 그때 사람들이 딸을 선교사에게 주어 버리라고 설득했고, 전도부인이 평양병원 부속으로 맹인학교를 시작한 H 박사님에게 그녀를 데려왔던 것이다. 폴린은 항상 사랑받는 아이였지만 한 가지 결점이 있었다. 몇 년 동안 알 수 없는 두려움이 그녀를 가끔 사로잡는 것 같았다. 입학한 지 일 년 후 개종한 그녀는 진실한 크리스천이었지만 '보지 못하는' 사람들에 대해 날 때부터 들어 온 이상한 말들이 그녀를 괴롭혔다. 그들이 장님이 된 것은 무당으로 귀신을 잘 섬길 수 있도록 '귀신'이 그렇게 만들었기 때문이라는 것이다. 장님들은 앞을 보지 못하기 때문에 자유로운 마음으로 귀신을 잘 섬길 수 있을 것이라는 것이 이유였다. 물론 폴린은 이것을 믿지 않았지만 12년 동안 앞을 보지 못하는 이 소녀에게 '귀신'은 아주 생생하게 느껴졌다.

"폴린!" 하고 선생님이 외쳤다. "분아의 부모님이 주신 쌀자루를 가져와. 귀신에게 바치는 물건 말이야. 그게 바로 베개 크기잖아. 그렇지 않아도 나는 가는 길에 그 쌀로 밥을 해 먹을 생각이었어. 그러니 오늘밤에는 거기다 수건을 덮어서 사용하고 속에 있는 쌀은 내일 먹자. 그러면 그 속에 있는 귀신들이 아무도 괴롭히지 않을 거야." 유일한 귀신, 즉 영혼을 파괴하는 사탄을 무찌르는 데 있어서 '하나님과 함께 일하는 자'가 된다는 기쁨에 그녀는 이 말을 하면서 크게 웃었다. 그러나 폴린은 이에 대해 침묵으로 대답할 뿐이었다.

침묵은 깊었다. 폴린은 허공을 응시하다가 숨이 막히는 것처럼 헐떡거렸다. "할 수 없어요. 할 수 없어요, 선생님."이라고 말하고 그녀는 휘장이 쳐진 방구석으로 도망갔다.

폴린은 갑자기 기쁨의 울음을 터뜨리며 커튼 사이로 더듬거리며 나왔고 그것을 바라보던 선교사 의사는 그녀가 승리를 거두었음을 알았다.

"괜찮니, 폴린?"

"네, 선생님. 주머니를 주세요. 두렵지 않아요." 그리고 그녀는 전에 귀신의 제물이었던 베개를 베고 단잠을 잤다. 더 좋은 일은 다음날 그녀 자신의 청에 의해 쌀을 주머니에서 꺼내 밥을 짓고, 밥이 다 된 다음에는 그것을 웃으면서 먹었다는 사실이다.[6]

2) 장애인 신앙 : 한국 장애인의 신앙과 신앙생활 : 장애인의 새로운 삶

한국의 장애인은 소외된 자였다. 따라서 선천적이든 후천적이든 장애인은 장애라는 불행을 안고 살 뿐 아니라 불행한 자라는 사회적 낙인과 싸우며 살아야 하는 존재였다. 그러나 한국의 장애인들 가운데 신앙을 갖게 된 이들은, 신앙의 힘으로 자신들을 새롭게 볼 뿐 아니라 신앙인다운 새로운 삶, 복음의 능력을 경험하는 풍성한 삶을 당당하게 살아가는 존재가 되었다. 언제나 복음이 새롭게 전파되는 곳에서는 복음의 폭발적인, 혁명적인 능력이 나타났다. 초대교회도 장애인을 교회의 보물로 여겼다. 한국교회의 초기 역사에도 이런 일이 벌어졌다. 길선주는 시각장애에도 불구하고 위대한 신앙의 소유자였고, 굴지의 부흥가였고, 한국장로교회 최초의 지교회 담임목사였고, 나아가 한국교회 전체의 대표적인 지도자가 되었다. 한편 최병헌 목사의 딸 최봉희는 어려서 한 눈을 잃는 불행을 겪었지만, 기독교 지도자인 아버지의 지지를 받으며 성장했고, 또한 아버지의 배려로 교육의 기회를 누려 당당하게 인생을 살아가며 기독교인으로서 교회에 봉사할 수 있었다.

질   문 : 오늘날 기독교 가정과 교회는 장애인이 새로운 삶을 살도록 지탱하고 발전시켜 주는 치유공동체인가?
성경읽기 : 요한복음 9 : 3, 10 : 10(예수께서 대답하시되 이 사람이나 그 부모의 죄로 인한 것이 아니라 그에게서 하나님이 하시는 일을 나타내고자 하심이라 ; 도둑이 오는 것은 도둑질하고 죽이고 멸망시키려는 것뿐이요 내가 온 것은 양으로 생명을 얻게 하고 더 풍성히 얻게 하려는 것이라.)

---

6) Ibid., 42-55.

이야기 1 : 영안으로 본 길선주

그러던 중 친구 김종섭이 자신의 절친한 친구가 앞을 보지 못한다는 소식을 듣고 집에 찾아왔다. 김종섭은 이때를 좋은 기회로 여기고 곧 자신이 읽고 큰 은혜를 받았던 존 번연의 「천로역정」과 하나님의 말씀인 성경을 전해 주었다.

다행히 길선주는 희미하게 성경을 볼 수 있었으며, 바로 그때 길선주는 친구의 고마움을 깊이 깨닫고 성경 한 절, 두 절을 읽으면서 자신도 모르게 기쁨이 샘물처럼 솟아오르는 듯한 느낌을 받게 되었다. …… 그래서 밤만 되면 어두운 초롱불 밑에서 책을 읽어 주는 부인의 얼굴이 서서히 환해졌고 길선주는 몇 번이고 읽어 달라고 해서 어느덧 「천로역정」을 다 읽게 되었으며, 어떤 경우는 한 번 더 읽어 달라 해서 읽기도 했다…….

이길함 선교사는 길선주에게 신앙을 훈련시켰고 길선주는 드디어 1897년 8월에 세례를 받게 되었다…….

길선주의 행동에 대해서 많은 사람들은 수군거리기 시작하였다. 그의 육신의 시력은 점점 쇠약해져 갔지만 영적인 시력은 더욱 밝아져만 갔다…….

사실 길선주가 앞을 잘 보지 못하여 지팡이를 짚고 다닐 때 길을 가던 사람들이 그에게 재수가 없다면서 침을 뱉고 간 일이 한두 번이 아니었다. 그럴 때마다 "예수를 믿으십시오. 예수만 믿으면 저처럼 영의 눈을 뜰 수가 있습니다."라고 했고, 이 말에 많은 사람들이 감동을 받았다고 한다. "여러분, 나는 하나님을 믿고 새로운 삶을 살아가는 인생이 되었습니다. 누구든지 주님 앞에 나아오기만 하면 삶이 변하고 축복을 받을 수 있습니다."[7]

길선주는 시력이 점점 나빠져서 기독교로 회심한 다음 해인 1900년에는 아주 실명하였다. 게일은 길선주가 점차 눈이 보이지 않게 되어 완전히 실

---

7) 김수진, "길선주 목사의 목회 리더십 : 기도로 목회의 승부를 건 길선주 목사," 김수진 외, 「장로교 최초 목사 7인 리더십」(서울 : 쿰란출판사, 2010), 124-126.

명하게 되었지만, 역설적으로 복음의 진리를 찾은 것을 빗대어 "나는 과거에는 눈이 멀었지만 지금은 본다."고 말하곤 했다는 것이다. 그러나 더 이상 그가 읽기를 좋아했던 성경책을 읽을 수 없게 된 것을 너무 아쉬워하여 '한 번만 더 그 책을 볼 수 있으면 얼마나 좋을까!' 간절히 기도하였다. 그 기도가 응답되어 선교사 친구들의 주선으로 수술을 받게 되었고, 며칠이 지나서 붕대를 풀자 바로 책을 읽을 수 있었다고 한다. 1903년 화이팅 의사(Dr. Whiting)가 집도한 백내장 수술을 통해 완전 실명은 면했다. 그래서 햇빛이 있으면 무거운 안경을 끼고 책을 읽을 수 있었다. 말년에는 그가 어디 가든지 자신을 인도해 줄 사람을 데리고 다녀야 했다. 편하설 선교사는 길선주가 거의 평생 장님과 같은 "이런 장애를 가지고 있으면서 어떻게 성경을 그렇게 많이 읽을 수 있었는지 참으로 놀랍다."고 하였다.[8]

선생은 교회 집회를 인도하기 위해 대도시는 물론, 산골을 가리지 않고 할 수 있는 대로 방방곡곡까지 두루 돌아다녔다. 여전히 시력이 약해져 출입이 부자유한 선생은 언제나 인도자의 손을 잡고 다녔다. 따라서 걷게 되는 때는 분망한 선생에게는 명상과 기도, 성경 구절을 외우고 설교를 구상하는 겨를도 되었던 것이다. 선생은 시간을 촌분이라도 아꼈고 이용하였다. 선생의 영안(靈眼)은 날이 갈수록 밝아졌으며, 하나님과의 교제가 깊어질수록 성령이 함께하시는 주님의 종으로서 신념이 더욱 강해졌다.[9]

이야기 2 : 당당한 장애인 최봉희

나의 어머님의 호적 이름은 최경(⟨俓⟩, 1896-1981, 크리스천 이름 최메레⟨袂禮⟩, 아명은 봉희⟨鳳姬⟩)이다. 탁사(최병헌 목사)가 조원시(존스 선교사)와 함께 인천 내리교회 정초식을 마치고 집에 돌아왔을 때 집안이 초상집처럼 사람들이 수심에 찬 것을 보고 이상히 여겼다. 다섯 살 난 딸 봉희가

---

8) 허호익, 「길선주 목사의 목회와 신학사상」(서울 : 대한기독교서회, 2009), 46-47.
9) 길진경, 「영계 길선주」(서울 : 종로서적, 1980), 129.

눈에 화살을 맞고 피투성이가 되어 누워 있었다. 봉희가 동무들하고 소꿉장난을 하고 있는데 인근에 사는 개구쟁이 이만쇠(李萬釗) 아이가 바늘을 낀 활을 들고 와서 "천주학쟁이들아, 쏜다 쏜다!" 하면서 "봉희야, 봉희야, 나를 봐!" 부르는 소리에 고개를 드는 순간 화살이 날아와 왼쪽 눈알에 박혔다. …… 선교사 의사가 응급치료를 했으나 한쪽 눈이 멀었다. …… 당시에는 아직도 일부에서 기독교인들을 천주학쟁이라고 천대시하고 미워했던 핍박의 단면을 볼 수가 있었다. …… 어떤 면에서 봉희는 예수쟁이 왕초의 딸이라고 하여 핍박의 표적이었는지도 모른다.[10]

탁사는 자식 둘을 잃고 막내딸마저 눈먼 병신 아이가 됐으니 아무리 목사라도 그 마음의 상처가 얼마나 컸으랴. 오빠들을 불러 앉히시고 아파서 우는 봉희의 이마에 손을 얹고 기도하시기를 "하나님, 봉희를 하나님 뜻에 맡깁니다. 성신이시여, 오사 우리의 기도를 들으시고 우리 봉희가 곧 안정하게 도와주십시오. 한 눈은 그대로 있사오니 감사합니다. 하나님, 우리 애들이 만쇠를 용서하게 하옵시고 불쌍히 여기사 주 앞으로 돌아오게 하옵소서." …… 어머님은 외조부님이 만쇠를 용서하게 해 달라고 기도한 것이 한동안 가슴에 맺혔으나 믿음이 장성한 후에야 깨달을 수 있었다.[11]

어머님이 이화학당 초급반 1학년 때다. 1904년에 일본 히로시마 감리교 미션 스쿨에 유학을 갔다. …… 외조부님이 예배시간에 몇 달을 광고해도 지원자가 한 사람도 없었다. …… 외조부님이 좋은 기회를 놓치는 것이 아까워 열다섯 살 난 조카와 여덟 살밖에 안 된 딸을 유학 보내기로 하였다. …… 어린 나이에 집을 떠나게 한 아버님이 당시에는 미웠다. 만일 엄마가 살아 있으면 절대 안 보냈을 것이라고 생각했다. …… 여자를 문 밖에도 안 내보는(sic, 내보내는) 시대에 딸의 미래를 위해 멀리 타국으로 유학시킨 아

---

10) 아펜젤러·최병헌 목사 탄생 150주년 기념사업위원회 편, 「탁사 최병헌 목사의 생애와 신학」(서울 : 정동삼문출판사, 2008), 16.
11) Ibid., 17.

버님의 사랑과 교육열을 나이가 들고서야 이해하고 고맙게 여겼다······.[12]

어머님의 열아홉 살 사진을 보면 참으로 미인이었다. 겉으로 보기에는 두 눈이 아무렇지 않으나 한 눈은 전혀 보이지가 않았다. 추운 겨울에 이불을 덮고 엎드려 성경을 볼 때에는 언제나 커다란 확대경을 입에 물고 한쪽 눈으로 성경을 보시던 어머님의 모습이 눈에 선하다.[13]

서울에서 보령대천감리교회 하기 성경학교를 인도하러 신학생 둘이 와서 하기 주일학교 프로그램을 하고 있는데 일본 형사가 와서 시비를 걸었다. ······ 어머님은 총독부에 보낼 진상보고서와 성명서를 만들어 가지고 경찰서장을 찾아가 항의하였다. 때린 형사를 파면하고 서장의 사과문을 공식 발표하지 않으면 당장 서울 총독부에 진상항의문을 보내겠다고 으름장을 놨다. 경찰서가 발칵 뒤집혔다. 여자가 와서 유창한 일어로 마구 해대는데 당황했다. ······ 이렇게 해서 형사는 전근 가고 일본 경찰서장이 찾아와 교회에 사과했다. 일본인들의 만행에 정정당당하게 맞설 수 있는 용기와 유창한 일어 실력은 '이때를 위하여' 어릴 때부터 일찍이 아버님(탁사)이 교육시키신 덕이라고 말씀을 하셨다.[14]

3) 장애인 사역 : 한국 장애인이 주체인 사역 : 장애인 문제는 장애인이 먼저

한국교회가 선교의 그늘을 벗어나 독립적인 민족교회가 되면서, 모든 사역에 있어서 지도력을 가지고 주도권을 갖게 되었다. 그러나 한국교회는 위에서 본 대로 한국교회 초기에 장애인과 관련하여 아름다운 경험도 있고, 유산도 있지만 그것들을 충분히 인식하고 배우지 못한 것 같다. 한국교회는

---

12) Ibid., 18-19.
13) Ibid., 20.
14) Ibid., 20-21.

장애인 사역을 소홀히 할 뿐 아니라 장애인 사역을 자신들의 사역으로 알고 먼저 나서기 시작한 장애인 교역자들을 돕기는커녕 오히려 방해하고 좌절시켰다. 그러나 그런 역경 가운데서도 꿋꿋하게 자기 자리를 지킨 사람들을 통하여, 그리고 이런 어려움과 의의를 먼저 깨달은 소수의 지지자들을 통하여 장애인 사역은 꾸준히, 마치 겨자씨가 자라듯 발전되어 왔다.

질 문 : 오늘날 한국교회는 장애인 사역 및 장애인 사역자들을 충분히 이해하고 동역하는가? 나아가 한국교회는 장애인 사역의 발전을 위하여 적극적인 자세로 대처하는가?

성경읽기 : 누가복음 7 : 20~22(그들이 예수께 나아가 이르되 세례 요한이 우리를 보내어 당신께 여쭈어 보라고 하기를 오실 그이가 당신이오니이까 우리가 다른 이를 기다리오리이까 하더이다 하니 마침 그때에 예수께서 질병과 고통과 및 악귀 들린 자를 많이 고치시며 또 많은 맹인을 보게 하신지라 예수께서 대답하여 이르시되 너희가 가서 보고 들은 것을 요한에게 알리되 맹인이 보며 못 걷는 사람이 걸으며 나병환자가 깨끗함을 받으며 귀먹은 사람이 들으며 죽은 자가 살아나며 가난한 자에게 복음이 전파된다 하라.)

이야기 1 : 제도권의 외면을 이긴 양동춘

내가 아끼는 후배 '양동춘'. 그는 신체 부자유한 모든 사람들의 대부(代父) 역할을 자원하는 사람의 삶을 살고 있다. 장애인교회를 개척하여 그들의 영혼을 하늘나라로 안내하고 이끌어 가고 있는 참 목자이다. 그는 장애인들의 복지 향상을 위해 앞장서서 투쟁하는 외롭고 의로운 투사이다. 그는 우리 사회의 부조리와 사랑의 냉각 현상을 하나님께 고발하는 고변자이다. 그는 훌륭한 문필가이기도 하다.[15]

---

15) 홍순우, "추천사," 양동춘, 「예수 사랑 장애인 사랑 : 장애인선교 21년, 장애인선교 실무 보고서」(서울 : 예영커뮤니케이션, 1997), 5.

예수 그리스도의 사역을 한마디로 말한다면 그것은 버려진 장애인과 함께하셨다고 해도 과언이 아니다. 예수님의 삶, 예수님의 인격, 예수님의 생애 자체가 여러 모양으로 이 사회에서 버려진 이들과 함께한 것이기 때문이다.

그는 세례 요한의 옥중에서의 미심쩍은 물음에도 당신을 통해 나타난 일을 보고 들은 대로 가서 전하라고 일렀다. 그 일은 다름 아닌 보기 원하는 시각장애인이 보는 일이고, 걷기 원하는 지체장애인이 걷는 일이며, 깨끗함을 얻기 원하는 한센병으로 인한 장애인이 나음을 얻는 일이며, 듣기 원하는 청각장애인이 듣는 일이라고 하셨다(눅 7 : 22).

구세주(메시야), 그리스도가 되시는 일은 장애인의 장애를 사랑하는 일이어야 했다. 이 일을 하시지 않으시고는 구세주가 되실 수 없는 일인 것이다. 한마디로 말해 장애인을 사랑하는 일은 예수님의 일이고 예수님의 제자의 일임에 틀림없다.

여기 한 외팔이가 자기의 슬픔이 가장 큰 것인 줄 착각하며 살던 중에 삭개오처럼 예수님을 만나는 횡재를 하게 되었다. 그러나 실제 섬김의 사역에서는 제도권에서 철저히 외면당했다. 그러자 그는 바울이 지녔던 육체의 가시인 양, 자신의 외팔을 부둥켜안고 성하지 못한 이들을 향해 자신을 주기로 결심했다.

그리고 그 시간이 거침없이 흘러 21년이 되었다. …… 이 책은 나의 장애인선교 21년의 보고서와 같다. …… 부끄럽기도 하지만 이것이 우리의 솔직한 장애인선교의 현실이라면 우리는 받아들여야 할 것이다. 그래서 글을 쓴 연도와 달을 밝혀 놓았다.[16]

이야기 2 : 장애인 목사가 된 유원철

"어디 몸에 흠 있는 사람이 제사장이 된단 말이오?" 신학교 입학을 위해 찾아간 내 어머니는 그 신학교의 어떤 목사님으로부터 평생 잊을 수 없는 매몰찬 냉대와 함께 문밖으로 쫓겨나야 했고, 그때 어머니는 "이 신학교에

---

16) Ibid., 9-11.

는 예수님이 안 계시군요."라는 말을 남기고 눈물을 삼키시면서 돌아서야 했다. 그러나 10여 년이 흐른 1991년 3월 21일, 나는 비장애인 목사 후보들과 함께 목사 안수를 받고 있었다.

어렵게 들어간 장로회부산신학교, 나는 나를 가르쳐 주시던 교수님께 동일한 질문을 하였다. "장애인은 신학을 해서는 안 됩니까?" 이 질문에 교수님은 "성경 어디에 장애인이 신학을 하면 안 된다는 말이 있습니까? 이제 네 촛불이 밝느냐, 내 촛불이 밝느냐 싸울 때가 아닙니다. 태양이 떴는데……."라고 말씀하셨다. 또 안수 심사를 위한 면담 자리에서 나를 심사하던 목사님은 내 손을 꼭 붙들고 이렇게 말씀해 주셨다. "그동안 얼마나 고생이 많았소. 이제부터는 열심히 주님 위해 일해 보시오."

사람들은 장애인에 대한 인식들이 많이 나아졌다고 말들 하지만, 실상은 그렇지 않다. 아직도 목회지를 구하지 못한 동역자들이 있고, 미래에 대한 불안으로 걱정하고 있는 장애인 신학생들도 있다. 이것은 장애인 교역자들의 능력이 모자라서가 아니라 장애인 교역자에 대한 편견이 아직도 존재하고 있기 때문이다. 그러므로 장애인도 훌륭하게 목회할 수 있다는 것을 끊임없이 주장할 수밖에 없다. 또한 교단적으로도 이런 주장들에 대해 더 이상 안이하게 대처하지 말고 적극적으로 수용해야 한다.[17]

4) 장애인신학 : 장애인 사역의 정체성 : 장애인 사역은 교역인가?

장애인 사역이 본격화하기 시작하면서, 장애인 사역의 정체성이 문제되었다. 이것은 단순한 구제나 복지인가? 혹은 선교요, 교역인가? 일반 사회나 교회는 물론이고 심지어 장애인 사역자조차도 이 문제로 혼란을 겪게 되었다. 특히 장애인 교역자의 경우, 자신의 사역이나 자신의 정체성을 제대로 인정해 주지 않는 현실과 접하면서, 이를 밝혀야 할 필요성을 느끼게 되었다. 따라서 장애인 교역의 신학적 의미를 명확히 할 장애인신학이 필요하

---

17) 대한예수교장로회 총회 사회부 편, 「함께 불러야 할 노래 : 한국교회와 장애인선교」 (서울 : 한국장로교출판사, 1999), 82-83.

게 되었다.

이런 신학적 노력은 초기에는 미미했지만, 그동안 많은 발전을 해 왔다. 그러나 아직도 갈 길이 먼 상황이다. 그러나 서구의 경우조차도, 일반적으로는 신학이 발달했지만 장애인신학 분야는 큰 격차를 보이지 않고 있다. 따라서 장애인신학은 한국교회뿐 아니라 세계교회가 함께 추구해 나가야 할 문제이다. 또한 장애인신학은 소위 소유격의 신학으로서 장애인 신학자들이 주도해야 할 뿐 아니라 비장애인 신학자와도 연합하여 적합성을 확보해 나갈 필요가 있다. 그렇다면 장애인신학의 미미한 출발은 어떠했는가?

질 문 : 지난 20년 동안 장애인신학은 얼마나 발전했고, 현재 어떤 단계인가? 또한 장애인신학은 제대로 소개되어 교회가 장애인을 이해하고 장애인 사역을 수행하는 데 바탕이 되고 있는가?
성경읽기 : 개역성경 이사야 35 : 8 하반절 난외주(우매한 행인은 그 길 〈대로, 거룩한 길〉을 범치 못할 것이며→이 길의 행인은 우매하나 실로치 아니하며 ; 개역개정성경에서 사라짐.)

이야기 1 : 장애인신학의 물꼬를 튼 사람들 1, 민은식 외

일반교회를 통해 장애인복지선교가 이루어지면서 두 가지 담론이 제기되었다. 하나는 장애인복지선교를 '왜?' 해야 하는지에 대한 질문이었고 다음으로는 '어떻게?'라는 방법에 대한 고민이었다.

(1) 도발적인 글쓰기 그리고 의식화

이를 해결이라도 하려는 듯이 국내 최초로 장애인복지선교에 관한 단행본이 출판되었다. 바로 「장애자와 교회」(민은식 외, 1987)이다. 이 책은 여러 필자들이 자신들이 갖고 있는 장애인선교에 대한 생각을 수필 형식으로 쉽게 쓴 글들을 모아 엮은 것이었다. 여기에는 교회와 교인이 갖고 있어야 할 기본적인 장애인선교 관련 지식과 장애인에 대한 에티켓이 잘 정리되어

있다.

1990년에는 장애인복지선교 현장에 사역자로 몸담고 있지 않았음에도, 큰 관심과 열정으로 왕성한 글쓰기를 하였던 안교성이 등장하였다. 지금은 목사가 되었지만 그 당시 안교성은 평신도이며 자원봉사자의 위치에 있었음에도 목회자 못지않은 신학적이며 선교적인 탁월한 통찰을 장애인복지선교 사역자들에게 제공해 주었다.[18] 「교회교육」이라는 잡지에서 그는 1990년부터 1993년까지 무려 2년 반 가까이 '장애인선교'에 관련한 도발적인 글을 기고하였다. "장애인과 가정생활", "장애자는 부모의 문제이다", "장애자는 복음의 문제이다", "장애자는 교회교역의 문제이다", "장애인과 교회", "장애인은 경험의 문제이다", "장애인은 선교의 문제이다" 등과 같은 주옥같은 글들은 당시로서는 한국교회를 향한 파격적인 선언이었다. 비슷한 시기에 출간된 「장애인」, 1994년에 출간된 장애인선교 지침서인 「우리가 아끼고 사랑해야 할 사람들」 등도 안교성이 주장한 "한국교회, 너는 꼭 해야 하는 장애인선교를 왜 안 하니? 한번 해 봐. 해 보면 어렵지 않아. 어떻게 하는지를 말할 테니 한번 해 보자!"라는 맥락과 유사하게 '장애인선교 왜, 어떻게'를 정리해 내었다.

이렇게 글을 통해 이루어진 장애인복지선교의 이론화 작업은 이후 10년 동안 10여 종의 단행본과 30여 종의 석·박사 학위논문, 학회논문 등을 통해 보다 심도 있게 발전되었다. 이 결과 한국교회는 장애인복지선교가 체계적이고 전문적인 사역이며, 사회복지, 특수교육, 재활 등과 같은 인간서비스 분야와의 협력을 통해 효과적으로 수행되어야 한다는 자각을 하게 된 것이다.[19]

이야기 2 : 장애인신학의 물꼬를 튼 사람들 2, 안교성

여러모로 부족한 글이다. 그러나 이런 종류의 글들은 반드시 필요하고,

---

18) 당시 안교성은 목사였기에, 이를 바로잡는다.
19) 강창욱 외, 「장애인복지선교 개론」(고양 : 서현사, 2006), 99-101.

또 많이 나와야 한다. 나는 장애인 교역 내지 장애인신학의 커다란 징검다리를 만들어 가는 일에 하나의 돌을 놓는다는 심정으로 이 글을 썼다. 이 글을 통해 성도들이 장애인을 향한 하나님의 뜻을 조금이라도 더 잘 이해할 수 있게 되기를 바란다. 그리고 장애인 교역(ministry of the disabled)에 헌신하고 있는 교역자와 평신도들의 사역이 정당하게 인정받고 평가받는 계기가 되기를 바란다. 아울러 이 일에 새롭게 헌신하는 분들이 늘어났으면 좋겠다.

이 글은 원래 수년 전에 장로회신학대학교 기독교교육연구원에서 발행하는 「교육교회」에 연재되었던 글이다. 그러나 더 많은 분들과 생각을 나누기 위해 새롭게 정리했다.[20]

5) 장애인 연대 : 자치와 연합의 균형 : 장애인이, 장애인끼리, 장애인과 함께

오늘날을 웹의 시대라고 한다. 곧 관계망의 중요성이 인식되고, 관계망을 만들어 나가는 것이 필요한 시대이다. 장애인의 경우도 마찬가지이다. 특히 사회적 약자로서, 장애인 연대의 필요성은 두말할 것도 없다. 그동안 다른 사역과 마찬가지로, 장애인 사역도 네크워킹과 연대를 확대해 왔다. 그러나 여전히 미흡한 상태이다. 특히 장애인의 경우, 여러 가지 이유로 소통의 문제가 있어서 이런 연대에 어려움을 겪는 경우가 많다. 그래서 더욱 연대의 중요성이 필요하다고 하겠다.

오늘날 장애인이 늘고 있다. 특히 후천적 장애인이 많이 늘고 있다. 또한 노령화 사회가 되면서, 수많은 노인들이 장애인이 되고 있다. 장애 현상의 확대이다. 이런 확대는 또한 많은 문제와 갈등을 야기하고 있다.

대표적인 장애인 연대의 출발은 다음과 같다. 1986년 9월 29일 한국기독교교회협의회와 함께 '장애인 고용 문제'(취업)를 위한 세미나를 개최하게 되어 전국 장애인선교의 구심체로서 '한국장애인선교단체연합회'가 창립되

---

20) 안교성, 「장애인을 잃어버린 교회」(서울 : 홍성사, 2003), 5-6.

었다.[21] 이후 다양한 연대가 출현하였다. 따라서 오늘날은 이런 연대를 연대할, 보다 광범위하면서도 대표성을 지닌 연대가 필요한 실정이다. 아울러 그동안 장애인 사역의 역량과 노하우(know-how)를 모으고 다시 나눌 수 있는 지역 단위 및 전국 단위의 정보 센터(clearing house) 역할을 할 연대가 필요하다. 뿐만 아니라 최근의 신학이 해방 모델(liberation model)에서 생명 모델(life model)로 전환하고 있는 만큼, 장애인 연대도 그런 변화에 발맞춰야 할 필요가 있다.

질 문 : 오늘날 장애인 연대는 충분하고, 건전하고, 원활한가?
성경읽기 : 갈라디아서 3 : 28(너희는 유대인이나 헬라인이나 종이나 자유인이나 남자나 여자나 다 그리스도 예수 안에서 하나이니라 ; 장애인이나 비장애인이나는?)

6) 장애인선교 2 : 한국 장애인이 주체인 선교 : 선교 대상에서 선교 주체로
한국에 외국 선교사를 통하여 장애인선교가 시작되었듯이, 이제 한국 선교사를 통하여 전 세계에서 장애인선교가 이어지고 있다. 장애인선교는 세계선교의 일부로서 특별한 의의를 지닌다.

첫째, 복음과 사랑의 빚을 갚는다는 의미가 있다. 많은 장애인 선교사가 그들의 은혜를 받은 대로, 다시 선교사가 되는 경우가 있다. 본 단원에 나오는 이관숙 선교사가 대표적인 예이다. 그는 한국에서 해방 후 장애인선교를 시작했던 루벤 토레이 선교사와 함께 일했던 사람이었다. 또한 정간모의 경우, 그가 정식 선교사였는지는 확실하지 않지만, 그렇지 않더라도 무명의 평신도 선교사로서 역할을 충분히 담당했다고 할 수 있다. 또한 한국의 대표적인 장애인교회인 영락농인교회에서 사역하던 조상희 전도사가 선교사가 된 것도 의의가 크다. 자칫 선교를 받고 도움을 받는 수동적인 위치에 머무르기 쉬운 장애인교회가 능동적으로 선교에 참석한 것은 장애인교회로

---

21) 양동춘, 「예수 사랑, 장애인 사랑」, 98.

서도 의의가 있는 일이요, 후배 장애인 선교사의 길을 열었다는 점에서 의의가 있다. 장애인이 장애인 사역을 시작할 때 방해받았던 것처럼, 장애인 선교를 시작할 때 방해받아서는 안 될 것이다.

둘째, 효율적인 선교라는 의미가 있다. 현대 선교학 이론 중에, 동일집단이론이 있다. 즉, 유유상종의 법칙을 선교에 적용한 것이다. 복음 전파가 집단에서 집단으로 넘어가기가 쉽지 않다는 것이다. 따라서 모든 집단에 독자적인 선교가 이뤄져야 한다는 것이다. 그런 점에서 장애인 집단을 위한 선교의 필요성은 크다. 더구나 그런 선교가 같은 장애인에 의하여 이뤄질 경우, 그 효율성은 더 크다. 많은 경우, 성공적인 장애인선교는 장애인 선교사에 의하여 이뤄지는 경우가 많다. 바로 동질감과 내부자적 이해 때문이다. 물론 필요할 경우, 장애인과 비장애인의 연합선교도 필요할 것이다.

질 문 : 오늘날 장애인선교는 잘 이뤄지고 있는가? 장애인 선교사는 충분히 배출되고, 충분히 지원받고 있는가?
성경읽기 : 열왕기하 7 : 9(나병환자들이 그 친구에게 서로 말하되 우리가 이렇게 해서는 아니되겠도다 오늘은 아름다운 소식이 있는 날이거늘 우리가 침묵하고 있도다 만일 밝은 아침까지 기다리면 벌이 우리에게 미칠지니 이제 떠나 왕궁에 가서 알리자 하고)

이야기 1 : 장애인 선교사가 된 루벤과 정간모
"뉴욕에서 온 전화인데, 날 보고 한국으로 가라는군." 루벤이 놀라움에 찬 목소리로 천천히 대답했다.
"한국이라!" 자넷이 크게 말했다. "거긴 전쟁 중이잖아요!"
"맞소." 루벤이 감정을 억제하는 투로 대답을 하며 주방의 창밖을 응시했다. "그래서 나보고 가라는 것이오. 양민 3천 명이 팔이나 다리를 잃었는데 속수무책이래요."
"그래서 당신더러 무얼 하라는 거예요?"

"본부가 원하는 건 내가 그 사람들을 위해 재활 프로그램을 만들고 시행하는 거지."

"물론 가겠지요?"

"물론이지. …… 지금에 와서야 왜 하나님이 내 팔을 잃도록 하셨는지 알 것 같소!"[22]

한편, 대전 외곽 언덕바지에 수족절단자를 위한 직업교도원을 세울 터가 결정됐고, 건축을 위한 현장 사무소가 개설되었다. 루벤이 일을 감독하러 와 보니 청년들 21명이 일할 채비를 갖추고 있었다. 그중 네 명이 수족절단장애 군인이고 상이군인이 한 명, 여성이 아홉 명이었다…….

그 사람들 중 팔 잃은 한 자원자가 나중에 이렇게 얘기했다.

"하루는 우리가 땀에 흠뻑 젖어 작업을 하고 있는데 루벤 선교사님이 오더니 활짝 웃는 얼굴로 우리와 한 명씩 인사를 나누는 거예요. 놀란 건 그분이 자기의 의수를 조금도 부끄러워하지 않는다는 점이었어요. 우리는 팔을 잃은 때부터 이게 수치스러웠거든요. 선교사님은 의수로 연필을 들거나 손수건을 집는 시범을 보여 주었어요. 우리는 그걸 보고 크게 위로를 받았고 팔이 없는 것에 대해 너무 걱정할 필요가 없다는 생각이 들었어요. 루벤 선교사님은 우리에게 외톨이 인생을 끝내고 정상인이 되는 법을 처음으로 보여 준 분입니다. 그분을 통해 삶의 새 희망을 찾았어요. 그분은 주님이 예비하여 우리에게 보내신 분입니다."[23]

"우리 일을 거들어 줄 사람들을 채우시는 하나님의 방법이 참으로 놀랍다는 걸 종종 느낍니다."

"……정간모라는 사람인데 직업교도원 일로 만났어요. …… 철도 사고로 다리 한쪽을 잃고 의족을 했어요. 얼마나 잘 만들어 달았던지 두 다리

---

22) Reuben Clare Johnson, *Ambassador to Three Cultures*, 김원경 역, 「내 사랑 황하를 흘러」(서울 : 좋은씨앗, 2009), 341-342.
23) Ibid., 355-356.

가진 사람만큼이나 잘 걸었어요. 자기 혼자 만든 의족에 만족한 나머지 아예 의족 제작 사업을 시작해 보려던 참이었지요. 그래서 내가 폴(Paul Crane)을 도와서 의수족 제작소를 여기에서 열어 보는 게 어떠냐고 운을 뗐더니 매우 좋아하더군요."…… 정간모는 의족의수 제작 사업의 대가가 되었고, 그 뒤 프랑스령 카메룬의 엘라에 있는 커다란 장로교단 병원의 초빙을 받아 가게 되었다. 정간모는 거기서 아프리카 사람들을 상대로 의족의수 제작을 가르쳤다. 엘라에 있는 의사들 중 한 사람이 정간모에 대해 이렇게 표현했다. "그는 한마디로 의족의수 제작의 대가일 뿐 아니라 한국에서 온 사도이며 진정한 그리스도의 사자이다."[24]

……새 (어린이) 병동이 오래잖아 건립되었다. 작은 꼬마들이 의족에 의지해 복도를 오르내리며 축구를 하는 모습이 보이게 되었다. 미국에서 온 한 방문자는 양손에 의수를 단 십대 소년이 달려와 문손잡이를 돌려 주는 모습에 큰 감동을 받기도 했다. 그 소년은 환한 미소를 지으며 손 갈퀴를 내보였다. "닥터 루벤하고 똑같아요!" 소년이 공중제비를 해 보이면서 손 갈퀴의 우수한 성능을 과시했다.[25]

수족을 잃은 사람을 신의 벌을 받은 사람으로 여기는 동양 미신의 영향으로 한국에서 수족절단자들은 사회적으로 고립되는 경우가 많았다. 수족절단자와는 아무도 관계를 맺으려 하지 않았고 그런 이들을 고용하려는 사람은 더욱 귀했다.[26]

이야기 2 : 장애인 선교사의 바통을 이어받은 장애인 선교사 이관숙(중국)
그 기술을 중국의 장애인들을 위해 쓰게 된 것도, 선생이 장애인이라는 사실과 무관하지 않다. 한국전쟁에서 지뢰를 밟고 오른쪽 다리 일부를 절단

---
24) Ibid., 361-362.
25) Ibid., 363-364.
26) Ibid., 387.

해야 했던 상이용사 이관숙은 자살을 생각할 정도로 절망했다.

"매일같이 죽을 생각만 하고, 싸움도 하고…… 험악하게 된 셈이죠. 그대로 있었으면 살지 못했을 거예요. 죽었겠지요."

그런데 이관숙은 세브란스에서 자신의 재활 치료를 담당한 의수족 전문가 토리(sic., 토레이) 박사를 만나 인생의 전환점을 맞았다.

의족제작 기술자로 세브란스에서 12년을 근무하면서, 역사학과 신학을 공부, 목사 안수를 받았다.

미국의 의수족 전문회사의 초청으로 1966년 가족과 함께 도미한 후, 다시 22년을 오직 의수족을 만들며 보냈다.

이관숙 선생을 좌절로부터 다시 일으켜 세워 준 건, 의족과 의족이 가져다준 자신감이었다.[27]

故 이관숙 박사는 1987년부터 16년 동안 중국 각지를 돌며 7천여 명의 장애인들에게 의수족 전문 진료로 도움을 주었고, 손발이 없는 3천 3백여 명의 지체장애인들에게 의수족을 제작하여 무료로 나누어 주는 사랑의 봉사를 중국 땅에 실천하셨을 뿐만 아니라 중국의 낙후된 의수족 제작을 위해 미국의 선진 기술을 가르쳐 양성한 기술자만 4백 50여 명에 달한다. 이에 감동한 중국 정부는 故 이관숙 박사에게 1992년 국가최고 명예훈장인 '孺子牛獎'(유자우장)을 수여했다.[28]

이야기 3 : 장애인선교의 물꼬를 튼 장애인 선교사 조상희(방글라데시)
우리 농아학교는 이웃 정부 초등학교와 통합교육으로 수어, 발음과 초등 기초 과정을 마친 농어린이들 10명은 아침에 농학교에 와서 출석 체크하

---

27) http : //docu3.co.kr/korean/bbs_content.asp?GotoPage=10&id=53, 접속일자, 2011. 10. 08.
28) http : //cafe.daum.net/chinachurch/JBLu/1448?docid=YhNR|JBLu|1448|20051124004836&q=%C0%CC%B0%FC%BC%F7%20%C1%DF%B1%B9&re=1, 접속일자, 2011. 10. 08.

고 일반 학교에 가서 수업받고 오후에 다시 와서 복습, 예습을 합니다. 이 일을 성사시키면서 가장 애먹은 것은 이 나라 초등교육 과정에 종교가 포함되어 있어 부모가 이슬람교라면 자녀도 당연히 이슬람과 아랍어를 배우고 시험 치는데…… 선택의 여지없이 평생을 옭아매는 종교정책입니다.

우리 아이들 21명은 기독교교육으로 부모들의 승인 하에 농학교에 입학하고 공부했기 때문에 정부학교 원서에 기독교식 이름(이 나라 모든 증서의 사람 이름을 보면 종교 표현이 있음.)과 종교 선택 과목을 기독교로 하게 되었(습니)다. 이 동네 약 5만 명 인구가 거의 모슬렘이고 힌두교 자녀는 약간 명, 기독교는 거의 가르쳐지지 않고 있습니다. 종교시간엔 기독교 교사가 없어 우리 학교에 보내게 되었습니다.[29]

3. 결 론

장애인과 한국교회의 관계의 역사를 간단히 살펴보았다. 그 역사의 각 단계의 특징과 의의를 살펴보았다. 그와 관련된 질문도 했다. 한마디로 말해, 자세히 들여다보니 하나님께서 지난 백여 년 동안 많은 사랑을 베푸셨다. 많은 사람들이 그 사랑으로 인하여 변하였고, 헌신자로 나섰다. 이제 우리는 사랑의 빚 이외는 지지 말라던 성경처럼, 사랑의 빚을 많이 지고 많이 갚는 자들이 되기를 바란다.

사회의 소수자를 대하는 태도가 그 사회의 성숙도에 대한 척도라는 말이 있다. 장애인을 대하는 태도가 교회의 성숙도를 말해 준다. 장애인은 우리의 복음의 진정성을 묻는 시금석이며, 오늘도 하나님의 사랑이 집약적으로 나타나는 기적의 현장이다. 이제 본 단원에서 물은 질문들을 다시금 자문하면서, 우리에게 열린 미래를 준비하자.

---

29) http://cafe.daum.net/cydeafchurch/ICSu/123?docid=O9dW|ICSu|123|20110315211039&q=%B9%E6%B1%DB%B6%F3%B5%A5%BD%C3%20%C1%B6%BB%F3%C8%F1, 접속일자, 2011. 10. 08.

제4장
장애인신학과 선교

1. 장애인신학과 선교 | 이범성 교수

2. 장애인선교신학 정립을 위한 한 시도 | 황홍렬 교수

1

장애인신학과 선교[1)

이법성 교수(실천신학대학원대학교)

"나의 삶을 지배하는 생각이 나의 영성이다."
보스턴 대학교 신학대학원 학장 메리 무어의 말이다.
나를 지배하는 생각은 디아코니아적인가? 내게서 장애인은 우선권을 가지는가?
디아코니아는 사회 속에서의 그리스도교 신앙이다.
동시에 디아코니아는 교회의 존재와 삶의 표현인 것이다.

1. 장애인신학을 위한 준비

1) 한국 사회와 장애인

한국에 장애인이 적은 이유는 무엇일까? 우리나라 장애인은 1,472,000명으로 전체 인구의 3.09%로 추정된다. 장애인복지법에 의한 등록 장애인은 2002년 9월 현재 1,256,000명이다. 장애 인구의 약 89.4%가 산업화 진전에 따른 질병, 사고 등에 의한 후천적 장애이고, 재가 장애인이 96.5%이며, 40세 이상이 72.8%로 점차 고령화 추세이다(김선태, 2005). 우리나라 장애인복지법은 지체장애, 시각장애, 청각장애, 언어장애, 정신지체를 장애로 규정하고 있으며, 특수교육진흥법은 정서장애(자폐성 포함)와 학습장애까지 장애로 규정하고 있다. 미국, 영국, 독일 등에서는 기능상의 장애로 일상생활이나 일정 기간 제약을 받는 내부질환, 정신질환 등까지 장애로 규정하고 있으며, 따라서 장애 인구 비율이 호주 15.6%, 미국 15.0%, 영국 14.2%, 독일 8.7%로 높게 나타나고 있는 반면에, 장애인에 대한 부정적 인식이 상대적으로 강한 일본과 우리나라는 장애 인구 비율이 각각 3.5%와 2.35%로 낮게 책정되어 있다(양철호, 2005). 이는 결국 우리나라에 장애인이 적은 것이 아니라 장애인으로 분류되는 기준의 폭이 좁다는 말이 되겠다. 이와 더불어 등록하지 않은 장애인의 숫자가 적지 않다는 것도 등록 장애인의 숫자가 적은 이유가 되겠다. 등록에 소홀한 이유는 장애인으로 등록됨으로 인해 얻는 혜택이 별반 도움이 되지 못했기 때문이다. 그러나 최근 들어서 장애인 등록에 따른 혜택이 많아지면서 너도나도 적은 혜택이라도 거머쥐려는 비양심적 욕구들이 과도한 장애 판정이나 가족, 친지의 장애 등록을 통해 비장애인 자신의 편리를 도모하는 기현상까지 출현하고 있는 현실은 아직도 장애 윤리 부분에 많은 연구와 성찰이 필요하다는 과도기적 상태를 나타

---

1) 이 글은 신학적 통찰은 전체적으로 독일의 디아코니아 신학자 3인의 연구에 의존하고 있다. 제일 크게 장애인신학 부분은 울리히 바흐에게, 그리고 교회의 디아코니아 부분은 파울 필립피에게, 세상 속의 디아코니아 부분은 하인츠-디트리히 벤트란트에게서 그 내용을 차용하고 있음을 밝힌다.

내고 있다.

  1999년에 발효한 한국 개정 장애인복지법에 따르면 장애인이란 개인의 신체 혹은 정신적 결함으로 인하여 일상생활에 어려움을 겪는 것이라고 명시되어 있는데, 무엇보다 장애인은 신체적인 불편만이 아니라 그에 따른 경제적인 빈곤과 사회적 소외감 등으로 인하여 우리 사회에서 가장 큰 어려움을 당하고 있는 '약자 중의 약자'라는 사실을 인식하는 것이 장애인의 문제 해결에 전제되어야 한다는 점을 중시하고 있다(김선태). 설령 장애를 가진 사람이 그 장애를 개인 심리 차원에서 극복하고 또 가정에서나마 편의시설을 갖추고 있다고 하더라도, 세상에 진출하려는 장애인은 장애인을 맞을 준비가 전혀 되어 있지 않은 사회를 만나, 더 이상 나아갈 수 없는 자신의 장애를 다시 확인해야만 한다. 이러한 현실에 대해서 혹자는 "이 세상에 장애인은 없고 장애 세상이 있을 뿐이다."라는 말을 하기도 한다. 아주 많은 경우에 장애는 사회가 만드는 문제이다. 개인의 문제가 아니라 사회의 문제라는 말이다. 즉, 장애는 개인이 갖고 있는 한계, 이른바 결함의 문제가 아니라 개인의 한계로 인하여 사회 안에서 불리함을 인식하도록 만드는 사회의 한계에 그 근거를 둔다는 것이다. 다시 말하면, 장애는 개인이 가질 수 있는 치유할 수 없는 병, 병의 증상, 한계로 인하여 만들어지는 것이 아니라 이러한 요인들을 장애로 경험하게 만드는 사회로 인하여 생겨나는 것이다. 결국 장애인은 이미 경험하고 있거나 혹은 극복한 정신적, 신체적 장애 위에 사회가 부여하는 또 하나의 짐을 짊어지게 된다는 것이다. 그리고 장애에 대한 사회적 소외는 장애인의 사회생활 전반에 영향을 끼치게 됨으로써 건강, 고용, 교육, 인권에서의 불이익과 차별 같은 매우 다양한 결과를 낳게 되어, 결과적으로 장애인은 사회의 동반자가 아니라 사회의 부담과 짐으로 취급받을 수밖에 없는 현실을 낳는다. 그러나 장애인은 사회로부터 영구한 치료를 필요로 하는 환자가 아니라 모든 국민에게 제공되는 일반적인 교육 과정을 이용할 권리를 통해 전체 사회의 동료이자 공동의 주인이라는 인식을 확보할 때에 이 사회의 장애인의 문제는 해결될 수 있는 것이다.

2) 한국교회와 장애인

전체 인구 중 기독교인이 35%를 상회하지만(2005 인구조사), 장애인 복음화율은 5%를 넘지 못한다. 늘 예수님의 주변에 있었던 그 사람들이 왜 한국교회에는 없을까? 한국의 그리스도 교회들은 그리스도와 상관이 없는 교회라는 말인가? 장애인 복음화 비율이 저조한 이면에는 장애인을 향한 기독교인들의 긍정적인 인식과 포용 노력이 여전히 소극적으로 작용하는 것으로 보이는데, 이런 현상은 한국에 소위 장애인교회가 존재한다는 사실에서 분명해진다(손병덕, 2005). 서울 지역에는 20여 개의 농아교회가 있고 청각장애인교회는 전국적으로 132개가 분포되어 있다(「국민일보」, 2004). 다른 나라에서 사례를 찾아보기 어려운 장애인교회와 비장애인교회가 엄연히 존재한다는 사실은 많은 그리스도인들이 장애인들을 불편해하고 장애인과 장애 아동들을 배려하지 않는 교회와 주일학교 교육 시스템을 가지고 장애인들을 교회 밖으로 내몰고 있다는 것을 말한다. 이것은 장애인들만 모이는 장애인교회를 세우게 만들어 교회가 장애인의 사회적 소외를 가속화하고 있다는 비난을 피하기 어렵게 만든다. 곳곳에 장애인이 한 명도 없는 교회들이 있다. 교인 천 명 이상이 출석하는 어느 교회에 승강기가 왜 없느냐고 불평했더니, 대답인즉 "우리 교회에는 장애인이 없어서 그렇다."는 것이다. 장애인이 없어서 엘리베이터가 없는 것일까, 아니면 엘리베이터가 없어서 장애인이 없는 것일까? 장애인 사절이라는 문패는 걸지 않았지만 장애인이 출입할 수 없도록 만들어진 교회는 심판을 두려워해야 한다. 모르고 그랬다는 사람도 심판을 면할 수 없다는 교훈을 마태복음 25장에 심판자 예수께서 직접 말씀하시지 않았는가? '장애인 없는 교회는 장애교회'이다. 혹시 당신도 장애교회를 다니고 있지는 않는가?

한국교회 추락의 위기는 교회의 이러한 장애인 부재 현상과 무관하지 않아 보인다. 한국교회가 담보해야 할 복음의 진정성이 한국 사회로부터 의심받는 이유는 복음 이야기가 부재해서가 아니라 복음의 실재가 부재한 탓이다. 교회가 지향하는 바는 목회자가 꿈꾸는 '기독교 왕국'이 아니라 '하나님의 나라'라는 것을 알아야 한다. 때늦었음에도 불구하고, 그래도 다행인 것은 기독교 전통을 자랑하던 서구교회가 '기독교 왕국'의 유산을 버리는 것만이 살길이라고 깨달았다는 것이다.[2] 그런데 정작 한국교회들의 형편은 더 낫지 않다. 한국교회는 기독교 전통 국가가 아님에도 불구하고 서구교회의 잘못을 그대로 답습하고 있다. 직접 경험해 본 적도 없는 기독교 왕국이라는 망령을 좇아 무례하고, 공격적이고, 일방적이며, 교만한 선교를 하고 있다. 21세기의 교회는 원하든 원치 않든지 간에 세속 사회에 존재한다.[3] 그것은 마치 기독교 왕국을 경험하기 이전의 초대교회의 환경과 동일한 것이다. 초대교회에도 그랬듯이 이 시대에도 다만 섬기는 선교만이 있을 뿐이다. 교회는 내가 믿는 바, 장애인 섬김을 통해서 기독교의 공공성을 부활시킬 수 있을 것이다.

3) 장애인에게 적대적 신앙 유형

교회가 장애인에게 적대적인 이유는 신앙이 이기적이기 때문이다. 세 공관복음서에 등장하는 재물이 많은 청년 관리의 이야기와 제자들의 이야기(마 19 : 16-30 ; 막 10 : 17-31 ; 눅 18 : 18-30)는 이기적 신앙의 두 유형을 소개하고 있다.

부자 청년 관리 유형은 '이미 얻은 자' 유형이다. 부자 청년 관리는 십계명 중에 사람을 대상으로 삼는 각 계명들을 모두 다 지켰으나 정작 그 모든 계명들의 뜻을 담고 있는 이웃 사랑의 큰 계명은 지킬 수 없었다. "네 소유를 다 팔아 가난한 자들에게 주고 그리고 와서 나를 좇으라."는 요청에 부자는 "내가 무엇을 하여야 영생을 얻으리이까?"라는 질문을 철회하고 만다. 영생의 문제는 이웃과의 문제이며, 가난한 자와 나와의 관계 문제이다. 기독교인으로서 이미 세상의 영광을 어느 정도 얻었다고 생각하는 사람은, 이

---

2) Carl Braaten, Reclaiming the Missionary Nature of the Church, 실천신학대학원대학교와 연세대연신원 공동학술제 강연원고, 2008. 5. 30.
3) 여기서도 세속 사회란 기독교 모노가 더 이상 허용되지 않는 종교적으로 다원화된 사회를 말한다.

제 이 세상에서 가난에 떨어질 수밖에 없는 조건에 놓인 장애인과 어떤 관계를 맺을 것인지에 관심을 기울여야 할 것이다. 영생의 문제는 종교성에 있지 않고 사랑에 있기 때문이다.

예수님의 제자들 유형은 '아직 찾는 자' 유형이다. 예수님의 제자들이 처한 입장은 앞의 부자 청년 관리와 달랐다. 그들은 영생에 대해서 묻는 부자 청년과는 달리 신앙을 통해서 세상의 영광을 얻으려는 믿음을 가지고 있었다. 그들은 다만 더 많은 것을 얻기 위해서, 소유하고 있던 작은 것을 버렸을 뿐이다. 그들의 신앙적 열심은 다만 예수님을 괴롭게 하는 것일 뿐이었다. 제자들은 예수께서 죽음을 준비하는 시간에도 누가 더 크냐는 논쟁에 몰두해 있었다(마 18 : 1-5 ; 막 9 : 33-37 ; 눅 9 : 46-48). 열둘 중에도 뻬어난 제자 셋은 변화산에 나타난 모세와 엘리야를 붙잡아 두는 일에 목을 매고 있었다(마 17 : 4-13). 세베대의 아들 둘은 예수님의 이모인 자기 어머니를 동원해서까지 권력을 청탁하고 있다(마 20 : 20-28). 수제자 베드로는 이제라도 민족 지도자로 급부상해도 시원치 않을 선생이 앞치마를 두르고 종처럼 제자들의 발을 씻기시겠다는 태도를 용납할 수가 없었다(요 13 : 1-8). 세상의 영광을 위해 기독교인이 된 '아직 찾는 자'들에게 장애는 다만 걸림돌일 수밖에 없다.

4) 장애인신학의 못자리, 디아코니아 신학

마태복음 25 : 34 이하에, 단지 작은 자를 소홀히 했다는 이유로 구원이 결정되는 심판날이 목격된다. 섬김은 구원의 문제라고 앞서 말한 바 있다. 그렇다면 전체 장애인의 5%밖에 초대하지 못한 교회와 심지어는 장애인이 없는 교회는 어떤 책망을 받게 될 것인가? 섬김은 '하면 좋고' '안 해도 되는' 취사선택의 문제가 아니다. 마지막 날에 소자, 즉 무명하고, 인기 없고, 귀찮은 존재에게 관심과 시간과 물질을 사용한 사람들만이 구원을 받을 것이다. 반면에 주의 이름으로 온갖 역사를 행한 사람일지라도 소자를 무시한 경우에 "내가 너를 도무지 알지 못한다."고 하는 심판자 그리스도의 냉대를 받고 있다. 소자와 자기의 정체성을 일치시키시는 그분 앞에서 '섬김'은 선교의 목적인 구원을 이루는 구원의 본질적 문제가 된다.

2006년 여름에 굿네이버스 제1차 국제선교대회가 파타야에서 열렸고, 강사로 참석한 나는 그들의 다양한 선교 활동을 그들의 보고를 통해 간접 경험할 수 있는 기회를 가졌다. 그때 18개국 지부의 선교보고 가운데 캄보디아 지부장의 오랜 궁금증이 모든 선교사들의 질문을 대신하고 있었다. 기독교선교가 공식적으로 금지된 곳에서 간접 선교라는 이름으로 우물을 파 주고 있는데, 수십 년 동안 이렇게 우물만 파고 있어도 본인이 선교를 하고 있는 것이냐는 질문이었다. 어떤 지부에서는 꽤 여러 해 동안 피난민을 위한 집을 지어 주고 있는데, 봉사 활동을 마치고 돌아가는 단기선교 팀들이 본인이 지금 선교 활동을 하고 돌아가는 것이 맞느냐고 질문할 때 대답이 궁색하다는 하소연을 했다. 그때 나는 분명한 어조로 말했다. 섬김은 선교를 위한 준비가 아니라 선교 그 자체라고 말이다. 내 이름으로 냉수 한 그릇 대접한 일에 대한 상을 결코 잊지 않겠다고 말씀하시는 주께서 어찌 냉수 수만 그릇이 나올 우물을 파 준 일을 잊으시겠는가? 그가 어찌 심판날에 우편 양의 자리에 세워지지 않겠는가?

"하나님이 세상을 사랑하셨다."(요 3 : 16)는 예수님의 복음은 '말씀이 육신이 되셔서 우리 가운데 임하신' 성육신의 복음이다. 복음은 예수님의 행위를 믿는 것이고, 그분의 섬기심을 믿는 것이다. 그동안 교회는 너무 오랫동안 하나님 나라 자리에 교회를 세웠다. 교회의 성장이 마치 하나님 나라의 확장인 것처럼 교회 자체를 위해 몰두했다. 덕분에 교회는 커졌는데 세상은 거대해진 교회에서 하나님 나라의 모습을 찾기가 어렵다고 한다. 그래서 서구 기독교 왕국은 급기야 사람들로부터 버림을 당했다. 짠맛을 잃은 소금처럼 밖에 버려져 행인들의 발에 밟히고 있다. 요한복음 3 : 16을 조금 더 살펴보면 하나님이 세상을 이처럼 사랑하사 독생자를 주셨다는 말씀이 있다. 하나님이 독생자를 주신 것은 '세상'을 이처럼 사랑해서 주신 것이지 '교회'를 사랑하셨다는 말씀이 없다. 교회는 하나님이 세상을 사랑해서 세상을 섬기라고 부르신 도구이지 세상에서 섬김을 받으려고 해서는 안 된다. 서구교회가 벗어 버린 기독교 왕국의 허물을 한국교회가 집어 들고 뒤집어 쓸 이유가 없다. 앞에서도 말했듯이, 한국교회는 본래 기독교 왕국을 경험한 적이 없는 약한 자를 섬기는 교회가 아니었던가? 우리는 너무 오랫동안 '예수님에 관한' 복음을 이야기해 왔다. 이제 '예수님의' 복음도 힘주어 말해야 하지 않는가? 예수께서는 하나님 나라를 이야기하셨는데 왜 교회는 하나님 나라에 대해서는 말하지 않고 예수님에 관해서만 말하고 있는가? 예수님의 복음이 복음의 모든 것을 말씀하고 있지 않은가?

장애인은 디아코니아 신학에서 대표적인 주제이다. 그래서 장애인의 선교신학은 디아코니아 신학의 범주에서 중요한 위치를 차지한다. 디아코니아란 우리말 '섬김'에 해당하는 헬라어 성경의 용어이다. 구약성경에는 이에 해당하는 '아밧'이라고 하는 히브리어 동사가 있다. 섬김은 기독교의 본질인 사랑이 가시적으로 나타나는 현상을 가리킨다. 여기서 기독교의 섬김은 자발적인 섬김이라는 특색이 있다. '말씀이 육신이 되었을' 때 사랑은 섬김으로 나타났다. 그 말씀은 자발적으로 육신이 되신 예수 그리스도이다. 그리스도의 사랑이 하나님 아버지의 마음을 헤아리는 섬김과 인간을 불쌍히 여겨 구원코자 하는 섬김으로 나타난 것이다. 이 그리스도의 섬김을 알지 못하면 기독교의 복음은 이해할 수 없는 것이 된다. 그럴 때에 복음은 사고에 걸림돌이 되는 미련하고 어리석은 소식으로 여겨질 수밖에 없다. 사랑에 대상이 있듯이 섬김에도 대상이 있다. 큰 계명인 하나님 사랑과 이웃 사랑은 하나님 섬김과 이웃 섬김으로 나타난다. 하나님은 필수 충족 요건으로서의 섬김이 필요하신 분이 아니다. 하나님은 인간으로부터 섬김을 원하실 뿐, 섬김이 필요하신 분은 아닌 것이다. 반면에 인간은 섬김을 필요로 한다. 인간은 섬김이 필요한 존재이다. 인간은 섬김이 없이는 살 수 없다. 하나님은 하나님을 사랑하는 인간의 마음을 그들이 인간을 섬기는 모습 속에서 확인하신다. 디아코니아는 하나님이 자신을 인간에게 계시한 방법인 동시에, 인간이 추구해야 할 하나님의 본성이다.

디아코니아 신학은 19세기 비셔른(Johann Hinrich Wichern)의 공헌 이래로 독일에서 활발히 연구되었다. 그는 공산당선언이 발표되던 1848년에, 당시의 교회가 살길은 디아코니아를 살리는 것이라고 주장하였다. 그것은 기독교의 진정성에 도전하는 사회에서 기독교 세계의 회심은 말에 있지 않고 행함에 있다는 확신에 찬 외침이었다. "기성교회가 이미 접근할 수 없을 정도로 죄의 희생물이 된 기독교 세계의 사람들을 다시 돌려 오는 것"[4]이 전도의 목적인데, 이 전도는 디아코니아를 통해서만이 가능하다는 것이었다. 이 사건은 1517년에 95개조 반박문이 루터에 의해 붙여졌던 비텐베르크 교회에서 열린 독일개신교회의 날 행사에서 일어났고, 그의 외침은 독일 전역에 '사랑의 실천'을 위한 '내적선교(Innere Mission)중앙위원회'를 창설하도록 만들었고, 결국 복음의 진정성을 전국적 조직망을 통해서 유럽 사회 전역에 확산함으로써 현재까지도 독일교회의 자부심이라고 불리는 디아코니 사역을 가능하게 만든 '제2의 종교개혁'이라 불리고 있다.

2. 장애인신학 세우기

1) 장애인의 인간론

본래 장애는 모든 인간이 필연적으로 가지고 있는 속성 중의 하나일 뿐이다. 인간은 전지하거나 전능하지 않다. 인간은 본질적으로 한계를 가진 존재다. 분명한 것은 인간이 공동체적 연대성을 중시하지 않고 개인적으로 존재하려고 하는 한 인간의 한계는 두드러질 뿐이다. 인간의 한계를 극복하는 것은 서로 사랑하고, 협력하고, 긍정적인 상호작용에 근거한 공동체 안에서 살아갈 때 가능해진다. 그러나 공동체가 파괴된 상황에서는 인간은 자신에게도 닥쳐올 수 있는 그 한계를 부정할 뿐 아니라 범주화된 한계의 기준을 가지고 다른 한계를 차별하게 된다. 이러한 접근 때문에 특정한 한계는 특정한 인간의 본질이 되는 것이다. 인간은 본래 건강하거나 자립적이지

---

4) 호켄다이크, 흩어지는 교회, 11에서 재인용.

못하다. 장애를 이해하려는 사람은 단지 장애인에 대한 변화된 입장을 위해 노력할 뿐만 아니라 우리 자신에 대한 새로운 입장을 위해 노력해야 한다(바흐, 1979).

이 장애인은 성경에서 하나님 나라가 이 땅 위에 도래했음을 나타내는 중요한 역할을 맡은 사람들로서 등장한다. 하나님 나라의 외관은 장애인들에게서 장식되기 때문이다. 요한이 제자들을 보내어 오실 그이가 당신이냐고 물었을 때에 예수께서는 자신의 주변에 장애가 극복되고 있는 현장을 보고 그 나라가 임했음을 가늠해 보라고 대답하셨다. 길지 않은 공생애 기간에 예수께서는 많은 시간을 장애인들과 함께 보내셨다. 사회에서 비장애인에게 도움의 객체로 인식되는 장애인이 하나님의 나라에서는 비장애인을 도와주는 주체가 된다. 자신들의 장애가 극복되는 과정을 보여 줌으로써 비장애인들이 하나님의 나라가 임하고 있다는 것을 알게 한다. 이 과정에 동참하는 장애인과 비장애인 모두는 하나님 나라가 여기 우리 가운데에 임하고 있는 현재를 경험하게 된다. 장애인은 자신들이 겪는 불편과 수고가 조물주이신 하나님께서 맡겨 주신 고유한 의무라는 것을 믿는 신앙 안에서 이 선교 사명을 감당할 수 있다. 비장애인도 이 신앙 안에서 하나님의 선교에 동참할 수 있는 길이 열린다. 장애인의 장애인 됨은 '하나님이 하시는 일을 나타내기 위함'이다(요 9 : 3). 장애인의 선교 사명이 장애인에게서든 비장애인에게서든 무시되는 곳에서는 하나님의 나라가 경험될 수 없다. 왜냐하면 하나님의 나라는 장애가 극복되는 경험이 있는 곳이기 때문이다.

요한복음 9장에 나타난 개안기사에는 장애인의 존재 의미가 분명하게 나타난다. 우리나라와 마찬가지로 전통적 유대교의 입장에 서 있던 제자들은 장애인이라는 사실을 본인이나 아니면 가족의 죄의 결과로서 파악하고 있었다. 그러나 예수님은 이 장애의 현상은 본인이 죄를 지었기 때문도 아니며, 또한 부모의 죄 때문도 아니라고 말하면서, 다만 하나님의 하시는 일을 나타내고자 하심이라(요 9 : 3)고 말씀하셨다. 결국 장애인은 하나님의 영광을 나타내는 사명을 부여받은 존재라는 말이다. 바울 역시 자신의 약한 몸을 하나님의 능력이 온전하게 나타나는 현장으로서 이해했다. 약한 몸을 통해 인생을 겸손히 살고, 신앙을 갖게 되고, 하나님을 의지하게 되며, 천국의 소망을 키우게 되며, 신령한 은혜를 경험하는 삶을 살게 되는 것이다. 그리고 그 신령한 은혜는 타인에게 타인을 위한 은혜로 전달되며 타인을 위로하고, 타인에게 소망을 주며, 타인으로 하여금 타인을 섬기게 만드는 매체가 되는 것이다. 장애는 단지 섬김, 즉 디아코니아로 극복될 수 있다. 디아코니아는 구원하는 사랑이다. 사랑이 경험되는 곳에 하나님 경험이 있다. 하나님은 사랑이시기 때문에 사랑이 없는 곳에서 하나님의 본성은 경험되지 않는다. 그리스도로부터 이미 우리 가운데 하나님 나라가 시작된 이 종말의 때에 장애인의 선교는 가장 본질적인 선교이다. 여기서 장애인은 동정의 대상으로서가 아니라 주의 날(사 35 : 5-10)의 모습을 가리키는 대표적 존재로서 소개되고 있는 것이다.

그리스도는 장애인에게 영광의 종말을 예비하셨다. 마태복음 25 : 42 이하에 보면 예수님은 이미 자신을 소외된 자나 병자와 동일시하고 있다. 비하의 신분을 취하신 그리스도가 완전한 승귀의 신분으로서 나타나는 때가 이 종말의 때인데, 이러한 그리스도의 승귀야말로 괴로움과 소외 속에서 살아가는 장애인들에게 있어서 희망의 근거가 되는 것이다. 결국 장애인은 종말의 때에 성취되는 모든 인간의 완전한 회복의 근거가 된다. 곧, 장애인의 존재는 예수 그리스도의 수난, 즉 십자가의 사건으로부터 해석되어야 함을 타인들에게 말하는 것이라고 볼 수 있다(김선태). 장애인은 종종 성공지향적인 사회에서 공동체 회복의 불씨로서 작용한다. 장애인을 통해서 루터가 말한 "모든 그리스도인은 자기 자신 안에서 살지 않고, 그리스도와 그의 이웃 안에서 산다."(루터, 그리스도인의 자유, 1520)는 말이 입증될 수 있다. 장애가 있는 사람이건 장애가 없는 사람이건 모든 사람은 훼손과 좌절을 경험하게 된다. 장애인이나 비장애인이나 "내가 내 몸을 모든 훼손과 더불어 남아 있는 가능성을 가지고 용감하게 받아들이는 것이 중요한 것이다"(바흐).

2) 장애인의 신론

디아코니에 관련된 계획이라면, 각자의 신학에 매우 다양하게 각인된 사람들일지라도 어려움 없이 하나가 될 수 있을 것이라는 생각은 꽤 널리 유포된 오해일 것이다. 내 주장은 그와 반대로, 우리의 전체 신학은 이미 우리가 하나님에 대해 말하는 것이, 적어도 우리가 어떻게 디아코니아를 생각하고 살 것인지(혹은 디아코니적으로 생각 안 하고, 또 살지 않을 것인지)에 일치한다는 것이다. 그렇다면 우리는 하나님에 대해 어떻게 말하는가? 에른스트 케제만은 1967년에 하노버에서 열린 독일개신교의 날 행사에서 말했다. "하나님은 성경에서 항상 같은 식으로, 선택 사항 가운데 나타나셨다. 그것은 말하자면 바알로서든지 아니면 여호와로서, 예수의 하나님으로서든지 아니면 잡신들의 형체 안에 나타난 하나님으로서든지(로 나타나셨다. 그러나)…… 나는 십자가에 달리신 예수께서 부르시던 그 하나님을 신뢰한다. 다른 신은 믿지 않는다. (이제 더 이상) 하나님은 존재하는가라는 질문에 대해 일반적으로 말하는 것은 의미가 없다. …… 그러나 누가 하나님이신가, 여호와인가 혹은 바알인가, 그것은 피할 수 없이 대답되어야 한다."

우리는 하나님에 대해 어떻게 말하고 있나? 우리가 '예수님'을 말한다면 정말 십자가에 달리신 그분을 말하는 것인가, 아니면 우리가 '예수님'을 말하면서 한 번쯤은 기독교화된 바알을 말하고 있는 것은 아닌가? 우리는 이 문제 제기의 중요성을 두 개의 사건을 함께 제시함으로써 분명하게 만들고자 하는데, 이 두 사건은 원래 전혀 비교될 수 없는 사건들인데, 단지 이 사건들이 하나님에 대해서 어떻게 말하고 있느냐에 관한 것이라는 점에서 이 둘은 관련성을 갖는다.

마태복음에서 이야기되기를, 예수께서 처음으로 그의 앞에 놓인 고난에 대해 언급하실 때, 그는 베드로로부터 "주여, 그리 마옵소서. 이 일이 결코 주에게 미치지 아니하리이다."라는 말로 반대에 부딪치게 된다. 이때 예수님의 대답은 "사탄아 내 뒤로 물러가라 너는 나를 넘어지게 하는 자로다 네가 하나님의 일을 생각하지 아니하고 도리어 사람의 일을 생각하는도다"(마

16 : 23 이하)였다.

어느 기독교 재활 센터에서 운영하는 한 학교에서 "오늘날 우리에게 하나님은 어떤 의미를 갖는가?"라는 질문이 필답 문제로 제기되었다. 휠체어를 타는 신체장애를 가진 한 여학생이 다음과 같은 글을 제출했다. 그녀가 쓴 문장들에는 다른 사람들의 어려운 사정만이 아니라 자신의 사정이 그대로 녹아져 있음은 당연했다. "하나님이 내게 큰 의미를 가질 일은 없다. 물론 사람들은 불안한 순간에 말하곤 한다. '주 하나님, 왜 당신은 날 돕지 않나요?' 때로 사람들은 하나님이 그 기도를 들으셨다고 생각한다. 왜냐하면 그들이 열정을 다해 소원했던 것이 성취되었기 때문이다. 그러나 그 모든 것들이 대체 무엇을 말해 준다는 것인가? 아무것도 아니다! 왜 그 전능자는 자신을 아버지라고 명명하면서도, 어린 순진무구한 아이들이 살해되도록 놔두며, 전쟁으로부터 어린 불구자가 생겨나게 하며, 게다가 고통스럽게 죽거나 굶어 죽게 만드는가? 아버지가 그렇게 하는가? 그럴 수 없다! 그것은 악마나 하는 짓이다."

중남미 엘살바도르의 내전을 배경으로 삼은 영화 "Innocent Voice"에 보면 "하나님이 계시다면 어째서 이런 일이 있는가?"라는 절규가 나온다. 그때 힘이 없어 그들을 보호하지 못하는 가톨릭 신부는 같은 절규로 대답한다. "하나님이 없어서가 아니라 저들이 하나님을 믿는다면 이런 일이 있을 수 없다."라고. 인간이 '하나님의 형상'이라는 말은 인간의 '자유 책임성'을 말한다. 사람은 하나님을 선택할 수도 있고 거부할 수도 있는 자유 선택권을 부여받았다. 창조주는 피조물 중에 사람을 상대역으로 삼으신 것이다. 로봇 기술이 아무리 발달한다고 해도 사람은 로봇을 배우자로 삼지는 않을 것이다. 주파수를 설정해 놓는 식의 무선택적 사랑을 하나님도 인간에게 원치 않으셨다. 인간의 행위는 인간의 책임 소재로 귀결된다.

(어찌 되었든) 이 두 사건의 모든 다른 점에도 불구하고, 베드로와 그 여학생은 하나님에 대해 비슷하게 말하고 있다. 이 두 사람에게 유효한 것은 하나님과 고난이, 적어도 하나님이 은혜의 하나님이라면 그리고 그가 아버

지라고 불린다면 그것은 서로 맞지 않는다는 것이다. 하나님은 예수님의 십자가를 저지해야 하는 것이다. 하나님은 우리의 강렬한 소원을 들어주기 위해 존재하는 것이고 또한 우리가 좋게 여기거나 옳게 여기는 것을 이루어 주는 담당자인 것이다. 만일 그가 그것을 하지 않거나 그 반대가 되도록 놔 둔다면 그를 하나님이라고 부르는 것은 아무런 의미가 없고, 그는 다만 '악마'라는 이름을 얻게 되는 것이다. 하나님은 우리의 십자가를 저지해야 한다. (그런데 지금 우리가 생각해야 할 것은) 그렇게 하나님에 대해서 말하는 것은, 말하자면 바알에 대해서 말하는 것이며 하나님이 바알에게로 들어간 것이다. 바알은 강자들의 하나님이고, 그는 안정된 관계를 책임질 것을 약속한다. 바알과 함께 사람은 훌륭해지고 바알은 순풍을 책임져 주기로 약속한다. (그런데) 여호와는 어둡다. 여호와는 황야로 인도한다. 여호와는 십자가로 인도한다. 여호와는 보장된 자리를 약속하지 않는다. 그는 '애굽인들의 고기가마'(비교 출 16 : 3)로부터 그들을 그의 동맹(공동체)으로 불러낸 출애굽의 하나님이다. 보물들로부터 개인관계로 불러내고, 안전으로부터 확신으로, 그리고 소유로부터 존재로 불러낸 하나님이다.

하나님에 대해 말하는 이 구분 방법은 전문 신학적인 생트집이 아니라 그보다는 우리의 디아코니적(혹은 비디아코니적) 삶의 방법과 우리의 행위들을 위한 직접적 귀결들을 갖고 있다. 극적으로 표현해 보자면, 네가 하나님에 대해 어떻게 말하는지를 내게 말해 보라. 그리하면 나는 너에게, 너의 디아코니가 어떻게 보이는지를 말하리라. 대략, 무엇을 장애인들이 너에게서 바라야 하는지 그리고 혹시 네가 장애인에게 무언가를 바라고 있는지 같은 것을 말이다.

그것을 여기에 미리 강조하는데, 내가 몇몇 기독교인들이 하나님을 바알로 곡해하고 있다거나 그래서 그들의 디아코니에 열매가 없다거나, 반면에 다른 기독교인들은 변절됨 없이 십자가에 달리신 이를 좇는다거나 그렇기 때문에 실수 없는 디아코니를 내보일 수 있다고 주장하는 것이 아니다. 나는 인간 그룹을 두 개로 나누어 상호 대치시키려는 것이 아니라 신학과 그로 말미암은 디아코니의 두 형태를 대치시키려는 것이다. 우리 모두는 우리와 또 다른 사람들을 잘되게 해 주고, 우리 개개인의 인생에서와 마찬가지로 우리 동료 인생들에서도 십자가를 막아 주며, 아니면 적어도 그것을 감당하게 해 주는 바알로서의 하나님을 원한다. 우리가 인생인 이상, 바알에게로 가려는 이러한 경향을 우리는 떨쳐 버릴 수 없다. 예수께서는 이 신앙을 전형적으로 인간적인 것이라고 인정하셨다. 우리가 사는 동안에는 우리 신앙이 어느 정도 이 베드로의 반대나 이 여학생의 외침과 비슷한 모습으로 머물 것이다. 우리는 바알 차원을 완전히 제거하는 곳까지 이르지 못할 것이다. 우리에게 맡겨진 것은 역동적인 움직임이고, 그 안에는 각 현 위치가 거의 입력될 수 없고, 그 방향을 바알로부터 떠나서 십자가에 달리신 이에게로 움직이는 하나의 과정이다.

이제 우리의 신앙고백을 바알적, 여호와적 유형에서 좀 더 명확히 살펴보자. 우리가 고백하는 사도신경은 크게 세 가지 내용으로 구성되어 있는데 그 첫 부분은 창조주 하나님에 대하여, 둘째는 구원자 예수 그리스도에 관하여, 그리고 셋째는 교회를 운행하시는 보혜사 성령에 대한 고백이다. 먼저 바알적 신앙고백은 하나님, 그리스도, 그리고 성령에 대해 어떤 신앙고백을 하는지 살펴보자.

3) 바알적 신앙고백

바알적 창조주 하나님이 의미하는 바는 다만, 하나님은 모든 것을 우리의 완벽한 만족을 위해 만드시고 차려 놓으셨다는 것이다. 거기에는 도덕적으로도 그리고 다른 의미에서도 부정적인 요소란 있을 수 없다. 거기에는 기껏해야 다소간의 미적인 실수가 있을 수 있다. 그런데 만일 갑자기 거기에 뭔가 다른 것이 있다면, 예를 들자면 출생부터 장애를 가진 사람이 있다면 우리는 무어라 말할 것인가? 창조주 하나님에 대한 '첫 번째 신앙고백'에서 비장애인은 "나는 '하나님'께서 나를 (내 모습 이대로) 창조하셨다고 믿습니다."라고 말할 수 있다. 아니 비장애인도 요즈음은 하나님의 창조가 마땅치 않아서 성형외과의 도움을 많이 받는 상황이 벌어지기도 하지만 말이다. 그런데 장애인은 이렇게 말하게 될 것이다. "하나님이 나를 본래 아주 정상적으로 창조하려 하셨다. 그러나……?" 여기서 이 문제를 심화시킬 것도 없이 분명하게 된 것은 한 장애인이 우리 교회에 편입될 것이냐 그렇지 못할 것이냐는, 우리가 당사자에게 제공할 수 있는 돈이나 시간이나 교육 등에만 달린 문제가 아니라 그것은 적어도 말들, 생각들, 그리고 출판하는 일로도 결정된다는 것이다.

우리가 만일 은밀히 바알을 생각한다면, '두 번째 신앙고백' 예수 그리스도에 대하여 우리는 무엇을 고백하는 것인가? 신적인 높음으로부터 하나님의 아들은 우리의 낮은 곳으로 오셨다. 왜 그것이 필요한가? 만일 하나님이 세상을 흠 없이 창조하셨다면, 그것은 당연히 이해할 수 없는 일이다. 그는 주변부의 인간들과 관계를 맺었다. (그렇다면) 그것은 그가 그들의 낮은 곳을 순식간에 높은 곳으로 바꾸기 위해서이다. 모든 병자들을 그는 충분히 이해할 수 있는 방법으로 다시 건강하게 만드신다. 그리고 모든 죄인들에게 개선할 수 있는 힘을 부여하신다. '예수님'의 목적은 모두의 높아짐일 것이다. 그렇다면 그의 십자가에서의 비천함 역시 단지 한 단계에 불과할 것이다. 실로 흥분되고 고통스럽지만 부활절의 희극적 종결을 통해 어느 관점에서 보든지 따라잡아진 과거가 될 수 있다. 우리의 모범은 예수님은 승리자라는 것이다.

그리고 '제3항목'은 성령과 교회에 관한 것으로서, 바알로부터 기인한 이해는 앞의 생각에 상응한다. 우리가 열심히 예수님의 모범을 좇을 수 있도록 '성령'은 우리 안에서 역사하신다. 성령은 우리를 견고하게 하고 우리를 안전하게 만드는 힘이다. '교회'는 그렇다면 하나님의 견고한 부대이며, 그가 선교와 디아코니의 과제를 그의 세계에 두게 한 그의 집단이다. 교회는 예수님의 목표를 넘겨받는다. 그것은 모두의 높아짐이다. 디아코니는 대부분이 가능하고, 우울하게 남은 이들을 위해서는 심판날에 아름다운 희망이 남아 있는 굉장한 정비소가 된다.

종종, 많은 찬송가 구절들에, 비망록의 문구에, 설교들에, 기록들에, 그리고 대화들에 문자로 표현되어 있는 그렇게 불리는 신학의 방식이 장애인으로서 기독교인이기를 노력하는 사람에게 삶의 도움을 제공하지 못할 뿐만 아니라 명백한 장애가 되고 있는지를 거의 육감적으로 느낀다.

만일 우리가 (제1조항, 창조주 하나님에 대해 언급된 것을 비교해 볼 때) 세상은 현저한 결손이 없다는 것을 고백하면, 바알에게서 각인된 신학이나 경건성은 장애인을 여러 면에서 영적으로 가장자리로 몰아넣기 때문에, 그것은 장애인에게 있어서 그가 현저한 결손을 가지고 있다는 사실 때문에, 그는 이 세상에서 특수한 경우로서의 의미를 갖게 되고 그래서 그는 변두리 인물이 되는 것이다.

우리가 만일 (제2조항, 예수 그리스도에 대해서) 하나님은 모든 사람들을 높이 올리는 하나님이라고 고백한다면, 그것은 장애인들에게 있어서, 그가 내적으로 기분상, 그리고 외적으로 실제적 제약 때문에, 그리고 남에게 종속되는 상황 때문에 종종 '바닥' 인생이라고 느끼게 될 때, 예수님은 그에게 있어서 (인생의) 목적이 될 수 없거나(예수님이 실패했다.), 혹은 그 자신이 예수님으로부터 그에게 수여된 힘을 사용하지 않은 것이 되고 만다(장애인이 실패했다). 이 두 경우에 그는 이 관점에서 비장애인들과 다른 것이고, 이 관점에서 역시 그는 외부인인 것이다.

(제3조항인) 성령과 교회에 대한 바알적인 신앙고백에 따라, 만일 우리가 기독교인의 존재를 하나님으로부터 선교와 디아코니의 주체로 거명된 것이라고 고백한다면, 그것이 장애인에게 의미하는 바는, 그는 하나님으로부터 원해진 객체이며, 비장애 기독교인으로부터 수행될 도움의 객체인 것이다. 그가 다른 장애인과 비장애인에게 수행할 수 있는 사명은 여기서 논외의 이야기이다. 그에게는 근본적으로 비장애인에 비해서 다른 역할이 주어졌다는 것이 문제며, 그것은 객체의 역할이지 주체의 역할이 아니라는 것이다.

이렇게 단지 인류학적 문제나 (인간학) 그리스도론(기독론)의 문제만이 아니라 또한 영의 이론(성령론)과 교회신학(교회론)이 장애인에게 '비정상',

'이상', '외부인'이라는 도장을 찍고 있는 것이다.

4) 여호와적 신앙고백

만일 우리가 정말 '아래에 계신 하나님'과 관계하려 한다면 사도신경(과 니케아-콘스탄티노플 신조의 내용)에 대해 우리는 무어라 말해야겠는가?

신앙고백의 첫 부분인 '창조주 하나님'에 대하여 여호와 신앙으로 고백해 보자. 단지 우리가 고백했다는 사실만으로, 우리 기준에 따르면 제거되었더라면 좋았을 그 모든 것이 침묵되지는 않는다. 하나님이 모든 자신의 작품을 (그의 지혜에 따른 것이지 우리의 입맛에 맞게 하셔야 하는 것이 아니라) 지혜롭게 정리하셨다는 것은(시 104 : 24), 사자들이 단지 다른 피조된 짐승들을 찢을 때에만 배부를 수 있다는 점을 제외시키지 않고 분명하게 내포하고 있다. 그들은 식물을 '하나님으로부터' 얻는다(같은 곳 21절). 하나님은 창조주로서 또한 우리가 단지 '불행'이라고 느끼는 사건들의 원인자이기도 하시다(암 3 : 6). 가장 과격하게 말해서, 하나님의 선하신 창조 말씀 없이 "지어진 것은 하나도 없다"(요 1 : 3). 그렇게 하나님에 대해서 말하는 사람은 한평생 장애를 갖고 살아가는 사람에 대해 하나님은 그를 유능한 스포츠 선수와 똑같이 하나님의 사랑받는 피조물로 명명한다. 현재 우리의 성과제일주의 사회에 대하여 인류학적으로 외쳐져야 할 것은, 모든 인간은 조건 없이 그리고 모든 성과 이전에 유효한 것이라는 것이다. 인간적 존재가 조건문이나 원인문의 많은 것으로부터 위협당하는 곳에서(인간은 상응하는 성과를 거두어 낼 때 가치가 있다는 생각으로, 도덕적으로 결점이 없고 건강 면에서도 손상을 입지 않고 제 기능을 발휘해야 하기 때문에), 인간에 대해서 이야기할 때의 기독교적인 방법은 우리 모두에게 굉장한 해방을 의미할 수 있으며, 그것은 다만 장애인에게만 해당되는 것이 아니다. 우리 모두는 인생은 처음이 은사(Gabe)이고 그 다음에 두 번째가 과제(Aufgabe)라는 것을 다시 알아야 한다.

두 번째 신앙 조항 역시 아래에 계신 하나님에 대한 고백으로서 다른 면을 가지고 있다. 하나님의 '아들'은 어떤 종류의 은사를 아래로 보내지 않으셨고, 도리어 '육체가 되셨다'(요 1 : 14). 그는―마치 산타클로스처럼―큰 자루를 여신 것이 아니고, 오히려 스스로 의지할 데 없는 사람이 되었다. "그가 남은 구원하였으되 자기는 구원할 수 없도다"(막 15 : 31 하)라는 이 구절은 모든 바알적 상상들에 대하여 더 이상 능가할 수 없는 반대이다. 프리드리히 니체는 놀라며 확인한다. "시각적으로 최상급은…… 고전적 취향으로서"(여기서 우리는 각 인간의 취향이라고도 확장할 수 있는데) "역설적 공식 안에서 '십자가에 달리신 하나님'에 있다. 이제까지 한 번도 어느 곳을 다 뒤져도 그렇게 섬뜩하고, 의문스럽고, 의아한 이러한 유의 무모한 대담함은 없었다. 이 무모함은 모든 고전적 가치의 새로운 평가를 약속한다." 하나님은 개선하는 높은 곳의 하나님이 아니다. 예수님의 목적은 모두의 높아짐에 있지 않고, 우리 인간들과의 공동체에 있으며 이 함께함을 아래에서든지, 중간에서든지, 혹은 위에서든지 실현하는 것에 있다. 이 사람은 죄인들을 영접하고, 그들과 함께 먹는다(눅 15 : 2). "내가 오늘 네 집에 유하여야 하겠다"(눅 19 : 5 하). "오늘 네가 나와 함께 낙원에 있으리라"(눅 23 : 43 하). (이제) 우리에게 주어지는 질문은 우리가 예수님의 힘을 통해 높은 곳으로 멋지게 상승할 것이냐가 아니라 형제들과 그 공동체를 추구하겠다는 결론을 끌어내는 것이다. 우리에게 이 물음을 그 부활하신 십자가에 달리신 이가 제기하는 것이다. "왜냐하면 십자가에 달리신 이에게 머무르는, 그의 통치는 그 안에서 부활절 이후에도 계속해서 다시 우리의 원하는 바와 바라는 바에 마주해서 가기 때문이다. 그 부활하신 이의 음성은 아직 한번도 그 음성이 우리를 제자로 부르신 것과 달리 선포된 적이 없다. …… 만일 그리스도인들이 단지 하늘만 바라보지 않고, 땅에서 그들의 주와 그들의 형제들 때문에 생명을 잃고자 한다면 부활절은 세상에 더욱 믿을 만한 것이 된다." 그렇게 복음은 예수 그리스도의 기쁜 소식, '십자가로부터의 말씀'(고전 1 : 18)과 '화해로부터의 말씀'(고후 5 : 19)이다. 예수께서는 우리 모두를 유보함 없이 형제로 부르셨고 그렇게 해서 우리를 하나의 커다란 형제자매공동체로 묶으셨다.

여기로부터 제3신앙 조항이 예수 그리스도의 형제자매 '공동체'에 대한 고백으로서 묘사되는데, 그 공동체에는 우리가 세례를 통해서 결합되고, 그 안에서 우리는 말씀과 성찬을 통해서 유지되고, 그것에 대해 하나님은 우리 모두를 능력 있게 하시고, 그리고 그것을 만들어 나가는 일을 우리에게 맡겨 두신다. 전혀 말할 필요가 없는 질문은 지금 우리들 중에 누가 크냐 아니면 작으냐, 누가 공동체에 더 많은 것을 할 수 있느냐 아니냐가 아닐 것이다. 케제만은(적어도 바울에게 있어서) "훌륭한 역할만이 공동체에서 은사적인 것으로서 유효한 것이 아니고", 그보다는 "누구도 나눌 수 없는 사람이 없고, 마찬가지로 누구도 지나치게 가진 사람이 없다."는 것을 지적했다. 기독교공동체의 삶을 영위해 가는 일에 있어서 다음의 지도 원칙 외에 다른 것이 있을 수 없으니, 그것은 "서로 섬기라(!), 각자가(!) 그가 받은 은사를 가지고"(벧전 4:10)이다. 우리의 행위는 결국 (어느 누구 하나는 다른 누구 하나를 위해 무언가를 행하는 자이고, 어느 누구 하나는 항상 주는 자일 때 누구 하나는 항상 받는 자이며, 누구는 주체일 때 다른 하나는 객체가 되는) '위하는' 구조에서가 아니라 (우리가 무언가를 함께하며, 우리 중의 각자가 주는 자이며 동시에 받는 자이고, 모두가 긍정적으로 공동체에 기여하는) '함께하는' 구조에서 완성된다. 공동체는 한 몸과도 비교할 수 있는데, 몸 안에서 각 지체와 각 기관이 상이한 과제를 가지며(또한 사람에게 있어서는 상이한 외모를 가지며), 어느 것도 불필요한 것이 없다. 반대로 차이는 꼭 필요한 것이다. 왜냐하면 육체라고 하는 것은 단지 눈만으로 혹은 단지 청각으로만 살 수 없기 때문이다(고전 12:17). 공동체에 소속되는 것이 우리에게는 계속 반복해서 어려운 일인데, 그 이유는 우리는 높은 곳에서, 안정된 곳에서, 주는 역할로 풍성하기를 원하기 때문이다. 사람들은 가끔, 사람들이 우리 기독교인들을 다른 사람을 위한 존재라고 주입할 때, "내가 너를 쓸데가 없다"(고전 12:21)는 구절, 바로 교회 직원들에게 전형적인 직업상의 죄가 되는 것에 대한 구절이라는 인상을 받는다. 마찬가지로 사실적인 것은 "하나님께서 우리 각자에게 은사를 주셨다."는 그 문장만이 아니라 또한 다른 문장인 "우리 모두는 훼손되었다."는 문장이다. 인생의 목적과 의미, 하나님, 화해, 이웃과 함께하는 공동체를 잃어버리는 위험은 사회적으로나 도덕적으로 '이목을 끄는' 자는 별로 없다는 것과 자신은 전혀 손상되지 않았고 그래서 자신은 절대 회심할 필요가 없다는 태도로 자기 그룹에서 그 가치를 인정받고 있는 종교적-도덕적 확신이 가득 찬 사람에게 있(는 법이)다. 예수 그리스도의 교회로서 우리는 우리가 우리를 치료자와 환자로 구분하는 것을 막아야 한다. 그보다 우리는 마틴 루터와 함께 교회를—우리는 결국 하늘에 있는 것이 아니기 때문에—단지 병자만 있는 하나의 환자들의 집합체로 정의해야 한다. 루터는 교회는 거지에게 먹을 것을 주는 사람들이 모인 곳이 아니고 먹을 것이 어디 있는지를 아는 거지들이 모인 곳이라고 했다. 모든 사람은 도움에 의존하고 있고, 모든 사람은 함께할 수 있다. 아무도 다른 사람에게 다만 짐이 될 수 없고, 그리고 아무도 다만 짐을 지는 자가 아니다. "너희 가운데 짐들이 있거든 그 짐을 지도록 서로 도우라. 왜냐하면 그렇게 해서 너희가 그리스도의 경기 규칙에 따라 사는 것이기 때문이다"(이렇게 갈라디아서 6 : 2은 고쳐 써질 수 있을 것이다).

이제 신앙고백에 대한 중간 결과를 내려 보자. 사도신경의 옛 형태를 내용적으로 채우는 데에는 두 가지 근본적으로 상이한 가능성이 있다. 그 하나의 가능성은 우리가 인간적으로 희망하는 상상에 하나님을 일치시키는 데에 있다. 다른 하나의 가능성은 성경의 소식에 하나님을 일치시키는 데 있다. 신조의 첫 번째 언급한 방식(2)인 '바알적 신앙고백'은 뚜렷이 반장애인적이고, 두 번째 언급된 방법(3)인 '여호와적 신앙고백'은 그와 반대로 분명히 친장애인적이다.

그것이 말하는 것은 다음과 같다. 장애인이 교회에서 함께하는 형제요, 자매인가에 대한 물음에 대한 대답은 단지 얼마만큼 비장애인 기독교인들이 장애인들을 '위해서' 움직이느냐 아니냐에 달려 있는 것이 아니라 그보다는 매우 큰 부분에서 얼마나 우리 모두가(장애인이나 비장애인 할 것 없이) 우리의 기독교적인 신앙을 우리 자신과 우리의 (장애인과 비장애인) 동료와 관련해서 고백하고 실천하느냐의 종류에 달려 있다. 다시 말하면, 그 질문은 현저한 부분이 얼마나 우리가 우리를 진정 바알로부터 분리시키느냐, 얼마나 진실하게 우리 인생을 실제로 '십자가에 달리신 이의 제자'로 불리게 할 수 있느냐에 달려 있다.

만일 우리가 우리 신앙고백 안에서, (1) 우리 부서지기 쉬운 세계는 하나님의 사랑받는 피조물로서 희망차게 받아들여질 수 있도록 우리 서로를 격려한다면(첫 조항에 언급된 것 비교), (2) 만일 우리가 예수님을 통해서 일어난 칭의를 일상생활에서 이제 유효하게 만들려고 서로 격려한다면(두 번째 조항에 언급된 것 비교), (3) 만일 우리가 자랑하거나 낙심함 없이 환자들의 집합인 '교회'에 소속되어 살아가도록 우리를 격려한다면(세 번째 조항에서 언급한 것 비교), 그러면 그것으로 장애인에게는 하나의 중요한 통합-가능성이 열려지게 되는 것이다. 왜냐하면 장애인은 인간은 여기에서 내가 나를 매일 세워 놓는 그 동일한 과제를 붙잡게 된다는 것을 알기 때문이다. 그렇다. 그 과제란 나의 질문으로서 내가 내 인생을, 내 몸을 모든 훼손과 더불어 남아 있는 가능성을 가지고 용감하게 받아들이고 있느냐는 것이다. 또한 내가 많은 면에서 종종 '아래에' 있는 사람 중의 하나로서 "내가 있는 그대로의 나로서 존재할 수 있느냐?"를 믿고, 알고, 살 수 있느냐는 것이다. 내 물음은 혹시 내가 모든 나의 제약 속에서도 그 (때로는 절망적인) 희망을 가져올 것인지 하는 이것이다. (이렇게) 내가 공동체 안에서 다른 사람들과 같이 확실히 단지 짐이 아니라 긍정적으로 기여하게 되는 것이다.

5) 장애인의 교회론(아래에 있는 교회로서의 예수 그리스도의 교회)

교회는 어떤 특정 행동을 할 때에만 디아코니적인가 디아코니적이 아닌가를 물을 것이 아니고 이미 교회의 신앙고백에 그것이 들어 있어야 한다는 것이 분명하다면, 이제 당연히 아래에 계신 하나님에 대한 신앙고백 안에서 예수 그리스도의 아버지에 대해서 고백하는 교회의 생활이 어떻게 형성되어야 할까를 계속 질문해야 한다. 그동안 이 연구를 통해 분명해진 것은,

교회는 단지 아래에 있는 교회일 수 있다는 것이다. 그러나 그게 무엇이란 말인가? 이 점에 있어서 우리는 교회로서 아직 많이 배워야 할 것이다. 내가 받는 인상은 우리 모두가 여기에 있어서 매우 저개발되어 있다는 것인데, 예를 들어 오늘날 누구도 이미 '아래에 있는 교회'가 세목별로 어떻게 보여야 하는지를 알아차릴 수 있는 프로그램 하나를 내놓지 못하고 있기 때문이다. 그렇기 때문에 나는 이제 서로 거리가 먼 많은 개별적 보도들과 인용들을 가지고 그 틀을 대략 가시화되도록 만들려고 한다.

(1) 설 교

얼마나 우리 신학과 우리 선포가 무의식적으로 바알로부터 기인하고 있는지를, 우리는 우리가 어떻게 하나님의 낮아지심에 대해 말하고 있는지를 살펴보면 알게 될 것이다. 당연히 우리는 아이가 구유에 누인 것과 예수께서 아이들을 축복하신 일과 그가 죄인들 가운데 앉으신 것과 그가 우리에게 심판날에 우리가 소자에게 행한 것과 행하지 않은 것을 기준으로 판단하실 것과 그가 십자가에서 죽으신 것과 하나님이 이미 구약 시대에 작은 자 다윗과 함께하셨지 거인과 함께하지 않으셨다는 것을 말한다. 그러나 우리는 이 모든 것을 마치 왕이 구빈원을 방문하여 자기 손으로 환자 하나를 먹여주었다거나, 또는 그가 맹인들의 집을 방문하여 할머니 하나에게 반 시간 동안 책을 읽어 주었다는 것 등을 보도하고 있는 리포터처럼 말로 옮기고 있지는 않은가? (여기에서) 그 왕은 왕으로 머문다. 그의 고유한 과제는 정사를 돌보는 것이다. 그가 장애인을 돌본 것은 실로 환영할 만한 일이지만, 그것은 (내킬 때) 자선을 베푸는 하나의 변덕과도 같은 것이다. 하나님에 대해서도 우리가 이와 비슷한 방법으로 말하고 있지 않은가? 그의 원래 존재는 '전능자', '기적', 그리고 '승리'라는 개념들로 암시된다. 구유와 십자가는 (여기서) 그래도 여전히 우리 구원을 위해서 중요하다. 그러나 문제는 그것이 하나님의 존재에 긴장으로 서는 개별적 행동들이라는 것이다.

만일 내가 신약성경을 완전히 잘못 이해하고 있지 않다면, 그 가장 혁명적인 내용들 중의 하나는, 하나님의 낮아지심은 그에게 있어서 개별 행동들의 연속선상에 있는 어느 정도 주변적인 것으로서 끝마친 것이 아니라 그의 존재에 대한 명명이라는 것이다. 그가 죽음에까지 이르렀다는 것 안에서 하나님은 진정 혼동될 수 없는 하나님이 되신다. 구유와 십자가가 (왕이라는 단어와 비교가 되는) 그의 본래의 '정사'인 것이다. "그가 그렇게 낮은 데로 내려오신 것이 바로 하나님의 높음이다."

천사가 목자들에게 하나님의 왕의 표징을 알려준다. "너희가 가서 강보에 싸여 구유에 뉘어 있는 아기를 보리니 이것이 너희에게 표적이니라"(눅 2 : 12). 하나님의 존재는 이렇듯이 '전능자', '기적', '승리' 등의 말로 요약될 것이 아니라 '무력함'(아이), '도움이 필요한 자'(강보), 그리고 '가난'(구유) 등으로 요약된다. 하나님의 낮아지심에 대해 말하는 자들은 때때로 행동들에 대해 말할 것이 아니라 그의 존재에 대해 말하는 것이다. 하나님은 구유나 십자가, 그리고 다른 모든 것들을 어느 정도 규칙에 어긋난 것으로 여기게 만드는 위에 계신 하나님이 아니라 하나님은 낮은 곳에 계시기 때문에 구유나 십자가가 전형적으로 하나님적인 것이다. 그러나 전형적으로 여호와를 위해서, 바알로부터 벗어나지 않는 자들에게는 그 모든 것이 단지 어리석고 거치는 것이다(비교. 고전 1 : 23). 낮은데 계신 하나님 여호와, 예수 그리스도의 아버지에게는 만일 그가 그 훌륭한 바리새인을 '의롭다' 하고 그 세리를 그렇지 않다고 했다거나(비교. 눅 18 : 9 이하), 그가 왕궁에 발견될 수 있었고, 마구간에서가 아니었다고 한다든지(마 2 : 1 이하) 했다면, 그것이 오히려 규칙에 어긋난 것이 될 것이다.

아직 발언할 것이 하나 더 있다. 만일 내가 여기서 일련의 개별 사건들을 모아 늘어놓는다면, 아무 개별 사건도 자신을 위해 받아들여지거나, 자극되거나, 단지 두드러지지도 않을 것이다. 내게 중요한 것은 각 사실들의 연계됨과 관련성이다. 나는 그것을 우리가 하나님의 낮아지심에 대한 선포에 관해서 무엇을 말했는지와 병행해서 본다. 높이 계신 하나님을 설교하고, 그 다음에는 놀란 듯이 그가 특정한 개별 행위들 안에서 낮은 곳을 굽어 살피신다는 것을 말하는 것은 얼마나 잘못된 것인지, 승전하는 교회를 여기 땅 위의 하나님의 요새로서 노래하는 것과 거기에 첨가해서 교회가 가끔 가난한 자들을 위해 무엇인가를 한다고 말하는 것은 얼마나 잘못인가. 올바른 것은 하나님을 아래에 계신 하나님으로서 선포하는 것이고, 하나님 됨은 십자가에 달리신 분 안에 있는 것이고, 그래서 옳은 것은 그러한 방법을 교회가 따르는 것이다. 우리의 교회 됨은 아래에 있는 교회가 되는 것 안에 있다.

(2) 성 찬

교회를 교회 되게 하는 것은 새 계명이다. 그리스도 안에서 우리를 성공 지향적이고, 높은 자리를 얻으려는 공명심으로부터 돌아서게 하시는 유기체로서의 몸에 대한 그림은 그것 자체가 새로운 것이 아니라 가장 약한 지체에게 대부분의 영광이 돌아가는 것이 이 새로운 것의 본질적 특성이다(필립피, 1965). 요한복음 2장에서 12장까지는 세상 앞에 계시됨에 대해서 다루고 있지만, 13장에서 20장까지는 전적으로 제자들의 관계에 대해 다루고 있는데, 그들은 미래의 교회를 대표하는 자들이다. 세 공관복음서들이 마지막 밤의 만찬 기사를 기록한 자리에 요한복음은 새 계명을 기입하였다. 미래의 교회는 이 새 계명으로 질서를 세우는 공동체로서, 반복되는 성찬식을 통해 섬김의 원천을 가동시켜야 할 것이었다. 현재 교회의 성만찬은 공동체성을, 즉 새 계명을 확인하는 자리가 되고 있는가? 혹은 단지 제사적 행위로서 기독교 전승 내용의 전체 그림에서 떨어져 나오는 것은 아닌가? 심지어 성만찬은 배부르게 하는 일에 기여했다. 그런데 지금 우리의 섬김에 대한 강조는 너무 미약하지 않은가? 이 계명을 내용적으로 잘 살펴보면, 이 계명이 단지 서로 사랑하라는 것에 대해 말하고 있다는 사실에 놀라게 된다. 이것이 기본 강령이다. 교회는 세상에 이 인류애적인 공동생활에 대해 하나의 하나님에 맞는 구조를 제공해야 한다. 교회가 그것을 행하면 그들은 그 안에서 복이 있을 것이다.

바울은 한 성만찬(고전 11 : 20)에서 주의 만찬의 특성을, 만일 거기서 사회적으로 약한 형제들이 고려되지 않는다면 부인하였다. 교회의 디아코니아 구조는 성만찬 안에 있다. "너희가 해야 할 모범을 내가 너희에게 준다. 내가 너희에게 한 것처럼 너희도 서로 사랑하라." 이 강령은 제자들의 조직된 교회에 관련을 맺고 있다. 그들은 마지막 저녁에도 아직도 계속해서 가장 높은 자리를 두고 싸우고 있었던 것이다. 새 그리스도 중심적 예배는 더 이상 하나님에 대한 하나님을 위한 예배가 아니라 하나님에 맞는 예배가 된다. 그 방향은 우리로부터 하나님이 아니라 하나님으로부터 우리에게로 오며, 또한 우리를 통해 우리와 함께하는 인류에게로 흐른다. 우리에게 가장 작은 형제 안에서 정말로 하나님의 실재가 만나져야 한다. 결국 디아코니는 하나님을 목표로 하는 것이 아니고, 하나님 없는 것도 아니며, 하나님으로부터 오는 것이다. 우리는 하나님의 디아코니로부터 다다름을 받고 그 안에 편입되는 것이다. 디아코니는 곧 복음이기 때문에 중요하며, 그것은 성도의 공동체를 세우는 것이다. 성찬식은 교회의 본질인 섬김에 지속적인 생명력을 부여한다.

(3) 직 제

바울은 "여기에는 유대인과 헬라인의 구별이 없으며, 종과 자유인의 구분이 없으며, 남자도 여자도 없다."고 갈라디아 교인들에게 말한다. 만일 우리가 이 본문에 "여기에는 장애인도 비장애인도 없다."고 말한다면 이것은 사도의 생각을 왜곡하는 것이 될까? 우리는 오히려 생생하게 만드는 일이 될 것이라고 확신한다. '왜냐하면 우리는 그리스도 안에서 하나이기 때문'이다(갈 3 : 28). 우리는 장애인 됨과 비장애인 됨을 다른 다양한 속성들과 더불어서 교회공동체의 각 지체가 갖는 고유성과 다양성으로 인식하고, 그 특징을 구분의 기준으로 사용할 것이 아니라 하나님 나라 백성공동체의 삶을 실현하는 일에 사용해야 할 것이다. 교회 직제의 의미는 서로 섬기는 데에 있다. 그것은 복음의 능력인 사랑이 공동체 안에서 살아나게 하는 행위이다. 이방인의 집권자들은 권세를 부리는 것을 당연하게 여기지만 교회의 질서는 그렇지 않다. 섬김은 교회의 본성이다. 하나님의 낮아지심이 한 차례의 이벤트가 아니라 그분의 속성이듯이 말이다.

장애인을 위해서 교회가 무엇을 해야 될 것 같지만, 실은 교회를 위해서 장애인이 무엇을 해야 된다. 장애인들이 교회라고 이름 지어진 하나님 나라의 백성공동체의 주인공으로 드러나야 한다. 장애인을 위해서 교회가 있어야 될 것 같지만, 실은 교회를 위하여 장애인이 있다. 하나님의 뜻을 나타내시려고 장애인을 두셨다. 교회를 교회 되게 하는 것은 장애인의 극복된 현존이다. 장애인이 없는 교회는 하나님 나라의 실재를 나타내는 일에 불리하다(눅 4 : 18). 하나님은 그의 뜻에 따라 가난한 자와(마 26 : 11) 더불어 장애인을 우리 가운데 두신다. 이들이 회복될 때 우리는 하나님 나라가 임하시는 것을 알게 된다. 장애가 극복된 공동체는 만물의 회복의 표시가 된다. 교회에서 장애인이 어떤 위치를 차지하고 있는가를 보고 세상이 "하늘에 계신 너희 아버지께 영광을 돌리게" 될 것이다(마 5 : 16). 장애인의 장애인 됨은 "하나님의 하시는 일을 나타내고자 하심"이다(요 9 : 2-3). 장애인을 통해 교회는 하나님의 능력을 경험하게 된다. '약한 것들을 들어 강한 것들을 부끄럽게' 하시는 하나님의 활동이 장애인의 선교를 통해서 나타날 것이다(고전 1 : 27). 그래서 교회는 십자가의 도를 전하기 위해 교회가 가진 약한 것을 자랑하게 된다. 교회는 부득불 자랑하려면 하나님 나라를 구성하는 필수 요소인 장애인을 자랑해야 할 것이다(고후 12 : 9). '오실 그 이'가 보여준 하나님 나라는 모든 장애가 극복된 삶의 현장인 것이다(눅 7 : 22). 장애 때문에 자선에 의존하여 살아가야 하는 이가 사회에 존재한다면 인간의 존엄성은 '하나님의 형상'에 상처를 입게 된다(독일개신교 디아코니아 백서, 1998). 교회의 시대는 시작된 종말의 시대에 속한다. 이 시대의 교회는 그리스도의 모범을 좇아 종의 시대를 산다.

교회의 과제 중의 하나로서가 아니라 교회의 전 과제를 움직이는 신앙적 사상이 디아코니아이어야 한다. 그리스도는 섬기는 자, 디아코노스로 세상에 오기를 결정하시고, 디아코노스의 자리에서 출생하셨고, 디아코노스로서 사시고, 디아코노스의 죽음을 택하셨다. 그는 영광의 자리에서조차도 디아코노스로서 인간을 위하여 중보하시고, 심판날에 디아코노스들을 영화롭게 하신다. 왜냐하면 그는 디아코노스라고 자칭하셨으며 자신을 소자와 동일시하고 계시기 때문이다. 개신교신학은 만인제사장설에 입각해서 디아코니아에 그 신학적 발전을 위한 특별한 우위를 부여한다.

교회는 그리스도의 모습이 되어야 한다. 그리스도의 형상의 특징이 너무 적게 강조되고 있다. 각성된 개인이 아니라 새로운 공동체가 기독론적 중심을 입증한다. 그리스도를 닮음이 개인에게 관련된 것이 아니라 공동체에 관련해서 나타나는 것을 알아야 한다. 우리가 그를 흉내 내는 것이 아니라 그 본질이 우리를 소유함으로 이루어진다. 개인으로서 우리는 그리스도인이 될 수 있다. 그러나 우리는 그리스도인, 한 개인으로서 우리 자리에 돌아가는 것이 아니고, 한 몸의 지체로서 이제 살고 행동하는 것이다.

(4) 교 육

산책 중에 휠체어 밀어 주겠다는 아이에게 면허증이 있냐고 물어보았다. 당연한 것 아닐까? 휠체어의 높이를 보통 의자보다 조금 높게 제작하는 배려를 보았다. 눈높이가 낮으면 수세적인 감정이 생기기 때문이라고 그 이유를 밝혔다. 휠체어가 좋은 것은 오백만 원을 호가한다. 자동차 값과 비교하는가? 그것은 결코 비싼 것이 아니다. 색깔을 취향에 맞게 고르는 일 또한 당연한 부분에 속한다. 휠체어를 미는 사람과 휠체어를 탄 사람으로 이룬 한 조를 만났을 때 말을 건네는 사람은 장애인을 상대하는 것이 옳다. 이것은 모두 교육될 수 있고 교육으로 얻어지는 것들이다.

장애인이 겪는 구조적 문제의 해결을 위해서 장애인이 그들의 자녀를 건강하게 양육하고 교육시킬 수 있는 사회적 환경이 조성되는 것은 중요하다. 그것은 장애인 부모의 노후를 안정되게 만들 수 있는 하나의 방편이 되기도 하겠지만, 무엇보다 장애인의 자녀가 열악한 환경으로 인하여 장애를 얻게 되거나 아니면 사회적 약자로 전락하게 되는 사회적 불안 요소를 미연에 방지하는 일이 될 것이다. 장애인 사역에 아직도 일꾼이 부족하다는 사실이 우리를 동요시켜야 한다. 미래가 없는 현재를 사는 아이들에게 교회는 무엇을 준비해 놓고 있는가? "두려움을 없애는 것이 문제가 아니다. 그보다는 그 두려움이 동일한 가치가 있는 확신으로 보상되는 것이 중요하다." 바알을 붙잡은 교회나 아니면 단지 바알에 은밀히 눈길을 보내는 교회는 이 문제를 위해 사용할 수 있는 장비가 전혀 없다. 다른 이의 고유한 곤경을 얼마간이라도 함께 지고 가려는 사려 깊음과 준비됨은 그러나 이 일에 종사하는 자들, 가족들, 그리고 자녀들이 아마도 우리에게서 그런 생활양식을 경험하게 될 때 갖게 될 것이다(바흐). 목회자는 은사의 다양성을 방해해서는 안 된다. 반대로 성령에 의해 부여된 은사들을 공동체가 발견하도록 도와야 할 것이고, 그리스도의 몸의 지체들이 다양한 방식으로 봉사하도록 도와야 할 것이다(리마 예식서, 1982).

하나 된 공동체를 진정 원한다면, 장애인과 휴가 계획을 함께 세우는 것은 어떨까? 일상을 나눌 기회를 적극적으로 만들어 보자. 장애인들과 공동의 휴가 계획을 갖고 명절과 생일, 그리고 특별한 날들에 친교의 깊이를 하나님 나라를 경험하는 수준으로 높여 나갈 것이다. 이러한 과정들을 통해 봉사자들은 장애인들의 잠재력을 촉진시키고 서로 간의 대화를 통해 장애인을 통한 하나님 나라의 영광을 드높이는 일에 참여하게 되는 것이 아닐까? 교회의 시설은 어떠한가? 각 시설물에 접근권을 보장해야 한다. 그렇지 않은 교회는 '장애인 사절' 표지판을 붙인 것과도 같다. 집에서 장애를 극복하고 나선 교인을 교회가 다시 장애인으로 만들지 말자. 교회의 건축은 봉사에 적합한 형태로 이루어져야 한다. 교회 건물에서 이웃을 위한 건축이 인식되어야 한다. 대 교회당 형태보다는 적당한 크기의 예배당과 봉사관, 그리고 교육관들이 지역사회 곳곳에 배치되는 것이 좋을 것이다. 또한 교회는 교회의 모든 시설물을 장애인의 사용에 맞게끔 최대의 노력을 경주해야 할 것이다(박종삼, 2000). 교회의 시설물에 대한 배려 없이 장애인을 돕는다는 것은 "천사의 말을 할지라도 사랑이 없으면 울리는 꽹과리에 불과하다."

는 고린도전서 13장의 교훈에 해당하는 한국의 많은 교회에 울려 퍼지는 메시지가 되어야 한다. 그리고 시설이 구비될 수 없는 형편이면 인력이라도 배치해야 한다.

3. 장애인신학의 글을 맺으며

"나의 삶을 지배하는 생각이 나의 영성이다."라고 보스턴 대학교 신학대학원 학장 메리 무어는 말한다. 나를 지배하는 생각은 디아코니아적인가? 내게서 장애인은 우선권을 가지는가? 디아코니아는 사회 속에서의 그리스도교 신앙이다. 동시에 디아코니아는 교회의 존재와 삶의 표현인 것이다. 그것은 살아 있는 신앙이자 현존하는 사랑이기 때문이며 이 세상에서 영향력 있는 희망인 것이다(독일개신교협의회, 1998). 그러나 하나님 나라의 봉사는 선행을 위한 인간의 의지나 결단만으로 실천될 수 있는 것이 아니다. 실제로 하나님 나라의 봉사는 신령한 경험을 하는 교회의 예배자로부터 온다. 부활로부터 그 힘을 얻은 '새 생명'(롬 6:4)은 새날 이전에는 결핍 없는 삶이 아니고, 그보다는 '새로운 피조물'(고후 5:17)의 삶이다. 현재 우리 그리스도인들과 그리스도의 교회들은 "보장된 땅이 아닌 약속된 땅"[5]으로 가는 존재들이다. 장애는 불편하다. 그러나 장애가 삶의 기초를 해체할 수 없는 것이다. 부활로부터의 삶이 뜻하는 바는, 우리 인생의 기초가 우리가 우리로부터 만들 수 있는 것이 아니라 우리 모두에게 미치는 예수님의 부르심 "나를 따르라."로부터이다(바흐). 장애인신학은 디아코니아 신학의 범주 안에서 그리스도 복음의 본질을 제시하며 그리스도 교회의 본성을 밝히는 실천하는 신학이다. 대학의 신학은 디아코니아 신학에서 기독교 진리의 보화를 발견한다. 왜 381년 니케아-콘스탄티노플 신조는 하나의 거룩하고 보편적이며 사도적인 교회를 말하면서 봉사적(디아코니아) 교회를 빠뜨렸을까?

---

[5] 2008년 10월 15일 인사동 모란갤러리에서 열린 왜관 분도수도원 재건 모금 미술전 시회에서 수사의 기도 중에 언급됨.

2

장애인선교신학 정립을 위한 한 시도[1]

황홍렬 교수(부산장신대학교)

장애인선교신학은 장애인을 하나님의 형상대로 지음 받은
동일한 인간으로 보는 데서 출발한다.
장애 입은 채로 부활한 예수 그리스도에 대한 이해를 통해
참된 인간성이 장애와 공존할 수 있음을 보여 주며,
하나님 나라에서 장애 입은 몸과 장애 입은 그리스도의 몸인 교회 사이에
화해가 가능하다.

들어가는 말

우리나라의 등록 장애인은 「2011년 장애인조사실태」(보건복지부)에 의하면 268만 명으로 장애인 등록률은 93.8%이다. 그렇지만 인구의 10%가 장애인이라는 세계보건기구의 통계에 의하면 약 460만 명으로 추산된다. 2005년 현재 취업재가 장애인의 월평균 소득은 114만 9천 원이다. 장애 발생 원인별로 보면 선천적이거나 출생 시 장애를 입는 경우는 4.7%, 후천적 원인인 경우가 89%, 원인 불명이 6.3%로 대부분 후천적인 원인으로 장애를 입고 있다.[2] 유엔은 1975년에 '장애인권리선언'을 채택한 후 1981년을 '세계 장애인의 해'로 선포했다. 유엔은 1983년부터 1992년을 '유엔 장애인 10년'으로 선포했다. 아시아태평양경제이사회는 1993년부터 2002년까지를 '아시아태평양 장애인 10년'을 선포하고 행동 계획을 채택했다. 우리나라는 1981년을 '장애인의 해'로 선포하고, 4월 20일을 '장애인의 날'로 정했다. 정부는 1977년에 '특수교육진흥법'을 제정했다. 1981년에는 '심신장애자복지법'을 제정했다. 1989년에 '장애인고용촉진법'을 제정해 1991년부터 시행하고 있다. 2007년 4월 10일에는 '장애인 차별 금지 및 권리 구제 등에 관한 법률'이 공포되었다. 장애인차별금지법은 직접 차별, 간접 차별, 정당한 편의 제공 거부, 광고를 통한 차별 및 장애를 사유로 한 폭력을 차별 행위의 범위로 규정하고, 장애 아동의 보호자 또는 후견인, 기타 장애인을 돕기 위한 장애인 관련자와 장애인이 사용하는 보조견 및 재활기구 등에 대한 부당한 처우도 차별에 해당하는 것으로 규정했다.

유엔이 1975년 채택한 장애인의 권리 선언에 따르면 장애인은 '선천적으로 또는 후천적으로 신체적이거나 정신적인 능력에 결함이 있어 정상적인 개인생활이나 사회생활의 수요를 전체적이건 부분적이건 스스로 확보할

---

1) 이 글은 부산장신대학교, 「부산장신논총」 제8집(2008년), 211-247에 실린 논문 가운데 장애에 대한 성경적 이해 일부와 한국교회의 장애인선교와 장애인 이해를 생략하는 대신에 장애인선교신학의 일부를 추가했다.
2) 보건복지가족부, 「보건복지가족백서」(보건복지가족부, 2007).

수 없는 사람'이라고 정의했다. 이 글에서는 장애인 또는 장애를 입은 사람으로 표현하고자 한다. 장애인은 이미 사회적으로 널리 사용되기 때문에 여기서 사용하려 한다. 그런데 한 인간을 '장애'라는 시각에서만 접근하는 데 문제가 있어 '장애를 입은 사람'과 병행하려 한다.

한국교회 일부 총회는 장애인주일도 제정해 지키고 있지만, 대부분의 교회들은 장애인에 대한 관심이 지극히 적은 편이다. 예배당 건물을 비롯한 교회시설에 대한 장애인 접근성은 물론이고, 장애인에 대한 이해도 일반인들과 큰 차이가 없고 오히려 부족한 교회나 교인들도 많다. 장애인신학이나 장애인선교신학에 대한 본격적인 글도 많지 않다.[3] 이 글은 장애인선교신학의 정립을 위한 한 시도로서 1장에서 장애인에 대한 성경의 양면적 이해를 살펴보고, 2장에서 세계교회협의회와 로마가톨릭교회, 한국교회의 장애인 이해를 개괄하려 한다. 3장에서 장애인선교신학 정립을 위해 장애인선교신학의 기초로서 삼위일체론을 제시하고, 장애인선교의 목적으로서 하나님의 나라를, 장애인선교를 위한 교회론으로 장애 입은 예수 그리스도를 머리로 하는 지체공동체 교회론, 주변성의 주변으로서의 장애인교회론을, 장애선교신학의 방법으로서 하나님의 선교를 제시하고자 한다. 이러한 방법을 통해 장애인선교신학 서설을 정리하고자 한다. 장애인신학에 대한 모색이나 장애인선교신학에 대한 시도 자체가 찾기 어려운 상황에서 나름대로 이러한 시도가 의의가 있다고 본다. 그렇지만 한국의 장애인 현실이나 한국교회 장애인 현실에 대한 정확한 이해가 부족한 상황에서 이러한 시도 자체는 한계가 있을 수밖에 없다. 앞으로 장애인 기독교인의 사회 전기나 심층면접, 또는 장애인 신학자와 또는 장애인 그리스도인과의 공동 연구를 통해

---

3) 박정세, "장애인선교서설-장애인에 대한 성서 및 신학적 이해를 중심으로," 연세대 연합신학원, 「현대와 신학」 제22집(1997), 148-172 ; 홍기영, "장애인선교와 인간회복," 나사렛대, 「지성과 창조」 제3호(2000), 135-162 ; 채은하, "구약성서의 제3세계인, 장애인과 그 신학의 모색," 한일장신대기독교종합연구원 외, 「지구화 시대 제3세계의 현실과 신학」(서울 : 한들출판사, 2004), 40-58 ; 이계윤, 「장애인선교의 이론과 실제」(서울 : 한국특수교육연구소출판부, 1996), 안교성 지음, 「장애인을 잃어버린 교회」(서울 : 홍성사, 2003).

보완되어야 할 것으로 생각한다.

1. 장애인과 성경

시각장애인인 영국의 저명한 기독교교육 신학자인 존 헐은 자신의 체험을 바탕으로 성경 해석을 모아 책으로 발간했다.[4] 이 책에는 장애에 대해 부정적 해석만 있는 것이 아니라 긍정적 측면도 있음을 제시했다. 중요한 것은 존 헐이 거기에 대해 신학적 해석을 했다는 점이다.

1) 장애에 대한 성경의 이해

성경에는 장애인에 대해 부정적으로 기술한 구절도 많지만, 장애인에 대해 긍정적으로 기술한 구절도 많다. 장애인에 대해 성경의 부정적 입장을 분류하면 첫째, 장애인(피부병 환자)은 제의적으로 부정하기 때문에 예배에서 제외되고 공동체로부터 격리되어야 한다. 장애는 도덕-윤리적 실패의 증거이기 때문이다. 하나님의 이름으로 피부병 환자에 대해 합법적으로 가해진 억압적 태도와 차별은 장애인 전체에 대한 구약성경의 일반적 이해이다.[5] 둘째, 장애를 죄와 연관된 것으로 보는 태도이다. 중풍병자의 치유는 죄 용서와 관련이 있다(막 2 : 1-12). 베데스다 못에서 38년 된 병자를 고쳐 주신 후 예수님은 그에게 다시는 죄를 짓지 말라고 하신다(요 5 : 2-15). 셋째, 장애인을 소외되고 무능력한 불쌍한 존재로, 돌봄의 대상으로 보는 태도이다.[6] "너는 말 못하는 자와 모든 고독한 자의 송사를 위하여 입을 열지니라"(잠 31 : 8). "또 비유로 말씀하시되 맹인이 맹인을 인도할 수 있느냐

---

4) John M. Hull, *In the Beginning There was Darkness*(London : SCM Press, 2001).
5) 채은하, "구약성서의 제3세계인, 장애인과 그 신학의 모색," 한일장신대 기독교종합연구원, 기독교연구소 등, 「지구화 시대 제3세계의 현실과 신학」(한들출판사, 한일장신대학교출판부, 2004), 43-47.
6) 박정세, "장애인 선교 서설," 연세대 연합신학원, 「현대와 신학」 제22집(1997), 154.

둘이 다 구덩이에 빠지지 아니하겠느냐"(눅 6 : 39).

성경에 나타난 장애인에 대한 긍정적 입장은 첫째, 장애인도 하나님의 구속사에 참여하는 자들이다.[7] 종말에 장애인들이 듣고 보게 되며(사 29 : 18), 구원받는 자들 가운데 장애인이 포함되며(렘 31 : 8), 그날에 장애인들이 남은 백성이 되어 구원을 받으며(미 4 : 6-7), 하나님 나라의 잔치에 장애인들이 참여하게 된다(눅 14 : 21). 둘째, 장애(앞을 못 봄.)를 신앙의 모델로 여겼다. 히브리서 11장에 나오는 믿음의 조상들 상당수가 일시적이든, 영구적이든, 나이가 들어서든 시각장애를 체험했다. 믿음의 조상들에게 중요한 것은 육체의 눈이 보이고 안 보이고가 아니라 하나님의 현존 앞에서 우리 인간들은 모두 시각장애인 같다는 점이다. 왜냐하면 하나님을 우리 눈으로 볼 수 없기 때문이다. 존 헐은 "우리가 아니면 그들로 온전함을 이루지 못하게 하려 하심이라"(히 11 : 40 하)는 구절을 시각장애인들은 특별한 방식으로 하나님의 형상을 지니고 있기 때문에 볼 수 있는 사람들은 시각장애인 없이는 온전해질 수 없다고 해석했다. 신앙생활은 이러한 다양함으로 이뤄진다.[8] 셋째, 창조 기사에 의하면 하나님은 어두움/볼 수 없음(blindness)을 축복하셨고 거룩하게 하셨다. 성경이 비록 앞을 보는 자들에 의해 기록되었고, 하나님을 볼 수 있는 분으로 묘사하는 구절이 많지만, 하나님은 빛과 어두움을 창조하시고 그 둘을 모두 축복하시며 보시기에 좋다고 하셨다. 처음에 어두움은 두려운 심연처럼 그려졌지만 다음에는 형태가 없는 무(無)로, 그리고는 하루라는 날 안에 자리를 잡고 '밤'이라는 이름을 갖게 되었다. 그리고 하나님께서는 좋다고 하시고, 일곱째 날에는 복되고 거룩하게 하셨다.[9] 넷째, 장애인의 치유를 통해 종말론적 공동체를 형성하며, 이 사회에서, 율법에서 낙인찍힌 사람들까지도 하나님의 나라에 포함시킴으로써 장애인들이 하나님 나라 성취의 시금석이 된다.[10] 나면서부터 눈먼 사람의 치유 사건

---

7) Ibid., 154-155.
8) John M. Hull, *In the Beginning There*, 141-145.
9) Ibid., Introduction, 1-3.
10) 채은하, 「지구화 시대 제3세계의 현실과 신학」, 53-56.

(요 9 : 1-41)이나 수로보니게 여인의 딸을 고치신 사건(막 7 : 24-30)은 장애인 치유를 통해 장애인들을 가정으로 회복시킬 뿐 아니라 종말론적 공동체가 형성되고, 하나님 나라를 미리 보여 주고 있다. 하나님 나라의 도래에서 장애인이 중요한 기준이 된다는 점이다.

비록 성경에는 장애인에 대한 부정적 구절도 많이 나오지만 그러한 태도들과 판단들은 당시의 문화나 종교와 긴밀한 관련이 있다. 성경의 장애인에 대한 부정적 태도들은 오늘 우리의 상황에서 재해석해야 하며, 그러한 구절들에 대한 신학적 해석들에 의하면 반드시 부정적인 것만은 아니다. 오히려 성경의 하나님 이해는 시각성을 넘어야 함을 배우게 되었다. 하나님은 인간의 눈으로 볼 수 있는 분이 아니기 때문이다. 바꿔 말하면 우리 인간은 모두 하나님 앞에서는 시각장애인과 같다. 이러한 시각은 믿음에 대해 새로운 이해를 제공할 것이다. 그런데 성경에 나오는 장애인들 중 상당수는 치유가 되었다. 그러면 치유되지 못하는 장애인의 존재는 하나님의 나라와 무슨 관계가 있는가? 이 글의 나머지 부분에서는 이러한 질문에 대답하고자 한다.

2. 장애인에 대한 교회의 이해

1) 세계교회협의회의 장애인 이해

세계교회협의회는 1968년에 열린 제4차 총회 이후 교회와 사회의 바람직한 관계를 총회 주제인 "교회 일치와 인류의 갱신"이라는 관점에서 보기 시작했다. 교회는 스스로를 보다 포괄적인 공동체로 이해하게 되었다. 교회 안에 장애인을 포함시키려는 관심이 일어난 것은 1971년 루뱅에서 열린 신앙과 직제대회에서였다. 이 대회는 예수 그리스도의 연민의 시각에서 장애인에 대한 봉사를 신학적으로 반성했다. 이후부터 세계교회협의회는 장애인을 선교 의제에 포함시켰다. 1975년 제5차 총회에서 세계교회협의회는 장애인에게 호의를 갖고 교회 봉사와 프로그램에 포함시킬 것을 회원교회들에게 요청했다. 1977년에 세계교회협의회는 장애인 관련 특별 팀을 두어서 독일과 브라질에서 회의를 개최했다. 1978년부터 기독의료위원회(the Christian Medical Commission)는 "건강, 치유와 온전성"이라는 주제로 7개의 지역에서 대회를 개최했다.[11]

1980년에 프랜시스 마틴이 장애인 관련 자문관으로 임명되어 유엔국제장애인의해를 맞이해 회원교회들이 장애인 의식을 고취하게 했다. 1983년 뱅쿠버에서 열린 제6차 총회에는 21명의 장애인이 참석했다. 이것은 이제까지 열린 총회 가운데 가장 많은 수의 장애인이 참석한 것이었다. 1984년에는 장애인 담당 전임 간사를 두었다. 이후 7년 동안 교회의 장애인 의식을 고양시키기 위해 노력했다. 그렇지만 1991년에 세계교회협의회의 재정난으로 간사직을 유지하지 못하게 되었다. 이전처럼 장애인 담당 특별 팀이 구성되어 1994년까지 일했다. 그 이후 상담을 맡은 간사를 두어 특별 팀의 도움을 받아 장애인 관련 업무를 감당하게 했지만 1996년에 이르러 업무를 계속할 수 없었다. 이후부터는 특별 팀이 업무를 맡았는데, 그들이 한 중요한 일은 1997년 장애인에 대한 중앙위원회의 성명서 초안을 만든 일이었다. 이 성명서는 세계교회협의회가 회원교회들에게 보내 장애인들을 교회의 구성원으로 적극적으로 포함하는 문제를 고려하게 한 첫 번째 성명서였다. 1998년 제8차 총회는 여러 지역 출신의 장애인 10명을 장애인 관련 업무를 위한 고문으로 위촉했다. 이들은 에큐메니칼 장애 옹호 네트워크(Ecumenical Disability Advocates Network, EDAN)를 구성하여 각각의 지역에서 장애인 관련 업무를 발전시켜 가도록 했다.[12]

세계교회협의회는 이 네트워크를 정의, 평화, 창조 팀(Justice, Peace and Creation)의 맥락에 둠으로써 장애 문제를 정의의 문제로 보는 시각을 분명히 했다. 이 네트워크의 사명은 장애인의 포함, 참여와 권리 준수를 옹

---

11) Samuel Kabue, "Trends in Disability Politics" in Arne Fritzson and Samuel Kabue, *Interpreting Disability : A Church of All and for All*(Geneva : WCC Publications, 2004), 57-58.
12) Ibid., 58-59.

호하는 것이었다. 이 네트워크가 신앙과 직제위원회의 도움을 받으며 3년 간 준비한 결과 나온 것이 "모든 사람으로 구성된, 모든 사람을 위한 교회"(A Church of All and for All)라는 새로운 임시 성명서였다. 이 성명서는 회원교회들을 모두가 환영받는 하나님의 잔칫상에 참여하게 하는 여행으로 초대하는 것이었다. 이 성명서는 종합적인 문서가 아니라 장애인과 관련한 중요한 신학적 주제들에 대한 통찰이나 강조점들을 제공하고 있다. 이 성명서는 2003년 8월 세계교회협의회 중앙위원회에서 받아들여졌다.[13]

2) 로마가톨릭교회의 장애인 이해

미국 가톨릭 주교들의 장애인목회성명서가 1978년에 나왔다. 주교들은 예수님이 가난한 자들에게로 왔으며, 교회는 예수님의 본을 따라 장애인들에게 관심을 갖고 섬겨야 한다고 했다. 그들은 교회가 장애인에 대한 자선과 장애인을 보호해 주는 돌봄으로부터 장애인의 존엄성과 가치를 인식하는 데로 초점을 변화시켜야 함을 역설했다. 그런데 이 성명서의 가장 중요한 측면은 장애인을 교황 요한 23세의 회칙인 '지상의 평화'(Pacem in Terris, 1964년)에 설정한 점이었다. 이 회칙은 질서 있는 생산적인 공동체에서 모든 인간은 한 인격체라는 점이 근본적인 원칙임을 밝히고, 모든 인간은 자신의 본성에서부터 나오는 권리와 의무를 지니며, 이러한 권리는 보편적이며, 침범할 수 없고, 양도할 수 없다는 점을 천명했다. 이런 입장에서 주교들은 선한 의지를 갖고 활동하는 자들에게 장애인에 대한 태도를 다시 점검하고, 그들의 복지를 증진시키며, 주께서 원하시는 정의와 공감의 태도로 대할 것을 촉구했다. 장애인들이 비장애인들에게 바라는 것은 부인될 수도 없고 간과될 수도 없는 비장애인과의 차이를 수용하는 것이다. 장애인에 대한 어떤 자선이나 정의로운 행동도 낯설음이라는 장벽을 뚫으며, 모든 차이 속에 있는 공통된 인간성을 확증하는 사랑과 이해와 신실함에 의거하지 않으면 전혀 가치를 지닐 수 없다. 교회는 육체적, 정신적 장애인을 포함한

---

13) Ibid., 60-62.

소외된 사람들을 자신에게로 온전히 통합시킬 때 자신의 참된 정체성을 발견하게 된다. "장애인들은 인생의 의미에 대해 특별한 통찰을 가져온다. 왜냐하면 그들은—아마도 나머지 우리들보다 더—십자가의 그늘 속에 살기 때문이다." 장애인들은 지역사회가 장애인들에게 적용하는 과정에 자문을 할 수 있고, 해야만 한다. 그래서 휠체어가 다닐 수 있도록 수많은 굽은 길들을 고쳐야 한다. 이 성명서에서 가장 흥분되는 대목은 장애에도 불구하고 성직 안수나 종교적 활동을 위해 자격 있는 후보들을 교회가 수용하기로 한 결정이다.[14]

그러나 미국 가톨릭 주교들은 1986년에 경제 목회 서신을 내면서 장애인들이 경제적 요구와 관련해 특별히 관심을 갖고 다뤄야 할 집단임을 인식하는 데 실패했다. 미국에서 장애인 가운데 실업률이 80%나 되며, 직장을 다녀도 불완전 취업이나 저임금인 경우가 많다. 요셉 샤피로는 장애인을 시설에 수용하는 것보다는 취직을 시켜 일하게 하는 것이 훨씬 비용이 적게 든다는 것을 여러 가지 통계를 통해 제시했다.[15]

교황 요한 바오로 2세는 여러 교서를 통해 교회가 장애인에 대한 올바른 태도를 갖고 섬겨야 할 것을 강조했다. 교황은 1981년 봄 미국취업장애인전국연합대회에서 회원들이 사회적 삶에 재통합됨으로써 외로움과 도덕적 낙담으로부터 해방되어 그들에게 필요한 인간관계를 시작하게 된 것을 축하했다. 그는 모든 인간은 인간적, 사회적, 영적 존엄성을 보장받아야 한다고 했다. 장애 때문에 오는 모든 개인적 고통은 그의 존엄성과 가치를 아는 데 도움이 되도록 해야 하며, 장애인이 가족과 지역사회의 진보와 선을 위해 기여할 수 있도록, 기여해야만 하도록 하기 위해 그에게 기대되는 무언가 중요한 것이 있음을 깨달을 수 있도록 도움이 되어야 한다. 1984년 교황은 캐나다 퀘벡에 있는 프랑소와 샤롱 재활 센터에서 장애인들은 완전한 인간 존엄성을 지녔음을 강조했다. "장애인은 타고난, 거룩한, 침범할 수 없는

---

14) Elizabeth J. Browne, *The Disabled Disciple : Ministering In A Church Without Barriers*(Liguori, Liguori Publications, 1997), 51-54.
15) Ibid., 55.

수반된 권리를 완전한 의미에서 지닌 인간 주체이다. …… 우리는 사회생활의 모든 국면에서, 모든 가능한 수준에서, 가정에서, 학교에서, 직장에서, 지역사회에서, 정치와 종교에서, 장애인들의 참여를 촉구해야 한다."[16]

장애인목회성명서 10주년을 기념하면서 주교들은 1988년에 "축하와 도전"이라는 성명서를 발표했다. 이 성명서는 장애인들에게 오랫동안 금지되었던 제단에 대한 봉사나 성직 안수에 장애인 후보들을 환영할 뿐 아니라 격려했다. "만약 장애인들이 (교회생활에) 적극적 참여가 금지된다면 교회 공동체는 불완전하다고 우리는 선언한다. 우리는 전국의 교회 지도자들에게 정신과 마음의 회심을 격려할 것을 촉구함으로써 장애인들이 그리스도의 몸의 완전한 지체로서 예배와 모든 단계의 봉사로 초대되게 하려 한다." 가톨릭 주교들은 1995년에 장애인성례전지침서를 발표했다. 이 지침서는 장애인이 교회 건물과 프로그램에 접근 가능한 것으로는 부족하다고 했다. 장애인들이 예배와 성례전에 완전히 참여하는 길을 구체적으로 제시했다.[17]

3. 장애인선교신학 정립을 위한 시도

1) 장애인선교의 신학적 기초로서의 삼위일체론

성부 중심의 신 이해는 가부장적, 온정주의적이 되고, 성자 중심의 신 이해는 수평적 관계만 강조해서 파시즘이나 빅브라더를 낳을 수 있으며, 성령만 중시하는 신 이해는 내면만 추구하는 주관성과 개인성에 빠질 위험이 있다.[18] 뿐만 아니라 이성의 위기의 시대인 현대에 전통적 삼위일체 교리는 많은 사람들에게 설득력을 상실했다.[19] 이런 시대에 삼위일체에 대한 올바른 접근은 이성의 논리나 호기심이 아니라 구원의 신비로 보는 방식이다.

---

16) Ibid., 56-57.
17) Ibid., 59-61.
18) Leonardo Boff, trans., by Paul Burns, *Trinity and Society*(Maryknoll, New York : Orbis Books, 1988), 13-15.
19) Ibid., 112.

삼위일체는 인간의 존재와 우주와 인생의 궁극적 구조를 조명해 주는 것으로 보아야 한다.[20] 보프의 삼위일체에 대한 핵심 주장은 삼위 하나님의 기원은 동시적이고, 삼위 하나님의 교제와 상호 침투는 영원히 공존한다는 것이다.[21] 톨레도 공의회는 삼위일체의 핵심인 페리코레시스(Perichoresis, 상호 내주)에 대해서 삼위 하나님이 존재에 있어서, 활동에 있어서 서로 불가분 관계에 있다고 했다. 몰트만은 삼위일체 하나님이 하나님의 주권보다 우선한다면서 하나님의 주권은 밖을 향한 삼위일체 하나님의 활동뿐 아니라 안을 향한 삼위일체 하나님의 활동을 통해 구현된다고 했다.[22] 밖을 향한 삼위일체 하나님의 활동은 아버지와 아들이 하나인 것처럼 믿는 자들도 하나가 되게 해달라는 예수님의 기도(요 17 : 21), 유대인과 헬라인, 종과 자유인, 남자와 여자로 갈라진 공동체의 분열 극복(갈 3 : 28), 자기를 내어줌의 경제(행 4 : 32), 그리고 만유의 주로 만유 안에 계심(고전 15 : 28)으로 완성되어 간다.[23] 이러한 밖을 향한 삼위일체 하나님의 활동은 안을 향한 삼위일체 하나님의 활동에 의존한다. 바꿔 말하면 내적 삼위일체 하나님은 바깥으로 향해 열려 있어 인간과 피조물을 신적 사귐으로 들어오도록 초대한다. 그러므로 삼위일체 하나님의 사귐은 삼위일체 하나님의 이미지와 형상으로 사회를 개선하고 세우기를 꿈꾸는 사람들에 의해 평화공동체의 원형이 된다. 따라서 삼위일체 하나님은 정의롭고 평등한 사회조직을 위한 모델이 될 수 있다.[24]

삼위일체 신론의 핵심은 삼위 하나님이 영원한 교제로 인해 한 분 하나님이 되게 한다는 주장이다.[25] 이처럼 삼위일체의 핵심은 삼위 하나님의 교제와 연합에 있으며, 이를 페리코레시스(Perichoresis)로 표현한다. 페리코

---

20) Ibid., 19.
21) Ibid., 142.
22) 위르겐 몰트만, 김균진 역, 「삼위일체와 하나님의 나라」(서울 : 대한기독교출판사, 1993), 119.
23) Leonardo Boff, *Trinity and Society*, 148.
24) Ibid., 6-7, 11.
25) Ibid., 145.

레시스는 각각의 한 분 하나님은 다른 두 분 하나님을 포함하며, 한 분 하나님은 다른 하나님에게로 관통하며, 그분들에 의해 관통되며, 한 분 하나님은 다른 하나님 안에 거하며 역도 성립한다는 것을 뜻한다.[26] 삼위 하나님은 존재와 활동에서 불가분리적이라는 톨레도 공의회의 주장에 페리코레시스가 한마디로 요약되어 있다. 삼위일체의 페리코레시스적 특징은 첫째, 모든 실재의 궁극적 기초는 존재의 차이를 수용하게 하고, 모든 존재들로 하여금 열린 실재로 나아가게 한다는 데 있다. 둘째, 삼위 하나님은 서로에게 환원될 수 없다. 셋째, 삼위 하나님은 영원한 교제 가운데 거하신다. 넷째, 삼위의 관계 속에 하나의 질서가 있다.[27] 기독교의 하나님은 삼위일체 하나님, 하나의 교제, 그리고 삼위일체적 공동체로 표현된다.[28]

장애인선교는 장애인과 비장애인 사이에 막힌 담을 십자가로 헐고, 그리스도 안에서 새사람이 되고, 하나님의 단일한 백성이 되어 하나님의 나라를 이 땅에 이루는 데 기여하는 것이다. 이 담을 헐기 위해서는 엄청난 갈등과 투쟁, 수고와 희생이 따른다. 무엇보다 중요한 것은 장애인선교를 담당하는 그리스도인들과 장애인들 자신의 변화가 우선될 때 비장애인들의 변화가 일어날 것이다.[29] 이러한 변화의 기초가 삼위일체 하나님의 사랑의 사귐에 근거하고 있다고 보아야 한다. 삼위일체 하나님의 사귐에 근거한 장애인과 비장애인 신앙공동체의 삶과 활동은 실용적 사고의 일면성을 극복하고, 실천을 행동주의로부터 해방시키며, 지배로 인도하는 거짓 지식을 사귐으로 인도하는 참된 인식으로 대체할 수 있다.[30] 참된 교회는 하나님과 화목하고, 피조물과 화목한 공동체일 뿐 아니라 삼위일체 하나님의 사귐을 근거로 하며 거기에 참여하는 공동체이어야 하기 때문이다. 선교 활동은 하나님 나라의 표징공동체(sign community)[31]라는 존재에 의존

---

26) Ibid., 5.
27) Ibid., 139-140.
28) Ibid., 133.
29) 황홍렬, "타자와 만남의 선교론," 「한반도에서 평화선교의 길과 신학-화해로써의 선교」(서울 : 예영 B & P, 2008), 19-34를 참조하시오.
30) 몰트만, 「삼위일체와 하나님의 나라」, 21.

하는데, 이 존재는 다시 삼위일체 하나님의 사랑의 사귐이라는 모델에 기초한다.

2) 장애인선교의 목적으로서의 하나님의 나라

(1) 장애인과 하나님의 형상

모든 인간이 하나님의 형상으로 지음 받았다는 것이 성경의 인간관이다. 그런데 장애인도 하나님의 형상으로 지음 받았는가 하는 것이 장애인선교에서 중요한 질문이다. 장애인을 '선교의 대상'이나 '자선이나 시혜의 대상'으로만 보는 것과 다른 모든 인간과 동일하게 하나님의 형상으로 지음 받았다고 보는 것은 전혀 다른 선교 접근 방식을 취하게 할 것이기 때문이다. 제2차 세계대전 중 독일의 히틀러는 장애인들을 안락사 시키려 했다. 그런데 베에텔에 있는 한 장애인시설의 소장 보데르슈빙크 2세 목사는 "장애인을 살해하려면 먼저 우리들을 죽여라."면서 거세게 저항했다. 이러한 저항에 나치는 거기에서는 장애인들을 죽일 수 없었다. 이러한 이야기에는 장애인에 대한 두 가지 전혀 다른 이해가 반영되어 있다. 히틀러의 장애인관은 '살 가치가 없는 자'로 인간의 능력을 중심으로 본 반면에, 보데르슈빙크 목사는 장애인을 자신과 동일하게 하나님의 형상대로 지음 받은 인간으로 보았다. 1970년대에 이곳을 방문했던 구마자와 요시부 목사는 안내인이 나치 시대에 살아남은 한 장애인을 가리켜 "이 사람이야말로 베에텔의 보물이다."라고 한 것을 들으며 다음과 같은 이야기를 전했다. 구마자와 목사는 장애인신학이 이러한 능력주의적 인간관에 도전해야 한다면서 능력주의가 인간의 죄라고 규정했다. 장애인신학은 능력주의적 인간관을 극복하고 장애인이라는 존재 자체를 하나님의 형상으로 보는 존재의 신학이어야 한다고 했다.[32]

---

31) Juan Luis Segundo, trans., by John Drury, *The Community Called Church* (Maryknoll, New York : Orbis Books, 1973), 77-86.
32) 구마자와 요시노부, "존재의 신학으로서 장애인신학," 일본인 NCC 장애인과 교회

그런데 히틀러 시대의 능력주의는 어떤 능력을 중시하는 것인가? 전쟁을 수행할 수 있는 능력이다. 그렇지만 그 이외의 다른 여러 능력, 특히 지적 능력을 중시하는 태도도 있다. 하나님의 형상을 주로 지적 능력으로 이해하는 태도가 있다. 이러한 태도 이면에는 영혼과 육체를 구별하여 육체는 신적인 것을 표상할 수 없고, 이성과 영혼만이 하나님을 표상할 수 있다는 이분법적 사고, 엘리트주의적 사고가 있다. 이러한 사고는 하나님의 형상으로 지음 받은 인간은 모두가 완전해야 한다는 편견을 만들어 내고 있다. 이러한 편견은 근대 개인주의의 성공지향적 가치관과 긴밀한 관련을 갖고 있다. 이러한 사고는 인간을 육체와 정신, 영혼 모두를 지닌 것으로 보는 성경적 인간관에 어긋난다. 뿐만 아니라 그리스도가 진정한 하나님의 형상이며 우리는 그리스도 안에 있을 때 하나님의 형상 안에 거하게 된다. 그런데 예수 그리스도는 십자가를 지면서 장애를 입었다. 따라서 기독교신학은 첫째, 성공, 권능, 완전을 비판해야 하고, 약함, 부서짐, 연약함을 존중해야 한다. 기독교신학은 하나님의 형상을 기독론과 구원론의 관점에서 해석해야 한다. 둘째, 기독교신학은 하나님의 형상을 이해하기 위한 패러다임으로서 그리스도의 몸을 비엘리트주의적, 포괄적 이해의 관점을 지녀야 한다. 셋째, 장애 경험으로 공헌할 수 있는 장애인들을 온전히 교회로 통합시키지 못하면 교회는 하나님께 온전히 영광을 돌리지 못하고, 하나님의 형상 안에 거한다고 주장할 수 없게 된다. 만약 장애로 인해 누군가가 교회로부터 제외된다면 그리스도의 몸을 완전히 하도록 하나님이 주신 달란트를 사용하지 못하게 될 것이다. 하나님이 의도하신 대로 아름다운 모자이크를 함께 만들어야 한다.[33]

장애와 관련하여 하나님의 형상을 회복하기 위해서 장애를 지닌 인간과

문제위원회 편, 한국기독교교회협의회 장애인운동위원회 역, 「장애인신학의 확립을 지향하여」(서울 : 한국기독교교회협의회, 1994), 15-23.
33) WCC, "A Church of All and For All : An Interim Statement," in Arne Fritzson and Samuel Kabue, *Interpreting Disability : A Church of All and for All*, 70-73(para. 22-32).

장애를 지니지 않은 인간 모두 해결해야 할 과제가 있다. 우선 장애를 지닌 인간은 비장애인이 만든 장애인을 차별하는 사회적 제도나 법, 의식 등으로부터 해방되어야 한다. 이러한 해방 활동의 주체는 장애인이어야 하고, 이차적으로 비장애인이어야 한다. 장애인들은 하나님을 믿는 신앙 안에서 이러한 변화가 일어날 것을 확신해야 한다. 비장애인들이 장애인을 돕는 것은 섬기는 사랑으로 해야지 두려움에서 비롯되어서는 안 된다. 즉, 섬기는 사랑으로 장애인을 돕는 비장애인들은 장애인들이 지닌 가치를 인정하고, 장애인의 삶을 존중한다. 섬기는 사랑의 일부는 지혜다. 장애인을 섬길 때 사랑, 책임, 돌봄은 장애인의 독립을 위해 제한을 받아야 한다. 즉, 장애인이 스스로 일어서서 독립할 수 있을 때 비장애인들은 장애인에 대한 책임과 사랑과 돌봄을 거두고 그들을 존경하며 함께 나아가야 한다. 즉, 장애인이 필요로 하는 돌봄과 섬김을 할 때와 장애인이 독립하여 일어서기 때문에 존경하는 때를 구분하는 지혜가 비장애인에게 필요하다. 비장애인은 장애인과의 직접적 만남을 통해 장애인에 대한 두려움을 극복해야 한다. 비장애인은 장애인과의 만남을 통해 건강, 아름다움, 성취와 관련한 기존 생각이 비인간적임을 깨달아야 한다. 왜냐하면 기존 관념은 인간의 약함을 인정하지 않기 때문이다. 비장애인은 이기주의와 두려움이 가득 찬 자기 증오로부터 해방되어야 한다.[34]

(2) 장애와 하나님

우리는 1장에서 장애에 대한 긍정적 이해를 다루면서 장애인들은 하나님의 구속사에 적극적으로 참여함을 언급했다. 창조 기사에서 어두움도 축복하시고 거룩하게 하셨다고 했다. 시각장애가 신앙의 모델이 될 수 있음도 지적했다. 이처럼 창조와 구속사에서 장애의 긍정을 시사하거나 장애인의

---

34) Jürgen Moltmann, "Liberate Yourselves by accepting Ona Another," in Nancy L. Eiesland and Don E. Saliers(eds.), *Human Disability and the Service of God : Reassessing Religious Practice*(Nashville : Abingdon Press, 1998), 107-114.

참여를 알게 되었다. 그리고 장애인의 치유를 통해 가정이, 공동체가 회복될 뿐 아니라 종말론적 공동체가 형성되어 하나님 나라를 미리 보여 준다. 하나님 나라의 도래에서 장애인이 중요한 기준이 된다. 이처럼 장애는 하나님 이해와 하나님 나라 이해에 반드시 필요하다.

그리스도인들이 믿고 예배드리는 하나님은 성육신하셨을 뿐 아니라 십자가에 달리신 하나님이시다. 우리의 하나님은 십자가에 달리셨던 연약함을 지니신 하나님이요, 상처를 입으신 하나님이시다. 그리스도는 십자가 죽음으로부터 상처를 지닌 채 부활하셨다. "우리 역시 그리스도를 우리의 상처 속에서 발견하며, 우리의 연약함 속에서, 그리고 우리에게 주어진 삶을 살아가는 용기 속에서 그의 현존을 식별한다."[35] 사도 바울 역시 자기 육체 속에 있는 가시에 대해 고백할 때 "내 능력이 약한 데서 온전하여짐이라"(고후 12 : 9)는 계시를 소개했다. 사도 바울은 "우리가 이 보배를 질그릇에 가졌으니 이는 심히 큰 능력은 하나님께 있고 우리에게 있지 아니함을 알게 하려 함이라"(고후 4 : 7)고 했다. 이를 세계교회협의회의 성명서는 "보물이 평범함 속에 감춰져 있고, 하나님의 형상이 평범한 인간존재 안에 감춰져 있다."[36]고 해석했다. "부서진 몸을 통해 은혜를 약속하시는 장애 입은 하나님이 경건, 기도, 실천, 선교의 중심에 계신다."[37] 따라서 장애인 목회는 "하나님의 형상보다는 세상의 형상이 우선권을 지닌, 이상적인 완전함이 존중되고 약함이 비판받는, 좋은 점만 부각되고 실패는 숨겨지는 우리의 문화에 대해 도전"해야 한다. "우리의 목회는 우리 삶 속에서 십자가의 중심성과 십자가가 눈에 보임을 증거하는 것이다."[38] 모든 신학은 도상의 신학(theologia viatorum)이다. 장애와 관련해 하나님의 미래에 열린 방식으로 하나님, 신앙, 삶에 대한 신학의 진술은 도전받게 된다. 왜냐하면 장애에

---

35) Ibid., para. 59.
36) Ibid., para. 62.
37) Rebecca S. Chopp, *Foreword*, in Nancy L. Eiesland, *The Disabled God : Toward a Liberatory Theology of Disability*(Nashville : Abingdon Press, 1994), 11.
38) WCC, *Interpreting Disability : A Church of All and for All*, para. 63.

대한 신학적 이해는 하나님의 미완성의 구속사라는 맥락에서 전개되기 때문이다.[39]

(3) 장애를 입은 예수 그리스도

성자 하나님은 이 땅에 육신을 입고 오시되 양들로 생명을 얻고 더 풍성히 얻게 하기 위해 오셨다(요 10 : 10). 이를 위해 예수님은 십자가를 지셨다. 그러나 십자가에서 부활하신 예수님을 만나면서 제자들은 그의 손상된 손과 발을, 창에 찔린 허리를, 장애 하나님을 보았다. 여기서 놀라운 것은 부활이 인간이 지녔던 상처를, 장애를 제거하지 않았다는 사실이다. 장애를 입은 예수 그리스도는 새로운 인간성의 계시자이다. 왜냐하면 참된 인간됨이 장애 경험과 완전히 공존할 수 있는 현실을 보여 주셨기 때문이다. 이제 장애를 입은 예수 그리스도는 장애를 개인의 죄의 결과로 받아들이는 것을 거절하신다. 장애인에 대한 불의가 진짜 죄이다. 장애를 입은 예수님은 육체 속에 성육신 된 기존의 사회적, 상징적 질서들—장애인을 '비정상'으로 여기고, 비장애인을 '정상'으로 보게 하는—을 혼란에 빠뜨리면서 손상된 몸처럼 '정상적' 몸도 우연에 종속됨을 확증하신다. 그러므로 우리의 몸은 장애를 입었다고 해서 불의와 죄에 포섭될 수 없다. 장애를 입은 하나님으로서 예수 그리스도는 장애인에 대한 기존의 기독교 상징, 은유, 제의, 교리를 재고하게 만들며, 장애인에 대한 대안적인 상징의 원형을 제공한다. 그리스도의 부활은 비전통적인 몸—장애를 입은 몸—도 하나님의 형상에 온전히 참여할 수 있으며, 사랑과 정의와 연대의 하나님을 만날 수 있다는 희망을 제공한다. 이제 예수 그리스도의 상징인 장애를 입은 하나님은 장애인들과 함께 사회의 중심에서 벗어난 위치로부터 사회의 변형을 추동하신다. 장애 입은 몸의 손상에도 불구하고가 아니라 손상을 통해서 하나님의 형상에 참여한다. 우리가 장애를 입은 예수 그리스도를 받아들임으로써 장애 입은 몸과 그리스도의 몸인 교회 사이의 화해가 가능해진다. 이제 하나님과

---

39) Ibid., para. 56.

인간 사이에 장애로 인한 어떤 모순도 없으며, 장애 입은 예수 그리스도는 몸의 완전함에 대한 새로운 모델을 제시한다. 장애를 입은 예수 그리스도는 장애를 극복한 하나님이 아니라 장애에도 불구하고 생존하신/부활하신 하나님이다.[40]

(4) 장애인과 성령

성령은 장애인과 비장애인 사이의 장벽을 허물고 그리스도 안에서 하나 되게 하신다. 성령은 비장애인으로 하여금 장애인을 두려움이나 차별의 대상이 아니라 동일한 하나님의 형상으로 지음 받은 형제자매들로 인식하게 한다. 왜냐하면 성령은 나와 하나님 사이에서, 나와 이웃 사이에서, 나와 세상 사이에 존재하는 하나님이시기 때문이다. 매개자 하나님으로서의 성령의 특징은 인식, 선택, 자기희생과 관련된다. 진정한 만남, 상호 의사소통은 먼저 상대방의 타자성에 대해 깊이 인식해야 한다.[41] 성령은 우리로 하여금 내적 눈을 떠서 타자(하나님, 이웃/장애인, 세상)를 알아보게 한다. 즉, 우리의 마음을 열어 관계를 갖게 하는 이가 성령이다. 둘째, 성령은 우리로 하여금 그런 관계 속에서 구원과 저주, 생명과 죽음 사이에서 부단히 선택하게 한다. 즉, 선택한다는 것은 자기 자신을 전부 바치는 것으로 자신을 헌신함은 실패, 죄, 배반의 위험을 무릅쓰는 것이다.[42] 비장애인이 장애인을 차별의 대상으로 보는 것은 하나님 나라를 거스르는 행동이고, 생명의 길 대신에 죽음의 길을 선택하는 행동이다. 셋째, 성령은 우리로 하여금 타자를 위해서 자신의 이익이나 지배의 자연적 충동을 따르기보다는 자기희생의 길을 걷게 한다. 예수 그리스도의 타자를 위한 존재로서의 자기희생은 봉사 이상의 것이다. 그것은 구원, 메시야 시대의 도래, 하나님 나라의 도래

---

40) Nancy L. Eiesland, *Human Disability and the Service of God : Reassessing Religious Practice*, 100-104.
41) John V. Taylor, *The Go-Between God : The Holy Spirit & the Christian Mission*(London : SCM Press Ltd., 1973), 12.
42) Ibid., 98.

를 위한 것이다. 그리스도인이 세상을 섬기고 자기를 희생하는 맥락은 그리스도의 악의 세력에 대한 승리다.[43] 그러므로 성령을 따르는 길은 장애인을 차별하면서 얻는 그 어떠한 이익이나 그러한 차별 위에 서 있는 체제를 따르지 않고 오히려 거기에 저항하며 자기를 희생하는 길이 된다.

(5) 장애인과 하나님의 나라

하나님 나라에서 장애인은 창조 가운데 빛과 어두움을 창조하시고 보시기에 좋다고 하신 하나님으로부터 긍정을 받으며, 하나님의 구속사에 참여하는 자들이며, 하나님 나라를 미리 맛보는 교회 안에서 그들은 특별하게 하나님의 형상을 지닌 자들로 그들 없이는 교회가 온전해질 수 없으며, 교회의 다양함에 기여하는 자들이다. 한마디로 장애인은 하나님 나라 성취의 시금석이 된다. 또 장애인은 현대문화가 지닌 다양한 문제점들, 능력주의, 엘리트주의, 성공 지향적 가치관 등을 보다 잘 부각시켜 교회로 하여금 그것들에 도전하게 하는 역할을 맡고 있다. 오히려 장애 입은 예수 그리스도가 우리의 영성, 기도, 선교의 중심이시다. 장애 입은 예수 그리스도의 부활은 우리에게 새로운 인간성을 계시하며 하나님 나라를 밝히 보여 준다. 즉, 하나님 나라에서 참된 인간성은 장애와 공존할 수 있다. 죄는 장애가 아니라 장애인에 대한 불의, 장애 입은 예수 그리스도에 대한 뒤틀린 사회적, 상징적 질서들이다. 하나님 나라에서는 장애 입은 몸과 그리스도의 몸인 교회 사이에 화해가 일어난다.

장애인선교가 지향하는 하나님 나라는 십자가에 달리셨던 예수 그리스도가 장애 입은 채로 부활하신 것처럼 장애 자체를 긍정하며, 오히려 장애를 입은 사실 때문에 차별하는 불의와 그러한 차별을 긍정하고 강화시키는 사회적, 상징적 질서들과 문화를 정죄하고 대안을 제시하려 한다. 장애 입은 예수 그리스도가 그리스도인의 영성, 기도와 선교의 중심이 되어 장애인과 비장애인들로 하여금 장애인선교를 통해 하나님 나라를 이 땅에 이루는

---

43) Ibid., 141.

일에 동참하게 한다.

3) 장애인선교를 위한 교회론

(1) 장애 입은 예수님을 머리로 하는 다양한 지체공동체

"교회는 정의상 모든 사람에게 차별 없이 열려 있는, 모든 사람을 초대하는 교제(코이노니아)의 장소이자, 과정"이며, "동시에 삼위일체 하나님으로 예배드려지는 하나님의 일치에 대한 지상의 성찰이다. 교회는 서로 다르지만 보완적 선물을 지닌 사람들의 공동체이다."[44] 교회는 예수 그리스도를 머리로 하는 지체공동체로서 다양한 선물을 지닌 지체들이 서로 다른 기능과 역할을 통해 공동체가 온전해진다. 교회는 정의상 어느 지체도 배제하거나 소외시킬 수 없다. 오히려 연약하게 보이는 지체가 더 요긴하다(고전 12:22). 한 지체가 고통을 당하면 모든 지체가 함께 고통을 받는다(고전 12:26). 지체들 사이에는 상호 의존적 관계를 형성하고 있다. 신앙공동체로서의 교회는 하나님께 의존하며, 지체인 서로서로에게 의존한다. 그러므로 교회가 장애인들에게 응답하고 장애인들을 완전히 포함시키는 것은 그리스도 교회의 선택사항이 아니라 교회를 교회로 정의하는 특징이다. 장애를 입은 모든 성인과 어린이는 교회에 특별한 선물과 재능을 가져온다. 교회는 모든 사람들로 구성된 모든 사람을 위한 교회이다.[45]

예수님은 다른 사람을 십자가에서 구원했지만, 정작 자신을 십자가로부터 구원하지는 못했다(마 27:42). 예수님의 구원과 관련된 역설은 예수님의 증인들에게도 해당된다. 그들 역시 전하는 예수 그리스도처럼 남들을 구원하지만 자신을 구원할 수 없는 사람들이다. 사도 바울과 그의 동역자들은 많은 고난을 통해 그리스도의 종인 것을 입증했다(고후 6:4-10, 11:23-27). 바울은 자기 육체 속에 있는 가시를 제거해 달라고 하나님께 요청

---

44) WCC, "A Church of All and for All," para. 85.
45) Ibid., para. 87-89.

했지만, 하나님으로부터 "내 은혜가 네게 족하도다 이는 내 능력이 약한 데서 온전하여짐이라"(고후 12 : 9)는 계시를 받았다. 예수님과 증인들에게 적용되었던 복음의 역설은 교회에 어떻게 적용되는가? 하나님의 자녀들은 상속자로서 영광뿐 아니라 고난도 함께 받는 자들이다(롬 8 : 17). 고난을 받는 자들로서 "교회는 모든 인류와 전체 피조물을 위한 희망의 징표이다. 교회에 대한 이상한 진리는 교회가 강하다고 주장할 수 있을 때 약하고, 그리스도의 약함에 참여할 때 교회가 진정으로 남자와 여자 모두의 구원을 위한 하나님의 권능의 담지자가 된다." 교회의 삶에서 장애인의 자리의 문제는 교회 자체가 자신의 근본적인 특징에 충실한가를 판가름한다.[46] 교회에 장애인들의 참여가 본질적이라면 그들은 어떠한 역할을 하는가? 교회는 항상 강자가 되려 하고, 주는 자의 역할만 맡으려는 유혹을 받는다. 그런데 하나님의 권능은 약한 데서 강해지기 때문에 이러한 유혹에 굴복하면 교회의 본질이 훼손된다. 또한 교회가 복음의 역설에 충실하지 못하면 교회는 입으로는 십자가를 전하지만 실제로는 십자가를 수치로 여기게 된다. 오직 장애인들이 교회 안에 있을 때만이 "하나님의 권능을 우리의 능력과 하나님의 승리를 우리의 성공과 동일시하려는 뿌리 깊은 경향을 교정"하게 된다.[47] 바로 이런 이유 때문에 장애인 없는 교회는 온전한 교회가 될 수 없다.

(2) 주변성의 주변으로서의 장애인교회

아시안 아메리칸 신학자 이정용은 주변성의 신학을 제시했다.[48] 그는 타자를 배제하고 지배하려는 중심의 논리에 대한 대안으로서 주변성의 논리를 제시했다. 주변성의 논리는 중심의 자리를 차지하기 위해서가 아니라 양자의 조화를 통해 참된 중심을 제시하려 한다. 이런 논리는 추상성에서 온

---

46) Leslie Newbigin, "Not Without the Handicapped," in Geiko Müller-Farenholz (ed.), *Partners in Life : The Handicapped and the Church*(Geneva : WCC, 1979), 18.
47) Ibid., 25.
48) Jung Young Lee, *Marginality : The Key to Multicultural Theology*(Minneapolis : Fortress Press, 1995).

것이 아니라 그 자신의 경험에서 비롯되었다. 아시안 아메리칸은 미국인과 아시아인 양쪽으로부터 소외(in-between)되면서도, 양쪽을 긍정(in-both)하고, 양쪽을 긍정하면서도 부정하는 양쪽으로부터의 초월(in-beyond)적 지위를 갖는다. 예수님은 권력, 부, 명예 등 세상의 중심을 탈중심화시켜 섬기고 나누는 자가 큰 자라고 하셨고, 가난한 자가 차지하는 하나님 나라를 선포하셨다. 그리고 하나님의 나라를 위해 목숨을 바치셨다. 이로써 그는 주변성의 주변이 되었다. 예수님은 주변성에 머무르면서 어떤 기득권이나 권력을 요구하신 것이 아니라 주변성에 있는 자들의 구원을 위해, 세상의 화해를 위해, 세상 사람들의 참 고향을 찾도록 하기 위해 자신은 집 없는 자, 머리 둘 곳 없는 자, 순례자처럼, 제자들의 발을 씻기는 자로 사셨다. 예수님을 따르는 그리스도인들 역시 주변성의 주변에 서는 주변인의 역할을 감당해야 한다. 그리스도인들은 이웃과 화해하고, 개방적이며 창의적인 사고를 지니고, 이웃의 구원을 위해 대속적 고난을 받아들이는 십자가 사랑을 실천하고, 세상의 상처를 치유하고 화해를 위해 자신을 희생시키는 과정에서 자신을 해방시킨다. 교회는 세상의 주변에 선 하나님의 백성들로서 예수님의 현존을 고백하는 신앙공동체이다.

오늘날 교회의 문제는 성문 밖에서 고난을 당하신 예수님을 따르기보다는 세상의 지배자들과 같이 세상의 중심에 서려는 유혹을 이기지 못한 데 있다. 오히려 지배자처럼 타자를 배제하고 지배하려는 경향(목회자, 선교사, 교사, 교회 지도자)이 발견된다. 오직 주변에 선 교회가 세상을 변화시킬 수 있다. 이때 중요한 자원이 사랑이다. 사랑은 타자를 배제하지 않고 용납하고 섬기고 나누도록 한다. 이런 길은 필히 고난을 받게 하는 길이다. 고난은 죄악의 결과가 아니라 창조 질서다. 하나님의 창조는 끝이 아니라 시작이다. 그 과정에서 인류 구원을 위해 예수께서도 십자가를 지셨다. 교회는, 그리스도인들은 고난 받는 종이 됨으로써 세상의 고난을 극복해야 한다. 이것은 미움이 아니라 사랑에서 비롯된다. 사랑에 근거한 고난만이 사람을 변화시키고 세상을 변화시키며, 인간과 하나님 사이에, 인간과 인간 사이에,

인간과 자연 사이에 화해를 초래하고 구원을 가져온다.

주변성의 주변을 장애인교회에 적용하면 장애인교회는 비장애인 중심의 교회를 역전시켜 장애인 중심의 교회를 지향하는 것이 아니라 비장애인 중심의 교회의 변두리에 서서 장애인과 비장애인 사이의 담을 헐고 양자 사이의 화해를 이룩하여 장애인과 비장애인이 함께하는 교회를 세우도록 해야 한다. 이런 과정을 통해 장애인 그리스도인들은 비장애인들에 대한 미움으로부터, 교회의 중심에 서려는 욕망으로부터 해방되어야 한다. 그리스도 안에서 장애인과 비장애인이 하나 되는 교회를 이루기 위해 고난을 받아야 한다. 이러한 고난은 사랑에서 비롯되어야 한다. 이러한 고난에 동참하는 장애인들과 비장애인들(주변성의 주변이 된)을 통해 장애인과 비장애인이 통합된 교회가 탄생할 것이다.

4) 장애인선교의 방법으로서의 하나님의 선교

(1) 현존으로서의 장애인선교

장애인은 치유의 대상이 아니라 장애인에 대해 편견을 지닌 사회와 사람들을 치유할 장애인선교의 중요한 주체이다. 물론 비장애인들도 여기에 동참해야 한다. 그렇지만 장애인들 중에는 자신의 현존으로서 비장애인을 치유하거나 하나님의 뜻을 이루는 경우가 많다. 지적장애인 두 명을 자녀로 둔 글로리아 홀리는 딸 로라와 아들 크레이그에게 시편 23편과 누가복음 2장을 통해 변화가 일어나고, 이를 통해 그들의 사역, 엄마를 가르치며 하나님의 능력을 드러내는 사역을 시작했다. 비록 장애가 치유된 것은 아니지만 하나님은 그들을 사용하시기를 기뻐하신다고 어머니 글로리아는 고백하고 있다.[49]

일본의 한 유치원에서는 척추 이분화 장애를 입은 다카시모 카츠미라는

---

49) Gene Newman & Joni Eareckson Tada, *All God's Children : Ministry to the Disabled*(Grand Rapids : Zondervan Publishing House, 1987), 19-20.

어린이로 인해 비장애 어린이들의 변화가 일어났다. 피아노에 맞춰 모두 춤을 추었는데 카츠미는 춤을 출 수 없었다. 그도 춤을 추고 싶다고 하자 교사가 어린이들에게 방법을 물었다. 한 어린이가 가마를 태우자는 제안을 했다. 여럿이 카츠미를 가마에 태워 춤을 추자 다른 어린이들도 함께 기뻐했다. 장애를 입은 어린이가 존재함으로써 비장애 어린이들이 인간답게 성장하는 데 가장 중요한 이웃 사랑을 체화시켜 나갔다.[50]

헨리 나우웬은 1970년대에 예일 대학교에서, 1980년대 전반에 하버드 대학에서 영성신학을 가르치다 장 바니에가 세운 라르쉬 공동체의 지체인 캐나다의 새벽공동체에서 아담이라는 뇌성마비 장애인을 1년 섬겼다. 그 기간에 말 한마디 못하는 아담이 사교계에서 은퇴한 백만장자의 우울증을 치유하고, 수도원장으로 17년 일하다가 평수사로 돌아가는 사람을 준비시켰으며, 헨리 나우웬으로 하여금 예수 그리스도를 더 가깝게 만나게 한 사건들이 일어난 것을 헨리 나우웬은 증언했다.[51] 예수 그리스도는 땅끝까지 복음을 전하라고 하면서 세상 끝 날까지 항상 함께 있겠다고 약속하셨다(마 28 : 20). 이러한 약속은 장애인인 아담에게도 주님이 함께하심을 뜻한다. 헨리 나우웬이 아담에게 무엇인가를 주기 이전에 아담과 함께 계시는 주님께서 아담을 찾아오는 많은 사람들을 만나서 그들의 이야기를 듣고 그들의 상처를 치유하셨다. 아담과 같은 약자를 통해 하나님의 능력이 드러나셨다. 이렇게 해서 아담은 십자가에 달린 예수 그리스도를 우리에게 보여 주었을 뿐 아니라 예수 그리스도에 대한 증거 역시 십자가 방식이어야 함을 자신의 현존을 통해 입증했다. 현존의 선교에서 핵심은 십자가이다. "그러나 하나님께서 세상의 미련한 것들을 택하사 지혜 있는 자들을 부끄럽게 하려 하시고 세상의 약한 것들을 택하사 강한 것들을 부끄럽게 하려 하시며 하나님께서 세상의 천한 것들과 멸시 받는 것들과 없는 것들을 택하사 있는 것들을

---

50) 아오끼 마라수, "하나님 나라를 향하여-함께 살아가는 과제" 「장애인신학의 확립을 지향하여」, 77-79.
51) 헨리 나우웬, 김명희 옮김, 「아담 : 하나님이 사랑하시는 자」(서울 : 한국기독학생회출판부, 2000).

폐하려 하시나니"(고전 1 : 27-28). 이렇게 해서 십자가의 역설(남은 구원하지만 자기는 구원하지 못함.)은, 하나님의 나라는 이 땅에 역설적 방식으로 전해진다. 이처럼 현존의 선교에서, 십자가선교에서 장애인들은 중심에 있다.

(2) 장애인의 해방, 비장애인의 해방 : 사회적 제도/법 개선과 의식의 전환

> 이 사회에서 장애인은 존재하지만 인식되지 않는 존재였다. 장애인 두 명 중 한 명은 초등학교 졸업 이하의 학력을 지닌 채 살아가는 사회에서, 1, 2급 중증장애인의 절반이 한 달에 세 번도 외출을 하지 못하며 골방에 갇혀 있는 창살 없는 감옥과 같은 사회에서, 전체 장애인의 70%가 실질적인 실업 상태에 놓인 채 가장 기본적인 생존권을 위협받아야 하는 이 사회에서 그/그녀들은 '없음'의 존재였던 것이다. 그러나 우리는 그/그녀들을 본다. 학교와 일터와 거리에서가 아니라 TV와 신문과 인터넷에서 말이다.
> 그곳에서 그/그녀들은 시혜가 필요한 존재로, 누군가의 봉사를 받고 있는 타자화된 대상으로…… 그래서 이에 맞서 저항하고 싸울 수밖에 없는 존재로서의 그/그녀들은 삭제되어 존재하지 않았던 것이다.[52]

이 글은 제13회 세계장애인의 날인 2005년 12월 3일 '장애인차별금지법 제정 전국투쟁결의대회'에서 낭독된 투쟁 결의문의 일부이다. 수도권 지역의 청년 장애인들을 중심으로 장애인 고용과 생존권 보장을 위한 양대 법안 투쟁을 시작으로 장애인시설, 장애인 교육권의 법적 보장을 위한 투쟁, 그리고 장애인고용촉진법 개악저지 투쟁, 에바다복지회 비리재단 퇴진과 민주화를 위한 투쟁, 그리고 2001년 이후 전개된 이동권 확보를 위한 투쟁, 최저생계비 현실화를 위한 투쟁과 연금법 제정운동, 장애인차별금지법 제

---

52) 김도현 지음, 정태수열사추모사업회기획, 「차별에 저항하라 : 한국의 장애인운동 20년 : 1987-2006년」(서울 : 박종철출판사, 2007), 22.

정을 위한 투쟁 등을 전개해 왔다. "이동권, 교육권, 노동권, 기본생활권 등 다양한 권리들은 서로 연관되어 있으며⋯⋯ 이동권은 사람이 사람으로 살아가기 위해 가장 기초적인 권리로서의 성격을 지닌다. 이동할 수 없다면 사회적 관계의 형성이나 생존을 위한 다양한 활동의 영역에서 탈락하고 배제될 수밖에 없는 것이다."[53] 바로 이러한 이유 때문에 이 투쟁에 참여했던 장애인들은 지하철 점거로 출근 시간에 30분 늦는 것에 대한 비난을 감수하겠지만 "그러나 30분이 아닌 30년을 집 밖으로 나오지도 못하는 장애인의 현실에 대해 우리 사회는 함께 책임져야 한다."[54]고 절규했다. 위에서 제기한 문제들은 대부분 장애에서 오는 약점이 있는 상태가 아니라 다른 사람들에 의해 사회적으로 약점이 있게 된 상태이기 때문이다. 장애해방운동은 장애인들을 불필요한 장애로부터 해방시키는 운동이다.[55] 장애인들을 이러한 불필요한 장애로부터 해방시키는 운동에 교회와 그리스도인들은 참여해야 한다. 왜냐하면 이것이 하나님 나라를 이 땅에 이루는 운동이기 때문이다. 불필요한 장애들은 비장애인들에 의해 장애인들을 차별하기 위해 만들어진, 하나님 나라를 거스르는 법이나 제도이다.

반면에 비장애인들은 장애인에게 무의식적으로 자신에게 있는 두려움이나 불완전한 것을 장애인들에게 투사하기 때문에 두려워한다. 그래서 장애인들의 독립을 허용하려 하지 않는다. 이러한 두려움과 투사로부터 비장애인들은 장애인과의 만남을 통해 해방되어야 한다. "우리는 우리의 대상에게서 인간을 보는 데 실패하고 단지 장애만을 보며, 이 장애를 전체 인격성으로 보편화한다."[56] 장애인과의 만남은 공포심으로부터, 두려움으로부터 비장애인을 해방시킨다. 오히려 비장애인들이 지닌 비인간성을 보여 줌으로써 비장애인의 인간성을 회복시키는 조력자가 된다.[57]

---

53) Ibid., 112.
54) Ibid., 105.
55) J. 몰트만, 정종훈 옮김, 「하나님 나라의 지평 안에 있는 사회선교」(서울 : 대한기독교서회, 2000), 73-74.
56) Ibid., 81.
57) Ibid., 83.

하나님의 선교로서의 장애인선교는 장애인의 해방과 비장애인의 해방을 위한 하나님의 선교에 교회가, 그리스도인들이 참여함으로써 장애나 비장애라는 우연적 요소를 본질적 요소로 보고 사회적, 상징적 기제들을 통해 차별하려는 사람들과 그러한 사회의 제도와 법과 의식을 지적하고, 사회에 만연한 장애인에 대한 사회적, 상징적 차별 기제들을 수정하는 것이 장애인선교의 중요한 과제이다.

(3) 교회의 장애인 이해 전환과 신학의 전환

교회는 장애를 입거나 입지 않거나 하나님의 형상에는 전혀 영향을 주지 않는다는 점을, 장애를 입은 몸이나 장애를 입지 않은 몸의 차이는 하나님의 형상 안에서는 우연적 요소일 뿐이라는 사실을 성경을 통해 교인들에게 가르쳐야 한다. 오히려 장애인들이 창조에서 긍정을 받을 뿐 아니라 구속사에도 참여하고, 하나님 나라 도래의 시금석이라는 것을 이해해야 한다. 장애인들은 다양성과 차이의 공동체로 우리를 부른다.[58] 그리고 장애로 인한 차별에 동참하는 기독교 상징이나 은유, 교리 등을 장애를 입은 예수 그리스도에 대한 재해석을 통해 수정해야 한다. 이러한 과정을 통해 교회는 보다 더 포괄적이 되며, 장애인을 통해 하나님 나라에 더 가깝게 가게 된다.

5) 장애인선교신학 서설

장애인선교신학은 장애인을 하나님의 형상대로 지음 받은 동일한 인간으로 보는 데서 출발한다. 장애 입은 채로 부활한 예수 그리스도에 대한 이해를 통해 참된 인간성이 장애와 공존할 수 있음을 보여 주며, 하나님 나라에서 장애 입은 몸과 장애 입은 그리스도의 몸인 교회 사이에 화해가 가능하다. 그런데 이러한 화해의 근저에는 삼위일체 하나님의 사랑의 내적 사귐에 인간과 피조물을 신적 사귐(외적 사귐)에로 초대하는 삼위 하나님의 사랑

---

58) Stanley Hauerwas, *Suffering Presence : Theological Reflections on Medicine, the mentally Handicapped, and the Church*(Notre Dame : University of Notre Dame Press, 1986), 213.

의 사귐이 있다. 장애 입은 예수 그리스도라는 새로운 기독론으로부터 장애나 비장애는 하나님의 형상에는 우연적 요소임을 보여 줌으로써 장애 입은 사람을 통한 현존의 선교, 장애인으로 하여금 불필요한 사회적 장애로부터 해방되고, 비장애인을 해방시키는 해방의 선교, 교회의 장애인 이해와 신학의 전환을 위한 하나님의 선교의 방법들을 제시한다. 장애인선교를 위한 교회론으로는 장애 입은 예수님을 머리로 하는 다양한 지체공동체와 주변성의 주변으로서의 장애인교회가 있다. 장애인선교의 목적인 하나님의 나라는 장애를 긍정하고, 장애로 인한 사회적, 교회적, 상징적 차별이나 배제를 정죄하고, 이를 배태시키는 문화에 도전하여 대안적 문화를 생성시킴을 통해 장애인과 비장애인 사이에 막힌 담을 헐고 화해하여 그리스도 안에서 하나님의 새 백성이 되도록 한다.

나오는 말

이제까지 장애인선교신학을 정립하기 위해 성경에 나타난 장애인 이해와 교회의 장애인 이해를 살펴보고, 장애인선교신학을 삼위일체 하나님의 사귐, 장애를 입은 예수 그리스도를 머리로 하는 지체공동체와 주변성의 주변으로서의 장애인교회론 위에 세우되 선교 방법은 장애 입은 사람들을 통한 현존의 선교, 장애인의 해방과 비장애인의 해방, 교회의 장애인 이해와 신학의 전환 등으로 제시했고, 장애인선교의 목적은 장애인과 비장애인 사이에 막힌 담을 헐고 그리스도 안에서 하나님의 백성이 되는 하나님 나라라고 제안했다.

이상의 연구 결과에서 새롭게 배운 것을 정리하면 첫째, 성경의 장애인 이해는 양면적이지만 당시의 지배 문화의 영향을 비판적으로 검토해 긍정적 이해를 심화시킬 필요가 있다. 둘째, 장애 입은 사람들도 동일하게 하나님의 형상으로 볼 수 있는 원천은 부활한 예수님이 장애 입은 채로 부활했다는 데 있다. 장애 입은 채로의 예수님의 부활은 새로운 인간성을 제시하는데 장애와 온전한 인간성이 공존한다는 점이다. 셋째, 장애인선교의 과제는 장애인이 선교의 대상이 아니라 장애인 자신의 현존을 통한 하나님의 선교에 자신을 맡기고 거기에 동참해야 하며, 장애인의 장애로부터의 해방과 비장애인의 장애인에 대한 두려움과 잘못된 편견으로부터의 해방에 참여하며, 교회의 장애인에 대한 편견을 성경을 통해 극복하고 대안적 공동체(교회론), 예전과 신학을 제시하는 것이다. 넷째, 장애인선교의 목적은 장애인과 비장애인 사이의 장벽을 무너뜨려 그리스도 안에서 하나님의 백성이 되어 하나님 나라를 이 땅에 이루는 것이다. 다섯째, 장애인선교신학은 삼위일체 하나님의 사랑의 사귐과 장애 입은 그리스도의 몸의 지체공동체 교회론, 주변성의 주변으로서의 교회론에 기초하며 하나님의 선교를 통해 하나님 나라를 이루는 것을 목적으로 한다.

제5장
장애인신학과 실천

1. 디아코니아 신학과 장애인신학 | 김한호 목사

2. 디아코니아 관점에서 본 장애인과 함께하는 교회 공동체 | 김옥순 교수

3. 기독교윤리적 관점에서 본 장애인의 삶과 신학 | 이종원 교수

4. 총회의 장애인복지선교 현황과 장애인신학의 전망 | 이계윤 목사, 최대열 목사

5. 세계교회협의회(WCC)와 장애인신학 | 이예자

1

디아코니아 신학과 장애인신학

김한호 목사(춘천동부교회)

한국의 교회가 세워지게 된 동기가 선교사들의 사회복지로 말미암아 시작되었듯이, 교회는 장애인 복지에 이미 오래전부터 관심 가졌으며 교회의 사역이기도 하다. 교회가 바른 인식을 해 나갈 때 한국 사회에서는 상당히 큰 효과가 있다고 본다.

1. 들어가면서

한국 사회도 많은 부분에서 장애인시설이나 복지제도가 좋아졌다. 그럼에도 불구하고 한국 내에서는 장애인에 대한 부정적인 인식이 아직도 크다. 1980년 장애인의 신고법이 발표되었으나 신고제를 잘 따르지 않고 있다는 것이다. 이는 여러 가지 이유가 있을 것이다. 그중 대표적인 것은 한국 사회 안에 장애인에 대한 인식과 배려의 부족으로 인한 것이다.

왜 이런 일이 있었을까? 우선 장애인 등록을 하여 그 당사자나 가족에게 도움이 된다면 등록했을 것이다. 그러나 현실은 그렇지 않다. 장애인 가족들이 등록해서 얻는 유익보다는 주변 사람들의 시선이 더욱 견디기 힘든 일들이 많기 때문이다. 물론 가족들이 장애인에 대한 바른 이해를 못하고 있는 점도 있지만 이런 사고, 즉 장애인 가족들의 수치감, 강한 죄의식, 그리고 억눌림을 갖게 하는 장애인에 대한 잘못된 가치관이 더욱 문제이다.

그렇다면 이런 장애인에 대한 부정적인 가치관은 어디서 왔는지 생각해 보아야 한다. 한국 사회는 여러 가지 새로운 법률이 제정되고 행정 기관에서 많은 일은 하지만 아직도 장애에 대한 조기 발견이라든지 여러 가지 환경, 교육, 사회적 인식에 있어서 문제가 있다. 필자는 장애인 문제를 신학의 한 분야인 디아코니아(diakonia)학 분야에서 다루었고 또한 교회를 중심으로 앞장서야 한다고 생각한다. 이 일을 위해 교회 안에서 장애인에 대한 조기교육, 통합교육을 실시함으로 장애인에 대한 바른 이해를 하고, 실제적인 도움을 장애인 가족이나 장애인 당사자에게 그리고 일반인에게도 주어야 한다.

필자는 신학을 연구하는 신학자요, 목회자로서 교회 내에서 장애 아동을 위한 일들을 소개하였다는 제한성이 있다. 따라서 장애 아동을 위한 디아코니아를 소개하고자 한다. 그래서 먼저 장애에 대한 성경적 개념을 찾아보고자 한다. 이는 한국 사회에서 장애에 대한 부정적 인식이 강하여 성경적인 해석이 필요하기 때문이다. 또한 장애인 역시 하나님의 형상으로 태어났음을 설명하기 위하여 하나님의 형상이 무엇인지 신학적인 대답을 하고자 한다. 교회가 해야 할 큰 과제 중 하나가 연합 활동이고 통합교육인데 한국교회 현실이 어떤지 살펴보고자 한다.

2. 성경에서 보는 장애

장애인의 부정적 인식의 변화를 위한 접근 방법에 일반 사회봉사와 디아코니아의 가장 큰 차이점은 성경이다. 어떻게 성경에서 장애인에 대한 인간 이해를 하고 있는지가 디아코니아의 큰 차이점이다. 여기에 서로 다른 견해를 소개한다. 피터징어(Peter Singer)의 '실천윤리학'(Praktische Ethik)은 벤담(Bentham)과 밀(Mill)에 의해 설립되었다. 이런 실천윤리학의 목적은 가능한 많은 사람들이 행복을 얻기 위하여 소수의 사람들의 고난은 감수해야 한다는 것이다.[1]

이런 이론적인 근거로 피터징어는 인간에 대하여 3가지 단계로 구분하였다. 가장 높은 단계는 스스로 의식적인 삶을 살아가는 사람을 말한다. 두 번째의 단계는 의식은 있지만 단지 기쁨이나 고통을 체험하며 경험을 통해서 느끼는데도 이성적으로만 살아가는 사람을 가리킨다. 끝으로, 가장 낮은 단계는 자기 스스로 가치관도 없고 의식도 이성도 갖지 않고 살아가는 사람을 말한다. 이런 사람을 피터징어는 원숭이로 비유하며 원숭이만도 못한 사람이라고 평가하였다. 원숭이를 죽이는 것이 한 정신박약 인간을 죽이는 것보다 어렵다는 이야기를 하였다.[2] 쉽게 말한다면, 인간을 몇 가지 기준으로 구분하여 그 기준에 미치지 못하면 차라리 죽이는 것이 낫다고 말한 것이다. 이에 대하여 하이델베르크 대학의 디아코니아 연구소에서 사역하는 스

---

1) Hans-Joachim Störig, *Kleine Weltgeschichte der Philosophie*, Stuttgart 1952, S. 410.
2) Theodor Strohm, *Sanctity or quality of life?* Zum Stand der Wissenschaftsethischen Debatte, in : Zeitschrift für Theologiesche Urteilungsbildung 1991, S. 33.

트롬(Th. Strohms) 교수의 의견에 의하면 하나님의 형상으로 태어난 인간을 원숭이와 비교한다는 것 자체가 모순이라고 말한다. 스트롬 교수는 독일의 나치 시대(Nazis)에 장애인을 저능한 인간으로 구분하고 그들을 죽이는 사건을 보면서 피터징어의 이론과 다를 바 없다고 비평하였다.[3] 전쟁 이후 독일은 부끄러움을 고백하는 의미에서, 반성하는 차원에서 많은 단체와 개인들이 장애인을 위한 기금 마련과 조직을 구성하기 시작하였다.

이런 점에서 인간 이해를 어떻게 하는지가 매우 중요하다. 필자는 성경을 통하여 인간 이해를 하고자 한다. 성경은 하나님의 형상으로 모든 인간이 태어났다는 것이다.[4] 물론 장애인 역시 하나님의 형상으로 창조된 인간이다. 어떤 사람들은 "장애인은 하나님께서 실수로 만들었는가?"라고 이야기한다. 하나님은 실수가 없다. 그런데 인간의 욕심과 하나님이 주신 아름다운 세상을 파괴함으로 질병과 고통, 그리고 장애가 발생하게 된다. 물론 이런 이유 말고도 하나님의 계획 속에서, 여러 가지 이유로 주신 장애도 있다. 그런데 여기서 중요한 것은 죄로 말미암아 장애인이든 비장애인이든 에덴동산에서 쫓겨나게 되었다. 에덴은 기쁨이란 뜻이 있는데 기쁨을 상실한 것이다.

죄로 인하여 에덴에서 쫓겨난 인류의 조상 아담과 하와는 수치를 느꼈다. 본회퍼(Bonhoeffers)는 이 부분을 분명하게 이야기한다. 인간이 죄로 인하여 하나님과 멀어진 것, 이것을 '수치'라고 말하였다.[5] 그런데 사람들은 어떤가? 특히 한국 사람들은 체면을 중요시 여기며 수치를 남과 비교하며 많이 생각한다. 이는 전통 종교의 영향으로, 가문을 부끄럽게 하는 것을 매우 큰 수치로 생각하였다. 이런 점에서 장애는 남과의 비교에서 가문을 부끄럽게 하는 일이기에 수치라고 생각하는 것이다. 결국 장애에 대한 한국인

---

3) Bindung, K. und Hoche, A, *Die Freigabe der Vernichtung lebensunwerten Lebens*, Leipzig 1920, S. 57.
4) 인간이 하나님의 형상으로 창조되었다는 것은 구체적으로 구약에 3번 나온다(창 1:26-27, 5:1-2, 9:6).
5) Dietrich Bonhoeffer, *Ethik*, Hg. Eberhard Bethge, Chr. Kaiser Verlag, München 1981, S. 22.

의 인식 속에 부정적인 생각이 만들어지게 된다. 다시 한 번 우리가 생각해야 할 점은 장애는 수치가 아니라는 것이다. 장애는 인간 누구에게나 발생할 수 있는 일이다. 장애를 통하여 인간의 약함을 발견하게 되고, 하나님을 더욱 찾게 될 수도 있고, 하나님의 영광을 나타낼 수도 있다. 이런 관점으로 바라볼 때 부정적인 인식의 변화가 일어날 수 있다. 그렇다면 성경에서는 장애를 어떻게 인식했는지 계속해서 구약과 신약에서 살펴보고자 한다.

1) 구약에서의 장애

장애에 대하여 구약성경에는 두 가지 관점이 나온다. 하나는 부정적인 장애인관이고 또 다른 하나는 긍정적 장애인관이다. 부정적인 면으로는 차별의 대상, 혹은 죄의 대가나 그 결과로써 나타나는 장애인이며, 긍정적인 면으로는 보호의 대상, 하나님의 섭리의 결과로서의 장애인 등으로 나타난다. 먼저 장애를 부정적인 면으로 보면, 직업에 대한 차별적인 면이 있다(레 21 : 17-23). 장애인은 혈통적으로 제사장의 가문에 속한다고 하더라도 제사장이 될 수 없었던 것이다. 그러나 제사장 몫으로 돌아가는 예물은 먹을 수 있다고 했다. 또한 죄에 대가로 장애인이 된다고 생각하였다.

예를 들면, 소돔성의 사람들이 하나님의 천사를 모독했을 때 그들의 눈이 어둡게 된 사건(창 19 : 11) 등에 나타나고 있다. 모세의 누이 미리암은 모세의 권위에 도전한 대가로 인하여(민 12 : 1-10) 그리고 삼손은 여호와가 삼손에게 떠나자 장애를 갖는다. 게하시는 엘리사의 명령을 듣지 않고 재물을 가로채려다 한센병자가 되었다(왕하 5 : 27). 또한 웃시야 왕도 제사법을 어김으로 인하여 한센병에 걸리게 된다(대하 26 : 16). 끝으로 욥이 하루아침에 모든 자식과 재산과 건강을 다 잃었을 때 그를 위로하러 찾아온 세 친구가 한결같이 욥이 겪는 고난을 보면서 '죄'의 문제로 해석하고 있는 것도 이런 시대의 해석일 것이다. 이런 점으로 인해 장애인들을 격리와 멸시의 대상으로 보았다.

이와는 반대로 장애인에 대한 긍정적인 면이 있다. "장애인을 낸 사람이 누구인가? 누가 사람의 입을 지었느뇨? 누가 벙어리나 귀머거리나 눈 밝은 자나 소경이 되게 하였느뇨? 나 여호와가 아니뇨?"란 기록이 있다. 그는 인간을 만든 여호와 하나님이라고 스스로 밝힌다(출 4 : 11). 또한 장애인을 보호의 대상으로 보았다. 법률적으로 장애인의 보호에 관한 기록은 "너는 귀먹은 자를 저주하지 말며 맹인 앞에 장애물을 놓지 말고 네 하나님을 경외하라 나는 여호와이니라"(레 19 : 14). "맹인에게 길을 잃게 하는 자는 저주를 받을 것이라 할 것이요 모든 백성은 아멘 할지니라"(신 27 : 18)에 나타난다. 그렇다면 하나님은 구약에서 장애인에 대한 언급이 많지 않지만 장애를 가진 사람일수록 악으로부터 더 보호를 받아야 한다는 그들에 대한 사랑을 갖고 계시다. 다윗 왕의 친구 요나단의 아들인 므비보셋은 장애인이었다. 다윗 왕은 친구 요나단과의 우정과 사랑을 생각하여 지체장애를 입은 그의 아들 므비보셋을 왕자 중 하나처럼 왕의 식탁에서 먹게 하고 그의 필요한 것을 제공해 주는 등 왕손의 예우를 해 주었다(삼하 4 : 4).

이처럼 구약에서는 하나님의 다양한 모습을 보여 주고 있다. 그것은 '약자 보호법'에 나온다. 사회적으로, 경제적으로 약한 사람들을 보호하기 위한 여러 가지 제도적인 장치를 말하는데, 이것은 단순히 인도주의에 근거해 있는 것이 아니라 근본적으로 이스라엘의 하나님이 어떤 분이시냐 하는 문제와 직결되어 있다. 세상을 창조하신 창조주 하나님, 구원의 하나님, 진노하시는 심판의 하나님, 따라서 '하나님의 백성'으로 택함 받은 이스라엘의 공동체는 사회적으로 약하고 가난한 사람들을 돌보아 주고 보호해 주어야 한다. 하나님께서 사랑하시는 대상을 하나님의 백성 된 사람들이 미워하고 학대해서는 안 되는 것이다. 하나님은 인간을 차별하시는 분이 아니라 창조주의 기쁘신 뜻에 의해 장애인을 존재하게 한다는 것을 밝히고 있다.

2) 신약에서의 장애

예수께서는 부정적인 장애인관을 긍정적인 장애인관으로 바꾸셨다. 예수께서는 나면서 눈먼 사람을 만나셨을 때 누군가의 죄 때문에 그 사람이 그런 장애인이 되었다고 보는 일반인들의 생각을 옳다 보지 않으시고 '하나님께서 하시는 일을 그에게서 드러나게 하시려'는 것 때문이라고(요 9 : 3) 말씀하심으로써 장애 현상과 장애인을 전혀 다른 관점에서 볼 수 있음을 가르쳐 주셨다. 뿐만 아니라 이 눈먼 사람을 고쳐 주신 다음 그 사실을 두고 시비를 거는 사람들을 향하여 눈뜨고 보면서도 깨닫지 못하는 사람은 깨달은 눈먼 사람보다 더 못하다고 말씀하신다(39-42절). 이런 식으로 예수께서는 장애 현상을 아주 새로운 시각에서 보신 것이다. 육체적 장애보다 병든 마음을 장애로 말씀하셨다. 성경에는 여러 종류의 장애인들이 등장하고 있다. 문자적으로 실제 장애를 가진 사람과 또 하나는 비유적, 상징적 표현으로, 하나님의 말씀대로 살지 않는 사람을 나타내는 영적 장애인이 그것이다.

이런 흐름에서 사도 바울이 고린도후서 12 : 7~9에서 자기에게 있는 장애 현상을 오히려 하나님의 은혜를 입는 계기로 본 것이다. 그리고 누가복음 19장에 나오는 삭개오는 키가 작은 사람이었다고 한다. 이 경우 키가 작다는 사실이 우선은 그가 예수께 나아가는 것을 막는 장애 현상으로 작용하였다. 그렇지만, 바로 그 때문에 그가 뽕나무로 올라갔고 예수님의 특별한 관심을 끌어 예수님을 모시고 말씀을 들어 새사람이 되는 놀라운 영광을 누리게 된 것이다. 또한 마가복음 2장에 보면 홀로 움직일 수 없는 중풍병자를 그 친구들이 들것에 싣고 가서 예수께서 말씀하시는 집 지붕을 뜯고 달아 내려서 그 환자가 낫게 되는 이야기가 나온다. 이 사건은 요한복음 5장에서 베데스다 못가에 모인 숱한 병자들이 각자 제 먼저 물속에 들어가 낫고자 하는 모습과는 아주 다른 상황을 보여 준다. 그런데 모두들 저 먼저 나아보려고 못물이 움직일 때 그리로 달려갈 때, 남들처럼 움직일 수가 없어서 홀로 내버려진 서른여덟 해 동안이나 앓던 사람을 예수께서 찾아가셔서 낫게 해 주셨다. 이런 보기들은 결국 심각한 장애인으로 인간 사회에서 소외되는 사람들을 하나님께서 우선적으로 돌보심을 알려 주고 그 하나님을 섬기는 사람들도 그리하여야 함을 깨우쳐 준다. 이상과 같이 신약 시대에서의 장애인관은 장애인을 대체로 긍정적으로 보았고 하나님의 영광을 위한 존재로, 복음을 증거할 대상이며, 참 인간의 회복이라는 의미로 받아들이고 있다.

끝으로 신구약성경에는 하나님의 장애인에 대한 태도와 성경 전체의 정신이 복음서의 예수 그리스도의 사역 속에서 함축적으로 잘 나타나고 있다. 장애는 실수로 하나님께서 만드신 것이 아니다. 예수께서는 소외받는 자들, 특히 장애인들에 대한 깊은 관심과 사랑을 보여 주셨으며, 그들을 복음에로 초대하고, 그들의 외모만을 보지 않으시고 하나님의 형상을 지닌 한 인간으로서 보았고, 그들의 인격적 권리와 함께 구원받고 하나님 나라의 일원으로 동참하는 영적인 권리를 인정해 주셨으며, 그들을 결코 무시하거나 차별하지 않으셨다. 우리의 약함 안에 하나님의 뜻이 있다. 요즘 사회는 인간이 욕심으로 잘못된 세상을 만들어 가고 있기에 사람들이 장애를 발생시킨다. 또한 장애인들 역시 하나님이 만드셨고, 약함을 통하여 더욱 하나님께 나아가고, 약함마저 들어서 사용하시는 분이 주님이심을 고백해야 한다. 뿐만 아니라 예수께서는 그들의 친구가 되어 주셨다. 이 말은 그들을 사회에서 소외시키지 않고 장애인과 비장애인이 함께 살아가는 통합적인 삶을 보여 주신 것이다. 오늘날 교회와 성도들은 장애인에 대한 하나님의 태도, 그리고 예수 그리스도께서 보여 주신 태도와 정신을 본받아야 한다. 어떻게 이들을 위하여 교회공동체가 봉사할 수 있는지 디아코니아적인 관점으로 살펴보아야 한다.

3. 장애인에 대한 부정적 인식

장애인 가족이 가장 힘들어하는 부분은 장애인에 대한 부정적 인식이다. 비장애인들이 생각하는 장애인의 인식은 대개 장애인은 다른 사람들이 꺼려하고, 무시하는 사람으로 여길 것이라 생각하는 경향이 있다. 장애인에 대한 비장애인의 반응은 그들의 특성이나 사회적 여건 등에 따라 다소 다르지만, 불행히도 만성질환 대상자나 장애인에 대한 비장애인들의 반응들은 대개 부정적이다. '장애인은 능력이 없다'라고 생각하여 가치가 없고, 무능력한 존재라고 흔히 낙인찍고 차별한다. 그리고 사람을 이해할 때 어떤 범주 내에서 고정관념을 가지고 있는 경우가 많다. 일단 어떤 인간의 긍정적인 속성이나 능력이 무시되면 부정적 특성만 강조된다. 장애인은 단지 불쌍한 존재로만 받아들여졌다.

이러한 부정적 사고가 어디서 온 것일까? 막스 베버(Max Weber)는 중국이나 한국이 모두 씨족사회를 이루며 살아가는데, 이런 사회에서는 유교나 전통 종교의 영향으로 가문을 중요시 여긴다고 말하고 있다.[6] 이 말을 참고로 한다면 한국 사회 안에 있는 의식구조는 결국 우리 사회의 전통 종교에 영향을 받았다는 것이다. 한국의 전통 종교는 오랜 역사 속에 4가지 종교가 있다. 샤머니즘, 불교, 유교, 기독교이다.

한국은 전통적으로 씨족 중심의 사회를 이루며 살아왔다. 이는 사회의 결속력이나 친화력에는 매우 좋은 강점이 되지만 씨족 중심의 사회 안에서 그리고 가족 안에서 장애인은 문제점으로 받아들여졌다. 장애의 문제를 가족 중심으로 받아들이는 것이다. 그 의식이 아직도 남아 있어서 장애아 가족들을 이상한 눈으로 혹은 벌받은 사람으로 바라보고, 장애인을 둔 가족은 수치심을 갖고 살아간다. 주변 사람들은 장애인을 기피하며 혹은 장애인에게 작은 배려를 한다. 잘못된 배려는 이웃 사랑이란 이름으로 하지만 사랑이 아니라 자신의 인식을 인정시키기 위한 행위의 모습일 수도 있다. 비장애인 아이의 가족들은 장애 아이와 같이 지내는 것을 어린아이들의 성장에 방해가 된다고 생각한다. 장애인 부모 역시 비장애인 아이들과 같이 지내는 것을 원치 않는 경우가 있다. 이는 아이가 공격성을 보이는 등의 부정적인 요소가 발생한다고 생각하기 때문이다.

샤머니즘에서는 자녀를 주는 신을 삼신이라고 부르는데, 장애인이 태어나면 가족들의 잘못으로 인하여 벌로서 태어나게 되었다고 말한다. 귀신이

---

6) Max Weber, *Konfuzianismus und Taoismus*, a.a.O., S. 315.

육신의 몸에 들어와 방해를 일으키고 굿을 통해서 치료를 한다고 말한다. 샤머니즘으로 본다면 누군가의 잘못으로 인한 가족들의 벌이다.

불교는 장애에 대하여 특별한 이야기는 없다. 인간의 운명은 스스로 전생에 의해 태어나는데 전생에 자신의 죄로 인하여 태어날 수 있다. 그러면서 불교의 교리에서는 영혼의 장애가 문제이지, 육신의 장애를 가진 사람은 문제가 아니라고 이야기한다.

이에 비하여 유교는 부정적 인식에 많은 영향을 주었다. 장애에 대하여 좋고 나쁘다는 평가보다는 장애인이 인정을 받지 못하는 가부장적 사회제도가 문제가 된다. 유교에서는 선비로서 능력을 나타내는 것이 효이다. 자손은 가문을 빛내야 하는데 장애인은 가문을 빛내지 못하다 보니 결국 수치를 주는 자로 생각하게 된 것이다. 결국 체면을 위해 장애인 자녀를 감추는 경우가 생기는 것이다. 이처럼 한국 사회는 전통 종교의 영향을 많이 받았다. 장애인에게 도움을 주지도 않았고, 장애인들도 도움을 요청하지 않았다.

이런 상황에서 나타난 현상은 장애인은 하루 종일 집안에 격리된 채 생활해야 하기에, 장애인의 성장에 문제점이 그대로 나타난다. 장애를 가진 아동이나 특수교육 대상 학생들은 어느 순간에 자신이 살고 있는 그곳에 있지 않고 울타리 밖에 나와 있고, 부모나 관련자들(일반교육이든 특수교육이든 담당자들)은 어떻게 하면 그 울타리를 뛰어넘어 안으로 들어갈 수 있을까를 고민하는 경우가 많다. 다시 말하면, 우리는 매우 자주 장애를 가진 아동이나 학생들의 존재를 그들이 있는 곳에 있다고 인정하지 않고, 그들이 이 사회 밖에 있다는 인식을 무의식적으로 하고 있진 않는지 생각해 보아야 할 것이다.

한국기독교는 시작부터 복지에 매우 적극적이었다. 선교사들이 들어오면서 시작한 것이 특수교육이나 특수시설 등이었다. 장애인에 대한 전통 종교가 관심을 많이 갖지 못한 시기에 기독교는 그들에게 가까이 다가갔다. 어떻게 하면 이들을 돕고 이들을 치료할 것인가에 대한 생각을 하게 되었다. 동양의 전통 종교는 자연에서 만들어져 자연에 순응하는 법에 익숙하고, 숙명으로 모든 것을 받아들였지만 기독교가 들어오면서 하나님이 요구하는 인간의 권리를 찾고, 장애인에 대한 생각이 조금씩 변하기 시작하였다.

그런데 한국교회는 선교 120년의 역사를 지나면서 이곳저곳에서 비판과 자성의 목소리가 이구동성으로 들려오고 있다. 조선 시대를 마음껏 움직인 유교 정신, 그 정신의 마지막 노폐물인 신분 차별 의식은 장애인들을 멸시와 천대의 대상으로 보기에 충분한 시각을 제공하기에 남음이 있었고, 1960년대 이후 성장 일변도의 경제 정책은 능력 있는 사람만이 인정받는 사회로 만들어 놓았다. 이런 의식은 교회에도 알게 모르게 스며들어 왔고, 교회의 관심은 어떻게 하면 부흥하고 성장하는가에 있었다. 교인들의 장애인들에 대한 의식은 일반 사회인과 별 차이가 없었다. 단지 교회 입장에서 장애인들이란 동정을 받아야 할 불쌍한 처지에 있는 자들로서 자선적 차원에서 구제 대상으로밖에 여겨지지 않았다. 교인들의 장애인에 대한 의식은 일반 사회인과 거의 다르지 않았던 것이다. 이런 속에서 장애인선교는 뒷전으로 밀려날 수밖에 없었다.

그나마 장애인에 대해서 관심을 가지게 된 것은 1980년대 이후이며, 1988년 장애인 올림픽을 계기로 일반 사회의 관심과 함께 교회의 장애인에 대한 관심도 고조되는 듯했으나, 지금에 와서는 이러한 관심도 다시 수그러들고 있는 실정이다. 그래서 한국교회의 장애인선교는 아직 시작 단계라고 할 수밖에 없다.

선교 초기에는 교회가 장애인들의 문제에 대해 사회보다 앞서서 이끌어 갔지만, 지금은 오히려 국가의 복지 정책이나 재활 체계에서 교회가 훨씬 뒤지고 있다는 것이다. 여기에 대해서 한국교회는 적어도 도의적인 책임을 가지면서 역사를 바라보는 자세가 있어야 할 것이다. 한국교회는 사회 참여에 매우 소극적이고 개인의 신앙 성장에만 관심을 갖고 있다. 선교사들이 보여 준 초기 사회봉사는 디아코니아적인 자세가 아니라 단지 교회 성장을 위한 하나의 도구로 사용된 것이기 때문이었다. 즉, 기독교 봉사에 대한 개념 정리가 약하였다고 본다. 그리고 이는 점점 개신교 인구가 줄어드는 하나의 이유를 제공하였다고 본다. 이 시점에 교회가 어떻게 나아가야 할지를 사회의 약자들과 버림받은 사람들과 병든 사람들을 섬기는 디아코니아의 측면에서 깊이 인식하면서 확고한 입장과 대책을 세워야만 한다.

4. 인식의 변화를 위한 적용 및 제안

한국교회는 하나님께서 우리에게 제시해 주시는 사명을 감당하지 못하면 급속한 쇠퇴의 길로 걸어가게 된다. 이제 사회현상을 직시하고 하나님의 자녀로서 우리에게 맡겨진 사명을 감당해야 한다. 이에 교회가 지금까지 해 온 전통적인 사역들을 재점검하면서 나가야 한다. 필자는 하나님의 형상으로 창조된 장애 아동들을 어떻게 구체적으로 도울 수 있는지 찾아보고자 한다. 나아가 교회 내에서 장애 아동과 가족들에 대한 상담 그리고 장애인과 비장애인이 함께하는 통합예배의 중요성을 소개하고자 한다. 그 이유로 교회는 인식의 변화와 장애 아동을 위하여 할 수 있는 매우 중요한 장소이기 때문이다. 끝으로 교회에서 구체적으로 통합 유치원을 운영할 수 있도록 운영 방법 및 프로그램을 소개하고자 한다. 본 장을 통하여 구체적인 도움이 장애 아동과 그의 가족들에게 이루어지기를 바라며 교회의 디아코니아가 많이 살아나기를 기대한다.

1) 신학적 반성

크게, 빨리 성장된 한국교회의 지난 시기를 돌아볼 때 진지하게 변화를 찾기보다는 성장에만 관심을 가져왔다. 성장을 위한 교육에는 많은 관심이 있었다. 한국교회가 말씀을 더 강조하게 된 이유를 선교사들의 신앙과 신학에 주목할 필요가 여기에 있다. 장로교 선교사로 온 언더우드는 프린스턴 신학교 출신이다. 프린스턴 신학교는 19세기 미국의 보수적 칼뱅주의 신학의 보루였다. 또한 감리교 선교사인 아펜젤러는 드류 신학교 출신이다. 드류 신학교는 남북전쟁 직후에 북 감리교회에서 설립한 신학교로 '감리교의 사관학교'(The West Point of Methodism)라 불릴 정도로 엄격한 신앙 훈련으로 유명하였다. 이런 신학적 배경을 가진 선교사들은 교회의 사회 개혁적 기능보다는 경건주의(pietism) 신앙의 색체가 강했다. 이 같은 경건주의신앙운동이 한국 기독교인들의 내적 신앙 체험과 윤리적 갱신에 기여했다는 점에서는 긍정적인 면이 있지만 신학의 자리는 좁혀졌다.

실천보다 말씀을 상위에 두고 있는 현 신학 구조는 성경을 해석하는 일을 매우 중요시 여겼다. 그 이유로 말씀이 있어야만 행하는 실천의 힘이 나온다는 것이다. 물론 중요한 일이다. 그러나 예수님의 삶은 말씀을 전하는 일이나 실천으로 보인 일이나 언제나 동일하고, 예수님은 말씀을 전하는 자의 일이나 실천으로 섬기는 자의 일이나 동등하게 보았다는 것이다. 이런 점이 루터가 종교개혁을 할 당시 목회자와 평신도의 직제에 대항하여 '만인사제직'을 강조한다. 이는 말씀을 전하는 자나 세상에서 살아가는 모든 이들이나 역할의 차이가 있지 모두의 일이 중요하다는 것이다. 그 당시 교황, 주교, 사제들이 은혜를 전달해 주는 상위의 직분이라는 교회의 위계질서 체계에 큰 파장이었다. 이 일로 루터는 파문당하고 개신교가 탄생되었다.

개신교는 모든 그리스도인은 동일하다는 신앙고백으로 시작되었다. 이 말은 후대에 모든 직업이 동등하고 하나님께서 주신 일이라는 것으로 해석되어 간다. 그런데 한국교회가 비판받는 이유 중 하나가 성직자 권위주의이다. 선포된 말씀은 하나님의 뜻이라는, 성직자를 신의 대리자로 여기는 교회 구조가 만들어지고 있다. 독일의 디아코니아 학자인 울리히 바흐는 "만인사제직이 실현되지 않으면 이미 개신교가 아니다."라고 말한 바 있다.

루터의 종교개혁 이후 150년이 지나 비텐베르크(Wittenberg), 즉 루터가 종교개혁을 한 동일한 장소에서 비숀은 제2의 종교개혁을 한 것이다. 다시금 만인사제직의 회복을 주장한다. 사랑의 실천이 없는 교회는 바른 신앙이 아님을 이야기한다. 이 당시 산업혁명의 결과로 생긴 수많은 사회문제에 무관심으로 일관한 기존 교회에 대항하여 당시의 사회문제를 교회가 전적으로 책임져야 한다고 주장하였다. 그리고 이를 위해 밖을 향한 선교가 아닌 교회 안에 있는 이들의 각성(innere Mission)을 요구하게 되었고, 교회의 본질인 디아코니아가 회복되어야 함을 강조하였다.

이런 점으로 볼 때 한국교회는 비본질적인 부분이 개혁되어 말씀과 실천이 동시에 강조되도록 디아코니아학이 자리 매김을 해야 한다.

2) 하나님의 형상

"인간이 하나님의 형상으로 태어났다."는 창세기의 말씀은 기독교 인간 이해에 매우 중요하다.

그러나 많은 신학적인 논쟁을 가져왔다.[7] 성경에 인간이 하나님의 형상으로 태어났다는 것은 세 번 나온다.[8] 인간이 하나님의 형상으로 태어났다고 기록한 부분은 모두 구약의 원역사(primeval history)에 해당하는 부분이다. 이외에 다른 역사서, 예언서, 시편, 지혜문학 등 묵시문학에는 '하나님의 형상'에 대한 이야기가 나오지 않고 있다. 기독교에 있어서 하나님의 형상이 차지한 부분이 매우 중요한 데에 비하면 이해가 되지 않는 일이다. 뿐만 아니라 창세기에 인간 타락이 매우 중요하게 다루어지고 있는데 그것 역시 한 번 나온다(창 3장). 위에 열거한 하나님의 형상에 관한 이야기들은 모두 예루살렘 성전에서 일하는 제사장들에 의하여 보존되고 전승되어 왔다는 제사장 전승에 나온다는 것이다. 물론 제사장 전승이 바벨론 포로 시대에 생겨났다고 해서 그때에 만들어진 것은 아니다. 전승의 연대와 전승의 기록 연대는 다르다. 어찌되었든 하나님의 형상에 관한 이야기는 오랜 시간동안 예루살렘 성전을 중심으로 제사장들 사이에서 전승되어

---

7) 인간이 하나님의 형상으로 태어났다는 신학적 논쟁은 이레니우스(Irenaeus)를 비롯하여 교부신학자들의 논쟁으로부터 시작해서 중세의 가톨릭 신학, 종교개혁자들을 거쳐서 현대신학의 칼 바르트와 에밀 부르너의 유명한 접촉점(Anknüpfungspunkt)의 논쟁에 이르기까지 끊임없는 논쟁의 쟁점이 되었다.
8) 창세기 1:26~27, 5:1~2, 9:6.

내려온 것이다.

제사장 전승에 있어서 하나님의 형상은 창조 역사의 극치로 소개하고 있다. 그 이유로 다른 창조 시에는 '그 종류대로'라고 표현하고 있다. 그러나 인간에게만은 유독 하나님의 형상이란 말을 사용하고 있다.[9] 또 다른 면은 다른 창조물을 창조할 때에는 3인칭 사역형을 쓰고 있다. 예를 들면 "빛이 있으라.", "궁창이 있으라." 그런데 인간에게는 1인칭 복수 사역형으로 쓰였다. '우리가 사람을 만들고' 서로 의논하는 형식이다. 다른 피조물은 일방적인 명령에 비하여 인간 창조는 의논의 형태로 쓰였다. 이는 인간 창조가 특별한 창조임을 설명해 주고 있는 것이다. 또한 창조에 사용된 동사가 '바라'(bara)이다. 구약에 49번 정도 나온다. 창조 기사가 나온 창세기 1장에는 바라 동사가 5번밖에 사용되지 않았다(창 1 : 1, 21). 그런데 유독 인간 창조 기사가 있는 창세기 1 : 27에는 3번이나 사용된다. 결론은 인간 창조가 특별한 하나님의 일이었음을 설명하고 있는 것이다.

인간이 하나님의 형상으로 창조되었다는 말이 무슨 말인가? 이에 대한 해석은 여러 가지가 있다. 구약학자 폰 라드(Gerhard von Rad)는 고대 근동 지역에 왕이 전 마을을 다스릴 수 없을 때 변방 지역에는 왕의 형상을 세움으로 통치권을 상징하였다고 한다. 폰 라드는 본질로서 이해한 것이 아니라 인간의 기능과 역할로서 이해하였다. 그러나 이것도 완전한 해석이 못 된다. 그 이유는 고대 근동에 왕의 형상을 세웠다면 이는 외형적인 면이 왕과 유사하다는 것인데, 하나님의 형상이라 함은 우리가 하나님과 외형적으로 유사한 존재라는 의미에서 문제점이 있다.[10]

고대 애굽의 기록에서 하나님의 형상을 이해하는 데 크게 도움을 주는 자료는 주전 14세기의 기록에서 발견된다. 애굽의 최고신인 아론-르(Amon-Re) 신은 바로 아메노피스 3세(Amenophis)를 향해서 이렇게 말하

---

9) 창세기 1 : 11~12, 21, 25.
10) G. von Rad, *Menschenbild des Alten Testaments*, in : DER alte und der neue Mensch(BeiträgeEvanang. Theologische Abhandlungen8) hg. v. E. Wolf, München 1942, S. 5.

고 있다.

> "너는…… 내가 세상에 세워 준 나의 형상이다.
> 나는 세상을 평화롭게 통치하기 위하여 너를 세웠다."

이상의 자료를 볼 때 '신의 형상'이란 말은 곧 한 나라를 통치하는 '왕'을 지칭하는 말이다. 창세기에서 하나님의 형상이란 말은 분명하다. 인간을 왕과 같은 존재로 창조하셨다는 의미이다. 고대 시대에 왕은 최고의 존재이다. 창세기가 쓰일 당시 인간이야말로 가장 최고의 존재, '왕의 존재'라는 의미이다. 이런 점은 시편에도 나온다.

> "그를(인간) 하나님보다 조금 못하게 하시고 영화와 존귀로 관을 씌우셨나이다"(시 8 : 5).

하나님의 형상으로 창조되었다는 말은, 모든 인간이 왕과 같이 고귀한 존재라는 것이다. 성인이나 아동, 장애인이나 비장애인, 부자나 가난한 자, 그리고 남자나 여자 모두가 고귀한 존재이다. 사회적 지위와 빈부의 격차를 떠나 인간의 기본적인 인권이 보장받아야 되고 존엄성과 평등성을 보장받아야 되는 이유가 성경에 명확하게 나와 있다. 예수 그리스도는 인간의 불평등과 파괴된 하나님의 형상 회복을 위하여 그 시대의 약자들, 즉 가난한 자, 아이들, 여자들, 그리고 병든 자들의 인권 회복을 위하여 일하심을 보게 된다. 특히 장애인 역시 하나님의 형상으로, 고귀한 존재로 태어났음을 분명히 인식해야 한다.[11]

성경에는 장애인에 대하여 하나님의 형상으로 보지 않는 자들을 가리켜 분명히 말하고 있다. "누가 사람의 입을 지었느뇨? 누가 벙어리나 귀머거리나 눈 밝은 자나 소경이 되게 하였느뇨? 나 여호와가 아니뇨?"란 기록이 있

---

11) Ulrich, Bach, *Getrenntes wird versöhnt*, Neukirchener, 1991, S. 13.

다(출 4 : 11). 장애는 실수로 하나님께서 만든 것이 아니다. 장애인 역시 하나님은 받아들이신다. 예수께서는 그들의 외모만을 보지 않으시고 하나님의 형상을 지닌 한 인간으로서 보았고, 그들의 인격적 권리와 함께 구원받고 하나님 나라의 일원으로 동참하는 영적인 권리를 인정해 주셨으며, 그들을 결코 무시하거나 차별하지 않으셨다. 장애인들 역시 하나님이 만드셨고, 약한 것을 통하여 더욱 강하게 하듯, 약함마저 들어서 사용하시는 분이 예수님이심을 고백해야 한다.

3) 연합 활동

교회는 노회 및 총회와 함께 서로 연결되어 일해 나가야 한다. 이것이 그리스도의 몸을 이루는 것이다. 그런데 한국교회는 대체로 개교회 중심으로 일을 하고 목회자에 의해 정책이 결정된다. 그렇다 보니 목회자의 의식이 중요하다. 바른 목회자의 의식을 갖는 것이 중요하다. 교회의 봉사인 디아코니아는 궁극적 목적이 하나님의 일이다. 하나님이 관심 갖은 일에 우리가 관심 갖고 하는 것이지 나의 관심에 의해 일하는 것이 아니다. 자신의 관심으로만 일을 하다 보면 언제든 관심이 변할 수 있고 지속적이지 못하다.

하나님의 일이 나 중심의 일이 되지 않기 위하여, 교회는 늘 하나님의 영이 임해야 된다. 여기서 디아코니아를 실천하는 교회는 분명한 하나님의 영이 임해야 한다. 하나님의 영이 임하지 않으면 사회봉사와 차이가 없다. 예수님은 하나님의 영을 받고 그의 사역을 시작한다. "주의 영이 내게 내리셨다. 주께서 내게 기름을 부으셔서 가난한 사람들에게 기쁜 소식을 전하게 하셨다"(눅 4 : 18). 하나님의 영을 받은 예수님은 그의 전권을 제자들에게 위임하고 동시에 그들에게 전적인 섬김을 요구한다. "너희의 아버지께서 자비로우신 것같이, 너희도 자비로운 사람이 되어라"(표준새번역 눅 6 : 36).

교회는 지역의 구심점으로서 지역사회를 네트워크 하여 살려야 한다. 그러나 지금까지 한국 사회의 봉사의 구심점은 교회보다는 사회단체에 넘겨주었다. 한국 사회의 수많은 봉사단체들이 기독교 선교사에 의해 설립된 곳이 많이 있었다. 그러나 선교사들이 떠나가면서 그 모든 일은 개인이나 단체로 넘어갔다. 넘겨준 것이 문제가 있는 것이 아니라 교회는 개인이나 단체에게 넘겨주었더라도 항상 봉사의 일에 중심에 서야 하고 그들을 서로 연대하는 일에 앞장서야 한다. 이것이 디아코니아를 실천하는 교회이다. 교회의 디아코니아는 분명한 목적이 있기에 그 목적이 상실되지 않도록 노력해야 한다. 그리고 필요한 자금을 위하여 어떻게 마련할지 국가와 사회, 그리고 교회가 항상 연대할 수 있어야 한다.

사회는 기독교가 사회복지에 적극적으로 참여하기를 바라고 있다. 그런데 사회복지 활동에 가장 많이 참여하는 곳이 어디인가? 가장 많이 참여하고 있는 것은 역시 기독교이다.[12] 이처럼 많은 봉사를 하면서도 사람들에게 외면당하고 봉사가 저조하다는 이야기를 듣는 이유가 무엇인가? 그것은 봉사가 개교회 중심적이고 체계적이지 못하다는 것을 말해 주고 있다. 예를 들면, 교회의 봉사가 교회 내로 국한하여 교회에 속한 구성원들로만 제한한다면 봉사 자체가 교회 성장을 위한 행사이지 지역을 살리고 세상을 살리는 디아코니아가 아니다. 이것을 막기 위해 교회의 연합운동이 중요하다. 즉, 사회와 교회가 연합하여 혼자 감당하기에는 힘든 봉사도 같이 하면 좀 더 폭넓고 체계적인 디아코니아 사역을 할 수 있다.

교회가 노회 안에 속해 있기에 노회는 총회와 교회 사이에서 중재적인 활동을 해야 한다. 즉, 총회의 법칙, 정책들을 교회에 전달하고 반대로 여러 종류의 요구사항과 교회의 문제점을 총회에 전달해야 한다. 한국교회의 구조인 노회, 총회는 연합을 위해 아주 좋은 기구이다. 노회나 총회가 단지 행정적인 기구 역할만 감당하는 것이 아니라 노회는 노회끼리 서로 연결하고, 총회는 다른 총회와 연결하여 각 지역의 교회들이 디아코니아 사역을 함께해 나갈 수 있는 기구가 만들어지고 재정적인 면에 도움을 줄 수 있어야 한다.

---

12) 종교계의 사회복지시설법인에 관한 조사에 의하면 기독교 461개, 가톨릭 112개, 불교 37개로서 기독교 사회복지 활동이 다른 종교계보다 왕성하다.

한국교회는 장애인 복지에 이미 오래전부터 관심 갖고 있었으며 하나님의 일로서 감당하였다. 지금도 많은 교회들 가운데 장애인들을 위한 통합예배와 좋은 환경을 만들어 주는 곳이 있다. 또한 아예 시각장애인들이 모이는 교회, 청각장애인들이 모이는 곳도 있다. 그러나 그것은 대도시의 몇몇 교회뿐이다. 일반적인 지역에서는 장애 아동에 대한 교육이 안 되어 있다. 이럴 때 노회가 교회와 교회를 연결하여 어떤 교회는 시각장애인을 위해, 어떤 교회는 청각장애인을 위해, 어떤 교회는 장애인 재활을 위해, 어떤 교회는 세미나를 열어 주고 특별 활동이나 교육을 준비하여 준다면 장애 아동들에게 도움을 줄 것이고, 교회도 다양한 사역을 다 감당하기에는 역부족이지만 한 가지씩 특성을 살린다면 감당할 수 있다고 본다. 총회는 정부와 민간단체들을 연결하여 장애인 사역이 더욱 광범위하게 발전되도록 행정적인 면과 경제적인 면을 제공해야 한다.

4) 통합교육

한국 사회의 통합교육의 역사를 살펴보면 1894년 선교사 로제타 셔우드 홀(R. S. Hall) 여사에 의해 우리나라에서는 처음으로 시각장애인을 위한 통합교육을 실시하였다. 이 당시 통합교육은 기초적 수준이었다. 그 후 1970년대로 올라가면 일반학교 안에 통합교육이 시작되었는데, 이 당시는 특수학급은 학습 부진 학생들을 일반학급으로부터 분리 교육하려는 의도가 커서, 현재 논의되고 있는 통합교육의 개념과는 차이점을 가지고 있다. 이처럼 역사 속에 통합교육이 자리매김을 잘하지 못하였다.

평양에서 부인병원과 한국 최초의 간호학교를 설립한 감리교 선교사인 로제타 셔우드 홀 여사가 1894년 처음으로 맹인 소녀에게 점자법과 재활교육을 실시한 것이 근대 한국의 특수교육의 효시이자 장애인선교의 효시가 되었다. 홀 여사가 가르쳐 온 4명의 맹아 아동들을 평양의 정진여학교에 입학시켜 교육을 시켰다. 이것이 한국 사회 최초의 통합교육이다. 맹아 여아에게 점자 지도와 뜨개질 등 직업교육을 별도로 실시하는 한편 일반 정규 교과목은 일반 학생들과 함께 공부하게 하였다. 또한 1897년에는 '불구아동을 위한 집'이 서울에 세워지기도 했다. 페리 양(Jean Perry)이 9명의 선교사들로 이사회를 구성하여 불구 아동을 위한 집을 서울에 세웠다. 1901년에는 23명의 장애 아동이 수용돼 있었는데, 그 가운데 남아가 19명이었다. 여기서는 한글과 학문, 창가, 산술, 지리, 재봉 등 기초 지식을 가르쳤다. 이후에도 선교사들에 의해 의료 활동과 교육 및 재활 활동 등을 통해 장애인 선교가 계속되었는데, 모페트(S. A. Moffett) 부인은 한국교회가 구성한 이사회와 함께 장애인들을 깨우치고 장애 요인들을 극복시켜 주기 위해 그들을 교화하는 작업에 나서기도 하였다.[13] 이 외에도 한센병자를 위한 복지사업이 비교적 활발하게 진행되었다. 1897년에는 각국의 구라회 후원으로 부산나병원이 개설되었고, 1909년 선교사들에 의해 평양농아학교가 설립되었다.

그런데 아쉬운 점은 선교사들이 운영하던 사회복지시설들이 한국인들에게 이양되면서 설립 때의 기본 정신인 선교적 이념이 약화된 점이다. 한국 사회에서 장애인이나 그들을 위한 통합교육의 중요성을 가장 먼저 느낀 것이 교회였음에도 오늘날 사회는 변하고 있는데 교회는 변화에 민감하게 따라가지 못한다는 것이다.

통합교육을 실시하는 데 어려움은 좀 전에 말한 것처럼 경제적 문제이다. 요즘 복지시설이 참 잘되어 있다. 그런데 정작 유치원에 가고자 하면 대부분 가정의 경제적 여건이 되는 경우 많은 비용이 드는 사교육에 의존하며, 사교육이 어려운 장애 아동의 경우 특수교육을 받기 위해 1~2년 이상 기다려야 한다. 경비의 문제와 비장애인 가족이 원하지 않는 인식의 문제, 그리고 통합교육을 한다고 하지만 실제로 교육 환경에 있어서 많은 부분이 부족하다는 것이다. 또한 전문교육을 받은 교사가 준비되어 있어야 한다.

이런 상황에서 이 사역을 어떻게 해결해 줄 수 있을까? 그 역할은 교회

---

13) 대한특수교육 편, 「한국특수교육백년사」, 서울 : 도서출판 특수교육, 1995년, 113-119.

에게 있다고 생각한다. 국가가 모든 일을 감당하기에는 역부족이다. 그러나 교회는 유치원을 운영하기에 아주 좋은 여건을 준비하고 있고, 유치원 운영을 안 하고 있더라도 주 중에 빈 공간을 활용하면 가능한 일이다. 그리고 주일날 수많은 사람들이 모일 때 함께 통합의 예배를 드린다면 그들에게 도움이 될 것이다. 교회 내에는 많은 자원봉사자가 나올 수 있다. 국가와 교회, 그리고 개인이 힘을 모아 이런 일을 할 수 있다. 교회가 이 일을 하는 데 있어서 조심해야 할 부분은 장애인과 비장애인이 서로 분리하여 살아가고 있는데, 장애인 특별 부서를 만들어 그곳에서 별도로 예배하는 것은 바람직하지 않다는 것이다. 왜냐면 마음에 상처를 줄 수 있다. 다양한 아이들이 교회에 있을 것이다. 예수께서 다양한 아이들이 주님에게 오는 것을 막지 않으셨듯이 우리들은 주님에게 가까이 오는 것을 도와야 한다. 평일에는 유치원에서 주일에는 교회에서 일관된 교육의 목적을 갖고 실시한다면 좋은 효과가 있을 것이다.

통합은 "어떤 것을 통해 한 전체가 자신의 완전함을 유지할 수 있도록, 빠진 무엇인가를 통합하고 채움으로 완전하지 않은 전체를 완전하게 만드는 것"을 의미한다.[14] 일반적으로 이것을 발달장애인 또는 지체장애인들의 상황에 적용한다면, 통합이란 당사자들을 그들의 고립과 격리됨으로부터 빠져나오도록 하는 것이라 이해할 수 있다. 통합의 목표는 유리한 조건의 사람과 사회 약자들 간의 수직적이고 계급적인 구조가 아닌 서로 유기적 관계로 연결되는 수평적인 관계이다.

그럼에도 불구하고 통합의 정의와 관계된 확신을 함에 있어 간과할 수 없는 것은 여전히 통합의 개념에 있어서 셀 수 없이 많은 다의적 표현들, 이견들, 그리고 논쟁이 서로 엉켜 있다는 것이다. "장애인을 위한 도움, 형의 집행이나 사회교육 등 비슷한 계통의 분야들조차 자체적으로 또는 각 분야 공통의 통합에 대한 개념 정의를 개발하지 못하고 있다. 오포만(D. Offermann)은 "통합에 대한 일치하는 학술적인 정의도 없고, 정신지체장

---

14) Kastantowicz, *Wege aus der Isolation*, Heidelberg 1982, S. 11.

애인을 사회의 구성원으로 어떻게 수용할 수 있는지에 대한 종류와 방법에 대한 공동의 기대도 없다."고 언급했다. 오퍼만은 이런 서로 다른 태도의 원인은 기존 사회의 가치와 규범에 기초한 서로 다른 이상주의에서 발단된 것으로 본다. 이것은 서로 다른 학술 분야에서도 언제나 확인할 수 있는 것이다.[15]

인간에게는 차이가 근본적으로 존재한다. 여기에는 기능과 지적 수준, 신체적 조건 등을 포함한 학습 성취 수준과 잠재 능력 등이 포함된다. 교육이 갖는 가치의 하나는 이러한 개인 간의 차이를 근본적으로 인정하면서 그러한 차이를 오히려 긍정적으로 개발하고 신장시키는 일이며, 결과적으로 조화롭고 건강한 사회 조직으로 발전시키는 일이다. 특수교육에서 통합교육은 장애 아이들과 비장애 아이들이 가지는 다양한 유형의 차이를 상호 인정하고, 각자의 특성으로 인식하면서 사회적 조화를 꾀하는 것이다. 이러한 점에 통합교육은 대상에 따라 다양한 형태로 이루어져야 한다. 어려서 통합교육은 결국 그들이 자라서 사회 통합을 가능하게 한다. 궁극적으로 함께 살아가는 사회를 만들게 되는 것이다.[16]

5) 통합예배

한국교회의 예배 속에는 장애인이 많은 부분 소외되어 있다. 지금껏 일반교회의 예배 중심은 비장애 아동이었으며, 장애 아동은 일반교회가 아닌 장애인선교회나 장애 아동 부서가 설치되어 있는 교회의 몫으로만 여겨진 것이 사실이다. 하나님께서는 천하보다 한 인간을 귀하게 여기시는 분이시다(마 16 : 26 ; 골 1 : 12 ; 행 4 : 12). 사람의 능력, 지위, 소유, 학벌 등과 상관없이 모든 사람을 귀히 여기신다. 그리고 예수께서 친히 찾아가셔서 긍휼을 베푸신 대상은 바로 정신적, 신체적, 사회적 약자들이다. 즉, 예수

---

15) Dieter Offermann, *Zur Theorie und Praxis einer Integrativen Behinderten pädagogik*, In : Ulrich Kasztantowicz(Hrsg.) : Wege aus der Isolation. Heidelberg 1982, S. 29.
16) 김남순, 「통합교육의 이론과 실제」, 파주 : 교육과학사, 2008, 13-15.

님은 장애인과 함께하셨던 분이시다. 또한 장애 아동과 비장애 아동 모두 그리스도 안에 한 지체이므로(고전 12 : 24-27), 지체가 떨어져 생활해서는 안 되며 마땅히 함께 교육받아야 한다. 통합예배는 교회가 마땅히 해야 할 일이다.

통합예배를 드리는 방법으로는 예수님이 인간을 받아들인 것같이 장애인 역시 예배에 받아들여짐을 알게 해야 한다. 이 일을 위하여 환경이 매우 중요한 역할을 한다. 그곳에서 사용하는 단어, 상징, 장식도 중요하다. 교회에서는 장애인들이 예배에 있어서 기도, 찬양, 말씀, 용어, 성찬식, 장애인들도 모두가 참여할 수 있도록 상징적인 언어를 사용하는 노력이 필요하다. 말씀을 전하는 데 단지 말로만이 아니라 그들에게 피부로 느끼게 해 주어야 한다. 그러기 위하여 장애 아동을 위하여 그들의 언어로 이해되도록 단어를 사용해야 한다.

한국에서 말하는 통합예배란 일반적인 신체적 장애를 갖고 있는 사람들, 즉 시각장애, 청각장애 등의 사람들과 함께 예배하는 것인데 이것은 당연한 것이지 통합예배의 범주가 아니다. 필자가 여기서 말하는 통합예배를 드려야 될 대상은 중증장애, 즉 정신지체장애인을 말한다. 독일의 경우 어떤 장애를 가졌든지 아이가 태어나 어느 시기가 되면 장애인들이 살아가는 공동체에서 살아가기에, 실제적으로 그들이 일반교회에 가족하고 같이 가는 경우가 드물다. 보통 그들 공동체 안에 교회가 있고 그 교회에 지역 사람들이 같이 와서 예배드리는 경우가 있다. 그러나 한국은 장애인이 어린이던 성인이던 가족하고 같이 살아가는 경우가 많다. 이럴 경우 교회에 가면 장애인은 장애인끼리 분리하여 예배를 드리게 된다.

과연 통합예배가 가능한가? 필자가 살펴본 독일의 경우 중증장애를 가진 아이들이 유치원까지는 통합예배가 바람직하다. 물론 장애 아이에게 통합예배가 좋은 것만은 아니다. 예배뿐 아니라 모든 분야에서 통합이 좋은 면도 있고 부정적인 면도 있다. 예를 들어 자기 의사 표현을 위하여 공격적이 된다던지 몇몇 부정적인 면이 나온다. 그러나 부정적인 면도 있지만 긍정적인 면이 크고 가능하면 어려서 통합예배가 좋다. 유치원 시기가 지나서는 특별한 시기에 같이 예배를 하는 경우가 많다.

한국의 경우 교회마다 장애인을 위한 통합예배를 드리기에 적합한 환경의 교회가 많지 않다. 이럴 경우 지역마다 연합 모임이 중요하다. 중증장애인을 위한 도움을 줄 교회가 자연스럽게 나오게 될 것이고 그리고 장애인들이 목회적 도움을 받고 특별한 절기에 연합 통합예배를 드리도록 한다.

한국에서 장애인을 위한 통합예배와 부분적 통합예배를 드리는 교회가 많이 나오고 있다. 그중에 몇 교회를 간단히 소개한다면, 사랑의교회는 장애인선교 복지 모델의 이름을 '기독교적 통합 접근 모델'이라고 칭하고 있다. 이는 3가지 관점에서 사역이 진행되기 때문에 붙여진 이름이다. 교회 내 장애인들을 대상으로 장애인 목회 관점에서 접근한다. 한국장애인선교연구소는 초교파적으로 장애인선교를 위한 연구 및 교육적 관점으로 접근하고 그리고 사랑의복지관은 지역사회를 대상으로 하는 장애인복지 관점으로 접근하고 있다. 이들 세 기관은 독자 영역에서 각자의 사역을 진행하지만, 필요에 따라서는 시너지 효과를 발생시키는 연계 연합으로 사역을 감당하기도 한다. 이는 매우 모범적인 사례라고 본다. 디아코니아적인 입장에서 교회는 교회가 위치한 지역을 섬겨야 하고, 타 기관과 나아가 국가와 연합하여 섬겨 나가는 것을 바람직하게 본다.

필자는 교회가 장애인들을 위해서 할 수 있는 사역 중 하나가 아이들을 위한 유치원 운영이라고 생각한다. 교회는 이 일을 위해 많은 부분 준비되어 있는 시설이 많다. 여기에 전문 특수교육을 받은 교사를 배치하고 자원봉사자를 교회 안에서 찾아내어 장애 아동을 통합교육할 수 있다면 큰 힘이 될 것이다. 또한 교육 기관과 삶의 현장이 늘 다른데 교회 안에 통합 유치원을 운영하면 유치원에서 배운 신앙적인 삶의 모습이 자연스럽게 교회공동체 사람들에게서 일치된 모습으로 나오게 되고 이것이 아동에게 큰 혼돈을 주지 않고 도움이 될 것이다. 이런 점에서 통합 유치원을 운영하는 교회는 통합예배와 통합교육이 이루어져야 한다. 통합교육에 있어서 중요한 것은 매주일 성경공부나 세례, 학습교육, 그리고 성찬식 등이다. 세례나 성찬식은 반복되는 교육으로서 상징적인 교육의 효과가 크다. 이러한 예배와 교육은 장애인에게만 해당하는 것이 아니고 가족들에게도 필요한 것이다. 통합유치원이나 통합교회는 서로 같이 살아가는 것을 배운다. 기독교에서는 성경의 말씀처럼 어려서부터 함께 사는 것을 보여 주어야 한다.

5. 나가면서

한국 사회에서 장애인에 대한 일이 매우 시급한데 그것은 장애인에 대한 부정적인 인식의 변화이다. 인식의 변화가 바르게 되지 않은 상태에서 어떤 시설도 그리고 법적 장치도 효과가 없다. 독일이나 미국에서 만난 한국인 장애 아동을 둔 가족들의 이야기는 하나같이 "한국에서는 살기가 너무 힘들었다."는 이야기를 한다. 힘들었던 이유가 여러 가지 있겠지만 가장 큰 이유는 장애인에 대한 사회의 부정적 인식이다. 인식의 바른 변화를 가져올 수 있는 장은 바로 교회라고 생각한다. 한국의 교회가 세워지게 된 동기가 선교사들의 사회복지로 말미암아 시작되었듯이, 교회는 장애인 복지에 이미 오래전부터 관심 가졌으며 교회의 사역이기도 하다. 교회가 바른 인식을 해 나갈 때 한국 사회에서는 상당히 큰 효과가 있다고 본다. 이런 점에서 필자는 장애인에 대한 부정적인 인식을 해결할 가장 좋은 길이 교회라고 본다.

개교회 목회자들은 장애인을 위한 디아코니아를 교우들의 인식과 함께 교회의 중요한 사역으로 관심을 갖게 하는 것이 필요하다. 양적인 성장에서 디아코니아적인 근본적인 가르침을 실천하고 말해야 한다. 교회는 성장(Wachstum, growth)을 말하는 곳이 아니고, 진리, 진실(Wahrheit)을 말하는 곳이다. 교회가 진리, 진실을 말하면 언젠가는 사회가 교회의 소리에 귀를 기울이게 될 것이다. 이처럼 한국교회는 이 시기에 먼저 걸어온 서구교회들의 모습을 보면서 신학적인 재정립이 필요하다. 교회의 장이 바로 디아코니아를 훈련받고 실천하는 장이 되어야 한다. 교회가 존재함으로 지역이 살아나야 되고 예수님이 관심 갖은 사역이 일어나야 한다.

필자는 장애 아동에 관한 통합을 이야기하고 있기에 아동을 위해서는 교육이나 예배 모든 면에 반드시 통합을 해야 한다고 주장한다. 이 일을 위하여 학령기가 아닌 아동들을 위한 유치원이 중요하다. 조기교육부터 유치원 시기까지 통합예배와 통합교육이 이루어져야 한다. 이에 여러 가지 필요한 목적과 방법을 제공하였다. 이러한 사역을 한국교회가 잘 감당하여 장애에 늘 노출되어 있는 현대인들에게, 이미 장애를 갖고 있는 우리의 이웃들에게 도움이 되기를 바란다. 끝으로, 함께하는 통합의 삶이야말로 예수 그리스도가 이 땅에서 보여 준 모습을 따라 사는 삶이요, 장애에 관한 부정적인 인식을 바르게 정리할 수 있는 디아코니아적인 삶이라고 본다.

2

디아코니아 관점에서 본 장애인과 함께하는 교회공동체[1)]

김옥순 교수(한일장신대학교)

교회들은 장애인들이 예배와 사회로 통합될 수 있도록
이들을 돌보는 여러 가지 노력을 기울여야 한다.
이들을 수용하는 사랑 없이 추상적인 믿음에 머물러서는 안 된다.
구체적인 사랑이 없이는 믿음도 헛되고
능력을 행하는 것이 아무 소용없는 것이다(고전 13 : 1-13).
교회는 장애인들과 함께 봉사하는 건강한 교회가 되어야 한다.

들어가는 말

교회는 선포된 하나님의 말씀이 활동하는 곳으로 하나님 사랑과 이웃 사랑의 행위를 실천하는 공동체로 살아야 한다. 봉사하는 교회는 인간들이 함께 사는 공동체성을 와해시키는 세상적인 풍조에 대항하면서 진정한 인간적인 사회를 지향하는 일로 나가야 한다. 이때에 봉사의 능력인 사랑은 세상으로부터가 아니라 예수 그리스도로부터 나온다. 그런데 인간 사회의 위기에 대한 봉사의 요청은 세상으로부터 온다. 이를 수용하여 사회적 약자를 돌보는 교회의 봉사는 사회적인 위기에 응답하는 그리스도의 사랑이다. 여기서 알 수 있는 것은 교회의 사회봉사는 사회적 약자들이 없이는 실현될 수가 없다. 세상 속에서 도움을 필요로 하는 자들은 바로 하나님 나라 도구인 신앙인과 교회가 진정한 예수제자공동체로 설 수 있도록 도와주는 우리의 이웃인 것이다.

그런데 교회가 사회적 약자들을 돌보는 디아코니아 활동은 케리그마와 코이노니아가 함께 따르지 않을 때에 일반 사회복지와 다를 바가 없다. 그러므로 교회는 디아코니아 활동을 함에 있어서 말씀의 증언과 교제와 성례전과의 관계 속에서 함께 조명되어야 할 것이다. 여기로부터 나오는 교회 사회봉사의 고유성은 질적으로 높은 사랑의 봉사 형태를 가지게 되며, 봉사가 자주 인본주의적인 기술적 방법과 효율성으로 빠지기 쉬운 위험성을 막을 수 있을 것이다.

나아가 교회의 봉사는 인간의 존엄성을 해치는 사회의 악의 요소, 구조적인 악에 대해 비판적으로 대응하면서 생명을 살리는 교회의 역할을 해가야 한다. 이러한 맥락에서 본 연구는 장애인들의 인간 존엄을 지향하는 교회공동체의 디아코니아 활동을 위한 신학적인 성찰을 통해 교회가 진정한 예수제자공동체로 장애인과 함께하는 건강한 공동체를 만들어 가기 위

---

1) 이 내용은 논문 제목 "디아코니아 신학 관점에서 본 장애인과 함께하는 교회공동체에 관한 연구"란 제목으로 등재학술지 「신학과 실천」 42(2014), 663-698에 실린 것에 기초해서 수정·보완하여 재구성하였음을 밝혀 둔다.

함이다.

1. 디아코니아로서 사회적 약자 보호와 장애인

1) 성경에 나타난 사회적 약자

우리가 디아코니아에 대한 개념을 생각할 때 성경 전체로부터 얻어지는 디아코니아(διακονια)의 개념은, 우선적으로 신앙인이 하나님을 섬기는 일로써 복음을 받드는 사도적인 봉사와 함께 이웃과 세상을 섬기는 것이다. 즉, 디아코니아 활동은 그리스도가 세상 속에서 사회적인 약자들을 치유하시는 구원 활동에 근거하는 것이다. 기독교는 오랜 역사 속에서 사회적 약자들을 돌보는 것을 교회의 본질로 삼고 '교회의 표지'로 세웠다. 우리가 성경과 관련해서 사회적 약자를 규정하는 일은 무엇보다도 그 시대적 상황 속에서 돌봄의 대상자로서 수급권을 가진 자들에게 초점을 맞추는 방법이다. 이러한 방법을 중심으로 살펴볼 때, 먼저 구약성경 속에서 사회적 약자로 규정되는 사람들은 경제적, 법적, 사회적 요인에 의해 사회에서 주변부로 밀려난 사람들이다. 즉, 그 당시에 농경사회에서 절대적인 경제적 토대인 땅을 소유하지 못한 자들과 사회 안전망의 가장 기초단위인 가족이 파탄, 해체된 자들을 들 수 있다. 전자에 속하는 자들은 경제적인 물적 기반을 상실한 자들로서 레위인, 빚진 자들, 날품팔이 일꾼, 남녀 종살이, 그리고 이방인, 나그네 등이며, 후자에 속하는 자들로서는 전통적으로 권리와 소유에 대해 법적 능력이 없는 자로서 규정되는 과부와 고아들, 부지중에 범죄자들, 그리고 사회적으로 외면당하며 부양할 자녀가 없는 노인들과 귀머거리, 소경 등 장애를 가진 고통당하는 사람들이 사회적 약자에 속한다. 여기서 우리가 볼 수 있는 것은 사회적 약자 규정 범위가 이 세상에서 현실적인 인간의 삶에 전적으로 그 비중이 놓여 있는 점이다.

구약성경은 사회적 약자들을 돌보는 법을 만들어 그들의 권리를 보호하고 있다. 먼저, 계약법전(출 20 : 22-23 : 33)에서는 사회적 위기에 직면해 있는 자들을 신앙으로 돌보도록 한다. 즉, 사회적으로 약자인 그들을 보호하고 사회의 정의를 실행하는 것이 바로 하나님 앞에서 종교적-의식 행위를 하는 것과 똑같은 가치를 가진 것으로 볼 수 있다. 또한 성법전(레 17-26장)도 사회적 상황과 관련하여 약자들의 권리보호규정을 신학에 기초해서 제정하였다. 성경의 사랑의 계명은 가난한 자, 이방인, 품삯꾼, 귀머거리, 소경 등 장애인을 위한 보호규정(레 19:9-18)으로 결론지어진다.[2] 신명기법전에는 사랑과 선택, 계약 등의 하나님의 백성을 위한 법이 사회의 모든 영역을 포괄하는 사회의 약자들을 위한 보호규정을 담고 있다.[3] 이것이 바로 오경(토라)의 중심 부분으로서 정경의 위치를 차지하고 있는 것이다.[4]

특히 사회적 약자를 돌보기 위해서 3년째 드리는 십일조는 신명기의 사회적 법제정의 한 부분이다. 모든 소유자나 생산물을 가진 자들은 하나의 세금 형식으로 물질적으로 불안한 자와 사회적 약자들을 위해 정기적인 공납을 해야 했는데 이것이 최초의 사회 세금으로 형성된 것이다. 제3년째 드려지는 십일조는 그 분배의 대상으로 이스라엘에서 땅을 갖지 못한 레위인과 권리를 누리지 못하는 자들인 이방인이나 고아나 과부들이었다(신 14:22-29).[5] 이는 국가 세금의 삼분의 일이 사회적 약자들의 기본 생명을 보호하는 일에 사용되도록 함을 의미한다.[6] 또한 약자들을 보호하는 사회적 경제법으로 이자 금지와 빚 면제, 고리대금업 금지 등이 있다. 결론적으로, 이러한 법들의 실제적 효용성은 이스라엘이 하나님의 신앙에 기초하는 것이며, 이는 이스라엘의 정체성과는 분리될 수 없이 함께 얽혀 있다.[7]

---

2) F. Crüsemann, "Das Alte Testament als Grundlage der Diakonie," ed., G. K. Schäfer/Th. Strohm, *Diakonie-biblische Grundlagen und Orientierungen*, Heidelberg, 1990, 89.
3) F. Crüsemann, "Gottes Fürsorge und menschliche Arbeit. Ökonomie und soziale Gerechtigkeit in biblischer Sicht," ed., Rainer Kessler/Eva Loos, *Eigentum : Freiheit und Fluch. Ökonomische und biblische Einwürfe(KT 175)*, Gütersloh, 2000, 43ff.
4) Ibid., 78.
5) F. Crüsemann, "Das Alte Testament als Grundlage der Diakonie," 82.
6) Ibid.

예수께서는 그 당시 플라톤의 영향에 따른 인간의 육체와 영혼에 대한 이분화를 거부하고 전인적인 인간 이해를 하신다. 그러므로 그 당시에 사회적인 약자는 인간의 육체적, 정신적, 영적인 위기 속에서 고통당하는 자들이다. 육체적 위기는 결국 전인적인 위기에 서 있는 것이다. 그래서 예수께서는 물질적, 정신적, 영적인 고통 속에 있는 자들을 돌보는 하나님의 통치권을 행사하신다. 하나님의 통치권은 가시성의 물질세계를 배제하지 않으며, 영적 세계를 포함한다. 그러므로 사회적 약자들은 가난한 자, 병든 자, 귀신 들린 자들, 장애를 가진 자들, 그리고 작은 자들과 여성들을 포함하여 종교적으로 배타당하는 소위 '죄인들', 그리고 예수운동 속에서 예수님과 함께 복음을 위해 방랑하는 제자들이다. 마태 공동체에 의하면, 예수님의 지극히 작은 자들, 즉 굶주린 자, 헐벗은 자들, 목마른 자들, 나그네들, 병자와 장애인, 그리고 감옥에 갇힌 자들이 돌봄의 대상이다(마 25 : 31-46). 이는 유대인들이 이어 온 사랑의 활동 속 돌봄의 대상과 거의 흡사하다. 또한 여기서는 가난해서 혼수 장만을 할 수 없는 처녀와 죽은 자를 동행해 주거나 혹은 슬퍼하는 자들에 대한 위로들은 이야기되지 않는다. 여기서 사회적 약자들로서 작은 자에 대한 신학적인 해석은 예수님의 지극히 작은 형제들에 해당되며(비교 10 : 42, 18 : 6-10 ; 마 12 : 49f, 28 : 10), 예수님과 동일시된다. 즉, 누구든지 이들을 영접하면 예수님 자신을 영접하는 것이다(마 25장 ; 막 9 : 35 ; 마 10 : 40).

이러한 사랑의 활동은 성경적인 신앙의 중심에 뿌리를 둔다. 이는 기독교의 봉사가 하나님의 뜻을 항상 통일적으로 이해하고, 성경에 나타난 하나님의 뜻을 그 중심에 세우는 것을 의미하는 것이다. 그래서 유대인 예수님은 이것을 다음과 같이 표현하였다. "너의 아버지가 자비로우신 것처럼 너희도 자비로워라"(눅 6 : 36). 특히, 유대 전통을 잘 알고 있는 기자의 마태복음 25장에서는 체다카 시스템 속에서 두 가지 항목을 제외한 수급 조항이

---

7) F. Crüsemann, "Soziales Recht und freiwilliges soziales Engagement im Alten Testament," ed., H. Schmidt/R. Zitt, *Diakonie in der Stadt*, Stuttgart, 2003, 35f.

명시되고 있다(가난한 신부의 혼수 장만과 죽은 자에 대한 동행 및 그 슬퍼하는 자들을 위로함). 물론, 사회적 약자 돌봄을 위한 기독교의 근본 텍스트로서 마태복음 25 : 31~46은 원래 예수운동 시대에 방랑 설교가들[8]과 지극히 작은 형제들에 대한 봉사와 관련되어 있으나, 이는 오늘날 신앙인들이 근본적으로 모든 사회적인 약자들을 돌보는 사랑의 활동과 관계하는 것으로 볼 수 있다.[9]

2) 사회적 약자 보호의 동기

다른 사람을 돌보는 일의 동기는 인간의 개인적인 윤리 규범이나 혹은 그 시대마다의 사회적 윤리 규범이 그 동기가 되고 있으며, 그 잣대가 될 수 있다. 그리고 이 두 가지의 공통점은 인본주의에 근거하고 있다. 고대 근동에서는 부자와 권력을 가진 자들이 위로부터 아래로의 매우 일방적인 도움의 권위주의적인 구조를 가지고 약자들에게 선행을 베푸는 일이었다. 이러한 도움은 대체로 인본주의에 기초하여 권위주의와 관료주의적으로 구조화된 도움이었다.

그러나 이스라엘에서는 하나님 백성으로서 약자에 대한 돌봄은 개인적, 사회적 윤리 규범 동기 형식을 취하면서도, 그것을 넘어서서 보다 근원적인 하나님 신앙으로부터 나오는 동기였으며, 그래서 단지 하나님만이 도움을 주시는 근원자이시며, 모든 이스라엘은 그로부터 받은 것을 다시 이웃에게 나누는 돌봄으로서 상호연대공동체적인 돌봄 구조를 가졌다. 특히 이스라엘에게서 사회적 약자를 돌보는 일은 부자가 복의 근원이신 하나님의 은총으로 받은 많은 물질 축복 가운데로 가난한 자들이 참여하도록 함으로써 새로운 축복이 성장하도록 해 주는 것이다. 이와 같이 하나님의 은총에 의한 약자 돌봄을 통해서 부자는 하나님 앞에서 정의를 행하며, 다른 한편으로는

---

8) U. Luz, "Biblische Grundlagen der Diakonie," ed., G. Ruddat/G. K. Schäfer, *Diakonisches Kompendium*, Göttingenm 2005, 23.
9) U. Luz, *Das Evangelium nach Matthäus(Mt 18-25), EKK I/3*, Neukirchen-Vluyn 1997, 513ff.

오직 하나님만이 복의 근원임에도 불구하고 가난한 자들을 통하여 부자들이 복을 받고 있다고 이해하였다.[10] 그래서 하나님 앞에서 약자들을 돌보는 부자들은 이것이 단지 은총에 의한 것일 뿐, 자신을 자랑하는 권위주의가 될 수 없으며, 오히려 가난한 자들을 감사하는 마음으로 돌보게 되는 것이다. 구약성경과 고대 유대교 안에서 이웃을 돕는 일은 이스라엘에게는 하나님의 정의와 자비, 그리고 사랑과 긍휼이 연관된 신학적인 성찰로 나타난다.[11] 사회적 약자를 돌보는 물질적인 근원이 하나님 예배와 결코 분리될 수 없음을 알 수가 있다. 우리는 신앙인이 약자들을 돌보는 활동이 하나님 예배에 그 뿌리를 두고 있음을 알 수 있다. 하나님 예배는 일상적인 삶 속에서 약자들을 돌보는 구체적인 삶이었다.

예수님이 이웃을 돕는 행동의 분명한 동기는 '긍휼히 여김'이다. 예수님은 눈먼 자를 긍휼히 여기고, 백성 자체를 긍휼히 여기며(마 9 : 36, 14 : 14), 그의 아들을 무덤에 장사해야 하는 과부를 불쌍히 여겼다(눅 7 : 13). 긍휼의 동기는 예수님의 비유들에 다시 나타난다(눅 10 : 33, 15 : 20 ; 마 18 : 27). 누구든지 긍휼로 행하는 자는 이웃의 위기를 돌보아야 한다. 이웃의 위기와 고통을 없애는 것이 예수님 행동의 내용과 목적이다.[12] 예수님은 위기 속에 빠진 자들과의 만남 속에서 지금 무엇이 행해져야만 하는지 가르치는 주님으로서, 돕는 자인 동시에 섬기는 봉사자로서 그들 가운데 서 있다. 하나님의 뜻에 매어진 예수님은 전적으로 다른 사람의 위기를 돕기 위해 마음을 열고 있다는 사실이다. 즉, 그가 하나님 앞에서 순종 가운데 서 있다는 것은 동시에 그가 섬기는 자로서 고통당하는 자들 곁에 서 있는 것이다. 순종이 점점 더 완성되어 갈수록 그는 점점 더 이웃과 가까이 서 있다. 이러한 보내심 속에서 예수님의 사역은 섬김과 봉사로 하나의 통일성을 이루어 갔다.

---

10) R. Kessler, "Die Rolle des Armen für Gerechtigkeit und Sünde des Reichen. Hintergrund und Bedeutung von Dtn 15, 9 ; 24, 13. 15," ed., F. Crüsemann/Ch. Hardmeier/R. Kessler, *Was ist der Mensch……? Beiträge zur Anthroplogie des Alten Testaments, FS H.W. Woff*, München, 1992, 153ff.
11) F. Crüsemann, "Das Alte Testament als Grundlage der Diakonie," 86ff.
12) Ibid.

하나님과 예수님의 인간 섬김은 하나님의 사랑과 정의에 기초하고 있다.

2. 디아코니아 관점에서 십자가와 부활에 나타난 장애인신학

1) 온전한 복음으로서 십자가와 부활의 통일성

온전한 복음으로서 하나님 나라를 가져온 예수 그리스도의 총체적 사역은 바로 섬김이었다. 즉, 그의 인간 되심, 세례받으심, 시험받으심, 그의 사역, 십자가와 부활의 삶이다. 성육신은 높은 자리를 버리고 낮은 데로 내려오신 예수님의 자기 비움의 종성이다. 마가는 예수님이 이 땅에 오신 목적을 섬기시기 위해(διακονεῖν) 그리고 구원하시기 위한(λύτρον) 것으로 증언하였다(막 10 : 45). 예수님의 자기 비움과 함께 순종하는 것이 섬기는 자세의 기본이다. 이것은 인간들이 생각조차 할 수 없는 것이다. 예수님은 세례를 받을 때에 인식한 메시야상을 권력과 지배를 통한 통치자로서 메시야가 아니라 섬김을 통한 상으로 새롭게 제시하신다. 그래서 그가 광야에서 세 가지 시험을 받은 내용이 이와 무관하지 않다. 즉, 인간이 쉽게 야합할 수 있는 물질, 권력과 명예를 미끼로 던지면서 유혹하는 자에게 예수님은 하나의 질적인 방향 전환의 길을 제시한다. 그 방향의 길은 바로 지배하는 권력 추구가 아니라 섬기는 길이요, 그 길은 영광의 길이 아니라 자기를 비우면서 섬기는 바로 그리스도의 제자가 걸어야 할 삶의 원리가 되어야 하는 것이었다. 섬기는 길이야말로 뭇 생명을 살리는 길임을 예수님은 그의 사역을 통해 구체화시켰으며 그의 십자가의 길을 통한 부활의 역사에서 그 정점을 이루었다. 예수님 사역의 결정체는 하나님의 나라에 있다고 할 수 있겠다. 그래서 그는 사역을 하나님 나라의 도래에 대한 선포로 시작한다. 도래하는 하나님 나라 앞에서 긴급하게 요청되는 것이 바로 회개와 돌이킴이다. 도래하는 하나님 나라에 대한 예수님의 고지는 당시 전체 이스라엘에게는 생각을 바꾸라는 요청이었으며, 이것이 곧 회개였고, 동시에 사회적, 종교적으로 소외된 하층민들에게는 하나님의 나라에 대한 기쁜 소식이다.

그 당시에 종교적이고 사회적으로 기득권을 가진 자들의 절대적 가치관이 예수님이 선포하는 하나님 나라와 관련해서 끊임없이 상대화된다. 여기에서 우리는 하나님 나라와 역동적인 운동성을 포착할 수 있다. 하나님 나라는 정체된 하나의 종교적-법적 이념이 아니라 시공간 속에서 구체적으로 활동하는 운동성이다. 그래서 하나님 나라는 이미 왔지만 지금도 오고 있고 앞으로도 올 것이다. 우리는 현재 속에서 하나님 나라의 과거와 미래를 소급하고 선취하여 누리고 있으며, 이에 대한 미래적 완성에로 끊임없이 요청받고 있다. 이 운동의 주체는 하나님이시지만 하나님은 인간을 통하여 역사 속에서 일하시기에 인간 또한 하나님 나라 운동의 주체가 된다. 물론 이때에 인간은 하나님과는 다른 질적 차이를 가지고 하나님 나라를 확장해 가는 주체이다. 예수님 당시에 그가 실행하는 하나님 나라의 운동은 섬김의 원리에 의한 사회적으로 치여 밀려난 자들에 대한 예수님의 관심과 돌봄이었고, 병든 자와 장애인을 고쳐 주신 치유와 죄인들과의 식탁공동체를 이루는 모든 섬김을 위한 자기 비움이었다.

우리 신앙인은 십자가에 달리신 예수 그리스도를 통하여 부활의 생명을 얻었고 그를 통하여 생명의 역사를 만들어 감을 믿는 자들이다. 그래서 신앙인과 교회는 십자가에 달리신 예수께로 가까이 나아갈수록 부활의 생명이 넘쳐나며 풍성하게 되는 것은 자연스러운 일이다. 그리고 이처럼 흘러넘치는 생명의 능력은 세상으로 향하여 뻗어 나갈 수밖에 없다. 왜냐하면 예수께서는 고통과 죽음의 인간 세상으로 보내시는 하나님의 뜻을 따라서 십자가를 지는 순종을 하셨으며, 예수님은 그의 십자가를 진정으로 믿는 자들도 고통과 죽음의 인간 세상으로 보내시기 때문이다. 하나님 나라에 대한 예수님의 말씀 선포와 그의 약자들에 대한 돌봄 행동은 서로 분리될 수없이 연관되어 있다. 봉사 행동 없는 말씀은 공허하게 머무는 것이며, 동시에 말씀 없는 행동들은 어리석은 것이 된다. 말씀과 돌봄 행동은 서로 함께 속하는 하나님의 통치에 대한 증언이며, 하나님 나라의 선포이다. 바로 여기에 교회와 신앙인의 디아코니아 활동이 기초한다. 그러므로 교회의 사회봉사 활동은 예수 그리스도께서 인류와 세상 섬김을 통하여 실현한 하나님 나라 복음을 행동 실천으로써 증언하는 것이다.

따라서 우리가 하나님의 구원 사역의 성취를 예수님이 십자가 위에서 이루셨다는 사실을 진정으로 믿는다면, 우리는 사회적인 약자들과 함께 계시는 하나님에게로 마주 향하여 나아가야 한다. 그래서 하나님을 예배하는 교회공동체의 봉사는 교회공동체 안에서는 물론이며, 이 세상 속에서 고통당하는 이들 가운데 숨어서 신앙인을 만나 주시는 주님을 행동으로 증언하는 것이다. 우리가 그리스도에 대한 신앙을 고백하고 그리스도가 모범을 보이신 봉사의 삶을 도외시한다면 그 신앙고백은 무의미한 독백에 불과할 뿐이다.

2) 십자가신학 속에서 온전한 인간으로서 장애인

우리는 그리스도의 십자가와 부활을 통해 의로워진 전인적인 인간에 대해 얼마나 이해하고 있는가? 혹시 우리 신앙인들은 십자가 없는 비신앙들처럼 인간을 이해하고 있지는 않은가? 다시 말해서 우리는 하나님을 인간적인 생각 속에 농축시켜서 인간적인 욕구들과 선과 악, 의미 있는 것과 무의미한 것, 행복과 고통에 대한 인간적인 기준들 등, 십자가 없는 하나님 상을 만들어 놓지는 않는가 말이다! 그러나 분명한 것은 복음서 기자들은 십자가 아래서 부활 신앙을 시작하였다. 십자가신학은 모든 신학을 포괄하는 신학으로 부활의 영광을 내포하는 것이다. 부활 신앙과 십자가신학은 서로 상반되지 않으며, 함께 귀속된다. 따라서 신앙인은 그리스도의 부활의 영광만을 신앙하는 것이 아니라 로마 장교가 그러하였듯이, 무력하게 십자가에서 죽어 가는 예수님에 대한 신앙을 함께 가져야 한다. 이와 같은 신앙은 뺄셈의 신앙이 아닌 통합적이고 온전한 믿음이다. 진정한 신앙은 빈 무덤 사건의 기적과 영광만이 아닌 처절하게 죽는 죽음을 신앙하는 것이다. 그래서 하나님 신앙은 아주 역설적이며, 인간의 생각과는 아주 다른 것이다. 하나님 편에서 볼 때, 인간의 고통으로부터 해방하는 승리의 길은 고통을 짊어지고 십자가 죽음을 수용하는 유일한 방법이다. 여기에 위로와 올바른 의의 길이 있다. 그러나 인간은 십자가 죽음을 수용하는 메시야를 상상할 수 없다. 그래서 신앙인은 아주 쉽게 십자가 없는 하나님 상을 만들어 놓으며, 자신의 욕망을 채우기 위해 소리 높여 이러한 하나님(?)을 부른다. 그러나 하나님의 방법과 길은 인간의 생각과는 다르다. 하나님의 권력 통치 방법은 낮은 자리 말구유에 오시는 인간으로부터 십자가 위에 매달리기까지 고통하는 인간들을 섬기는 권력이었다. 이에 반하여 세상의 인간은 고통하는 자들에게 군림하고 지배하려는 권력을 탐한다.

하나님이 선택한 섬김의 십자가가 올바른 길이기에 위로와 생명이며, 인간들이 선택하는 것은 저주이며 죄와 죽음으로 가는 그릇된 길이다. 따라서 십자가의 길은 우리가 어디로 가야 할지 알지 못할 때에 어디로 가야 하는지를 올바로 아는 것이며, 인간의 이성을 비이성적으로 만드는 것이다. 이는 마치 아브라함이 본토 친척을 떠나 어디로 가는지를 알지 못하였을 때 하나님의 앎 안으로 들어왔고, 하나님의 앎에 인도되어 마지막에 의의 길에 도달한 것과도 같다. 십자가의 길은 인간이 발견하는 것이 아니라 단지 하나님이 이끄시는 길이다.[13]

따라서 십자가 아래서 인간에 대한 이해는 우리가 생각하는 것과 아주 다르다. 통상적으로 건강함을 가진 인간은 강자이다. 그는 만사형통을 기대하며 자신감과 함께 자만심을 키워 간다. 이와는 달리 약자인 장애인은 건강한 자들을 부러워한다. 그러나 하나님의 기준은 아주 다르다. 건강한 자들과 장애인들은 단지 하나님의 선하심과 긍휼하심에 의지할 뿐 아무것도 없다. 그들은 모두 동일하게 하나님의 소유이다. 따라서 십자가신학은 건강한 자들에게 겸손함으로 인도하며, 상대적으로 건강이 약한 자들에게는 의기소침해지지 않도록 위로해 줌으로 의롭게 해 주는 것이다. 십자가신학은 신앙인에게 의의 길을 제시하는 것으로 자신을 의지하는 것이 아니라 오직

---

13) M. Luther, *Luther Deutsch. Die Werke Martin Luthers in neuer Auswahl für die Gegenwart*, Bd. V, 2Auflage, ed., Kurt Aland, Stuttgart/Göttingen, 1969, 124f.

하나님의 긍휼에 의지하는 하나님의 소유가 되게 해 준다. 따라서 장애인은 십자가신학 속에서 위로와 함께 의의 길로 가게 된다. 십자가 안에서 약함을 가지는 장애는 저주도 아니며 악한 것도 아니다. 십자가에서 화해를 통해 의인이 된 장애인은 하나님의 좋은 창조이며 온전한 인간이다. 하나님은 인간들이 선택하는 성공주의와 정반대이기에, 신앙인은 인간들이 저주하는 것을 선택해야만 하는 것이다.[14]

십자가 없는 영광의 부활신학은 인간을 분열시킨다. 그래서 십자가의 위로와 해방을 소홀히 한다. 성공을 추구하는 인간은 십자가를 버린다. 그러나 분명히 십자가에 달린 자가 세상의 구원자이다(막 12 : 10). 건축자들이 버린 돌이 모퉁이 머릿돌이 되었다. 인간들이 버린 돌로서 그리스도의 고난, 모멸, 조롱, 그리고 죽음이 오히려 모퉁이의 머릿돌로서 부활과 영원한 생명과 영광이 되었다.[15] 분야 전문가들에 의해 버림받은 그리스도가 십자가 위에 달리셨으나, 하나님이 버리시지 않고 영원한 생명이 되게 하셨다.[16] 하나님은 버려진 자를 버리시지 않으며, 버리는 자를 버리신다. 하나님은 건강을 가진 자들에 의해 버려진 장애인들을 버리시지 않는다. 하나님은 장애인들을 버리시는 자들을 버리신다. 십자가는 인간의 약함을 저주로 생각하며 장애인들을 버리는 자들에 대한 심판이며, 장애인들을 버리시지 않는 하나님의 위로와 의의 길이다. 설령 장애인을 위한 전문능력을 가진 자와 그들을 위한 사회정책 전문가들이 장애인을 버릴지라도, 하나님은 장애인들을 버리지 않으신다. 하나님은 그 전문가들을 버리신다. 십자가 없는 신앙전문인들이 장애인을 버릴지라도, 십자가에 달리신 하나님은 장애인을 버리지 않으신다. 하나님은 장애인을 버리는 형식적이고 전문적인 신앙인과 교회들을 버리신다. 십자가 없는 인간 중심의 이해 속에서 장애인을 버리는 영광의 부활신학은 잘못된 신학이며, 하나님으로부터 버림받는 신학이다. 십자가를 뒤로 한 채, 단지 높여진 영광만을 추구하는 자는 베들레헴

---

14) Ibid., 89f.
15) Ibid., 351.
16) Ibid., 353.

말구유에 강보에 싸인 아기 예수님과 나사렛 예수님에 대해 고백하지 않으며, 영광의 신학을 찾는 열광주의로 빠지게 되는 잘못된 신앙인이다. 고통, 약함, 멸시와 조롱, 그리고 죽음을 버리는 영광의 신학은 사회적 약자인 장애인을 배제시킨다.

분명한 것은 우리가 분열을 극복하는 십자가로 항상 초대받는다는 점이다. 기독교신학은 인간들이 버릴지라도 하나님은 품으시며, 위로하시며, 생명의 존엄을 인정하시는 장애인을 버려서는 안 된다. 만일 버리는 신학을 우리가 붙잡는다면, 장애인에게 해를 끼칠 뿐만 아니라 신앙인과 교회가 버림을 받는 뺄셈신학과 뺄셈 신앙에 머물게 된다. 초라한 구유에 힘없는 아기로 태어난 자가 세상을 구원하는 주님이 되셨다. 우리가 그를 구세주로 신앙고백을 한다면, 예수 그리스도 안에 있는 승리를 발견해야만 한다. 우리는 신앙이란 이 세상에서 보이는 것과는 반대되는 것임을 믿어야 한다. 그리스도의 죽음 속에 생명이 함께 있듯이, 그리스도 안에서 아무것도 할 수 없는 중증장애인이 그가 할 수 있는 한에서 모든 것을 할 수 있는 하나님의 선한 피조물이며 구원받은 존재라는 사실이다. 십자가의 용서를 통한 해방과 기쁨이 아닌, 인간으로부터 나오는 기쁨과 자유는 교회 안에서 강자와 약자들이 함께하는 공동체의 기쁨을 누리기가 쉽지 않다. 십자가에서 화해된 기쁨을 회복할 때, 강함과 약함이 극복되어 너의 약함이 나의 약함이 되며, 너의 건강이 나의 건강이 되는 공동체가 될 수 있다. 예수 그리스도를 믿는 신앙인은 십자가에 나타난 약한 자를 긍정하시는 하나님의 사랑으로 세상의 인간성공업적주의 속에서도 장애인의 온전한 인간존엄의 가치를 인정해야만 한다.[17] 따라서 예수 그리스도가 주님이심을 고백하는 신앙은 우리의 일상적인 삶 속에서 장애인과 함께하는 공동체 실천으로 구체화되어야 한다.

---

17) D. Bohnhoeffer, *Widerstand und Ergebung. Briefe und Aufzeichnungen aus der Haft*, ed., E. Bethge, München, 1954, 182.

3) 분열을 극복하는 디아코니아 관점에서 장애인신학

우리가 고백하는 삼위일체 하나님 신앙은 본질적으로 분열된 인간을 극복해 주는 디아코니아 신학과 밀접한 관계를 가진다. 울리히 바흐(U. Bach)는 여호와 신앙에 기초해서 분열된 인간학을 극복하면서 디아코니아 행동의 패러다임을 제시하였다. 바흐에 의하면 장애를 가진 인간과 장애를 가지지 않은 인간, 이 두 종류의 인간은 모두 하나님에 의해서 창조되었다. 두 인간은 타락된 창조 속에서 살고 있다. 두 인간은 사실상 '손상된 창조'로서 그리스도의 구원 행동에 의지한다. 두 인간은 그리스도를 통해서 하나님과 화해되었다. 두 인간은 그리스도 몸의 지체이다. 두 인간은 부족한 인간으로서 다른 사람에게 의지한다. 두 인간은 하나님의 은사를 부여받았다. 두 인간은 모두가 구원을 바라고 있다는 점이다.[18] 그동안 신앙인과 교회는 주변부로 밀려난 장애인에 대해 관심도 없었으며, 그래서 하나님이 장애인과 함께하시는 분이라고 말할 필요도 없었다. 이제 우리가 장애인에 대하여 하나님과 연결시켜 말하는 것을 장애인신학의 한 요소로 본다면, 하나님 없는 신앙고백들을 묵과해서는 안 될 것이다. 즉, 장애인신학은 하나님 없는 건강 이데올로기와 결합된 성공업적주의 속에서 경쟁으로 몰아가는 교회와 사회 문화를 변혁시켜야 한다. 건강 이데올로기를 통한 성공주의를 제1계명의 하나님 자리에다 둔갑시켜 놓는 것은 하나님이 아닌 바알 신을 섬기는 것이다. 분열된 인간학의 극복은 여호와에 대한 분명한 신앙고백과 바알에 맞선 단호한 거부의 기초 위에서만 가능하다.

그렇다면 분열을 극복하는 신학 속에서 장애인은 신학의 주제와 대상으로 머물러야 하는가? 먼저, 예수님이 가져온 온전한 복음인 하나님 나라는 장애인들이 가족 구성원이 된 공동체이다. 그리스도의 몸과 하나님의 가족 속에서 하나님은 장애인과 함께 일하신다. 장애인들은 신앙인에게 예수님의 진실한 모습과 섬김의 삶을 드러내도록 도와주는 파트너이다. 비장애인

---

18) U. Bach, *Dem Traum entsagen, mehr als ein Mensch zu sein. Auf dem Wege zu einer diakonischen Kirche*, Neukirchen-Vluyn 1986, 134.

과 일하시는 하나님은 중증장애인과도 함께 일을 시작하신다. 따라서 만일 신학이 장애인에 대하여 생각하지 않는다면, 이는 그리스도의 한 몸의 지체로서 동등성을 훼손하는 것으로 무엇인가 결핍된 신학이다. 그렇다고 해서 장애인을 포함하는 신학이 장애인을 덧셈하는 추가적인 신학을 말하는 것이 아니다. 단지 결여된 장애인이 함께 참여함으로 본래의 온전함이 회복되는 신학일 뿐이다. 이는 달리 표현하면, 일반적인 신학적 테제가 장애인을 위해서도 타당성을 가질 때에 그것이 올바른 신학이라고 할 수 있다. 따라서 신학은 장애인이 동등하게 신학에 참여하며, 장애인을 제외한 특별한 문장이나 특수한 개념이 아닌 전체적으로 올바른 문장으로 표현되어야 한다.[19] 이는 장애인이 비장애인과 동등 지위 속에서 신학을 이룩해 내며, 교회에서 시청각 농아인이 교단의 총회장과 동등하다는 것으로 당연하게 받아들여지는 것을 의미한다. 예수 그리스도의 공동체는 분리와 차별과 배제가 없는 연대성이 당연하다. 예수 그리스도의 공동체는 수직 위계질서의 계급질서 대신에 단지 동등하게 서로를 섬기는 질서이다. 그러므로 분명한 것은 장애인과 비장애인에 대해 서로 다른 신학적인 문장으로 표현하는 분열된 신학은 종국에는 사라져야만 한다.

분열된 신학을 극복하는 섬김과 봉사의 디아코니아 신학은 결핍된 신학을 온전하게 해 준다. 먼저, 분열된 신학은 특별한 것이나 혹은 예외적인 것이라는 구조에 대한 생각이다. 그래서 장애인들을 위한 신학이 하나의 특수한 신학으로 전개되는 것이다. 왜냐하면 장애인들이 정상적인 신학 안으로 들어와서는 안 된다고 생각하기 때문이다. 이러한 입장은 디아코니아 관점에서 볼 때, 장애인들을 골라내고 선택하는 차별을 경험하도록 하며, 신학적으로 귀족화되는 잘못된 길이다. 하나님에 대해 이러한 신앙을 가지는 강자들과 건강한 자들, 장애를 가지지 않은 인간 혹은 적어도 재활 가능한 인간들은 디아코니아를 사회적인 '상위'와 정상적인 것을 기준으로 하는 '수

---

19) H. Ott, "Menschsein und Menschenwürde des geistig Behinderten," *ThP* 4(1980) 307ff.

선기업'으로서 생각한다. 바흐에 의하면, 교회와 사회 속에서 이런 신앙인들의 디아코니아 활동은 디아코니아에 대한 사고와 행동에 이르기까지 폭넓게 확장된 '신학적인 사회종족주의'일 뿐 아무것도 아니다.[20] 이러한 하나님 상은 우리의 개인적인 삶 속에서 그리고 함께 사는 삶 속에서 십자가들을 방해하거나 혹은 그 십자가들을 가장 최소한으로 지게 만든다. 우리가 '위에 있는 자들'이라고 생각하는 바알 신앙에 속해 있는 한, 우리는 제자로 부르시는 돌이킴으로 아직도 나아가지 못한 자들이다.

우리는 장애인이 신학적으로 특별한 역할로 밀려 나서는 안 되며, 장애인이 특별 테마가 되어져서도 안 되는 점을 주목해야 한다. 그렇지 않으면 이는 우리를 결국 분열된 인간학에 도달하게 만들기 때문이다. 따라서 동등한 인간학에 기초한 신학은 장애인신학을 극복하며 동일 선상의 신학으로 나아간다. 하나님이 그러하시듯이 동등하게 만드는 신학은 모든 차별과 억압과 착취에 대해 잘못되었다고 말해야만 한다. 이러한 신학 가운데서 가난한 자와 유대인이나 여성이나 흑인이나 장애인이나 모두 연대하는 파트너로서 서로가 수용되는 것이다. 온전한 복음은 강한 자와 약한 자, 장애인과 비장애인이 동시적으로 말해져야만 한다. 모든 인간에 대한 차별 없는 동등성은 모두가 섬기는 존재로 규정되는 한에서 실현될 수 있다. 섬김의 디아코니아 신학은 어떠한 인간도 배제하지 않으며, 소외시키지 않으며, 단지 서로를 돌보는 연대적인 통합을 요구한다. 그럼에도 우리는 현실적으로 디아코니아가 완성될 수 없음을 인정하는 용기를 가져야 한다. 그러나 역시 디아코니아는 교회가 십자가 편에 서 있음을 증명해 주는 것이다. 디아코니아는 부활의 희망 속에서 십자가의 위로와 올바른 길을 강자와 약자가 서로 함께 포기하지 않는 것을 짊어지는 것이다. 배제되고 분열된 신학을 극복하는 디아코니아 신학은 십자가와 부활 신앙으로 약자들을 위로하며 강자들을 겸손하게 만들어 줌으로 모두가 서로를 섬기게 하는 동일선상의 신학이

---

20) U. Bach, "Die diakonische Kirche als Freiraum für uns alle," ed., Ders., Boden unter den Füßen Keiner. Plädoyer für eine solidarische Diakonie (Göttingen : Vandenhoeck & Ruprecht, 1986), 300.

다. 신앙인 각자는 강자와 약자와 함께 존재하도록 수용된다. 결점을 가진 자들은 적극적으로 수용되기를 원한다. 이때에 먼저 결점을 가진 자들과 용기를 가지고 어울리는 것이 관건이 된다.[21] 우리는 서로 함께 수용하는 훈련을 위해 공동의 학습 과정이 필요하다. 장애인들에게서 목표는 장애를 가진 자신들과 큰 가능성을 가진 비장애인들을 수용하는 것이다. 비장애인들의 목표는 자신의 건강과 장애인 동반자를 이웃처럼 그들의 한계를 수용하는 것이다.[22] 장애 혹은 장애자를 예찬하는 것이 관건이 아니다. 그러나 그들의 장애가 완화될 수 없거나 제거될 수 없는 한에서, 창조주 하나님에 대한 고백은 우리가 중대한 장애의 짐을 지는 것이다. 여호와 하나님을 신앙하는 자들은 강자들의 자랑과 약자에 대한 배제 없이 양쪽을 우리의 삶 속으로 통합한다. 강자와 약자가 서로 함께 살면서 다른 사람을 유익하게 한다는 것은 다른 한편을 도와주는 것을 넘어서 타자를 우리의 고유한 삶의 영역으로 통합하는 것이다.[23]

4) 십자가와 부활 속에서 장애인의 신앙고백과 디아코니아

여호와 신앙에 기초하는 예수 그리스도에 대한 우리의 고백은 멋지게 위로 올라가는 성공 여부가 아니라 진정으로 우리가 그를 따르느냐는 것이 관건이다. 이는 다시 말해서 신앙인들이 우리 모두와 함께하는 예수님의 공동체성으로부터 우리의 형제들과 함께하는 공동체성을 추구하는 결과를 가져오느냐 하는 것이다. 바로 이것을 십자가에 달리시고 부활하신 분이 우리에게 물어 오신다. 이는 케제만이 말하듯이 "왜냐하면 그의 통치는 십자가에 달리신 자의 통치로 머물기 때문이며, 그 통치 가운데서 다시금 항상 부활을 향한 우리의 원함과 갈망들을 마주해 주기 때문이다. 다시 사신 분의 음성은 그 음성이 우리를 제자로 부르시는 것 이외에는 다른 것이 아니다. …… 만일 부활한 자의 음성이 신앙인에게 하늘을 향해서 갈망하게 할 뿐만

---

21) U. Bach, Ibid., 215.
22) Ibid.
23) Ibid., 217.

이 아니라 주님과 형제들을 위해서 이 땅 위에서 봉사의 삶을 살도록 한다면, 부활은 신앙인들을 이 세상에서 훨씬 더 신앙적으로 만드는 것이다."[24] 하나님은 세상에서 십자가에로 나아가시며, 하나님은 이 세상에서 힘이 없으시며, 약하시며 단지 그렇게 우리 가운데서 계시며 우리를 돌보신다. 오직 고통당하시는 하나님만이 우리를 도울 수가 있다. 그로부터 도출되는 것은 우리가 이 세상 삶 속에서 하나님의 고통을 함께 당함으로써 우리는 전적으로 이 세상적인 삶 속에서 신앙을 배운다는 사실이다.[25] 그러므로 바흐에게서 이러한 여호와 신앙 가운데서 발견되는 "예수 그리스도에 관한 기쁜 소식의 복음은 '십자가에 대한 말씀'이며"(고전 1 : 18), 이 말씀은 바로 '화해에 대한 말씀'(고후 5 : 19)인 것이다.[26] 우리들은 누구나 결점을 가진 삶이지만 부활로부터 그리스도의 능력을 얻는 새로운 삶은(롬 6 : 4) 오히려 결점을 가진 자들을 새롭게 하기 위해서 그리스도의 은혜가 충만한(고후 12 : 9) 새로운 창조의 삶인 것이다(고후 5 : 17).[27] 부활하신 자는 우리에게서 그의 목적을 세우셨기 때문에 성공한 자들이나 중증장애인이나 부활하신 자의 은혜에 의해서 서로 함께 사는 자들이다. 그러므로 부활로부터 오는 생명이 의미하는 것은, 우리의 삶의 토대를 우리 자신으로부터 만들 수 있는 것이 아니라 우리에게 모든 것이 되시는 "나를 따르라."는 예수님의 부르심에 기초하고 있는 것이다.[28] 이렇듯 바흐는 예수님의 십자가와 부활 사건 속에서 신앙인들의 디아코니아 활동의 기초를 제공하고 있다. 예수님은 우리에게 무조건적으로 모든 형제들에 대하여 말씀하며, 그로써 우리가 위대한 형제자매공동체를 이루시기를 원하신다.[29]

나아가 바흐는 여호와 신앙 관점에서 성령이 교통하는 교회에 대한 신앙고백이 디아코니아의 교회공동체일 수밖에 없음을 제시한다. 신앙인들이

---

24) 재인용, U. Bach, "Die diakonische Kirche als Freiraum für uns alle," 202.
25) Ibid., 208.
26) Ibid., 202.
27) Ibid., 216.
28) Ibid.
29) Ibid., 202.

세례를 통하여 성령으로 연합되고, 말씀과 성만찬을 통하여 예수 그리스도 안에서 머무르게 되는 것이다. 여기서 신앙인들은 하나님이 우리에게 모든 것을 가능하게 하시며, 우리를 위해서 모든 것을 내어주신 예수 그리스도의 형제자매 사랑에 대한 신앙고백을 할 수 있게 된다.

이와 같은 신앙고백이 있는 교회공동체는 우리 가운데 누가 크며 높으냐 하는 것과 누가 무엇을 공동체 안으로 가지고 들어와야 하는 것이 중요하지 않다. 그래서 바흐는 바울의 디아코니아 공동체에 대해서 케제만과 필리피의 이해를 인용하면서 "교회공동체 안에서 봉사는 탁월한 은사를 가진 자만 하는 것이 아니라 오히려 어느 누구도 지나치게 많이 가지고 가는 자가 없듯이, 그 어느 누구도 빈손으로 돌아가서는 안 되는 것이다."[30]라고 제시한다. 왜냐하면 신앙인의 공동체의 삶은 "너희는 하나님이 주신 은사를 가지고 서로 동일하게 봉사하라"(벧전 4:10)는 말씀이 핵심이기 때문이다.

그러므로 바흐는 그리스도의 몸으로서 교회공동체 각각의 지체들의 다양한 은사와 과제들을 모두 수용하는 유기체공동체로 본다. 그에 의하면, 이러한 가운데서 차이를 가지고 있는 각 개인들은 그 어느 것도 불필요한 것이 없다. 오히려 그와 같은 차이점은 필수불가결한 것이다. 왜냐하면 몸은 만일 그것이 모두 눈으로만 혹은 귀로만 구성된다면 살 수가 없기 때문이다(고전 12:17). 공동체로서 이렇듯 결합된 존재인 우리가 위에 존재하려고 하며, 안정적으로 있으며, 많은 도움을 주려고 하기 때문에 이것이 바로 다른 사람들을 어렵게 만든다.[31] 그래서 때때로 우리 신앙인들은 다른 사람을 위해서 존재하려는 것과 같은 느낌을 주기도 한다. 이는 타자와 서로 함께 돕는 것이 아니라 일방적 도움, 즉 "나는 너를 필요로 하지 않는다."(고전 12:21)는 사고이다.

그러나 바흐에 따르면, 여호와 신앙 속에서 현실적으로 우리가 고백해

---

30) Ibid.
31) Ibid., 203.

야 하는 것은 "하나님은 우리 모두에게 은사를 주셨다."는 점과 "우리 모두는 상함을 입은 자들이다."[32]라는 점이다. 그는 마틴 루터의 말을 빌려서 말하기를 "우리는 교회를 하나의 환자 집단으로서 정의를 내릴 수 있다. 우리는 결과적으로 하늘에 있는 것이 아니라 아래에서 교회에 있으며 그곳에는 단지 환자만이 있는 것이다."[33]라고 하였다. 예수 그리스도의 교회로서 우리는 모두가 치료하는 자와 치유받는 자 속에 동시적으로 참여하는 것을 보존해야만 한다. 모든 사람은 도움에 의존하며 모두는 서로 협동적으로 행동하는 자들이다. 아무도 다른 사람에게 단지 짐이 되는 것이 아니며, 어떤 누구도 홀로 서 남의 짐을 지는 자가 될 수 없는 것이다. 하나님은 이웃과 함께 사는 공동체적 삶을 위해서 화해를 분명하게 세우시기를 원하신다.

여호와 신앙에 기초하는 신앙인과 교회공동체의 디아코니아 행동은 패러다임을 전환시켜 준다. 이와 관련해서 바흐에 의하면, 신앙인의 디아코니아 행동은 '~를 위해서'의 구조 속에서 실행되는 것이 아니다. 이는 한 사람이 무엇인가를 다른 사람을 위해서 행하는 것이며, 그는 항상 주는 자이며, 다른 사람은 항상 받는 자가 되는 것이며, 그는 주체이며 다른 사람은 객체가 되는 것이다. 그러나 진정한 기독교 신앙인의 봉사 행동은 서로를 있는 그대로 수용하며, 서로에게 통합되는 것을 학습하는 과정으로서 '~와 함께'라는 구조 속에서 실행되는 것이다.[34] 이는 우리가 무엇인가를 서로 함께 행하며, 우리 가운데 각자는 주는 자이며 동시에 받는 자이며, 모든 사람이 각자 긍정적으로 공동체 안으로 가져오는 것이다.[35] 그러므로 바흐에게서 신앙인의 디아코니아 활동은 서로 진지하게 수용하며 배우는 상호적인 파트너성의 학습 과정인 것이다.

---

32) Ibid.
33) 재인용, U. Bach, "Die diakonische Kirche als Freiraum für uns alle," 203.
34) Ibid.
35) U. Bach, "Problemanzeigen," ed., Ders., *Boden unter den Füßen hat keiner. Plädoyer für eine solidarische Diakonie*, Göttingen 1986, 133ff.

3. 장애인 인권 보장과 교회의 사회봉사 실천[36]

오랫동안 소수자로서 장애인들은 항상 사회 속에서 대다수에 의해 밀려나 인간 존엄에 대한 상처를 입고 소외를 느끼면서 격리된 특수 그룹으로서 주변부에 머물러 왔다. 유엔에서는 1981년에 '장애인의 해'를 선포하면서 회원국들에게 장애인들의 동등한 인간 존엄권과 생활 보장권에 대한 노력을 주문하였다. 이는 장애인들이 대다수의 비장애인들로부터 분리된 특수한 그룹이 아니라 양자가 동등하게 파트너로서 함께 살아가는 사회를 만들어 가려는 노력이기도 한 것이다. 이러한 노력들에 의해서 오늘날 사회에서는 장애인에 대한 사회적인 통합에 대한 관심이 점차적으로 높아 가고 있는 것도 사실이다. 그러나 신앙인이 한 걸음 더 나아가서 사회와 장애인에 대하여 깊이 생각한다면, 사회가 장애인들을 위해서 무엇을 도와주는가에 대한 관심에만 머물기보다 장애인들이 마땅하게 권리를 누리는 사회는 어떠한 사회가 되어야 하는가를 물어야 할 것이다. 모든 것이 지나치게 장밋빛으로 포장된 성공과 출세지향적인 경쟁 사회 속에서 장애인들의 삶은 더욱 고단하며 고통스러울 뿐이다. 이러한 현실 속에서 신앙인들은 스스로 진지하게 물어야만 한다. 즉, 하나님의 형상대로 인간을 지으신 창조주 하나님에 대한 고백은 장애인들에게 무엇을 의미하는 것인가? 교회는 장애인들을 예수 제자 교회공동체의 동등한 주체들로서가 아니라 우리가 돌보는 복지의 객체들로서 취급하고 있는 것은 아닌가? 장애인이 없는 교회야말로 혹시 장애교회는 아닌가?

1) 하나님에 대한 장애인들의 신앙고백

인간을 만드신 전능하신 창조주 하나님에 대한 신앙고백 속에서 과연 장애인들은 전능하신 하나님의 형상으로서 피조물인가? 하나님은 인간이

---

36) 특히 이 내용의 출처는 필자의 저서 「디아코니아 신학」(서울 : 한들출판사, 2011), 444-453을 발췌·요약하였음을 밝혀 둔다.

장애인이 되지 않기를 원하신다면 현존하는 장애인들의 그 원인은 전적으로 인간 스스로에게 있는 것인가? 아니면 그 원인이 하나님도 어쩔 수 없는 인간의 운명에 놓여 있는 것인가? 그래서 장애인은 자신의 잘못으로 인한 하나님의 저주를 받은 자인가, 아니면 하나님을 넘어서는 운명이 결정한 하나님의 잘못된 실수인가? 물론 신앙인은 죄의 삯으로 초래된 죽음과 질병, 그리고 장애가 창조의 타락과 관련한다고 고백한다. 그러나 하나님의 창조 의지는 죽음이 아니라 생명이다. 그럼에도 모든 인간은 존재론적으로 죽어야만 한다. 이는 전능하신 하나님이 인간의 생명의 삶을 원하시지만 존재론적인 죽음을 허용하셨다는 말이다. 그런데 인간의 존재론적인 죽음과 하나님의 뜻인 생명은 서로 배타적인 것이 아니다.[37] 그래서 우리는 우리를 존재론적으로는 죽게 하시는 하나님을 고백하며, 동시에 하나님의 뜻은 우리가 영원한 생명을 얻도록 하는 것임을 고백하는 것이다. 만일 이러한 것이 장애인들에게 유비적으로 적용된다면, 우리는 하나님은 건강함을 원하시지만 장애를 허용하였다고 말할 수도 있을 것이다.

이러한 연관 속에서 장애인들이 전능하신 창조주 하나님에 대하여 나를 하나님의 형상으로서 현재와 같이 만드셨으며, 장애를 가진 나의 삶이 하나님의 뜻이라고 고백할 수 있을 것이다. 사실상 장애인은 비장애인과 마찬가지로 하나님의 선한 창조 속에 있는 자로서 볼 수 있다.[38] 그러므로 비장애인이나 장애인 모두는 인간 사회 속에서 살면서 그들에게 서로 아주 다른 삶의 조건들을 제공하는 정말 알 수 없는 하나님에 대하여 두려워해야만 한다. 그런데 혹시 우리 신앙인들은 성경 속에 계시된 하나님을 비장애 인간의 성공신화 도구인 바알 신으로 전락시켜 가고 있지는 않은가! 이러한 경우 사실상 장애인들은 바알 신으로 포장된 하나님으로부터 아무것도 시작할 수가 없는 것이다. 성경 속의 하나님은 그러한 분이 아니시다.[39]

---

37) U. Bach, *Boden unter dem Füßen hat keiner, Plädoyer für solidarische Diakonie*, 2. durchgesehene Auflage, Göttingen, 1986, 40.
38) U. Bach, *Ohne die Schwächsten ist die Kirche nicht ganz, Bausteine einer Theologie nach Hadamar*, Neukirchen-Vluyn, 2006, 487.

오히려 십자가에 달리신 하나님이 장애인들에게 용기를 불러일으키신다. 하나님의 아들이 십자가 위에서 "나의 하나님, 나의 하나님, 어찌하여 나를 버리셨습니까!"라고 인간으로서 소리치는 절규 속에서 장애인들은 이러한 충격적이고도 처절하게 무력한 하나님을 바로 그들의 동료로서 느낄 수가 있는 것이다.[40] 이 하나님은 혼자로서는 아무것도 할 수 없는 장애를 가진 무력한 인간으로서 세상을 살아가야만 하는 자들과 함께하시는 분이시다.

이러한 관점에서 우리가 십자가에 달리신 하나님에 대한 신앙을 고백한다는 것은 모든 인간의 무력한 한계를 고백하는 것이며, 성공 신화가 아닌 생명 자체를 얻은 은총에 대한 신뢰를 가지는 것이다. 생명을 가진 인간으로서 장애인들이 편안한 마음을 가지고 살 수 있는 사회는 인간 스스로의 한계가 진정으로 수용되는 사회이다. 그런데 우리가 마치 인간 자신의 능력을 가지고 삶을 성취해 가는 것처럼 이상한 신앙고백을 가지는 사회 속에서 장애인들은 무척 소외된다. 이러한 사회의 추세는 장애인들을 사회적인 통합으로부터 밀쳐 낸다.

그러나 장애인들은 십자가에 달리시고 부활하신 주님이 그들과 함께하시는 하나님으로서 고백하며 용기를 얻는다. 이를테면, 선천성 장애를 가진 미국의 여교수인 이즈런트(N. L. Eiesland)는 부활하신 주께서 제자들에게 십자가에서 찢기신 자신의 육체의 상흔을 만져 보도록 하시는 말씀 속에서 장애인들과 함께하시는 하나님을 발견한다.[41] 즉, 그녀에 의하면 십자가에서 당한 육체의 상흔을 가지신 부활의 주님은 육체의 장애를 가지신 분으로서 장애인들과 함께하시겠다는 약속을 이행하시는 분이시다. 그래서 그녀는 "기독교 전통의 부활하신 주님은 장애인 하나님이시다."[42]라고 말하였다. 이와 같은 그녀의 극단적인 해석은 논란의 여지가 있겠으나, 하나님은

---

39) U. Bach, *Boden unter dem Füßen hat keiner*, 169f.
40) Ibid., 10.
41) U. Bach, *Ohne die Schwächsten ist die Kirche nicht ganz*, 101.
42) 재인용, U. Bach, *Ohne die Schwächsten ist die Kirche nicht ganz*, 101.

분명히 장애인과도 함께하시며 장애인들의 고통을 이해하시는 기독교의 하나님이시다. 그러나 이것이 곧 장애인들이 저절로 신앙인이 된다든지 혹은 그들이 비장애인보다 더 쉽게 신앙인이 될 수 있다는 것을 의미하는 것은 아닐 것이다.

분명한 것은 우리 신앙인들은 창조주 하나님을 믿으며, 우리의 삶의 가능성들은 은사이며 위탁받은 것임을 고백한다. 그런데 예수께서는 이 땅에 사는 신앙인들에게 하나님의 선한 창조의 가능성들을 억압하는 악의 세력을 물리치는 행동을 그의 부활의 현현으로 작용하도록 위임하셨다. 그래서 신앙인들은 장애인들이 하나님의 선한 창조의 가능성임을 거부하는 세력에 맞서서 그들의 삶의 가능성 자체를 수용하는 삶을 살아야 한다.

그러므로 이제 신앙인과 교회에게는 이러한 하나님에 대한 순종이냐 아니면 불순종이냐, 혹은 바알의 성공 지배 신앙이냐 아니면 야훼 하나님의 섬김과 봉사 신앙을 추구하느냐에 대한 결단이 관건이다.[43] 예수께서는 지배적인 권력으로부터 스스로 해방되어 섬기는 자가 되셨다. 그래서 장애인이 자유롭게 행복해질 수 있는 것은 그들을 하나님의 선한 창조의 가능성으로 인정하며, 그들과 함께 서로를 수용하며 함께 사는 사람들에 의해서다. 이러한 사회 속에서 인간은 그 누구도 인간 사회의 피라미드 성공 구조의 꼭대기에 서려는 것이 아니라 각자의 고통과 짐을 진 자들로서 서로를 있는 그대로 수용하고 도우면서 살아갈 수가 있는 것이다. 그래서 예수께서 무거운 짐을 지고 수고하는 모든 인간을 초대하시는 자리가 예배드리는 시간과 장소에만 국한되는 것이 아니라 사회 전체적인 삶의 환경 속으로 스며들어야 할 것이다.

2) 교회공동체 봉사의 주체로서 장애인들

혹시 비장애 신앙인들은 장애를 가진 자들을 단지 도움을 받기만 하는 제2순위의 인간들로서 생각하고 있지는 않은가? 하나님의 형상으로서 인정

---

43) U. Bach, *Boden unter dem Füßen hat keiner*, 194f.

받는 비장애 신앙인들은 장애인들이 하나님의 형상으로서 인정받을 수 없다는 차별적인 인간 이해를 암묵적으로 허용하고 있지는 않는가? 또한 우리는 마음속 깊은 곳에서 장애인이 아닌 것을 은총이라고 생각하면서 장애인은 죄로 인한 하나님의 진노를 받았다고 단정하면서 그들을 외면하고 있지는 않는가? 그러나 예수께서 선천적인 시각장애인에 대하여 그 자신의 죄도 아니며 그 부모의 죄도 아니라 하나님께서 하시는 일을 그에게서 드러내게 하시려는 것이라고 선포하셨다(요 9 : 3). 그리고 예수님은 바리새인들을 향하여 "……너희가 눈이 먼 사람들이라면, 도리어 죄가 없었을 것이다. 그러나, 너희가 지금 본다고 말하니, 너희의 죄가 그대로 남아 있다"(표준새번역, 요 9 : 41)고 지적하셨다.

여기서 우리가 알 수 있는 것은 장애에 대한 인간의 척도와 하나님의 기준이 아주 다르다는 사실이다. 예수님의 관심은 장애에 대한 죄의 규정에 놓여 있는 것이 아니라 단지 하나님께서 하시는 일을 드러내는 것뿐이다. 하나님이 하시는 일을 위임받고 활동하는 예수님의 치유 행적은 치유 자체를 넘어서 하나님을 거부하는 악의 세력과의 싸움이었다. 즉, 그의 치유와 돌봄은 고통을 완화시키는 것보다도 그 질병과 죽음 가운데 마주하고 있는 하나님을 대항하는 악한 것에 대한 정복이었다.[44] 예수님은 장애인들을 하나님으로부터 소외시키는 신앙인의 악한 생각을 깨뜨리시며 그들을 하나님 나라의 주체로서 세워 주셨다. 울리히 바흐(U. Bach)에 의하면 질병과 장애는 악과는 상관이 없는 것이다.[45] 문제는 우리가 장애를 악의 세력으로 규정하면서 장애인을 하나님으로부터 소외시키는 것이다. 이것이 바로 하나님을 거부하는 악의 세력이다. 이제 신앙인은 우리를 만나는 하나님을 거부하는 악의 세력을 척결해야 하는 것이다.

하나님께서 악을 정복하는 일에 대한 참여로써 교회공동체의 삶이 사도행전 2~4장에 나타난다. 이들 신앙인은 하나님과의 관계뿐만이 아니라 회

---

44) U. Bach, *Ohne die Schwächsten ist die Kirche nicht ganz*, 476ff.
45) Ibid., 489.

중들 사이에 관계에 있어서 그리스도와 한 몸을 이루는 지체들로서 같은 생각과 생활 방식을 실현하였다. 그들은 모든 소유를 함께 나누면서 서로 사용하였다. 이러한 모든 소유들 가운데는 건강함도 속하는 것이다. 그래서 너의 건강이 나의 건강이 되며 너의 장애가 나의 장애가 되는 것이다. 신앙인은 각자가 가진 것을 가지고 함께 나누고 누리는 복지에 봉사해야 하는 것이다.

이제 교회공동체는 장애인들을 주체적인 그리스도 몸의 지체로서 수용하며, 그들 역시도 봉사의 주체로서 인정해야 한다. 그래서 신앙인이 장애인들을 돌봄에 있어서 그들을 비장애인들과 같은 차원으로 끌어올리려고 해서는 안 된다. 오히려 신앙인은 그들과 함께 그들의 차원을 인정하는 것이어야 한다.[46] 왜냐하면 그리스도의 몸을 구성하는 지체로서 봉사자는 강한 자, 능력을 가진 자들만의 전유물이 아니라 모두가 함께 서로를 섬기는 자들이기 때문이다.[47] 여기서 기독교 봉사의 연대성이 발견된다. 도움을 주는 자와 받는 자가 각각 주체로서 서게 되는 것이다. 즉, 도울 수 있는 자와 도움을 받아야만 하는 자는 동일한 방법으로 예수께 가까이 서 있는 자들이다. 이 두 그룹은 서로가 함께 교회공동체를 위해서 봉사하는 주체들이다.[48] 장애인들 역시도 세상을 심판하실 주님의 형제들로서 하나님 나라의 주체들이다.[49] 통상적으로 일방적인 도움은 거의 항상 돕는 자 자신의 만족과 자랑을 추구한다. 그러나 연대적인 봉사는 인격적인 관계 속에서 언제든지 도움을 받을 준비가 되어 있는 것이다. 이러한 도움은 약한 자와 강한 자 사이에 상생공동체를 만들어 준다.

이를 위해서 신앙인은 공동의 과제를 가져야 한다. 비장애인은 장애인의 장애 요소를 수용하면서, 장애인의 장애는 그의 삶의 조건 가운데 하나

---

46) U. Bach, *Boden unter dem Füßen hat keiner*, 123.
47) Ibid., 122.
48) U. Bach, *Ohne die Schwächsten ist die Kirche nicht ganz*, 404.
49) J. Moltmann, *Diakonie im Horizont des Reiches Gottes*, Neukirchen-Vluyn, 1984, 26.

임을 인정하는 것이다. 또한 장애인은 그가 모든 환경에 적응해야만 하는 건강이 없을지라도 비장애인의 건강함을 흔쾌히 수용해야 한다. 그래서 너의 장애가 나의 어려움이며 역시 너의 가능성이 내게도 이롭게 되는 삶이 되도록 하는 것이다. 신앙인은 단지 하나님의 선하고 긍휼함에 의지하는 것 뿐이며 모든 것을 하나님의 소유에 의지해야 한다. 이러한 공동의 과제로 다가갈 때에 장애인이나 비장애인이나 모두가 그리스도의 몸을 이루는 교회공동체의 주체로서 자유로운 변화를 경험하게 될 것이다.

이렇듯, 진정한 예수제자공동체로서 교회는 봉사의 공동체이다. 초기의 예수제자공동체 안에서 교회 구성원들이 모든 것을 함께 가지고 나누었던 삶처럼 오늘의 교회공동체의 삶은 신체적인 한계와 가능성을 서로 함께 짊어지는 생활로써 실현되어야 한다. 그러므로 교회는 먼저 스스로 이와 같은 교회공동체를 회복하며 나아가 장애인들이 인격적인 주체로서 살아갈 수 있는 사회를 만들기 위해 장애인들을 직접적으로 돌보는 봉사와 함께 사회정책적인 기여에 대한 노력을 기울여야 할 것이다.

3) 장애인과 함께하는 건강한 교회

1975년 나이로비 세계교회협의회 대회 이후로 교회는 하나님의 가족으로서 비장애인과 마찬가지로 장애인을 포함해야 하는 교회의 통일성을 강조하였다. 그리스도의 몸과 하나님의 가족으로서 교회의 통일성 가운데는 원래부터 장애인들이 구성원으로서 속해 있는 것이다. 교회 안에서 장애인들은 더 이상 객체가 아니라 예수께서 그들에게 부여한 사명인 복음을 전수하는 중요한 자들로서 총체적인 교회의 구성원들이다.[50] 그래서 우리가 고백해야 하는 것은 만일 하나님이 나에게 무엇인가 좋은 것을 행하시기를 원한다면, 그는 중증장애인들과도 역시 무엇인가를 시작하실 수가 있다는 사

---

50) H. Krüger/W. Müller-Römheld(Ed), *Bericht aus Nairobi. Ergebnisse, Erlebnisse, Ereignisse. Offizieller Bericht der fünften Vollversammlung des Ökumenischen Rates der Kirchen, 23. November bis 10. Dezember 1975 in Nairobi/Kenia*, 2. Auflage, Frankfurt 1976, 28f.

실이다. 그래서 그들은 우리의 마음을 열어 주며 우리에게 예수님의 진실한 모습과 그의 사명을 드러내 주는 것이다.[51] 그러므로 교회는 장애인들과 함께 복음을 새롭게 발견해야 한다.

교회공동체는 장애인과 비장애인의 구도로 분열된 인간학을 극복하는 예수 그리스도의 공동체로서 봉사의 성격을 나타내는 것이기도 하다.[52] 서로 섬기고 돌보는 형제자매들의 교회는 예수님의 지극히 작은 형제들과 함께하는 공동체 속으로 들어간다. 그런데 장애인 돌봄의 가장 큰 문제점은 장애인을 격리시키는 점이다. 오늘날과 같은 경쟁 사회와 위기 사회에서 그들은 사회의 주변부로 밀려나게 된다. 특히, 복지국가에서 그들은 생활 장소 및 거주 공간이 시설이라는 이름 하에 점점 더 소위 정상적인 시민사회로부터 격리되어 그들만의 장소와 환경 속에서 살아가기도 한다.

그러나 성경에 기초하는 기독교의 봉사는 사실상 이러한 격리 상황에 저항해야만 한다. 성경에서는 병든 자와 장애인들이 지역사회로부터 떨어진 곳에서 거주하는 것으로 보고한다. 이를테면, 예수님이 마을 안으로 들어가시다가 멀찍이 서서 자비를 외치는 열 명의 한센병자를 만났다(눅 17 : 12). 그리고 예수님은 그들에게 말씀하기를 가서 너희를 제사장에게 보여 주라고 하였다(눅 17 : 14). 그들이 병이 나았음을 제사장을 통해서 인정받은 것은 그들에게 다시금 교회공동체의 완전한 구성원이 되도록 해 주는 것이며, 일상적인 삶 속에서 인정받는 일원이 되도록 만들어 주는 것이다. 이렇듯 예수께서는 예배로부터 소외되고 마을공동체로부터 격리된 그 사람들을 다시금 공동체의 한 구성원으로서 살아갈 수 있도록 해 주셨다.

그런데 문제는 오늘날 시청각농아장애인이 일반교회에서 어떻게 주체로서 공동체의 구성원으로 통합될 수 있겠는가 하는 점이다. 특히 예수께서는 청각농아장애인을 무리들로부터 따로 데려가서 그를 고쳐 주시는 장면이 발견된다(막 7 : 33). 그렇다고 해서 이것이 반드시 이러한 장애를 가진

---

51) M. Gmelch, *Gott in Frankreich, Zur Glaubenspraxis basiskirchlicher Lebensgemeinschaften*, Würzburg, 1988, 127.
52) E. Wolf, "Barmen," *RGG, Bd. I*(1963), 877.

자들이 따로 함께 모이는 교회를 의미하는 것은 아닐 것이다. 물론 일반교회에서 장애인들이 함께 모이는 교회를 소개해 주는 일은 아주 중요하다. 그러나 더욱 중요한 것은 이들이 일반교회 안에서 함께 예배드리며 신앙생활을 할 수 있도록 그들에게 도움을 주는 일이다. 그때에 비로소 교회공동체는 장애인들을 통한 하나님이 하시는 일을 경험할 수가 있는 것이다.

그러므로 건강한 교회는 노인과 젊은이, 병자와 건강한 자, 장애인과 비장애인들이 함께 통합되는 공동체인 것이다. 이와 같은 맥락에서 만일 장애인들이 예배로부터 소외되어서 교회에 장애인이 없다면, 교회는 하나의 장애교회로서 이는 건강한 교회가 아님을 의미할 수 있다. 그러므로 교회들은 장애인들이 예배와 사회로 통합될 수 있도록 이들을 돌보는 여러 가지 노력을 기울여야 한다. 이들을 수용하는 사랑 없이 추상적인 믿음에 머물러서는 안 된다. 구체적인 사랑이 없이는 믿음도 헛되고 능력을 행하는 것이 아무 소용없는 것이다(고전 13 : 1-13). 교회는 장애인들과 함께 봉사하는 건강한 교회가 되어야 한다. 장애인들이 함께하는 건강한 교회가 될 때에 교회는 비로소 지역사회 속에서 장애인들을 돕는 진정한 봉사를 할 수 있을 것이다.

나가는 말

기독교 사회봉사는 근본적으로 기독교 고유의 성경적 사회봉사 전통에 맞닿아 있다. 그리고 이러한 봉사는 역사적으로 전승되어 온 것이다. 이와 같은 고유성이 때로는 지나친 세속화에 의해서 흔들리는 위기를 맞기도 한다. 그러나 분명한 점은 기독교 사회봉사의 동기와 출발이 구약의 전통을 질적으로 새롭게 한 예수 그리스도에 기초한다는 사실이다. 그리고 봉사의 목적은 복음에 기초하는 고유한 복지 활동으로써 하나님 나라를 확장하는 사역에 있는 것이다. 그러므로 봉사자이신 예수님의 뒤를 따르는 제자로서 교회공동체는 그가 부탁하신 봉사의 과제를 진지하게 수용해야만 한다.

그런데 장애인 복지를 비롯한 전체적인 기독교 사회봉사 실천에 있어서 기독교 사회복지의 고유성과 전문성은 얼핏 보면 아주 상반적으로 보일 수도 있다. 그래서 혹자는 기독교 사회봉사의 고유성을 고수하려는 실천 현장가들을 주먹구구식의 비전문적인 운영가라고 비판하기도 한다. 또한 기독교 사회봉사 실천에 있어서 전문성을 주장하는 기독교 복지 운영자들조차도 기독교의 복음에 기초하는 봉사의 고유성을 소홀히 한 채, 소위 일반 사회복지의 전문지식에 의해서 봉사를 수행해 가고 있는 현상들이 나타나기도 한다. 이러한 현상들의 근본적인 원인은 기독교 사회봉사를 기독교와 사회복지의 결합으로 보는 잘못된 이해 때문이다. 기독교 사회봉사는 기독교 안에 이미 내재되어 있는 하나님의 구원 행동에 대한 복음의 실천적인 증언이다. 이러한 기독교 사회봉사는 단지 각 시대적인 상황에 따른 실천을 위해서 사회적인 도구들을 활용할 수도 있다. 그래서 기독교 사회봉사는 일반 사회복지학을 포함하여 다양한 학문 영역의 전문지식을 수용하지만 최종적으로는 이러한 지식에 대하여 고유한 신학적인 성찰을 토대로 해서 새로운 전문적인 이론 체계를 가지는 기독교 사회봉사학에 기초해야 한다. 이러한 기초 위에서 수행되는 기독교 사회봉사와 복지가 하나님의 형상으로 지음 받은 장애인의 고통당함을 진정으로 치유하며, 용기를 북돋워 주며, 인간의 존엄성을 회복시켜 주는 전인적인 돌봄의 생명력을 줄 수 있는 것이다. 그러므로 기독교 사회봉사의 고유성과 전문성은 기독교 사회봉사 학문을 통해서 얻어져야만 한다. 이제 고유한 기독교 사회봉사 실천을 위해서 그에 대한 이론을 뒷받침해 주는 기독교 사회봉사학이 신학대학 안에서 실천신학 영역에 제자리를 가져야만 한다. 또한 기독교의 다차원적인 목회 현장에서 사회봉사를 수행하는 주체들과 목회자들, 그리고 종사자들이 기독교 사회봉사에 대한 지속적인 교육 훈련을 통해서 고유한 기독교 사회봉사와 복지를 발전적으로 실천해 가야 할 것이다.

3

기독교윤리적 관점에서 본 장애인의 삶과 신학

이종원 교수(계명대학교)

개인적인 차원에서 볼 때 장애는 정신적으로는 내면의 아픔이며,
사회적인 측면에서는 소외요, 육체적으로는 불편함임에는 분명하지만,
공동체적 차원에서 볼 때는 그 공동체를 더욱 든든하게 만드는 계기가 된다.

1. 들어가는 말

장애는 인간이라면 누구나 일생에서 한 번 이상 경험하게 되는 보편적인 체험이다. 조금만 주의 깊게 살펴보면 우리 주변에는 장애를 갖고 살아가는 사람들을 쉽게 볼 수 있다. 겉보기에는 건강해 보일지 몰라도 쉽게 드러나지 않는 내적인 장애로 힘겹게 생활하는 사람들도 많다.

장애는 사람에게 고통을 주며 생활하는 데 제약이 되는 신체적, 정신적 불완전 상태를 의미하며, 장애인은 그러한 불편한 상태를 지닌 사람들을 지칭한다. 장애인들은 신체적으로나 정신적으로 일상생활이나 사회생활에서 많은 제약을 받게 된다. 비록 건강하게 살았더라도 사고나 질병으로 인해 일단 장애를 갖게 되는 순간, 활동에 많은 제약을 경험하며 예상 외로 많은 불편이나 어려움을 겪게 된다.

장애인은 비장애인에 비해 상대적으로 약하고 의존적인 존재이다. 단지 신체 조건이 다르다는 이유만으로 장애인들은 차별당하고, 소외감을 느끼며, 사회참여의 기회마저 박탈당할 때가 많다. 장애인은 그동안 사회 안에서 억압받는 소수자 그룹에 속하였기에 편견과 차별, 격리와 같은 불이익을 경험할 수밖에 없었다. 장애를 금기시하는 사회적 분위기에서 장애인은 부정의 꼬리표를 달고 매일 전쟁하듯이 살아갈 수밖에 없다.[1]

장애는 누구에게나 일어날 수 있는 데도 불구하고, 단지 장애를 가졌다는 이유로 냉대하거나, 차별하거나, 무시하기도 한다. 장애인들을 동등한 인권과 존엄성을 가진 인격체로 대하기보다는 단순히 동정의 대상으로 여기는 잘못을 범하기도 한다. 이러한 장애인에 대한 잘못된 인식과 편견, 선입견은 사회적 배제의 원인이자 결과로 작용하게 된다. 이는 장애인들의 사회 활동을 가로막는 장애 요인이다.

그동안 우리 사회에서 장애인에 대한 편견이나 선입견이 많이 사라졌다

---

1) 채은하, "예언서에서 본 장애인의 회복과 미래," 한국기독교교회협의회 장애인소위원회 편, 「장애 너머 계신 하나님」(서울 : 대한기독교서회, 2012), 54.

고 하지만 아직도 극복해야 할 문제들이 많이 남아 있다. 님비현상이 대표적이다. 즉, 자신이 속한 지역에 장애인 센터나 장애인 관련 시설이 들어오면, 이를 혐오 시설로 간주하고 반대부터 하는 것이다. 장애인에 대한 관심과 배려는 님비현상과 같은 집단적 이기심 앞에서는 아무런 효력을 발휘하지 못한다.

우리는 지금까지 장애인들과 함께 생활하여 왔고, 앞으로도 그렇게 살아갈 것이다. 장애인은 우리 가족의 한 구성원일 수도, 우리와 함께 살아온 우리의 이웃들일 수도 있으며, 우리가 속한 교회공동체의 한 구성원일 수도 있다. 그런 점에서 본다면, 장애인은 우리와 함께 살아가는 공동체의 한 구성원이다. 이 글은 장애인과 함께 더불어 살아갈 평화롭고 행복한 공동체를 이루기 위해서 우리가 극복해야 할 문제점들은 어떤 것들이 있는지, 그리고 그러한 문제들을 극복하기 위해서 우리는 어떤 자세와 태도를 지녀야 할 것인지 고민하면서, 기독교윤리적 관점에서 장애인의 삶과 신학에 대해서 고찰해 보고자 한다.

2. 장애에 대한 다양한 시각

1) 장애의 정의

장애는 선천적 유전이나 후천적 사고나 질병으로 인해 신체 기능의 이상이나 상실로 겪게 되는 불행이나 불편한 상황을 의미한다. 즉, 장애란 일상생활에서 여러 가지 제약을 받게 되는 신체적 또는 정신적 손상 내지 육체적, 인지적, 감각적, 감성적, 발달적인 차원에서 능력이 부족한 상태를 가리킨다. 일반적으로 장애를 지칭하는 용어로는 'Impairment', 'Handicap', 'Disability' 등이 있다. 세계보건기구(WHO)에 의하면, 'Impairment'(손상 또는 상실)는 심리적, 생리적 또는 해부학적인 구조 또는 기능의 변형 또는 상실로 정의하며, 'Disability'(장애 또는 무능력)는 손상이나 손실의 결과로 임무나 행위를 수행하는 데 요구되는 활동 능력의 상실 또는 제약이라고 정의하며, 'Handicap'(불이익 또는 불리한 조건)은 손상이나 장애로 인하여 자신의 역할을 성취하는 데 있어서 방해받는 불이익이라고 정의한다.[2]

장애는 종종 개인의 잘못이나 가족의 잘못으로 인해 발생하기도 하지만, 사회구조적인 문제 때문에 발생하기도 한다. 가령 교통사고, 산업재해, 환경오염, 약물 오남용, 전염병 등 다양한 사회문제로 인해 장애가 발생하기도 한다.[3] 장애가 발생하는 원인과 장애의 사회심리적인 좌절을 검토해 보면, 장애인의 삶, 장애인과 비장애인의 관계는 복잡하고 심층적인 사회심리적 차원, 즉 사회적 차원과 영적 차원을 포괄하고 있음을 알 수 있다.[4]

현대의 많은 장애는 인종이나 성별과 관계없이 천천히 진행되는 만성적 질병으로 발생한다. 장애는 언젠가는 누구나 겪어야 할 문제이기에 어느 계층이나 집단에 제한된 문제가 아니라 모든 사람들의 공통적인 문제이다. 후천적으로 장애를 입은 사람은 전체 장애인 중 89%에 이르며, 선천적 원인은 4%, 출산 시 원인은 1%, 원인 미상은 6%를 차지한다.[5] 또한 장애인의 약 77%가 16세 이후에 장애인이 되었다. 또한 장애가 있는 인구의 비율은 나이가 많아지면서 지속적으로 늘어난다.[6] 따라서 비장애인은 언제든지 장애인이 될 수 있는 가능성을 안고 살아가는 '잠재적 장애인' 또는 '예비 장애인'인 것이다.

---

2) 이재서, 「신학으로 이해하는 장애인」(서울 : 세계밀알, 2006), 53-54 ; 김성원, "장애인의 존재론적 정체성에 관한 기독교 철학의 인간론적 해석," 「철학논총」 64집, 2011년 4월, 81 참고.
3) 김정열, "편견의 법제와 장애인 수용 시설의 현실," 「당대비평」 14, 2001년 3월, 283.
4) 한승진, "한국교회의 장애와 장애인관에 대한 비판적 고찰 : 성서윤리적 관점," 「신학연구」 58, 2011년 6월, 162.
5) 김영희, "신앙은 장애의 위기에서 우리에게 무엇을 해 줄 수 있는가?" 이재서, 「신학으로 이해하는 장애인」, 286.
6) Anthony Giddens, 김미숙 외, 「현대사회학」(서울 : 을유문화사, 2011), 392. 전 세계적으로 전체 인구의 10%인 6억 5천만 명의 장애인이 있는 것으로 추산되고, 그중 80%는 인도와 중국 같은 개발도상국에서 살고 있다. 매년 25만 명의 어린이가 비타민 A 부족으로 시력을 잃고 있다. 또한 UNESCO에 따르면, 장애 아동의 90%가 학교를 안 다니고 성인 장애인의 문자 해독률은 3%, 그중 여성의 문자 해독률은 1%이다. Ibid., 393.

레나드 데이비스(Lennard Davis)는 'Impairment'(손상)과 'Disability'(장애)를 구분했다. 손상은 시력, 청력, 기동력, 정신력 등의 상실 내지 저하와 관련되지만, 주변 사회가 정서적, 감각적, 인지적 환경을 만들 때 그러한 손상은 장애가 된다는 것이다.[7] 손상이 장애인 개인이 겪는 문제라면, 장애는 장애인이 다른 이들과의 사회적 관계에서 발생하는 문제로서, 손상이나 상실의 상태를 정죄시하거나 문제시하는 사회적 인식과 환경 그 자체가 문제인 것이다. 따라서 장애에 대한 사회적 인식과 환경을 개선하고, 장애인을 있는 그대로 자연스럽게 받아들인다면 장애인이 사회적 관계 속에서 겪는 어려움은 극복될 것으로 생각된다.

2) 장애와 악의 문제

전통적으로 장애를 금기시하거나 죄악시하는 경향이 많이 있었다. 하지만 장애는 근본적인 차원에서 결코 악이라고 볼 수 없다. 아리스토텔레스는 조화의 결핍을 악(惡)으로 단정했고, 어거스틴은 선(善)의 부재를 악이라고 하였다. 조화의 결핍에 의해 장애가 발생할 수 있으며, 선의 부재가 장애의 원인이 될 수도 있다.[8] 이들의 견해에 따르면, 장애가 악으로 간주될 수도 있겠지만, 모든 장애를 악으로 간주해서는 안 된다. 왜냐하면 결핍과 부재는 상대적인 것이며, 부족과 부재를 결정적인 악으로 단정 지을 수 없기 때문이다. 장애는 상대적인 개념이지 절대적인 개념이 아니라는 점에서 결정적인 악이 아니다.

또한 상대적인 부족이나 잉여가 유기적으로 상호작용하면서 각 개체들은 온전함을 향해 진행한다. 사도 바울은 모든 것이 합력하여 선을 이룬다(롬 8:28)고 하였다. 한 유기체 안에서 각 개체의 존재 목적과 의미는 상호의존적이며, 상호보완적이다. 한 지체의 장애는 다른 지체의 기능을 강화시

---

7) 정승원, "장애인을 위한 언약공동체 신학," 이재서, 「신학으로 이해하는 장애인」, 142.
8) 김성원, "장애인의 존재론적 정체성에 관한 기독교 철학의 인간론적 해석," 「철학논총」 64, 2011년 4월, 85.

킨다. 그런 점에서 본다면, 장애는 다른 지체의 새로운 발전 가능성을 의미한다. 선천적 시각장애인은 상대적으로 청각이나 촉각과 같은 다른 감각이 발달해 있는 것처럼, 장애는 다른 가능성(the differently abled)인 것이다.[9] 장애는 부족이나 불편으로 보이기도 하지만 다른 면에서는 장애가 오히려 강점이 되거나 개성으로 볼 수도 있다.

자연적 질서에서 장애는 합리적 질서의 확장된 자아로 보완될 수 있다. 예를 들어, 임플란트를 한 치아는 확장된 자아이다. 확장된 자아는 자아의 정체성에 포함되며, 독특한 개성으로 나타날 수도 있다. 시력이 약한 사람에게는 쓰고 있는 안경이 확장된 자아이며, 안경의 스타일과 기능은 개성으로 나타날 수 있다.[10] 의수족이나 장애를 보완하는 의료기구 역시 독특한 디자인과 기능으로 확장된 자아의 개성을 드러내는 효과적인 도구가 될 것이다.

3) 장애에 대한 편견

우리는 각자 고정관념을 가지고 있으며, 그러한 고정관념이 우리의 행동에 영향을 미친다. 이러한 고정관념 중 특정 집단이나 구성원에 대해 부정적인 감정일 경우, 그 부정적 감정이 근거가 없거나 과장되어 있어서 전체적으로 비합리적일 때 이를 편견으로 간주한다.[11]

장애인을 장애인으로 만드는 것은 사람들의 편견이다. 사회가 갖는 편견은 어찌지 못하는 큰 벽으로 사람들을 압도하고 좌절하게 만든다. 장애인들이 사회 적응 과정에서 겪게 되는 가장 큰 어려움은 비장애인들이 장애인들에 대해 갖고 있는 편견과 그로 인한 차별이라고 볼 수 있다.

장애인에 대한 편견은 두 가지 차원이 있는데, 하나는 내적인 영역으로 장애인 스스로의 의식 안에 각인되는 편견이고, 다른 하나는 사회 외적인

---

9) Ibid., 90.
10) Ibid.
11) 신현기, "장애와 차별 극복을 위한 기독교교육," 「기독교교육정보」 9, 2004년 10월, 13.

차원으로 각인되는 편견이다.[12] 내적인 편견은 스스로 장애인이란 점을 수치스럽게 생각하고 이를 감추려 하거나 자기 비하에 빠지는 것이다. 그리하여 스스로 포기한 채 장애에 안주해서 아무것도 하려 하지 않고 소극적으로 살아가는 것이다. 사회 외적인 영역의 편견은 장애에 대한 편협한 시각을 드러내는 TV나 영화 등의 대중매체에서 쉽게 발견할 수 있다.

장애에 대한 부정적인 시각과 편견을 심화시키는 사고 경향들은 장애를 다음과 같이 이해하고 있는 데서 잘 드러난다.

첫째, 장애를 한 개인의 도덕적 결함이나 죄에 대한 하나님의 징벌로 해석하는 관점이다. 구약성경에서 언급된 장애는 전체 149가지이며, 이 가운데 68가지가 죄에 대한 징계로 언급되고 있다.[13] 이러한 사례들은 장애가 죄의 결과로 생길 수 있음을 암시한다. 장애는 죄에 대한 징계로, 죄를 깨닫고 하나님께로 돌아오게 하기 위한 목적으로 질병이나 장애가 사용된다고 해석한다. 장애가 하나님으로부터 받는 벌이거나 교훈적 가르침을 위한 수단으로 간주된다면, 장애는 그 사람이 평생 짊어지고 가야 할 짐이거나 회개를 통해 고침을 받아야 할 과제라고 보게 된다.[14]

성경에서 하나님의 사람들이 자신의 사명이나 신분을 망각했을 때, 하나님은 장애로 훈계하신 경우들이 있다. 삼손이 하나님과의 서원을 어기고 방탕하여 하나님의 신이 떠나자, 삼손은 블레셋 사람들에게 붙잡혀 두 눈이 뽑히는 참혹한 고통을 겪었다. 아사랴가 산당을 제하지 않고 우상을 숭배하자 하나님은 한센병에 걸리게 하셨고, 시드기야가 하나님께 불순종하였을 때, 왕국이 멸망당하고 자신은 두 눈이 뽑히는 고통 가운데 포로로 끌려갔다. 또한 웃시야 왕이 교만하자 하나님은 한센병이 발하게 하셨다.

하지만 장애 자체를 도덕적 결함이나 하나님의 징벌의 결과로만 일반화시켜 해석하는 것은 위험한 발상이다. 장애를 도덕적 결함이나 징벌의 결과로 일반화시키면, 장애를 일종의 불완전한 상태 또는 극복해야 할 상태로

---

12) 김혜란, "장애인에 대한 편견,"「한국여성신학」, 2005년 10월, 144.
13) 이재서,「신학으로 이해하는 장애인」, 24.
14) 김홍덕,「장애신학」(대전 : 대장간, 2010), 37.

간주하게 된다. 따라서 장애가 극복되거나 치유되지 않을 경우, 장애로 각인된 징벌이나 도덕적 결함은 지속되기 때문에, 장애를 일종의 낙인으로 간주하는 결과를 빚게 된다. 신체 조건이나 외모 때문에 다른 이에게 부정적인 인식을 받고 그로 말미암아 불이익을 당하고 사회로부터 격리되는 결과를 낙인이라고 하는데, 이는 장애인을 너무 가혹하게 만든다.

한 개인에게 장애의 원인을 찾고, 장애 자체를 낙인화하는 것은 장애인의 인격과 인간 존엄성을 무시할 수 있다. 장애는 한 개인의 부주의와 잘못으로 발생하기도 하지만 사회구조적인 문제로 인해 발생하기도 한다. 따라서 구약성경에 등장하는 소수의 징벌 사례로 장애라는 현상을 죄와 연관시켜 설명하려는 것은 일반화의 오류에 빠지게 된다. 원인을 알 수 없는 장애도 있으며, 심지어 어떤 경우에는 장애로 인하여 오히려 선한 결과를 만들 수도 있기에 장애를 죄와 연관시키는 속단은 피하는 것이 바람직하다.

둘째, 장애는 비장애인들에게 은혜와 교훈을 주는 수단이라거나, 장애 자체를 특별하고도 탁월한 능력의 계기로 생각하는 관점이다. 장애인의 불행과 자신을 비교하면서 자기만족이나 행복의 조건을 찾는다든지, 장애를 극복하고 놀라운 업적을 성취한 장애인을 통해 도전과 감동을 받는 것은 조심스러운 모습들이다. 장애에도 불구하고 고난과 역경을 극복하고 탁월한 능력을 발휘하는 것은 소수이며, 이를 전체 장애인에 적용해서는 안 된다. 이는 장애인 개개인의 삶에 관심을 두는 것이 아니라 장애를 매개로 한 감동에 목적을 두기 때문에 바람직하지 못하다. 장애를 통해 도전이나 감동을 기대하는 것은 평범하게 살아가는 대다수의 장애인을 심리적으로 억압하게 된다. 장애는 장애일 뿐이지 장애 자체에 특별한 가치를 부여하고 목적을 찾으려는 것은 경계해야 한다. 이는 모든 비장애인에게 탁월한 능력을 발휘해야 한다거나 놀라운 업적을 성취하도록 강요하지 않는 것과 같은 이치이다.

셋째, 장애를 비장애인들의 자선 행위를 위한 기회나 대상으로 보는 관점이다. 이러한 관점은 장애인들에 대한 사랑과 관심, 그리고 배려를 통해 공동체의 미덕을 고양시킬 수 있겠지만, 장애인들을 단순히 비장애인들의 선행과 자선의 대상으로 제한시키는 데 한계점이 있다. 보다 바람직한 태도는 장애인을 자선과 동정의 대상이 아니라 공동체의 한 일원으로서 참여와 선택권을 지닌 주체적인 존재로 대하는 것이다.

넷째, 장애를 성화(聖化)의 과정을 위한 고결한 고난으로 보는 관점이다. 욥이 당한 고난이나 사도 바울이 가졌던 육체의 가시와 같이 보다 성숙한 신앙에 이르기 위한 하나의 과정으로 보는 태도이다. 하지만 이 또한 장애를 보다 긍정적으로 해석하려는 시도는 되겠지만 장애에 대한 균형 잡힌 이해라고 보기는 어렵다.

다섯째, 장애에 대한 병리적 관점이다. 병리적 관점은 행동적 이상과 사회적 실패에 대한 진단적 규명을 중시하는 시각으로, 장애를 교정과 치료가 요구되는 의학적 상황(치료 대상)의 관점에서 규정한다.[15] 이러한 관점은 장애인을 병리적 인간으로 낙인화하고 집단화하는 경향이 있다는 데 한계점이 있다.

이러한 이해들은 장애의 원인과 내용에 대한 다양한 측면의 일부분일 뿐이다. 이를 일반화해서 모든 장애인에게 보편적으로 적용하게 되면 장애인들을 단순히 긍휼과 자선의 대상으로 보게 만들고 장애인에 대한 소외와 차별을 심화시키는 결과를 빚을 수 있다. 장애인에게는 신체나 정신적인 어려움보다 장애인을 바라보는 사람들의 편견이나 선입견이 더 큰 상처와 아픔을 남긴다. 이러한 편견과 선입견은 장애인에 대한 사회적 차별과 배제를 당연시하게 만든다. 하지만 예수 그리스도는 장애인들을 품으시면서 당시 사회가 만들어 놓았던 사회적 편견과 장벽을 무너뜨리셨다.

4) 장애에 대한 균형 잡힌 시각

장애에 대한 보다 균형 잡힌 시각은 첫째, '다름'(difference)의 관점이

---

15) 신효진·손신, "장애인, 진정한 자립을 위한 패러다임의 전환 : 강점 바라보기와 역량강화," 「장신논단」, 2011년 7월, 418.

다. 즉, 장애는 틀림이나 악한 것이 아니라 비장애와 다를 뿐이라는 사실을 인정하는 것이다. 장애는 비장애인의 시각에서 보면 다른 것이다. 장애를 가진 사람들은 일반 사람들과는 다르다는 점에서, 특별한 관심과 배려의 대상임에는 분명하다. 그런데 다름을 인정하는 사회는 '다름'을 차이 또는 개성으로 인식하려는 노력을 의식적으로, 그리고 지속적으로 기울이는 반면, 다름을 부정하는 사회에서는 그러한 노력을 기울이지 않거나 덜 기울이는 경향이 있다.

따라서 장애를 다양성의 하나로 받아들일 필요가 있다. 장애를 가지든가 그렇지 않든가 상관없이 모든 인간은 존중받아야 할 존귀한 존재들이다. 장애를 가진 것은 단지 다를 뿐이지 불완전하다거나 완전하지 못한 것은 아니다. 장애는 다양성을 내포하는 의미이지 어떤 부분이 결여된 것으로 이해될 필요는 없다.[16] 그러므로 결여된 부분이 보충되어야 한다거나 불완전한 부분이 완전하게 회복되어야 할 당위성도 없는 것이다.

둘째, 장애를 비장애와는 구별되는 문화적 특성으로 간주하는 것이다. 장애인들은 자신들이 독특한 신념과 욕구·생활양식과 의사소통 방식을 지닌 구별된 문화 집단으로 존중받기를 원한다. 장애인들은 자신의 의지에 따라 원하는 삶을 살아가고, 자유로운 선택과 결정을 통해 삶을 영위하고 싶어 한다. 또한 스스로 책임감을 느끼고 자신이 원하는 삶을 구현하기를 원한다.

셋째, 장애를 다양한 삶의 한 국면으로 이해하는 것이다. 장애는 정상에서 벗어난 일탈이 아니라 일상생활 속에서 경험하는 다양한 삶의 한 측면인 것이다. 장애인의 노동을 새로운 가치로 측정하려는 시도가 그 실례이다. 장애인의 노동을 경제적인 관점에서 '능력의 장애'(disabled)가 아니라 '다른 종류의 능력'(differently abled)을 가지고 있다고 수사적으로 표현함으로써 사회 구성원으로서의 가치를 인정하고 존중하는 것이다.[17]

---

16) 이재서, 「신학으로 이해하는 장애인」, 69.
17) 유경동, "장애인신학과 삼위일체," 「신학과 세계」 72, 2011년 12월, 182.

이러한 새로운 인식의 기반에는 몸에 대한 획일적이고 전통적인 패러다임에서 몸의 다양성을 인정하고 차별을 없애려는 윤리적 패러다임으로의 전환에 근거를 두고 있다. 전통적인 패러다임에서는 장애인의 부자유함과 무능력에 주목하지만, 새로운 윤리적 패러다임에서는 장애인의 강점에 주목하면서 그 강점을 능력과 연관시켜 인식의 전환을 요구하고 있다. 이러한 인식하에서는 장애를 더 이상 치료나 교정의 대상이 아니라 비장애인과는 다른 특성을 지닌 공동체의 한 구성원으로 인정하게 된다.

　넷째, 장애인도 비장애인과 마찬가지로 하나님의 형상으로 지음 받았음을 기억할 필요가 있다. 장애인이나 비장애인이나 할 것 없이 모든 인간은 하나님의 형상으로 지음 받은 존귀한 존재이다. 인간이 하나님의 형상으로 지음 받았다는 것은 인간의 가치가 인간 자신에게 있는 것이 아니라 하나님께로부터 부여받은 가치라는 사실을 명백히 한다. 따라서 인간의 능력이 많으냐 적으냐에 따라 가치를 평가받는 것이 아니라 인간으로서의 존재 그 자체만으로도 존중받을 가치가 있다.

　다섯째, 예수 그리스도는 지극히 작은 자에게 더 큰 사랑과 관심을 나타내셨다. 복음서에서 장애인들은 대부분 가난하고, 실업자이며, 거지이거나 부랑자들이었다. 이들은 사람들에게 멸시와 천대를 받았고, 사회 안에서 지극히 작은 자들이었다. 그런데 예수 그리스도는 이들에게 지극한 관심과 사랑으로 가까이하고, 그들의 아픔과 고통을 어루만지며 고쳐 주었다. 예수는 그들의 육체적인 질병을 치유하였을 뿐 아니라 그동안 그들을 짓눌렀던 심리적이고 종교적인 죄책감도 해방시켜 주었다.

　예수 그리스도가 장애인들에게 한없는 사랑과 관심을 베푸셨듯이 우리도 장애인들에게 친절과 배려를 아끼지 않아야 한다. 예수 그리스도는 장애인들을 품으셨고, 그들에게 전인적인 치유와 구원을 베푸셨다. 예수는 그들의 육체적인 질병뿐 아니라 정신적인 고통과 영적인 문제까지 함께 치유하여 주시면서 온전하게 회복시켜 주셨다.

3. 장애인의 삶

1) 연약함

장애는 연약함(vulnerability)을 동반한다. 연약함이라는 특성은 인간이라면 누구나 공통적으로 경험하는 보편적인 조건이다. 하지만 장애인들은 비장애인보다 상대적으로 더 연약한 존재들이다. 그런 점에서 장애인들은 사회적 약자의 상징이다. 장애인들은 약하기에 다른 이들보다 자존감이 떨어지기 쉽다. 하지만 연약함은 그리스도를 통해서 강해지는 역설적 진리가 있음을 기억할 필요가 있다.

마태복음 8:17의 "우리의 연약한 것을 친히 담당하시고 병을 짊어지셨도다"라는 구절은 예수께서 우리의 연약함이나 장애를 친히 담당하시고 그 약함이나 장애를 짊어지셨음을 강조하고 있다.

장애를 통해 드러나는 인간의 연약함은 하나님을 전적으로 신뢰하고 의지하는 계기가 된다. 연약하기에 자신의 힘과 능력에 의지하는 것이 아니라 하나님께 더욱 의지하게 되는 것이다. 인간의 연약함은 하나님의 은혜가 더욱 강하게 드러나는 방편이 되기에 장애는 연약함을 통해 드러나는 하나님의 능력인 것이다.

예수 그리스도는 병든 자와 장애인들에게 많은 관심을 가졌고, 그들의 연약함을 안타까워하시면서 치유하여 주셨다. 장애인들은 예수 그리스도의 사랑과 관심의 대상이었으며, 장애인들에 대한 치유 사건은 하나님 나라의 현실적 도래를 알리는 상징이었다. 극심한 고통과 좌절 속에 있는 장애인들이 예수 그리스도로 말미암아 치유되고 회복된 것은 하나님 나라가 실현된 생생한 현장이었다.

사도 바울은 자신의 약함을 자랑하였다. 그는 약할 그때에 곧 강함(고후 12:9-10)이라는 역설의 진리를 깨달았다. 바울은 자신의 약함을 통해 그리스도의 능력으로 말미암아 더욱 강해지는 비결을 깨달았다. 그리하여 그는 자신의 약함을 부끄러워하지 않고 오히려 강점으로 변화시켜 복음의 산증인으로서 선교 사역을 성공적으로 감당할 수 있었다. 따라서 장애인은 약함을 부끄러워하거나 약함에 안주하기보다는 더욱 주님을 의지함으로 강하게 되기를 힘써야 할 것이다. 또한 장애를 통해 드러나는 주님의 은혜를 구하며 용기와 희망을 잃지 않고 주어진 삶에 최선을 다해야 할 것이다.

2) 상처받기 쉬움

장애라는 요소는 당사자뿐 아니라 그의 가족을 독특한 위치에 세우고, 상처 입기 쉬운 상황에 처하게 만든다. 가족 중 장애를 입은 사람이 있게 되면 가족 간의 스트레스 요인이 되며, 심한 경우 가족 위기를 일으키는 원인이 되기도 한다. 장애인들은 가족들에게도 외면당한 채 오랜 동안 집 안이나 시설에 수용된 적이 많았다. 장애를 부끄럽게 여겼기에 장애 자체를 숨기려 했던 것이다. 장애인들은 장애로 인해 사회공동체에서 소외당했을 뿐 아니라 가족공동체에서도 환영받지 못하는 이중적 상처를 받았다.

그러므로 장애를 있는 그대로 받아들이는 긍정적인 수용의 태도가 필요하다. 장애는 벗어버려야 하거나 숨겨야 할 부끄러운 것이 아니다. 하나님 앞에서 장애는 장애대로 그 가치와 아름다움을 지닌다. 그렇다고 해서 장애나 질병을 치료하고 향상시키기 위한 의료적 행위를 거부하고 그대로 살아야 하는 것은 아니다.[18] 장애의 정도나 필요에 따라 의료 보조기구를 적절하게 이용할 수 있어야 한다. 최근 의료 기술이 발전함에 따라 장애인들에게 유익한 의료 보조 기구가 많이 개발되고 있다. 장애인들이 더욱 유용하게 이용할 수 있도록 다양한 의료 보조 기구가 개발되어야 하고 이를 위해 아낌없이 투자해야 한다.

3) 사회 구성원으로서의 장애인

장애인의 삶은 독립적이지 않다. 장애인은 우리 공동체의 한 구성원이

---

18) 한승진, "한국교회의 장애와 장애인관에 대한 비판적 고찰 : 성서윤리적 관점," 178.

라는 점에서 함께해야 할 '동반자'이며, 동시에 특별한 사랑과 배려를 통해 함께 살아가야 할 우리의 '이웃'이다. 장애인은 우리가 '도와야 할'(helping) 존재이면서, '함께할'(integrating) 존재이기도 하다.[19] 비장애인과 마찬가지로 장애인은 늘 다른 사람들에게서 영향을 받고, 또한 다른 사람에게 영향을 주기도 한다. 그런 점에서 장애인 문제는 한 개인의 문제를 넘어 사회 공동체 모두가 함께 고민하면서 해결해야 할 문제이다.

인간이라면 누구나 인간다운 삶을 살기 위하여 자유와 평등을 누리며, 존엄한 인간의 가치를 실현하고, 더불어 살아갈 권리가 있다. 이러한 자유와 권리를 누리기 위해서는 그 누구도 사회에서 배제되거나 고립되어서는 안 된다. 사회 구성원 모두가 공동체생활을 통해서 서로 소통하면서 살아야 할 자유와 권리가 있다. 장애인 또한 동등한 사회 구성원으로서 공동체 안에서 서로 도움을 주고받을 권리가 있다. 이를 위해서는 장애인들이 최소한의 생계 유지와 자립생활을 할 수 있도록 배려할 필요가 있으며, 이를 뒷받침할 제도와 문화가 자연스럽게 형성되도록 공동체의 구성원 모두가 관심을 갖고 노력해야 한다.

첫째, 장애인들이 사회공동체 안에 잘 적응하고 정착할 수 있도록 접근권을 배려할 필요가 있다. 접근권은 일반인들이 접근할 수 있는 모든 권리에 장애인도 동등하게 접근할 수 있는 권리이다.[20] 하지만 장애인들은 장애라는 사회적 장벽으로 인해 공동체로부터 배제되고 고립되어 생활할 때가 많다. 이렇게 고립되고 소외된 장애인들을 위해 많은 장애인 관련 시설들이 생겨나 장애인들이 함께 모여 공동생활을 할 수 있게 되었다. 하지만 이러한 장애인 수용복지시설들은 장애인과 비장애인과의 거리감을 조성하는 역효과를 가져올 수 있다. 그리하여 장애인들을 오히려 비사회화 시키고 사회로부터 격리시키는 결과를 빚게 된다.

그러므로 장애인들이 장애 때문에 그동안 접근이 쉽지 않았던 분야까지

---

19) 신효진 · 손신, "장애인, 진정한 자립을 위한 패러다임의 전환 : 강점 바라보기와 역량강화," 431.
20) 김홍덕, 「장애신학」, 428.

도 장애인들이 접근할 기회를 적극적으로 마련해 줄 필요가 있다. 장애인이 사회공동체 속에 자연스럽게 통합되어 다른 이들과 함께 어울려 살 수 있도록 모든 여건과 환경을 조성할 필요가 있다.

장애인에 대한 태도에서 예수가 보여 주신 교훈은 그가 먼저 의도적으로 정결 의식을 깨뜨리면서까지 장애인들을 적극적으로 품으셨다. 당시 사회는 오늘날보다 장애인에 대한 편견이나 배제가 더욱 심했고, 장애인이 일반인들에게 접근한다는 것 자체가 불가능한 상황이었다. 하지만 예수는 사회적으로나 종교적으로 부정하다고 선언되고 격리된 병자들이나 장애인들에게 먼저 다가가셨고, 심지어 그들이 자신의 몸을 만지도록 허락하셨다. 이는 율법으로 보면, 예수 자신이 부정한 자들과 동등하게 부정하게 되는 위험스러운 행동이었다. 하지만 예수는 이러한 행위를 통해 당시 사람들에게 의식 전환을 촉구하셨다. 몸을 깨끗하게 하는 것은 정결법이 아니라 바로 자신이심을 보여 주시면서 당시 사람들의 종교적 장애를 과감하게 무너뜨렸던 것이다.

오늘날 비장애인들은 장애인들과의 관계에서 일정한 거리 두기를 하고 있다. 예수가 본을 보였듯이 비장애인들이 보다 적극적으로 장애인들에게 먼저 다가가야 한다. 또한 장애인들이 공동체로 자연스럽게 들어와 활동할 수 있도록 문을 활짝 열어 두어야 한다.

둘째, 장애인들이 공동체의 일원으로서 당당하게 자립할 수 있도록 정상화(normalization)시켜야 한다. 정상화라는 개념은 장애인의 생활을 가능한 한 보통의 생활 상태에 가깝게 만들어 인간으로서의 기본적인 권리를 실현할 수 있도록 돕는 것이다. 이를 지원하는 방식은 장애인을 비정상적이라고 여겨 이들을 정상적인 사람으로 변화시키는 것이 아니라 그들이 원하는 형태의 자립생활을 할 수 있도록 배려하고 지지하는 것이다. 즉, 장애를 열등함이 아닌 개인의 특성으로 인정하고, 이들이 보통 수준의 여건에서 생활할 수 있도록 돕는 것이다. 정상화가 이루어지기 위해서는 장애인 각 개인의 욕구에 따른 서비스를 고려하여 각자의 연령과 생활 여건에 적합한 처우와 기회를 제공할 필요가 있다. 또한 장애인들이 각자의 자리에서 사회적 역할을 수행할 수 있도록 도움으로써 장애인에 대한 사회적 이미지를 향상시킬 필요가 있다.

장애인들이 고립된 시설생활에서 벗어나 지역사회 안에서 주민들과 함께 살아가기 위해서는 장애인들의 능력 개발만으로는 한계가 있다. 이는 장애인 개인의 노력뿐 아니라 지역사회 또한 장애인들이 함께 섞여서 살아갈 수 있도록 편견과 사회·문화적 배제로 인한 마음의 장벽을 허물고 장애인들을 있는 그대로 받아들일 수 있어야 한다. 그렇게 할 때 장애인이 공동체에 거리낌 없이 참여할 수 있게 된다. 이를 실천하기 위해서는 한 개인의 존재 가치에 대한 긍정, 인간으로서의 다양한 권리 중시, 지역사회에서의 통합적인 생활 등의 요소들을 폭넓게 고려하여 장애인에게 적용할 필요가 있다.

셋째, 장애인의 삶의 만족도를 높이기 위해서 그들의 강점(strength)과 필요(needs)를 찾아내고, 자신이 원하는 삶의 모습을 스스로 계획하여 실천할 수 있도록 도울 필요가 있다. 장애인들 또한 자신의 가치를 인정받는 것에 있어서는 보통 사람들과 똑같은 욕구를 가지고 있다. 따라서 장애인들 각자가 갖고 있는 잠재적 강점을 발견하고 이를 강화하는 과정을 통해 그들 스스로의 역량을 강화하고, 내적인 변화를 시도할 수 있도록 격려하고 적절하게 도울 필요가 있다. 장애인은 장애가 내포하고 있는 여러 제약들과 사회적 편견으로 인해 비장애인들보다 의존적이고, 타율적일 수밖에 없다. 그러므로 장애인 스스로 자기 긍정을 통해 건강하고 활력이 넘치는 삶의 태도를 갖도록 격려할 필요가 있다. 또한 타인에게 의존하기보다는 스스로 결정할 수 있는 기회를 자주 제공하여 자신만의 강점을 강화할 수 있도록 도울 필요가 있다. 이러한 역량 강화(empowerment)는 장애인들로 하여금 자신과 자신의 환경 가운데서 스스로 자원을 발견, 확대할 수 있도록 지속적으로 돕는 과정을 통해 성취될 수 있을 것이다.

넷째, 취업을 통한 자아실현을 할 수 있도록 도와야 한다. 장애인의 권익 증진은 단순히 장애인 한 개인의 차원을 넘어 그가 속한 공동체가 얼마나 정의롭고 공평한 공동체인지를 가늠하는 척도가 된다. 삶의 질은 지위의 고하, 능력의 유무, 빈부의 차이를 막론하고 인간이라면 누구나 추구하는 가치이다. 삶의 질은 장애인의 경우라고 하여 결코 예외가 아니며 오히려 장애인들에게 더 중요한 조건이다.

장애인의 삶의 질은 취업과 밀접한 관계가 있다. 무능력하고 별다른 일거리도 없이 살아가는 장애인들의 모습은 장애인에 대해 사회적 편견과 부정적인 인식을 심화시키는 요인이 된다. 하지만 취업을 통한 경제활동은 장애인의 자긍심을 고양시키는 계기가 된다. 이는 장애인으로 하여금 지역사회 안에서 떳떳한 사회 구성원으로서 제 몫을 감당하게 만든다. 뿐만 아니라 동료 장애인들에게 할 수 있다는 자신감을 불러일으키는 긍정적 변화의 기폭제가 될 수 있다.

장애인의 취업에서 우선적으로 고려되어야 할 점은 사회에서 남아도는 잉여의 일자리를 제공하는 형식적인 차원을 넘어서, 장애인 본인이 진정으로 원하는 욕구를 우선적으로 고려하여 개인의 역량을 발휘할 수 있도록 다양한 교육의 기회를 제공해야 한다.

4. 장애인들과 함께하는 교회공동체

1) 건강한 교회의 지표

장애인에 대한 관심과 태도는 교회공동체의 건강함을 드러내는 지표가 된다. 건강한 공동체는 그 사회 구성원들 가운데 특히 약자들의 권익을 최대한 보장해 주고, 이들이 공동체의 한 구성원으로서 아무런 어려움이나 불편 없이 살아갈 수 있는 제반 여건이 잘 갖추어져 있는 공동체이다. 또한 공동체의 구성원 모두가 성숙한 시민의식을 갖고 있어 장애인들과 같은 사회적 약자들의 권익과 생업을 최우선적으로 보장하고 배려하는 공동체라 할 수 있다.

이러한 건강한 공동체의 바람직한 모델은 교회가 앞장서서 구현해야 한다. 교회는 그리스도의 몸이며, 그리스도 안에서 하나 된 신령한 영적인 공동체이다. 교회 안에는 인종이나, 신분이나, 능력에 상관없이 모두가 평등하다. 따라서 교회 내에서 장애인들에 대한 소외나 차별이 있어서는 안 된다. 오히려 교회는 사회적 약자인 장애인들에 대해 더욱 세심하게 배려할 수 있어야 한다.

장애인들이 느끼는 공통의 심정은 비장애인들과 다르다는 것에서부터 오는 정서적 고통이다. 다른 이들로부터 다른 부류로 규정된다는 것은 정신적인 억압과 불편한 감정을 동반한다.

교회는 장애인들이 이러한 의식으로부터 자유로울 수 있도록 장애인들을 따뜻하게 품어 주고, 그들의 있는 모습 그대로를 인정할 필요가 있다. 진정한 해방과 자유는 자신의 존재 가치를 느끼고 자긍심과 주체 의식을 갖는 데서 시작된다. 교회는 장애인들이 모든 정신적인 구속과 억압에서 자유로울 수 있도록 도와야 한다. 교회는 문턱을 더 낮추어 누구나 쉽게 공동체로 들어올 수 있도록 하고, 장애인들 편에서 그들을 옹호하고 지지하는 데 보다 적극 힘쓸 필요가 있다.

돌봄은 우리가 결코 독자적일 수 없고 서로가 필요한 그래서 상호 의존성의 조건 속에서 생존한다는 인식의 결과이다.[21] 장애를 가진 자에 대한 돌봄은 고통을 없애려는 노력보다, 힘으로 우리의 중요성을 확인하려는 시도보다, 그 대신 고통 속에 함께해 주고, 도움이 필요할 때 도움을 제공할 수 있으며, 손수 돌보는 것이 필요함을 인식하는 것이다. 하나님의 돌봄은 그의 백성과의 언약에 따라 조건 없이 베푸시는 은혜로운 돌봄이었고, 그의 언약 안에 거하는 모든 백성들에 대한 차별 없는 돌봄이었다.[22]

예수 그리스도는 특히 연약한 자들에게 특별한 관심과 배려를 통해 그의 사랑과 자비로움을 드러내셨다. 세리와 죄인들의 친구로서 늘 그들과 함

---

21) 김영희, "신앙은 장애의 위기에서 우리에게 무엇을 해 줄 수 있는가?" 301.
22) 김해용, "장애인목회의 방향과 과제," 한국기독교교회협의회 장애인소위원회 편, 「장애 너머 계신 하나님」, 138.

께하셨던 예수의 모습을 본받아 교회는 장애인들의 진정한 친구로서 장애인들과 함께 사역해야 한다. 개인적인 차원에서 볼 때, 장애는 정신적으로는 내면의 아픔이며, 사회적인 측면에서는 소외요, 육체적으로는 불편함임에는 분명하지만, 공동체적 차원에서 볼 때는 그 공동체를 더욱 든든하게 만드는 계기가 된다.

2) 은혜의 공동체

교회는 은혜의 공동체이다. 은혜는 받을 자격이 없는 자에게 값없이 주어지는 하나님의 선물이다. 하우어워스는 "교회의 으뜸가는 책무는 교회 그 자체가 되는 것"임을 강조하였다.[23] 교회의 교회됨, 즉 교회 본래의 모습은 바로 은혜의 의미를 깊이 깨닫고 은혜를 실천하는 은혜의 공동체가 되는 것이다. 그리스도인들은 받을 조건이나 자격이 없음에도 하나님의 은혜와 용서를 체험하게 되었다. 이제 그 은혜를 함께 나누어야 한다. 이러한 은혜는 사회적 약자인 장애인들과 함께 나누어야 한다. 므비보셋의 이야기는 은혜가 어떤 방식으로 나누어져야 하는지를 잘 보여 주고 있다.

다윗은 시바를 통하여 므비보셋이 살아 있다는 소식을 듣고, 그를 왕궁으로 불러 자신의 궁에 머물게 하고 식탁에 함께하도록 파격적인 은혜를 베풀었다. 다윗이 다리가 불편한 장애인 므비보셋을 궁으로 불러들인 것은 파격적인 은혜라 아니할 수 없다.

다윗이 므비보셋을 굳이 자신의 상에까지 들일 필요가 없었음에도 받아들인 이유는 요나단을 지극히 사랑하는 마음과 장애인 므비보셋을 부끄러워하지 않았기 때문이다. 사무엘하 9장은 다윗이 므비보셋에게 은총을 베풀었다고 3번씩이나 강조하고 있다. 이 은총이라는 말은 '헤세드'라는 말로서, 그의 백성과 언약을 맺고 그 언약에 신실하신 하나님의 변함없는 무조건적인 사랑을 의미한다.

다윗이 므비보셋을 찾아 은혜를 베풀었듯 교회는 장애인들을 찾아 은혜

---

23) S. Hauerwas, 문시영 역, 「교회됨」(서울 : 북코리아, 2010), 30.

를 나누어야 한다. 다윗이 므비보셋을 부끄러워하지 않고 자신의 상에 참여시킨 것처럼 교회는 보다 적극적으로 장애인들을 품고 장애인들이 활동할 수 있도록 격려하고 배려하여야 한다.

교회는 장애인들이 예배나 교회 활동에 접근하기 쉬운 구조로 개선되어야 한다. 이를 위해서 교회의 모든 시설과 하드웨어적 환경을 개선하여 장애인이 활동하는 데 불편이 없도록 할 뿐 아니라 장애인들에 대한 일반 성도들의 인식과 태도 변화를 포함하여 청각장애인들을 위한 수화, 시각장애인들을 위한 큰 글씨나 점자 형식의 주보와 인쇄물 등 소프트웨어적 개선도 함께 힘써야 할 것이다.[24]

3) 장애인과 함께 사역하는 교회공동체

장애인 사역은 교회공동체 차원에서 이루어지는데, 특별히 장애인들을 단순한 사역의 대상으로 여겨서는 안 된다. 장애인들을 교회공동체 밖에 두고 그들을 하나의 사역 대상으로 설정하는 것은 바람직하지 못하다. 교회 내에 있는 장애인부서 또한 장애인들이 주된 사역의 대상이 된다. 장애인부서는 비장애인이 주체가 되어 장애인들을 대상으로 선교하게 된다. 이때 장애인은 필요를 채워 주어야 할 수혜자나 동정이나 구제의 대상에 머물게 된다. 이로 인해 장애인은 늘 섬김을 받는 불편하고 의존적인 위치에 서게 된다.

하지만 바람직한 교회공동체의 모습은 장애인과 비장애인이 진정한 평등과 연합을 이루어 함께 일하고 협력하는 것이다. 교회는 장애인들과 함께 하나님의 나라를 위해 노력하는 동반자의 관계를 만들어 나가야 한다. 장애인을 선교의 대상이 아니라 함께 일하고 협력해야 할 대상으로 인정하고 받아들이는 것이다. 그렇게 할 때 장애인을 위한 공동체를 넘어서서 장애인과 함께하는 건강한 공동체가 될 수 있다.

교회공동체는 장애인이 예배뿐 아니라 교회의 선교 사역에 보다 적극

---

24) 김홍덕, 「장애신학」, 422 참고.

적으로 참여할 수 있도록 분위기와 여건을 조성하고 이를 지원하는 데 힘써야 할 것이다. 먼저 선교 사역의 특성에 적합한 장애인 사역자를 발굴하고, 재능과 은사를 마음껏 발휘할 수 있도록 도울 필요가 있다. 하나님 나라의 복음은 장애인을 위해서뿐만 아니라 장애인을 통해서도 선포되어야 하기에 장애인이 사역에 보다 주도적으로 참여할 수 있도록 다양한 기회를 제공해야 한다.

장애인들이 사역에 참여하기 위해서는 먼저 장애인 각자의 강점과 특성에 맞는 적절한 은사를 개발하고 교육하는 과정을 거칠 필요가 있다. 이를 통하여 장애인들이 자신의 은사를 발견하고 영성을 개발할 수 있다. 장애인의 은사 발견과 영성 개발은 장애인 자신뿐만 아니라 그가 속한 공동체 구성원 모두에게 선한 영향력을 끼치는 계기가 된다. 이렇게 훈련받은 장애인이 사역의 주체가 되어 활동하게 될 때, 장애인이 교회공동체 안에서 진정한 연합을 이루고 교회공동체를 굳건하게 세워 나갈 수 있게 된다.

5. 나가는 말

위에서 장애에 대한 사회적인 편견과 배제를 살펴보고, 장애인들이 현실적인 삶에서 겪어야 하는 어려움들을 고찰하면서 장애인들과 함께 살아가기 위해서 노력해야 할 현실적 실천 과제들을 제시하였다.

장애는 한 개인의 문제를 넘어서 공동체가 함께 품고 살아가야 할 공동의 문제이다. 장애는 누구나 일생에 한번쯤 경험하게 된다. 장애는 도덕적인 결함이나 심판의 결과가 아니라는 점에서 극복의 대상이 아니라 함께 품고 살아가야 할 과제인 것이다.

장애를 있는 그대로 받아들이면서 더불어 살아가는 공동체를 이루어야 한다. 장애는 불편함과 연약함을 동반하지만 그러한 일상적인 불편함이나 아픔들도 하나님 나라를 위하여 밑거름이 될 수 있다. 따라서 장애로 인한 아픔이나 불편함은 천대와 차별의 이유가 아니라 오히려 인정하고, 배려하고, 존중해야 할 근거가 된다. 장애인도 하나님의 형상으로 지음 받은 존재이며, 그리스도 안에서 아름다운 한 인격체이다. 우리는 이들에게서 하나님의 형상을 발견할 수 있어야 한다. 하나님의 형상을 발견한다는 것은 한 인간을 인격으로 대우하고 존중할 수 있어야 한다는 의미이다.

장애인이나 비장애인의 구분이나 차별 없이 모두가 함께 평화롭게 살아가는 공동체야말로 하나님이 원하시는 바람직한 공동체일 것이다. 장애인과 비장애인이 함께 의존하면서 평화롭고 조화롭게 살아가는 공동체를 이루기 위해서는 자기를 비워 종의 모습으로 섬기신 예수 그리스도를 본받아 섬김과 봉사와 나눔을 기쁨으로 감당해야 할 것이다.

교회공동체는 장애인이 예배뿐 아니라 교회의 선교 활동에 적극적으로 참여할 수 있도록 분위기와 여건을 조성하고 지원하는 데 적극 힘써야 할 것이다. 또한 장애인 각자가 지닌 개성과 재능과 은사를 마음껏 발휘할 수 있도록 적절한 교육 프로그램을 개발하고, 장애인의 영성을 도울 필요가 있다. 복음은 장애인을 위해서뿐만 아니라 장애인을 통해서도 선포되어야 하기에 필요한 경우 장애인이 사역의 주체가 될 수 있도록 해야 한다. 그렇게 될 때 장애는 더 이상 장애가 아니라 우리의 공동체를 더욱 성숙한 공동체로 만드는, 사랑과 섬김의 실천장으로 만드는 토대가 될 것이다.

4

총회의 장애인 복지선교 현황과 장애인신학의 전망[1]

대한예수교장로회(통합) 총회의 장애인복지선교를 중심으로

이계윤 목사(제99회기 지체장애인선교협의회장)
최대열 목사(명성교회)

장애인복지선교 관련 총회 정책 문서는 교회가 나아갈 방향을
총회 차원에서 제시하고 있다는 점에서 매우 큰 의의를 갖는다.
개교회나 노회 차원이 아니라 총회 차원의 정책 자료라는 사실은
그것의 실천 유무를 떠나서 대한예수교장로회(통합)가
장애인복지선교에 대하여 가지고 있는 의식과 방향성과 의지를
분명히 하고 있다는 점에서 큰 의의를 갖는다.

1. 들어가는 말

한국에서 장애인복지선교가 시작된 지 2세기를 맞이하고 있다. 1894년 로제타 홀(Rossetta Sherwood Hall) 여사가·평양맹학교를 연 이후로 한국 교회는 장애인복지선교에 지속적인 노력을 경주해 왔다. 1946년 10월 영락교회(한경직 목사)가 농아전도부를 개설하였고, 1953년 농아부로 독립시켜 박윤삼을 담당목사로 세웠고, 1975년 농아인교회로 승격시켜 독립적인 장애인교회로 나아가게 하였다. 이는 교회 주도의 장애인복지선교의 효시라고 할 수 있다.

1970년대 김선태(실로암복지재단 이사장), 양동춘(베데스다 선교회 회장), 이재서(세계밀알연합회 총재) 등의 장애인선교 단체 설립은 선교 기관(Para-church) 중심의 장애인복지선교의 출발이었다. 1981년 소망교회(곽선희 목사)의 소망부 설립은 교회 장애인 부서 사역의 출발로서 교회 안에 장애인을 향한 기독교교육 현장이 비로소 출현하였음을 알리는 신호탄이었다.

1991년 대한예수교장로회(통합) 총회(이하 총회로 약칭)는 사회부(총무 박창빈 목사) 안에 '장애인복지선교협의회'를 출범시킴으로써 총회 차원에서 장애인복지선교를 향한 또 다른 출발이 전개되었다. 이는 100년이 넘는 한국교회 역사 속에서 모든 교파와 교단을 총망라하여 처음 있는 일이었다. 이후로 총회 차원에서 장애인복지선교의 정초(Foundation)를 다지는 점진적인 노력이 이루어졌다. 그리고 이러한 노력은 장애인 당사자에 의해 주도적으로 시도됨으로써 기초가 더욱 굳게 다져지게 되었다.

장애인교회, 교회 장애인 부서, 그리고 장애인 교역자에 의하여 장애인복지선교 현장은 점점 확장되고 확산되어 갔지만, 장애인복지선교에 대한 신학적인 기초는 매우 미흡하였다. 그래서 장애인복지선교의 이론적 기초를 세우기 위해 신학대학교의 교수들에게 장애인복지선교 관련 주제로 발

---

1) 이 글은 제95회기 총회 사회봉사부 주관 장애인신학 정립을 위한 제1차 포럼(2011. 4. 6.)에서 이계윤 목사가 처음 발표한 것을 이후에 장애인신학 도서출간을 위해 최대열 목사가 개정 보완한 것이다.

제를 부탁하였고, 이러한 요청을 기꺼이 수락한 신학자들의 노력을 통해서 장애인복지선교를 신학적으로 조명하려는 시도가 이루어지기 시작했다.

하지만 이러한 노력은 간헐적이었고, 지속성과 체계성을 상실한 채 구체적인 진전을 보이지 못했다. 1년에 한두 번 개최되는 장애인복지선교 세미나와 안교성의 「기독교 교육」에 연재한 장애인복지선교에 관한 아티클(articles)과 이계윤의 「밀알보」에 연재한 장애인복지선교에 관한 칼럼(columns) 정도가 미미하게나마 그 명맥을 유지해 왔을 뿐이다. 다만, 이러한 노력이 장애인복지선교를 사회복지학적인 관점이 아니라 신학적인 관점에서 바라보려는 시도였다는 점에서 그 의의를 찾을 수 있다.

이 과정에서 장애인신학 정립에 대한 요청이 장애인복지선교 현장으로부터 지속적으로 제기되어 왔다. 이 요청은 단순히 학문적으로 장애인신학의 체계를 수립하려는 목적을 넘어서 장애인에 대한 의식이 거의 없는 한국교회를 일깨우고, 장애인복지선교가 한국교회의 사명임을 인식하게 하고, 나아가 교회가 사회의 장애인 복지를 실현하는 일에 있어서 주도적인 역할을 해야 한다는 사명감을 촉구(prompting)하려는 목적에서 제기된 것이다.

이러한 목적에 부응하기 위하여 총회는 사회봉사부에 장애인복지선교와 관련한 업무를 맡겨 장애인복지선교의 양적인 성장과 질적인 성숙을 위하여 본격적으로 노력하게 하였다. 이러한 노력들이 집약되어 이제 총회 차원에서 장애인신학이 세워져야 할 시기가 도래하였다. 이 글은 그동안 총회를 통하여 전개되어 온 장애인복지선교의 역사와 현황을 살펴보고, 그동안 총회가 장애인복지선교를 위하여 출간한 다양한 문헌들과 채택한 정책 문서들을 검토함으로써 장차 장애인신학을 정립해 가는 데 필요한 과제를 살펴보는 데 그 의의가 있다.

2. 총회 장애인복지선교의 역사

총회 차원에서의 장애인 사역은 교단 창립 초기부터 일찍이 시작하였다. 20세기 초반에 한국에서는 한센병과 한센병자가 사회적으로 시급한 문제였으므로 총회는 1924년에서 1931년까지 총회 차원에서 한센병자를 위한 치료와 구제 사업을 전개하였다. 1972년 무렵부터는 총회 전도부 내 특수선교위원회에서 맹인선교를 활발하게 전개하였다(실무 : 김선태 목사). 1988년부터는 총회 전도부 내 특수선교위원회에서 시각장애인, 청각장애인, 보훈 및 지체장애인을 위한 선교와 후원을 전개하였다.

총회 차원에서의 장애인복지선교는 1991년 총회 장애인주일을 제정하고, 사회복지선교 정책 개발 사업의 일환으로 장애인 복지 정책 사업을 전개하면서 장애인교회와 장애인복지선교 관련 시설들이 연합하여 '장애인복지선교협의회'를 창립함으로써 시작되었다고 할 수 있다. 그러나 당시 시각과 청각장애 영역은 전도부에서 담당하고 있었고, 지체장애 영역은 사회부에서 담당하고 있었기에 장애인복지선교협의회는 장애인 사역 전체를 총괄하지는 못하였다.

그러다가 2000년을 전후하여 다시금 장애인복지선교에 관한 논의가 무르익게 되었다. 2001년 총회 장애인복지선교대회를 하며 총회 장애인헌장을 만들었는데, 이때에 중요한 주제와 개념이 바로 '장애인복지선교'였다. 특히 2003년 총회의 정책에 따라 4개 장애 영역(청각, 발달, 시각, 지체장애)의 선교연합회들이 사회봉사부로 편입됨에 따라[2] 효과적인 장애인복지선교를 위하여 하나의 협의체인 '장애인복지선교협의회'를 재출범함으로써 명실상부한 총회의 장애인복지선교 사역이 본격적으로 전개되었다.

---

2) 대략 1973년 무렵부터 총회 전도부 내 특수선교위원회 안에 시각장애인을 위한 맹인선교가 시작되었다. 1987년 총회 사랑의현장갖기운동에 청각장애인목회자협의회와 지체장애인목회자협의회가 함께 참여하면서 1988년부터는 전도부 내 특수선교위원회 안에 맹인선교, 농아선교, 지체장애인선교가 속하게 되었다. 이후 1991년 사회부에서 사회복지 선교정책 개발 사업을 논의한 것을 계기로 1993년 지체장애인 사역이 사회부로 이관되었다. 1999년 교회장애인부연합회가 창립하여 사회부에 속하였다. 그리하여 이후로 시각장애인선교와 청각장애인선교는 전도부에서 주관하고, 지체장애인선교와 교회 장애인부와 관련 사역은 사회부에서 주관하게 되었다. 그러다가 2003년 총회의 정책에 따라 모든 장애인 사역이 사회부로 통합하게 되었다.

최근 20년, 총회 차원에서 전개된 장애인복지선교의 역사를 짧게 정리하면 다음과 같다.

1996. 11. 15. 대한예수교장로회 총회 중앙상담소 장애인위원회에서 「장애인상담과 선교를 위한 자료집」을 발행하기 시작하다.
1999. 04. 10. 총회 사회봉사부에서 장애인 목회자가 쓴 칼럼과 논문을 편집하여 「함께 불러야 할 노래」를 출간하다.
1999. 06. 11. 대한예수교장로회 교회장애인부연합회(後 발달장애인선교연합회)가 조직되어 총회 사회봉사부 산하단체로 속하다.
2001. 04. 03. 총회 사회봉사부 주관으로 장애인복지선교대회를 하고, 총회에 '장애인헌장' 채택을 청원하다.
2002. 12. 25. 총회 차원에서 지적장애인(발달장애인)을 위한 최초의 공과공부 교재 「하나님의 나라」를 출간하다.
2003. 04. 21. 총회 사회봉사부 주관으로 장애인복지선교대회를 하고, 장애인복지선교협의회를 재출범하다.
2004. 04. 19~20. 총회 장애인복지선교협의회 주관으로 장애인선교정책협의회를 하고, '장애인헌장 다시 읽기'를 하다.
2004. 07. 30. 총회 사회봉사부에서 교회장애인부연합회의 사역 자료집 「예수님과 함께, 장애인과 함께」를 출간하다.
2005. 03. 10. 총회 사회봉사부 주관으로 장애인복지선교 심포지엄을 하고, 장애인복지선교 시범교회 매뉴얼을 제작하다.
2005. 09. 29. 총회에서 "정신지체인(발달장애인)의 세례를 위한 지침"을 총회 정책 문서로 채택하다.
2006. 04. 01. 총회 사회봉사부와 발달장애인복지선교연합회(後 발달장애인선교연합회)가 「발달장애인부 매뉴얼」을 제작하여 전국 교회에 보급하다.
2006. 09. 21. 총회에서 "장애인복지선교 지침서"를 총회 정책 문서로 채

택하다.
2007. 03. 08. 총회(사회봉사부) 차원에서 총회 산하 신학대학교에 장애인 관련 신학 교육과정(curriculum) 강화 및 보완을 요청하다.
2007. 04. 09. 총회 생명살리기운동 사업의 일환으로 CWM(Christian World Mission)의 기금을 지원받아 교단의 장애인선교 실태를 조사하고, 자료집「총회 장애인복지선교 정책 마련을 위한 기초조사 보고서」를 출간하다.
2008. 04. 29. 총회 장애인복지선교지원 센터 개원 감사예배를 드리다.
2011. 04. 06. 총회 차원에서 장애인신학을 정립하고자 장애인신학 포럼을 시작하다.
2012. 10. 18. 제97회기 총회 주제 "그리스도인, 작은 이들의 벗"의 적용 지침서「작은 이들을 위한 교회」를 출간하고, 이 지침서를 가지고 총회 주제 세미나를 부산 산성교회에서 시작하다.

3. 총회 장애인복지선교의 현황

2014년 현재 총회 장애인복지선교는 여러 단계에서 활발하게 진행되고 있다. 아래로부터 생각해 보면, 가장 먼저 장애인교회와 교회 장애인부서와 장애인선교 현장에서의 사역이 있다. 다음으로 장애 영역별 선교회에서의 사역이 있고, 이 선교회들의 협의체인 장애인복지선교협의회에서의 사역이 있고, 끝으로 총회(사회봉사부) 차원에서의 사역이 있다.

첫째, 장애인교회와 장애인 부서와 장애인선교회의 일선 현장에서 실제로 진행되고 있는 장애인 사역이다. 어떤 장애 영역이든지 모든 장애인교회와 교회 장애인 부서와 장애인선교회는 주위의 장애인들에게 예수 그리스도의 복음을 전하고자 최선을 다하고 있다. 교회의 발달장애인부는 교회에서 발달장애인들과 함께 예배드리고, 신앙과 생활을 교육하고, 가정을 복음화하고, 가족들을 위로하고, 교사와 봉사자를 양육하고 훈련시키고 있다.

나아가 교회에서 또는 교회를 통하여 장애인들을 위한 주간보호시설, 작업장, 그룹 홈(Group Home) 등 다양한 복지 사역을 감당하고 있다. 시각장애인교회와 선교회는 시각장애인들에게 복음을 전하고, 예배와 성경공부를 하고, 그리고 특별히 찬양 사역을 중요 사역으로 삼고 있다. 시각장애인을 위하여 점자, 보행, 안마, 침술 등을 교육하고, 시각장애인의 사회생활 전반에 복지적 도움을 제공하고자 노력하고 있다. 지체장애인교회와 장애인 공동체는 장애인들과 함께 예배드리고, 성경과 신앙을 교육하고, 생활의 많은 부분을 함께 나누고 있다. 또한 지체장애인을 위하여 이동, 목욕, 식사, 결혼, 취업, 탁아, 양육, 사회 활동 참여 등의 프로그램을 운영하여 장애인의 인권과 복지에 힘쓰고 있다. 농아인교회와 교회 농아인부와 농아선교회는 농아인 전도와 함께 농아인을 대상으로 일반교회가 하고 있는 목회 전반을 감당하고 있다. 예배, 교육, 친교, 선교, 봉사의 목회 사역은 물론이고, 또한 건청인을 위한 수화교실, 농아인을 위한 성경공부, 수화 찬양, 체육대회, 야외 행사, 탐방 견학 프로그램을 주로 하고 있다. 아울러 농아인 가정의 탁아, 육아, 상담, 수화 통역의 봉사도 감당하고 있다.

둘째, 크게 4개 장애 영역(발달, 시각, 지체, 농아)의 장애인교회와 장애인 부서와 장애인선교회는 효과적인 장애인선교를 위하여 일찍부터 자생적으로 선교연합회를 조직하여 활발하게 사역을 전개해 왔다. 2014년을 기준으로 발달장애인선교연합회는 교단 내 52개의 회원교회를 가지고 있으며, 주로 발달장애인부 교사대학, 발달장애인부 매뉴얼 제작 보급, 발달장애인 찬양제, 발달장애인부 연합체육대회, 회원교회 및 발달장애인 시설 탐방 등의 사업을 하고 있다. 시각장애인선교회는 교단 내 30개의 회원교회와 선교회를 가지고 있으며, 주로 시각장애인을 위한 기초 재활교육, 점역 사업, 시각장애인 목회자 세미나 등의 사업을 하고 있다. 지체장애인선교연합회는 교단 내 32개의 회원교회와 공동체를 가지고 있으며, 주로 장애인 교역자 세미나, 여름수련회, 전국장애인체육대회 등의 사업을 하고 있다. 총회 농아인선교회는 54개의 회원교회와 농아인부와 선교 기관을 가지고 있으며, 주로 농아인 선교대회, 연합체육대회, 농아인 목회자 세미나, 전국 수화 찬양제, 농아청년연합회, 그리고 수화성경 제작 등의 사업을 하고 있다.

셋째, 2003년부터 4개 장애 영역 선교연합회의 협의체인 장애인복지선교협의회가 재출범하여 활발하게 사역하고 있다. 장애인복지선교협의회는 4개 선교연합회의 사역을 지원하고 함께 협력해야 할 사역들을 주로 하고 있다. 2008년부터는 4개 선교연합회를 지원하기 위하여 장애인복지선교지원 센터를 개원하여 각 영역별 장애인선교 사업을 지원 및 후원하고 있다. 또한 매년 모든 장애 영역에서 사역하고 있는 장애인 목회자들을 대상으로 장애인 목회자 세미나를 개최하여 장애인 목회자들의 영적인 재충전과 장애인 목회에 실질적인 도움을 제공하고 있다. 또한 대략 4년마다 연합체육대회나 장애인선교대회를 개최하고 있다. 아울러 장애인 사역의 현안 문제에 대하여 총회 차원의 대안과 결의를 촉구하고 있으며, 총회에 헌의 및 건의 사항을 제안하고 있다.

마지막으로 넷째, 총회의 장애인복지선교 사역이 있다. 총회는 총회의 주제와 정책에 따라 장애인 사업을 기획 추진하기도 하고, 장애인선교 현장이나 장애인복지선교협의회의 건의나 청원사항을 받아 연구, 승인, 채택하거나 총회 정책에 반영하기도 한다. 실무는 총회 내에서도 장애인 사역을 총괄하는 사회봉사부가 감당하고 있다. 총회에서 가장 지속적으로 추진하고 있는 사업은 4월 셋째 주일인 장애인 주일 지키기 캠페인이다. 대개 4월초에 장애인주일 예배자료집을 제작하여 전국교회에 배포하는데, 그동안에 수록된 내용을 보면, 장애인 통계 현황, 장애인 기관 연락처, 장애인 기관 홈페이지, 장애인헌장, 장애인 에티켓, 장애인 차별금지 및 권리 구제에 관한 법률 소개, 장애인주일 설교자료, 장애인 관련 성경구절, 장애인 사역을 하는 교회의 사례 소개, 교회가 할 수 있는 장애인 사역 프로그램, WCC(World Council of Churches)의 장애인 자료 등이다. 총회는 총회의 주제와 정책에 따라 장애인 사업을 구체화시켜 나가곤 한다. 역대로 살펴보면, 교회의 사랑의현장갖기운동, 생명살리기운동, 작은 이들을 위한 교회 등이 좋은 예다. 또한 총회 사회봉사부에서는 교회가 장애인 사역을 하는 데 실질적인 도움이 되도록 지침서, 매뉴얼, 정책 문서 등을 계속해서 제작하여 배포하고 있다. 또한 총회는 지난 2011년부터는 교단 차원에서 장애인신학을 정립하고자 약 2년여 동안 장애인복지선교협의회와 교단의 신학교 교수들과 함께 5차에 걸쳐 장애인신학 심포지엄을 전개하였다.

4. 총회 장애인복지선교의 문헌

최근 20년 가까이 총회가 장애인복지선교와 관련하여 출간하거나 채택한 여러 중요한 문헌들이 있다. 장애인신학의 정립을 위하여 먼저 이 문헌들을 살펴볼 필요가 있다. 첫째로 장애인신학이 요청된 교회의 현실적 상황과 그동안 전개되어 온 장애인복지선교 사역을 알 수 있고, 둘째로 이미 이 문헌들 안에 상당한 장애인신학의 연구가 진행되어 왔음을 찾아볼 수 있기 때문이다. 여기서는 연대기의 순서를 따라 문헌들의 전개 과정, 중요 내용, 그리고 특기할 만한 기여들을 소개하고자 한다.

1)「장애인 상담과 선교를 위한 자료집」(1996-1998)

대한예수교장로회(통합) 총회 중앙상담소는 1996년부터 1998년까지 장애인 상담과 선교를 위한 자료집을 발행하였다(실무 : 김종희 목사). 중앙상담소는 총회 차원에서 교회와 사회의 소외된 이웃들을 찾아 '상담'이라고 하는 사역의 형식을 통하여 접근하고자 하였다. 당시 총회 중앙상담소의 주요 주제는 외국인근로자, 장애인, 그리고 노숙인 사역이었다. 장애인 사역의 일환으로 장애인 상담과 선교를 위한 자료집을 약 2년에 걸쳐서 꾸준히 발행하였는데, 거기에는 장애인에 관한 이해, 장애인을 위한 성경과 신학 연구, 장애인 목회와 선교를 위한 자료, 그리고 장애인의 실제생활을 위한 상담이 수록되었다.

이 자료집이 중요한 의미를 갖는 것은 장애인신학을 위한 중요한 주제들이 이때에 이미 소개되고 논의를 시작하였다는 점이다. 대표적인 신학 연구의 글들을 소개하면 김영동의 "장애인과 선교에 대한 선교신학적 성찰"(1997. 1.), 윤철호의 "구원론적 관점에서 본 장애인신학"(1997. 3.), 임성빈의 "장애인신학의 올바른 방향 모색"(1997. 4.), 박신경의 "함께하는 삶 : 교회의 완전함의 회복-통합적 기독교교육을 향한 단상"(1997. 5.), 최대열의 "장애인신학의 교회론 초고"(1997. 6.), 김세광의 "장애인의 역동적 예배", 유해룡의 "그리스도의 고난과 장애인의 고난에 대한 영성학적 고찰", 최대열의 "장애인신학의 과제"(1998. 4.), 조용훈의 "장애인과 사회윤리"(1998. 9.) 등이다.

2) 「함께 불러야 할 노래」(1999)

총회 사회봉사부는 1999년 장애인교역자후원회와 공동으로 장애인선교의 활성화를 위해 한 권의 책, 「함께 불러야 할 노래」를 출간하였다. 이 책에는 장애인 교역자들의 장애와 신앙에 대한 단상이 담긴 칼럼, 장애인 교역자로서의 삶의 애환이 담긴 수기, 장애인 목회자들의 외국 장애인시설 탐방기, 그리고 장애인신학 관련 소논문이 담겨 있다. 이 책이 장애인복지선교와 관련하여 갖는 의미는 첫째로 장애인 당사자가 교역자로서 자신의 삶에 기초하여 신앙과 교회와 복지와 사회를 전망하고 있다는 점이다. 둘째로 장애인선교를 성경과 외국의 사례를 통하여 단순히 영혼 구원이 아니라 전인적인 삶으로서 장애인복지선교를 전개하고 있다는 점이다. 셋째로 수필이나 수기나 탐방기를 넘어서 장애인의 문제에 대하여 신학적으로 접근한 논문이 실려 있다는 점이다. 이 책에 수록된 신학 논문으로는 최대열의 "신학적 인간학에서 본 장애", 배융호의 "한국 사회와 한국교회의 장애인 인식에 대한 소고", 하상범의 "장애인 정체성에 대한 이해", 배융호의 "장애인과 함께하려는 교회의 준비", 그리고 배융호가 번역하여 소개한 차알즈 골드만(Charles D. Goldman)의 "장애인을 어떻게 대할 것인가?"가 있다.

3) 총회 장애인헌장(2001)

총회 사회봉사부는 2001년 4월 30일 백주년기념관 소강당에서 "교회여, 장애인과 함께"라는 주제로 장애인복지선교대회를 개최하였다. 이 대회에 때를 맞추어 총회 사회부와 사회복지협의회는 장애인 사역 자료집 「교회에서 활용할 수 있는 장애인복지 프로그램」을 발간하였다(집필 : 이계윤). 이 대회에서 장애인과 함께하는 올바른 교회상 정립, 총회/노회/지역교회의 장애인복지선교 활성화, 장애인복지선교의 붐(Boom) 조성 등이 주요 과제로 논의되었고, 향후 구체적인 사업으로 교단 장애인복지선교신학 정립, 총회 장애인헌장 채택, 언론 매체를 통한 장애인복지선교 홍보, 교회의 장애인 편의시설 지침과 교인 행동 지침 마련, 장애인복지선교 프로그램 사례집 발간, 장애인신학 서적 번역 출간 등이 제안되었다.

이 장애인복지선교대회의 기념비적인 업적은 한국교회 최초로 '장애인헌장'을 공포하였다는 사실이다. 이 장애인헌장은 이계윤 목사와 최대열 목사가 작성하였으며, 그해 9월 제86차 총회에서 총회의 장애인헌장으로 채택되었다. 이 총회 장애인헌장은 한국교회의 장애인복지선교에 대한 시대적 사명을 천명한 서언에 이어 크게 3부분으로 구성되어 있다.

첫째, 장애인에 대한 성경적·신학적 기초이다. 하나님은 장애인을 포함한 모든 인간을 하나님의 형상대로 창조하셨고, 예수 그리스도는 장애인을 만나시고 사람들을 장애로부터 해방시키셨을 뿐 아니라 십자가를 통하여 장애인과 비장애인의 벽을 허물고 하나 되게 하셨고, 성령은 장애인을 포함한 모든 그리스도인을 부르셔서 하나 되게 하셨다. 교회는 삼위일체 하나님 나라를 향하여 나아가야 하고, 장애인과 함께하신 예수 그리스도의 삶을 계승하여 차별 없는 공동체를 이루어야 한다.

둘째, 장애인복지선교의 방향이다. 이 헌장은 총회의 장애인선교의 성격을 분명히 밝히고 있는데, 그것은 하나님 나라의 전파와 실현을 지향하는 통전적이고 포괄적인 선교로서 '장애인복지선교'라고 하는 것이다. 이것은 삼위일체 하나님 나라를 향한 희망이며, 장애인과 비장애인의 완전한 참여와 완전한 평등으로의 통합이며, 장애인 삶의 질 전반을 포함하는 것이다.

셋째, 장애인복지선교를 위한 교회의 구체적인 행동 강령이다. 교회는 장애인에게 교회에 접근할 수 있는 교회생활에의 접근권을 보장해 주어야 한다. 그리고 교회가 가지고 있는 기본적인 사명, 곧 예배와 교육과 친교와 선교와 봉사에 있어서 장애인이 비장애인과 동등하게 교회의 구성원으로서 모든 것에 함께 참여할 수 있도록 모든 조치를 취하고 이에 대한 구체적인 행동 계획을 준수해야 한다.

4) 교회 장애인 부서의 공과공부 교재 「하나님의 나라」(2002)

1984년 한국교회 최초로 본 교단 소망교회에서 지적장애인(발달장애인)을 위한 소망부를 설립하여 운영하기 시작한 이래, 2002년 본 교단에는 약 28개의 교회가 지적장애인(발달장애인)을 위한 부서를 세워 운영하기에 이르렀다. 당시 총회 교육부에서는 일반 아동을 위하여서는 매년 공과공부 교재를 출판하여 교회학교의 기독교교육을 꾸준히 전개해 온 데 반해, 장애 아동을 위하여서는 공과공부 교재 제작에 대한 관심조차 갖고 있지 못하고 있었다. 이것은 기독교교육 내에서조차 장애인에 대한 기독교교육을 언급하지 않았던 결과이다(박종석, 2009 : 251-280).

이에 교회 장애인 부서 담당 교역자들의 끈질긴 요구로 총회 교육자원부에서는 한국교회 최초로 교단 총회 차원에서 지적장애인을 위한 공과공부 교재를 기획·집필하게 되었다(준비위원장 : 문원순 목사). 사회봉사부와 교육부의 협력 아래 수차례의 논의와 세미나를 거쳐 2002년 드디어 지적장애인을 위한 사랑부 공과공부 교재 「하나님의 나라」가 출간되었다. 이것은 학생용 교재, 교사용 교재, 그리고 학생과 함께하는 활동을 위한 자료들이 실린 워크북(workbook), 총 3권이 1세트로 되어 있다. 아직까지 한국교회의 모든 교파와 교단을 망라하여 총회 차원에서 지적장애인(발달장애인)을 위한 공과교재가 나온 것은 이것이 유일하다. 다만 안타까운 것은 이러한 노력이 지속적으로 이어져서 매년 업그레이드(upgrade)되거나 장애인의 특성에 맞는 개별화된 교육을 위한 다양한 공과공부 교재로 발전하지 못하고, 경제적인 논리에 밀려 이후로 더 이상 총회에서 공과교재가 출간되지 못하고 있다는 현실이다.

이 책의 의미는 첫째로 지적장애인과 자폐성장애인을 위한 공과교재가 교단 차원에서 전개되었다는 점이다. 둘째로 교회의 본연의 사명인 기독교교육을 위한 공과가 만들어졌다는 점이다. 그동안 교회가 장애인의 인권, 치료, 교육, 재활, 취업, 결혼, 복지 등에 관심을 쏟고, 정작 중요한 장애인의 신앙에 대해서는 등한히 여기는 경향이 없지 않았는데, 교회의 기독교교육에서 마땅히 하여야 할 일을 하였다는 의식의 환기였다. 셋째로 특히 발달장애인을 위한 기독교교육 공과공부 교재를 위하여 먼저 발달장애에 대해서 신학적으로 고민하고, 발달장애인을 위한 신앙을 교육학적으로 고민하여 커리큘럼(curriculum)화하였다는 점에서 그 기여를 높이 살 만하다.

5) 장애인복지선교 시범교회 매뉴얼(2005)

2004년 9월 제89차 총회에서는 전국 60여 개의 노회를 향하여 각 노회마다 1~2개 교회를 '장애인복지선교 시범교회'로 지정하여 장애인복지선교를 활성화하자는 결의를 한 바 있다. 이에 총회 사회봉사부는 2005년 3월 10일 장로회신학대학교에서 장애인복지선교 심포지엄을 개최하여 장애인복지선교 활성화를 위한 시범교회의 필요성을 역설하고(발제 : 이계윤), 각 장애 영역별로 시범교회 매뉴얼을 제작 발표하였다(발달장애 발제 : 문연상 ; 농아 발제 : 김형진 ; 지체장애 발제 : 최대열 ; 시각장애 발제 : 김광식).

시범교회란 '장애인복지선교를 활성화하기 위하여 장애인복지선교 모델로 삼을 수 있는 교회'를 의미한다. 시범교회는 교회에 출석하고 있는 장애인의 현황과 교회가 운영하고 있는 장애인복지선교 프로그램의 현황을 파악하고, 장애인복지선교 활성화를 위해 정책을 기획하고, 프로그램을 개발하고, 교회를 넘어서 노회 내 회원교회들과 연합하여 장애인복지선교 정책을 세우고 프로그램을 연합하여 진행하고, 교회를 넘어 지역사회와 함께 장애인복지선교 사역을 할 것을 제안하였다. 아울러 시범교회는 이런 사역에 대하여 기획, 실행, 평가에 대한 결과물을 노회에 제출하고, 노회는 이것을 총회 사회봉사부에 제출하여 정책 총회와 시행 노회의 유기적인 관계와 사역이 원활하도록 하는 기능을 가지고 있다. 이러한 기능을 기초로 하여 발달장애인, 시각장애인, 지체장애인, 청각장애인의 시범교회 매뉴얼을 제시하고 세부 실천 사항(설립 준비, 지역 조사, 교회교육, 교사교육, 환경 구성, 주일예배, 공과학습, 성경 캠프, 생활 훈련, 세례 수여, 가족 지원, 통합교육, 연합 활동, 지역 활동)을 구체적으로 제안하였다.

6) 정신지체인(발달장애인)의 세례를 위한 지침(2005)

장애인복지선교가 활성화되면서 자연스럽게 제기된 문제 중의 하나는 장애인의 세례와 구원에 관한 문제였다. 총회의 별다른 지침이 없어서 장애인교회, 특히 교회의 장애인 부서에서는 지적장애인(발달장애인)에게 세례를 줄 수 있는지, 준다면 어떻게 주어야 하는지에 대해서 심각하게 고민하였다. 당시 지적장애인의 세례 문제는 매우 중요하면서도 어려운 과제가 아닐 수 없었다. 이에 2004년 7월 발달장애인선교연합회(회장 : 최대열)는 정신지체인(발달장애인)[3]의 세례에 대한 총회의 입장을 사회봉사부를 통하여 문의하였고, 2004년 제89차 총회에서는 사회봉사부 산하 사회복지위원회에서 연구하여 보고토록 하였다. 그리하여 그해 12월 정신지체인세례문제연구소위원회(위원장 : 이계윤 ; 위원 : 이형기, 최대열, 문연상, 이장선)가 구성되었다. 수차례에 걸친 소위원회의 연구 모임과 사회복지위원회의 감수를 통하여 문건이 최종 완성되었고, 이 문서는 2005년 9월 제90차 총회에서 총회 정책 문서로 채택되어 현재 총회가 발간한 예식서[4]에 수록되

---

3) 보건복지부에서는 '정신지체'를 '지적장애'로 용어 변경하였으나, 교육인적자원부에서는 '정신지체'를 그대로 사용하고 있다. 이것은 복지적인 관점과 교육적인 관점에 따른 입장의 차이로 보인다.
4) 총회예식서개정위원회 편, 「대한예수교장로회 예배·예식서」(서울 : 한국장로교출

어 있다.

이 지침서에서는 지적장애인(발달장애인)을 언어 표현이 가능한 사람, 신체적 표현이 가능한 사람, 모든 표현이 불가능한 사람으로 구분하여 세례예식을 제시하였다. 세례 예식의 근거로서 먼저 세례와 구원의 관계를 정립하였다. 개혁교회의 전통은 세례를 구원의 필요충분조건이 아니라 충분조건으로 인정하고 있다는 웨스트민스터 신앙고백의 근거를 채택하였고, 일정 연령이 도달했음에도 불구하고 정신지체(발달장애)인에게 세례를 베풀지 않는 것은 또 다른 차별임을 지적하였다.

구약성경의 유아 할례와 개혁교회의 유아세례의 전통은 지적장애인에게 세례를 주어 하나님의 권속으로 삼아야 할 근거가 된다. 하나님은 모든 사람이 하나님에게 돌아오기를 바라시는데, 하나님은 또한 성령을 통하여 지적장애인에게도 역사하고 계심을 믿어야 한다. 모든 그리스도인들의 복음에 대한 반응(Response)은 예수 그리스도의 신망애(信望愛)의 반응을 전제로 하는데, 예수 그리스도의 반응은 지적장애인들의 신망애의 반응까지도 대신하신 것이다. 공관복음서에는 예수님을 믿는 중개인을 통한 장애인 치유 기적들이 기록되어 있는데, 이것은 전적으로 하나님의 은혜로 된 것으로서 지적장애인들을 위한 예수 그리스도의 중보 사역을 간접적으로 증언하고 있다. 이 지침서는 이러한 근거 위에 지적장애인(발달장애인)의 세례 또한 교회공동체의 믿음의 보증으로 가능하다고 보고 있다.

7) 장애인복지선교지침서(2006)

2005년 90회기 사회복지위원회에서 '장애인복지선교지침서'를 제정하기로 결의하고 소위원회(위원장 : 이계윤 ; 위원 : 이형기, 최대열, 문연상)를 구성하였다. 소위원회는 수차례에 걸친 연구 모임과 사회복지위원회의 논의를 거쳐 최종 문건을 제출하였고, 이 문서는 2006년 9월 제91차 총회에서 총회 정책 문서로 채택되었다.

판사, 2008), 95-99, 608-615.

장애인복지선교지침서는 장애를 하나님의 일을 드러내기 위한 도구로 (요 9:3) 보고 있으며, 그래서 장애인을 교회가 '장애인과 비장애인이 함께하는 통합공동체'로서 하나님 나라를 이루어 가도록 하는 데 중요한 사명을 가진 존재로 천명하였다. 이 지침서는 장애인복지선교에 대한 성경적, 신학적 이해, 장애에 대한 사회복지적 대응, 장애인복지선교에 대한 교회의 책임과 과제를 제시하고, 그리고 장애인복지선교 활동 지침을 총회, 노회, 개교회 차원으로 구분하여 구체적인 프로그램과 함께 제시하였다.

교회는 하나님의 백성으로 하나님 나라를 위하여 존재하며, 교회는 다양한 지체로 구성된 그리스도의 몸으로서 특히 약한 지체를 더욱 존귀하게 여기고 돌보아야 하며, 성령의 전으로서 교회는 장애와 질병에 관계없이 부름을 받고 예배와 성례전을 중심으로 모이고, 나눔과 봉사와 기독교교육으로 세움 받으며, 디아코니아와 선교를 위하여 세상 속으로 흩어진다. 예수님은 병든 사람을 고쳐 주심으로 하나님 나라를 나타내셨고, 장애인과 같이 소외된 자들과 함께하심으로 하나님 나라를 미리 맛보게 하셨고, 하나님 나라가 가난한 사람과 어린이와 장애인들의 것임을 알려 주셨다. 예수님은 병든 자와 장애인을 선교의 최우선 과제로 삼으셨다. 장애인복지선교는 장애인들에게만 복음을 전하거나 자선사업과 같은 구호 활동만 하는 것이 아니라 하나님 선교에 동참하는 것으로서 말과 행동으로 하는 복음을 증거하는 것이다.

20세기에 들어서 장애를 바라보는 패러다임이 바뀌었다. 장애의 원인은 개인이 아니라 사회에 있다는 주장이 지배하게 되었다. 따라서 장애 모델도 재활 모델에서 사회적 모델로 변하고, 장애인에 대한 용어도 부정적인 것에서 긍정적인 것으로 바뀌고, 장애인과 비장애인이 더불어 살아가는 사회를 만들어 가야 한다는 사회 통합과 정상화의 이념이 주류를 이루게 되었다. 장애인은 수혜자의 입장에서 주체자의 입장으로, 자기 욕구와 서비스를 결정해야 할 권리를 가진 당사자로 역할이 바뀌었다. 사회도 장애인이 주도적으로 참여하여 장애인을 위한 정책과 제도가 만들어지는 사회로 나아가게 되었다. 더 이상 시설 안에 격리해야 할 대상이 아니라 지역사회 안에서 함께 살아가야 할 존재로서 장애인을 바라보며, 장애를 정의하는 관점도 손상이나 불능이 아니라 사회 활동과 참여라는 관점에서 새롭게 정의하기 시작했다. 이러한 상황의 변화는 장애인을 능동적인 주체자로 만들어 본래의 위치를 회복하는 계기를 만들었다.

교회는 장애인복지선교를 실천에 옮김으로써 교회의 본질을 회복해야 한다. 특히 한국교회는 그동안 장애인을 교회의 구성원으로 인정하지 못했던 것을 회개하고, 장애인과 함께하는 하나님 나라를 맛보게 하는 교회가 되어야 한다. 이를 위해서는 예배당의 접근에서부터 교회의 다양한 사역(예배, 교육, 친교, 봉사, 선교)에 차별 없이 참여하고, 활동함에 있어서 불편함이 없도록 해야 한다. 아울러 교회는 장애인과 관련된 삶의 전 영역에 책임 있는 자세를 가지고 관여하고, 봉사하여야 하며, 장애를 차별하는 세상의 불의와 맞서 사회를 변혁시키는 공동체로서의 사명을 감당해야 한다. 이를 위하여 교회는 교회 안팎으로 장애인의 인식 개선과 지위 향상, 복지에 대한 노력을 아끼지 말아야 한다. 교회는 사회를 향하여 장애인복지에 대한 책임감과 하나님 나라를 향한 책임감이라는 이중적인 과제를 잘 수행할 수 있어야 한다. 아울러 교회는 장애인복지선교신학을 구성하고 장애인과 함께하는 생명목회를 수행해야 한다.

8) 총회 장애인복지선교 정책 마련을 위한 기초조사 보고서(2007)

2001년 총회에서 결의하여 전개한 '생명살리기운동 2002~2012'의 구체적인 목표 중의 하나는 장애인 사역이었다. 그러나 여러 해가 지나도록 총회는 장애인 사역의 실태와 현황조차 제대로 파악하고 있지 못한 실정이었다. 이에 총회 사회봉사부와 장애인복지선교협의회는 2006년부터 약 1년에 걸쳐 예장 총회 생명살리기10년위원회의 후원과 CWM(Christian World Mission)의 기금을 지원받아 본 교단 대한예수장로회(통합) 산하 장애인선교의 실태와 현황을 파악하고 향후 교단의 장애인복지선교의 정책을 마련하여 2007년 4월 8일에 심포지엄을 통하여 발표하였다.

이 심포지엄에서는 이만식의 '장애인복지선교의 현황과 전망', 김형진의 '총회 장애인선교 정책 마련을 위한 기초자료조사 보고', 최대열의 '장애인선교 활성화를 위한 정책 제언'이 발표되었다. 이것은 총회 차원에서 교단 내 장애인선교 현장을 최초로 조사한 작업이라는 데 큰 의의가 있다. 2007년 당시 총회 안에는 장애인교회와 부서가 약 110개 있는 것으로 파악되었다. 교회 발달장애인 부서가 37개, 시각장애인교회와 부서가 14개, 지체장애인교회와 부서가 10개, 청각장애인교회와 부서가 49개였으며, 대부분의 장애인교회와 부서들은 열악한 환경과 미자립의 재정 상태에도 불구하고 복음의 열정과 장애인을 향한 사랑으로 선교 사역에 매진하고 있었다.

이 연구보고서의 중요한 목표이며 의의 중의 하나는 총회 차원에서 향후 장애인복지선교 활성화를 위한 정책을 제안한 것이었다. 최대열은 교단 내 장애인선교 현장의 실태와 현황을 조사한 이후 다음의 10가지의 정책을 제안하였다 : (1) 지속적이며 정례적인 실태 조사, (2) 장애인교회와 장애인 부서의 증설, (3) 장애인교회의 자립화, (4) 장애인교회 교역자의 생활 대책, (5) 장애인교회 교역자의 양성, (6) 장애인교회 교역자의 교육, (7) 장애인교회(장애인 부서)의 네트워크, (8) 지역사회 속에서의 장애인선교를 위한 연합, (9) 총회와 노회 차원의 장애인교회에 대한 관심과 후원, (10) 장애인선교후원회의 활성화와 기금의 운영. 결론적으로 이를 위하여 우선 총회 장애인복지선교 지원 센터를 설립할 것을 제안하였다.[5]

9) 장애인신학 포럼(2011-2013)

2011년에 들어서면서 총회 사회봉사부와 장애인복지선교협의회는 장애인선교 현장으로부터의 장애인신학에 대한 계속된 요청과 총회 차원에서의 장애인선교 정책을 위한 신학적 기초의 필요성을 가지고 장애인신학 정립

---

5) 최대열, "총회 장애인복지선교 정책 건의," 「총회 장애인복지선교 정책 마련을 위한 기초조사 보고서」(서울 : 대한예수교장로회 용천노회, 2007), 44-56.

을 위한 포럼을 시작하였다. 총회 장애인신학준비위원회(위원장 : 채은하 ; 위원 : 안교성, 이범성, 이계윤, 최대열 등)는 총회 산하 신학대학교의 교수들을 중심으로 전공 분야에서 신학 작업을 하여 포럼의 형식으로 발표와 논찬을 통해 그 내용을 심화시켰다.

2011년 4월 6일의 1차 포럼에서는 이계윤의 "장애인복지선교 현황과 장애인신학의 전망", 이범성의 "장애인선교신학"이 발표·논의되었고, 6월 23일의 2차 포럼에서는 채은하의 "구약성경에 나타난 장애인의 삶과 장애인신학의 시도", 황홍렬의 "장애인선교신학 서설"이 발표·논의되었다. 2012년 2월 21일의 3차 포럼에서는 김한호의 "디아코니아 신학에 나타난 장애인 인식의 변화와 적용", 채은하의 "한글 번역 성경들에 나타난 장애인 호칭과 그 의미", 이계윤의 "장애인신학 개념"이 발표·논의되었고, 5월 15일의 4차 포럼에서는 김옥순의 "디아코니아 관점에서 본 장애인과 함께하는 교회공동체", 이범성의 "발달장애인과 교사의 영성"이 발표·논의되었다. 2013년 4월 10일의 5차 포럼에서는 손은실의 "중세교회의 장애인 인식과 중세 장애인의 삶에 관한 연구 시론", 홍지훈의 "종교개혁사에 나타난 장애인의 삶과 신학", 안교성의 "현대사에 나타난 장애인의 삶과 신학"이 발표·논의되었다.

그리고 바로 이 책이 그동안 5차에 걸쳐 진행한 장애인신학 포럼의 결과물이기도 하다. 이 장애인신학 포럼은 장애인복지선교를 위한 신학적인 토대를 마련하는 작업이었으며 동시에 총회의 장애인복지선교가 나아갈 방향을 정립하는 신학적인 작업이었다. 아쉬운 점이 있다면, 전공 교수들의 좀 더 깊이 있는 신학적 연구로 지속되거나 심화되지 못하고 입문적인 일회적 연구에 그쳤다는 점과 신학의 광범위한 분야에서 다양하게 신학적 작업이 전개되지 못하고 급한 대로 기본적인 신학 분야에서 접근하였다는 아쉬움이 있다. 그러나 그 아쉬움은 이제 장애인신학이 걸음마를 시작하여 겨우 첫발을 내딛는 단계에서 갖는 당연한 것이고, 오히려 장애인복지선교와 장애인신학을 향하여 더 큰 비전과 더 많은 계획을 품게 하는 계기가 되기도 한다.

10) 「작은 이들을 위한 교회」(2012)

2012년 제97회기 총회는 주제를 "그리스도인, 작은 이들의 벗"으로 정하고, 이 주제를 실천하기 위해 구체적으로 (1) 가난한 이들의 벗, (2) 다음 세대의 벗, (3) 장애인의 벗, (4) 다문화 가족의 벗, (5) 북한 동포의 벗을 부제로 정하여 연구하였다. 이 주제를 총회 산하 모든 교회에서 의식하고 실천할 수 있도록 주제 해설집과 별도로 특별히 주제 적용 지침서를 출간하였다. 총회는 실제로 이 지침서를 교재로 하여 전국 노회를 3개 권역별로 나누어 3회에 걸쳐 총회 주제 세미나를 개최하였다.[6]

이때에 출간한 자료집 「작은 이들을 위한 교회」에는 장애인의 벗으로서 교회가 할 수 있는 구체적인 목회 실천방안들이 실렸다. 교단의 장애인 사역 현황 및 제언에 이어서 구체적인 목회 실천 프로그램으로 (1) 장애인 차별 해소를 위한 교회 활동 지침, (2) 장애인 복지선교 Vision 2000 사역, (3) 주 중/주말학교 운영 프로그램 : 행복한 학교, (4) 장애아와 비장애아의 통합 신앙교육, (5) 발달장애인 부서 설립 및 운영, (6) 장애인 토요학교 프로그램, (7) 장애 학생들의 제자훈련, (8) 농아인 수화성경 제작 : 30만 농아인에게 수화성경을, (9) 장애인주일 예배 자료가 소개되었다.

이것이 갖는 의미는 총회에서 직접 실제로 교단 산하 개교회에서 총회 주제를 실천할 수 있는 구체적인 프로그램을 제안하였다는 점이다. 특히 총회 주제 안에 직접적으로 장애인 사역이 소개되고 개진되었다는 것 자체가 장애인복지선교로서는 괄목할 만한 큰 성장이라고 할 수 있다.

---

6) 제97회기 총회 주제 세미나는 10월 18일에 부산 산성교회(1차), 10월 25일에 전주 동신교회(2차), 11월 1일에 일산 한소망교회(3차)에서 진행되었다. 장애인의 벗에 관하여서는 최대열 목사가 강의하였다. 그리고 강의 자료집에 실린 장애인의 벗에 관한 글은 총회 사회봉사부 간사 이명숙 목사가 그동안 사회봉사부와 장애인복지선교협의회가 하였던 중요한 사업들을 프로그램으로 정리하여 소개한 것이다.

5. 장애인신학 정립을 위한 전망

장애인복지선교 관련 총회 정책 문서는 교회가 나아갈 방향을 총회 차원에서 제시하고 있다는 점에서 매우 큰 의의를 갖는다. 개교회나 노회 차원이 아니라 총회 차원의 정책 자료라는 사실은 그것의 실천 유무를 떠나서 대한예수교장로회(통합)가 장애인복지선교에 대하여 가지고 있는 의식과 방향성과 의지를 분명히 하고 있다는 점에서 큰 의의를 갖는다.

이 정책 문서들이 공식적인 문서와 자료를 통해서 전국 노회와 개교회에 전달되었음에도 불구하고 교회의 장애인복지선교가 괄목할 만한 결과를 만들어 내지 못했음을 인정하지 않을 수 없다. 즉, 이러한 총회 문헌과 정책 문서들은 아직까지는 '선언적인 성격'에 머물러 있다고 할 수 있다.

이렇게 된 이유는 무엇보다 교단의 구조상에 문제가 있다. 총회/노회/개교회의 3층 구조는 총회가 정책 문서를 내어도 강제적 구속력이 있는 것이 아니므로 실제로 노회를 거쳐 개교회의 현장에서 실행되기에는 전달 체계의 한계를 가지고 있다. 또한 총회와 노회의 임원들의 임기가 대개 1년 단위로 되어 있어서 사업의 연속성에서 많은 제한을 가지고 있다. 또한 총회가 결의한 것을 개교회가 지키지 못하는 것은 실제로 교회 현장에서 사역하는 교역자들과 성도들에게 장애인복지선교에 관한 교육과 의식이 이루어지지 않고 있기 때문이다. 그러므로 총회 정책 문서가 그 효력을 발휘하기 위해서는 먼저 현행 총회의 구조와 제도를 정책 사업을 지속적이고 체계적으로 전개할 수 있는 구조로 개편하는 일과 함께 교회 지도자를 양성하는 신학대학교의 커리큘럼에서부터 일선 교역자를 재교육하는 교육 과정에서 끊임없이 장애인복지선교에 관한 교육을 시행하는 일이 매우 효과적일 것이다.

그동안 총회의 정책 문서를 통해서 나타난 장애인복지선교에 대한 연구나 실질적인 사역과 프로그램은 이를 체계적이고 종합적으로 담아 낼 '장애인신학'[7]을 매우 절실히 요청하고 있다. 세상에서 장애인복지학, 특수교육학, 재활학 등이 고유의 영역을 차지하고 있을 뿐 아니라 정부 조직에서도 장애인 문제를 담당할 고유의 부서가 만들어진 것은 장애인 문제의 독특성을 고려한 행정적인 결과라고 볼 수 있다. 이러한 시대적 흐름 속에 장애인신학에 대한 요청은 이제 한국교회의 시대적 사명이 되었다.

그동안 총회가 발간한 문헌들과 채택한 정책 문서를 살펴본 결과, 비록 장애인복지선교 관련 연구 내용들이 분절적이긴 하지만, 장애인신학의 기본적인 틀(Framework)과 기초적인 자료(Materials, Data)를 어느 정도 제공하고 있다고 볼 수 있다. 이제 장애인신학을 정립하고자 할 때 특히 다음의 과제들을 깊이 고려할 필요가 있다.

첫째, 장애인신학에서 '장애'의 용어에 대한 문제이다. 지금 사용하고 있는 장애는 한자로 막을 '장'(障)과 거리낄 '애'(碍)를 써서 '障碍'라고 표기한다. 일본에서는 '장해'(障害)라고 표기하고, 중국에서는 '잔질'(殘疾)이라고 표기한다. 이미 영어 표기에서는 'Disabled'에서 'Person with a Disability', 나아가 'Differently Abled Person'으로 바뀌고 있고, 때로는 'Handicapped'로 표기하여 장애의 사회적 책임을 강조하기도 한다. 이제 복음적인 관점에서 장애에 대하여 보다 긍정적이고 역동적인 새로운 표현을 제시해야 할 시점에 서 있다. 이계윤은 장애를 한자로 길 '장'(長)과 사랑할 '애'(愛)를 써서 '長愛'(the Eternal Love)로 표기하는 운동을 전개하고 있다.[8]

---

7) '장애인신학'은 명칭에 있어서 많은 연구 과제를 담고 있다. 장애인신학은 여성신학, 흑인신학, 남미 해방신학과 같이 실천을 강조하는 해방신학의 하나가 될 수 있다. 장애인신학은 "하나님이 장애를 가지고 있다."(The Disabled God)는 전제에서 출발한다. 그 근거는 십자가에 달려 손과 발에 못 박혀 달리신 예수님의 모습에서 장애(Disability)를 발견할 수 있기 때문이다. 또한 장애인신학은 내용에 있어서 장애인복지선교신학의 성격을 갖는다. 그 이유는 장애인선교는 장애인 문제가 가진 복지적인 성격과 구조를 외면할 수 없기 때문이다. 이러한 차원에서 실천신학의 한 부분으로 그 자리를 차지한다면 장애인신학이거나 장애인복지선교신학이라는 용어 중에 선택해야 할 과제를 남겨 두고 있다고 볼 수 있다.
8) 2011년 보건복지부에서는 장애인의 날을 지키는 데 있어서 슬로건을 모집하였는데, 이 중 2등에 해당하는 것이 장애(長愛, 더 큰 사랑)로 결정되었다.

둘째, 장애의 관점의 변화에 따른 장애인에 대한 새로운 관점의 적용이다. 사회복지적 관점에서 장애는 개인적인 차원에서 사회적 차원으로 변화되었다. 개인의 신체적 결함이나 기능의 결함이 아니라 개인으로 하여금 장애를 경험하게 하는 사회의 구조적인 문제가 장애를 만들어 낸다는 것이다. 이러한 관점의 변화에도 불구하고 총회에서 발간한 장애인복지선교 관련 정책 문서들은 여전히 개인적이고 기능적인 장애의 관점을 벗어나지 못하고 있다. 장애인신학은 이미 과거의 것이 된 장애의 정의(Definition)를 버리고, ICIDH(International Classification of Impairment, Disability and Handicap)-2를 고려하여 장애를 재정의(Redefinition)하고, 이러한 관점에서 장애인신학을 구성해야 한다.

셋째, 장애인신학이 차지하는 범위와 위치의 문제이다. 장애인신학은 성경신학, 조직신학, 실천신학 등 신학의 모든 분야와 관련을 맺고 있다. 최근 실천신학의 한 부분으로 자리매김을 한 디아코니아(Diakonia) 신학과 같은 위치를 차지할 것인지, 아니면 장애인신학의 관점에서 조직신학, 성경신학, 실천신학 전체를 새롭게 조명할 것인지를 논의할 필요가 있다. 장애인 문제는 특정한 한 사람이 아니라 여성에서 남성, 영아에서 노인에 이르기까지 모든 성(Gender)과 생애 주기(Life span)를 걸쳐 있고, 의료적인 관점에서 시작하여 사회적이고 생태주의적인 관점에 이르기까지 모든 관점을 필요로 하고 있다. 따라서 장애인신학은 여성신학보다 넓고, 디아코니아 신학보다도 더 넓다. 따라서 장애인신학의 범위와 위치를 어떻게 정할 것인가는 장애인신학을 정립하고자 할 때 매우 중요한 과제가 아닐 수 없다.

넷째, 장애인신학의 주체 문제이다. 최근 장애인 복지를 비롯한 장애인 운동은 장애인 당사자의 주도적 참여에 의하여 이루어지고 있다. 장애인 당사자의 참여를 통하여 법과 제도가 만들어지고 바뀌고 있다. 이는 과거 전문가 그룹에 의하여 장애인 문제를 대변하거나 옹호(Advocacy)하던 시대에서 이제는 장애인 당사자가 직접 자기의 문제를 제기하는 시기로 변화된 것이다. 이것은 장애인을 대상화시키는 것이 아니라 장애인 문제의 주체로서 자기 결정의 원리에 입각하여 그 해결책을 모색하는 것이다. 물론 장애인 문제의 해결책 모색은 '장애인만의 노력'으로 이루어지지 않는다. 마땅히 장애인과 비장애인이 함께하여야 한다. 그러나 그 주도적인 노력과 책임을 실제로 누가 담당해야 하는가에 대한 문제는 신중하게 고려해야 한다.

다섯째, 장애인신학의 성격에 관한 문제이다. 장애인신학이 장애인 개인의 믿음 차원에서 어떻게 장애를 해석하고 극복할 것인가를 목표로 하는지 아니면 교회를 넘어 사회적 변화와 개혁을 목표로 하는지는 매우 중요한 문제이다. 장애인신학도 다른 신학과 마찬가지로 신학자 개인이나 그가 속한 공동체의 삶의 경험과 그를 둘러싼 사회적 상황으로부터 출발한다. 장애인신학은 정통신학으로부터 교회의 신학적 전통을 유산으로 물려받고 있듯이 또한 여타 상황신학으로부터도 유산을 물려받고 있다. 그것은 특히 1) 장애인으로서의 삶의 이야기, 2) 장애인 의식에 따른 새로운 해석학, 3) 사회적 변혁이라는 현실적인 과제이다. 장애인신학은 장애인의 경험 또는 장애와 관련한 관점에서 성경과 전통에 대한 신학적 해석과 교회성(교회 존재의 본질 사명과 교회의 공동체성)의 회복과 사회 변혁을 위한 신학적 연구가 광범위하게 전개되어야 한다.

여섯째, 장애인신학의 주제들이다. 장애인신학이 전통적인 신학의 유산을 가지고 위로부터 시작할 것인지 아니면 장애인의 삶의 경험을 가지고 아래로부터 출발할 것인지의 문제를 가지고 있다. 장애인신학은 물려받은 신학 전통과 함께 이 시대 장애인의 삶에 귀 기울여야 한다. 장애인신학은 장애인 개인이 고민했던 문제들이나 장애인과 함께하기 위한 교회의 문제들로부터 출발한다. 예를 들면 다음과 같은 장애인 당사자의 고민과 교회의 현실 문제로부터 장애인신학의 주제들을 얻을 수 있다 : 나를 왜 장애인이라고 하는가?(장애), 나의 장애는 무엇 때문인가?(장애), 나의 장애는 믿음 생활 가운데서도 왜 치유되지 않는가?(치유), 지적장애인 또는 자폐성 장애인도 구원받을 수 있는가?(구원), 자폐성 장애인과 함께하는 성찬식은 어떻게 가능한가?(성찬), 장애인도 교회에서 교역자나 중직자로 일할 수 있는가?(교회), 지적장애인 또는 자폐성 장애인에게 어떻게 세례를 베풀 것인가?(세례), 왜 교회는 장애인을 꺼려하고 장애인은 교회를 꺼려하는가?(교회의 장애인 인식), 장애인은 어떻게 성경을 해석할 것인가?(성경 해석), 어떻게 하면 교회가 장애인과 함께할 수 있는가?(목회), 장애인이 교회에서 부담할 부분과 장애인을 위해 교회가 부담할 부분은 어디까지인가?(신앙), 어떻게 교회는 장애인과 함께 지역사회와 세계를 변화시킬 수 있는가?(선교) 등. 장애인신학은 이러한 장애인의 실존적 고민과 교회의 현실 문제들에 대한 신학적 연구와 성찰을 계속해 나가야 한다.

6. 마감하는 말

대한예수교장로회(통합) 총회는 장애인의 문제에 있어서 다른 교파나 교단에 비하여 매우 주도적이고 적극적인 자세로 장애인을 대변하고 장애인복지선교를 위해 노력해 왔다. 그 노력의 결과는 총회가 장애인복지선교를 위해 출간한 여러 문헌들과 총회에서 채택한 여러 정책 문서들로 입증이 되고 있다. 총회가 발간한 문헌과 채택한 정책 문서임을 고려할 때, 교회의 장애인복지선교는 정부가 실시하는 장애인 복지정책의 변화에 비하면 그 속도나 양에서 상당히 부족함을 인정하지 않을 수 없다.

교회가 교회다워지고, 교회가 사회의 변화를 이끌어 가기 위해서 교회는 장애인복지선교 분야에서 보다 주도적일 필요가 있다. 그동안 총회를 통해서 채택된 정책 문서를 새롭게 조명하고, 장애인신학을 새롭게 수립하여 장애인복지선교의 실천적 노력을 구체적으로 제시할 수 있다면, 아직도 늦은 것은 아니다. 하루라도 빨리 그러나 진지하고도 신중하게 장애인신학의 기초를 수립해야 한다. 이것은 한국교회를 대표해서 대한예수교장로회(통합) 총회가 감당해야 할 시대적 과제이다.

이제 이 글을 다음의 문장과 함께 마무리하고자 한다. "우리는 예수님이 장애인과 함께 살아가는 모습을 통해서 하나님 나라의 본질을 알려 주신 것을 본받아, 교회가 장애인과 함께 살아가는 모습을 통해서 장애인과 함께하는 사회를 만들어 가야 할 사명을 가지고 있음을 깊이 인식하고 실천에 옮겨야 한다."

5

세계교회협의회(WCC)와 장애인신학

이예자(WCC EDAN 아시아 코디네이터)

장애인신학이란 무엇인가? 왜 장애인신학인가? 장애인신학의 근거는 무엇인가? 다양한 질문이 제기될 수 있다. 장애인신학은 제목에 사람을 의미하는 장애인(障碍人)을 담고 있어서 여성신학, 흑인신학과 궤를 같이하고 있다.

세계교회협의회와 장애인선교

WCC가 장애인 문제에 공식적인 관심을 표명한 것은 1968년 신앙과 직제(faith and order) 커미션(commission)에 장애 문제가 소개되면서부터 본격적으로 이 문제를 다루기 시작하였다고 한다. 이러한 관심의 결과로 1970년대 초반부터 여러 형태로 이 문제를 다루어 갈 실무자를 고용하기 시작하였고 WCC 총회에 장애인을 초청하기 시작하였다. 실무자가 바뀌거나 재정이 어려울 때는 지속적으로 이 프로그램이 진행되지 못하는 때도 종종 있었지만, WCC 안에 TF(Taskforce)를 만들어 관심의 불길이 사라지지 않도록 노력해 왔다. 지난 약 17년 동안은 중단 없이 계속 운영되어 왔기 때문에 나름대로 여러 면에서 결실을 맺어 가고 있는 과정에 있다. 2013년 부산 10회 총회에 장애인의 참여는 단순한 참가자가 아니라 여러 프로그램을 통하여 책임 있는 발제자나 교회를 대표하는 자격으로의 참여가 좋은 예가 될 수 있다.

이러한 과정 속에서 보다 발전된 조직체로서 장애 프로그램이 운영되기 시작한 것은 1998년 짐바브웨의 하라레에서 열렸던 제8차 총회 이후부터이다. 이때에는 실무자가 없었기 때문에 총회에 초대받은 장애인들끼리 모여서 EDAN(Ecumenical Disability Advocate Network)이라고 하는 네트워크를 탄생시켰으며, 총회 이후에 케냐의 남성 시각장애인이 실무를 맡게 되었고, 2006년 브라질에서 열었던 9차 총회에서 이 네트워크의 활동이 WCC의 정식 프로그램으로 확인을 받았고, WCC의 구조 속에서 확고한 자리매김을 하게 되었다. 따라서 실무자의 위치도 consultant에서 executive secretary로 상승하게 되었다.

더구나 이 총회에서는 '프로그램 가이드라인 위원회'를 통하여 장애인의 결정 기구 참여를 독려하였으며, WCC와 EDAN 대표들과의 활동들이 교회가 보다 장애인과 함께하는 공동체가 되어야 하는 일에 창의적이고 고무적이 되어야 하며, 에큐메니칼 운동이 보다 적극적으로 장애인들에게 문호가 개방되어야 함을 천명하였다. 따라서 장애인 프로그램은 다른 소외 계층, 즉 인도의 천민 계층에 속하는 달릿(dalits), 원주민(Indigenous people), 강제 이주민(forced migration), 인종차별 경험자들의 문제와 함께 WCC 프로그램의 분류 중에서 Just and Inclusive stream에 속하게 되었다.

제10차 총회 이후에는 WCC 프로그램의 3개 부문의 분류, 즉 Unity, Mission and Ecumenical Relations ; Public witness and Diakonia ; Ecumenical Formation 가운데 Unity, Mission, Ecumenical Relations에 속한 프로그램으로 진행될 예정이다. 그러나 둥지는 이곳에 틀었지만 여기에만 국한된 것이 아니라 WCC가 실행해 가는 여러 프로그램들과 함께 협력해 가며 WCC 구조 속에서 가능한 한 다양한 분야에 장애인의 참여를 위해서 활동할 것이며 그리고 밖으로는 회원교회들이 장애인을 향하여 보다 포용적인 공동체가 되도록 지속적으로 노력해 갈 것이다.

- EDAN의 비전(vision)

"A church of all and for all, an epitome of truly inclusive community"(만인의 만인을 위한 참된 함께하는 공동체의 전형인 교회)

Mission : 경제, 사회, 영적, 그리고 교회와 사회의 구조적 삶에서 장애인의 적극적인 관여와 참여를 이끌어 내도록 한다.

11차 총회가 열리는 2021년까지의 기간을 상반기, 후반기로 나누어서 프로그램이 진행되게 되는데, 2014~2017년까지의 프로그램은 3개의 축, 즉 1) 교회와 신학 기관에서 장애 문제의 담론, 2) 장애인 권익의 중진과 보호, 3) 사회 참여를 위한 사귐과 네트워크를 중심으로 하여 7개의 분야로 프로그램 내용이 나누어지게 되며 아래와 같다.

- 교회 안에 장애인 담론 소개
- 신학 기관에 장애인 담론 소개
- 국제적 인권 사업
- 교회, 지역과 각 나라의 에큐메니칼 기구들과 그리고 사회 개발과

관련된 기구들과 연대하여 협력하기
- 네트워킹 만들기
- 장애인의 능력 배양
- 사귐

• EDAN의 구조

EDAN 실무자의 사무실은 케냐의 나이로비에 위치한 아프리카 교회협의회(AACC-All Africa Conference of Churches)의 건물에 있으며, WCC의 프로그램이지만 그 나라에서의 법적인 지위와 활동을 위하여 케냐에서 민간기구로 등록이 되어 있기도 하다. 실무자는 각 지역(region)을 대표하는 코디네이터 중에 몇 사람과 그 외 인사로 구성된 5명 정도의 International Reference Group과 각 지역의 코디네이터와의 협력을 통하여 정책의 방향과 비전을 세워 가고 있다. 이 두 개의 팀은 2년에 한 번씩 만나서 사업과 그때에 필요한 의논을 함께하기도 하고 따로 만나기도 한다. 각 지역은 아시아와 태평양, 중동, 카리비안, 유럽, 아프리카, 라틴 아메리카, 북 아메리카를 포함하고 있으며, 코디네이터의 역할은 EDAN의 의논 구조에서뿐 아니라 본인이 속한 국가나 지역 교회협의체와도 긴밀히 활동하고 있으며, 이러한 관계에서 EDAN의 비전과 미션이 성취될 수 있도록 활동하고 있다. EDAN은 WCC의 프로그램으로서 각 나라의 교회와 지역의 에큐메니칼 기구들과 연대는 물론이며 장애인 당사자나 장애와 관련된 정부 기구, 그리고 UN과 같은 국제 기구들과도 폭넓은 연대감 속에서 노력을 경주해 가고 있다. 이러한 노력의 결과물로서 장애인들이 다양한 교회의 국제 기구에 일원이 되어 활동하게 되었는데, 그 실례로 World Mission and Evangelism, Faith and Order, Church and International Affairs, Education and Formation에서는 위원회 위원으로서, 그리고 Economic Justice and Just inclusive Communities에서는 Working Group의 회원으로서 활동하고 있으며, 그 외에도 WCC가 주관하는 다양한 국제회의나 행사에 참여하고 있다.

또한 교회를 향한 장애 문제에 관한 신학적 접근의 노력과 신학 문서인 "A church of All and for all"의 사용을 독려해 온 노력의 일환으로 장애인의 영적, 사회적 평등한 참여의 필요성에 대하여 긍정적인 반응을 보내 오기 시작하였다. 지난 2013년 10차 WCC 부산 총회에 75명의 장애인이 초청되어 왔고, 처음으로 10명의 장애인들이 교회의 공식 대표로 참여하였는데, 지난 총회 때 3명에 비하면 놀라운 변화이다. 이 가운데 3명이 중앙위원회 위원으로 선출되었고, 1명은 실행위원회 위원이 되었다. 이 두 위원회는 WCC의 최고의 결정기구로서, 이러한 변화는 이들이 교회 완성을 이루어 가는 선물로서 받아들여지고 있음을 반영하고 있다고 하겠다. 뿐만 아니라 10차 총회에서 장애인의 역할은 Ecumenical Conversation, Bible study, workshop 등에서 스피커나 리더로서 충분한 지도력을 발휘하였으며, 앞으로 보다 많은 장애인들이 에큐메니칼 운동에 일익을 담당하는 일원으로서 참여하게 되기를 기대해 볼 수 있겠다.

지난 8년간 EDAN이 각 지역을 돌며 신학교나 신학을 다루는 기구에서 '장애와 신학의 담론'이 관심사로서 학교의 커리큘럼에 포함되도록 신학자들을 초청하여 여러 형태의 교육 프로그램을 실시해 왔다. 그 열매로 인도의 경우에는 52개의 신학교에 '장애와 신학'의 커리큘럼이 소개되었고, 선택이나 필수의 과정으로 공부하게 되었다. 이러한 과정은 장애 학생이나 장애 교수를 교회나 신학교에서 받아들일 때에 보다 개방된 자세를 가질 수 있게 하며, 학생들이 목회 현장에 나가서 장애인을 만나게 될 때 보다 긍정적인 자세로 수용하는 데 많은 도움이 될 것이다. 여러 나라들이 교육 프로그램에서 쓰였던 자료들을 출판하여 신학교에서 교재로 쓰고 있으며, 스스로가 후속 모임을 열기도 하며 EDAN에게 다시 모임을 함께할 것을 요청해 오기도 한다. 그동안 EDAN은 경제, 정의 문제나 HIV/AIDS, 또한 갑자기 재난을 당했던 아이티에 라틴 아메리카 코디네이터를 통하여 급히 구조에 동참하는 일, UN 등 국제관계를 통하여 장애인의 인권 문제에 기여하는 등등 많은 역할로 교회 안과 밖으로 기여해 왔다고 본다.

긴 기간 동안에 EDAN이 해 왔던 다양한 역할을 짧은 지면에 다 열거할 수 없으므로 새롭게 EDAN 안에서 떠오르는 이슈(issue)들을 소개하면 다음과 같다.

WCC는 제10차 부산 총회의 테마 "생명의 하나님, 우리를 정의와 평화로 인도하소서!"에서 천명했듯이 앞으로 세계의 정의와 평화의 문제에 초점을 맞추어 나갈 것이며, 따라서 EDAN도 새롭게 일어나고 있는 다음의 6개의 분야에도 관심을 넓혀 장애인의 인권 향상에 기여하려고 한다.

1. 2015년 이후에 개발 프레임(Post 2015-MDGs Development Framework)

UN은 1990~2015년 사이에 저개발 국가에서 급히 해결해야 할 문제로 8가지, 즉 빈곤, 교육, 양성평등과 여성, 아동, 건강, HIV/AIDS와 질병, 환경, 개발을 위한 파트너십의 분야를 MDGs(Millenium Development Goals)라는 이름을 갖고 해결을 하도록 노력해 오고 있다. 그러나 장애인 문제가 이 MDGs에서 제외된 것은 매우 유감스러운 일로서 세계의 모든 장애인 기구들이 MDGs 속에 장애인의 문제를 추가시키고자 노력하고 있는데 EDAN도 함께 동참하고 있으며, 실제로 개발 프로그램을 실시하고 있는 지역에서 장애인을 위한 프로그램이 포함되도록 활동 중이기도 하다. 때문에 2015년 이후에 이와 관련된 UN의 정책은 초미의 관심사이다.

2. 세계 평화를 위하여(Advocacy for Peace in the World)

에큐메니칼 운동의 흐름 속에 평화에 대한 갈구는 세계화의 여파, 이로 인한 새로운 형태의 빈곤, 불평등, 이주, 변하는 지형, 갈등, 전쟁 등에서 기인한다고 볼 수가 있다. 장애인의 안전성도 전쟁과 기후 변화 등의 영향권에서 떼어 놓을 수 없는 관계에 있기 때문에, 이러한 흐름은 EDAN의 사업에도 영향을 미칠 것이다.

3. 장애인을 위하여(Advocacy for Persons with Disability)

EDAN의 역할의 중요한 결과 중에 하나는 장애인들이 WCC의 여러 위원회와 워킹 그룹의 멤버가 되어서, 많은 장애인들이 WCC는 물론 관련된 국제기구들의 여러 모임에 함께 참여할 수 있게 되었다는 사실이다. 교회들도 서서히 장애인의 참여에 긍정적으로 변해 가고 있으며, 따라서 EDAN은 장애인을 위한 비전과 미션의 실현을 강화해 나가기 위해 최선을 다할 것이다.

4. 입법화(Supportive Legislative Framework)

EDAN은 UN의 장애인 인권협약(CRPD-Convention on the Right of Persons with Disability)이 만들어지는 과정과 2006년에 UN 총회에서 채택되기까지의 과정에 적극 참여하였으며, 동부 아프리카에 있는 나라들이 CRPD를 비준하고 실천해 가도록 하는 일에 앞장서고 있다.

5. 변화하는 신학과 교회(Changing Theological and Ecclesiastical Context)

다양한 문화와 종교 속에 현존하는 세속 사회에서 기독교는 여기에 부합하는 새로운 형태의 제자의 모습과 지도력이 필요하다고 하겠다. 에큐메니칼 운동의 지평은 에큐메니칼 개념의 다양성 때문에 넓혀졌으며 따라서 WCC만이 유일의 에큐메니칼 기구라고 말할 수는 없다고 하겠다. 이 새로운 흐름은 수용적인 새로운 형태의 에큐메니칼 운동이 요구되며(예 : 이민교회 포용), 일치를 향한 새로운 영성을 강화시켜 나갈 필요가 있다.

6. 정보와 다른 기술의 현재 추세(Current Trends in Information and other Technology)

장애의 다양성을 고려해 볼 때 소통을 위한 여러 종류의 소셜 미디어(social media)의 사용을 받아들일 필요가 있다. 소셜 미디어는 전통적으로 사용했던 것보다 소통을 위해 더 효과적인 것 같다. 때문에 EDAN은 이러한 것과 관련된 기관과 연계하여 장애인의 소통을 보다 원활하게 도울 수 있는 방법을 모색해 나가고자 한다.

• EDAN의 장애신학

EDAN(Ecumenical Disability Advocates Network)은 우리가 현재 지향하고 있는 교회의 일반신학과 전혀 다른 신학적 입장을 취하고 있는 것이 아닌 만큼 다른 저자들의 내용과 서로 일치되는 면이 많이 있다. 때문에 EDAN이 추구하는 신학을 여기에서 자세히 설명할 필요는 없을 것이다.

EDAN의 장애신학의 역사를 보면 2003년 WCC 중앙위원회에서 중간문서(Interim statement)로 "만인의 만인을 위한 교회"(A Church of All and for All)가 채택되었고, 이 문서는 각 WCC 회원교회의 사용이 권고되었으며, 그 이후 최근에 다시 중간문서(Interim statement)의 후속 작업으로 EDAN 내부 논의를 거친 "선물인 존재"(The Gift of Being)의 문건이 나왔다. 이 둘의 내용 가운데 장애 문제에 있어서 교회의 올바른 이해를 중심으로 간단히 정리하려고 한다. 참고로 2개의 문서의 내용을 제목 중심으로 정리하였는데, 이것을 통해 EDAN의 신학적 관심의 영역을 살펴볼 수 있을 것이다.

장애인은 불행, 슬픔, 고통의 대명사였고 이들에 대한 그가 속한 교회를 비롯하여 사회로부터 받았던 차별이나 부당한 대우를 본인은 물론 가족까지도 당연한 일로 받아들여 왔었다. 아직도 이러한 그릇된 생각에 젖어 있는 사회가 여러 곳들이 있을 것이다. 어떤 문제든지 그것이 종교와 연결 지어서 우리에게 한번 각인되면 그 내용이 고쳐지기가 매우 힘들다. 장애인에 대한 인식의 개선이 교회 밖인 사회에서보다 교회 안에서 오히려 더 힘든 이유는 여기에 있다고 본다. 그러나 한편 교회 밖에서는 UN 그리고 장애인 당사자 단체, 장애인 인권 단체 등 여러 기구들이 장애인의 '평등과 참여'를 향한 부단한 노력을 해 온 결과 많은 인권 신장을 이룩한 것이 사실이다. 또한 교회 안에서의 신학의 발전도 장애와 장애인을 보는 시각의 폭넓은 변화를 가져왔으며 앞에서 언급했듯이 이전과는 다르게 서서히 WCC에 참여하는 교회의 장애인 대표들이 늘고 있고, 다양한 결정기구에도 참여하기 시작하였다.

교회는 그리스도의 몸으로서, 이 몸은 인간이 금을 그어 놓은 모든 장벽을 초월하여 차별 없이 만인을 초대하며, 모두에게 열려진 공동의 장이 되는 것이다. 때문에 교회는 찾아오는 모든 사람을 환영하며 사랑을 실천하는 공동체가 되어야 할 것이다. 따라서 장애도 하나님이 창조하신 세상의 일부라고 본다면 교회는 인간의 삶에서 장애와 함께 사는 것을 당연하게 수용해야 할 것이며, 부자나 가난한 자이든 장애인, 비장애인 등을 비롯하여 다양한 사람들이 함께 예배를 드릴 수 있을 때 교회는 완성된 공동체가 되는 것이다. 그 이유는 그러한 사람들이 모두 하나님께로부터 동등한 자격으로 초대받은 사람들이기 때문이다.

다만 모든 인간에게는 다름과 차이가 있으며, 이 조건이 하나님의 창조의 질서에서는 평등의 조건이 될 뿐이지 차별의 조건이 될 수 없다는 것이다. 그 한 예로 우리 몸의 어느 한 부분이 다른 부분을 나보다 덜 귀하다고 업신여길 수 없다고 성경은 분명히 밝히고 있다. 더구나 UN은 CRPD(Convention on the Right of Persons with Disabilities)에서 장애인은 더 이상 동정의 대상이 아니라 스스로 결정하는 결정권의 주체자로서 인식이 되어야 함을 천명하고 있다. 그러나 교회는 아직도 장애인은 도움만을 요구하는, 그 무엇인가를 교회가 베풀어 주어야만 하는 동정의 대상으로 여기고 있는 경우가 대부분이다. 장애 속에 보석처럼 빛나고 있는 교회에 덕이 되는 하나님의 선물이 감추어져 있음을 보지 못하고 있다. 이것은 자본주의에 물든 우리의 눈이 기계나 물건처럼 생산성이라는 물질적 관점으로 인간을 판단하기 때문이다. 신학을 공부한 많은 인재들이 교회나 기독교 기구에서 장애가 있다는 이유로 환영받지 못하는 이유는 바로 이러한 우리의 그릇된 관점에서 비롯된 것이다. 하나님 나라가 비장애인들에 의해서만 이루어진다는 말씀은 성경 어디에도 없다. 오히려 요한복음 9장에 시각장애인의 이야기처럼 지금 이 시간에도 하나님은 장애를 통하여서도 그의 뜻을 이루어 가고 계시다.

EDAN이 여러 해 동안 "신학과 장애"라는 주제를 갖고 전 세계적으로 신학자와 교회 지도자들과 함께해 온 이유는 바로 교회와 장애의 상관관계에 대한 신학적 규명을 하기 위해서이다. 즉, 교회가 장애인에 대한 올바른 이해를 갖고 함께 가야 하는 이유를 보다 분명히 하여, 이러한 신학 훈련을 받은 목회자들이 목회에 임하게 될 때에 그 긍정적인 효과를 기대하기 때문이다.

하지만 WCC에 속해 있는 EDAN이 이러한 귀한 사명을 감당하기에는 아직 많은 한계가 있다. 앞으로는 세계의 많은 교회들이 장애 문제에 있어서 함께 협력하여 하나님이 원하시는 교회를 만들어 가는 일에 동참해 갈 것을 부탁드리고 싶다.

부 록

"A Church of all and for all-만인의 만인을 위한 교회"

Persons with disabilities-commonalities and differences
Hermeneutical issues
Imago Dei
Disability and Healing
Each Human Being a Gift
Challenges to Theology
Struggling with Disabled people for their full Rrealization
Church for all : community
A church of All and for All

"The Gift of Being -선물인 존재"

1. Creation as the expression of God's Love
    Being God's Creatures,
    Community and communion
    The Body of Christ
2. Valuing Human Diversity
    Being Created in the Image of God
    Quality of Life
    The Language of Disability
    Personalized Support
3. The gift of Life
    Giftedness, Socio-economic Deprivation. Medical Technology
4. Vulnerability, Limitation, and Healing
    The Human condition, Limitation, healing
5. Called to be a church of all and for all

참고문헌

모든 사람을 위한 장애인신학 참고문헌

Hall, Sherwood. *With stethoscope in Asia : Korea*. 김동열 역.「닥터 홀의 조선회상」. 서울 : 좋은씨앗, 2003.
Heidegger, Martin. *Sein und Zeit*. Tübingen : Max Niemeyer Verlag, 1953.
Levinas, Emmanuel. *De l'existence à l'existant*. 서동욱 역.「존재에서 존재자로」. 서울 : 민음사, 2001.
Moltmann, Jürgen. *Trinität und Reich Gottes*. 김균진 역.「삼위일체와 하나님의 나라」. 서울 : 대한기독교출판사, 1982.
_____. *Der Geist des Lebens*. 김균진 역.「생명의 영」. 서울 : 대한기독교서회, 1992.
_____. *In der Geschichte des dreieinigen Gottes*. 이신건 역. 서울 : 대한기독교서회, 2006.
_____. *Gott im Projekt der modernen Welt*. 곽미숙 역.「세계 속에 있는 하나님」. 서울 : 동연, 2009.
Nouwen, Henri. *Our Greatest Gift*. 홍석현 역.「죽음, 가장 큰 선물」. 서울 : 홍성사, 1998.
Pannenberg, Wolfhart. *Was ist der Mensch?*. 유진열 역.「인간이란 무엇인가」. 서울 : 쿰란출판사, 2010.
Stackhouse, Max. *Public Theology and Political Economy*. Grand Rapids : Eerdmas, 1987.
WCC. *A Church of All and for All*. 최대열 역. "모든 사람의, 모든 사람을 위한 교회."「장애인 차별과 교회」. 서울 : 한국기독교교회협의회, 2008.
강영안.「타인의 얼굴-레비나스의 철학」. 서울 : 문학과 지성사, 2005.
김균진.「기독교조직신학 Ⅱ」. 서울 : 연세대학교 출판부, 2010.

김도현. 「장애학 함께하기」. 서울 : 그린비, 2009.
김명배. "구한말 기독교 사회·민족운동에 대한 공적 신학적 성찰." 「공적신학과 공적교회」. 서울 : 킹덤북스, 2010.
김옥순. 「디아코니아학 입문」. 서울 : 한들출판사, 2010.
김한호. 「장애인과 함께하는 디아코니아」. 서울 : 한장연, 2010.
김홍덕. 「장애신학」. 대전 : 대장간, 2010.
대한예수교장로회 총회 사회봉사부 편. 「총회 사회선교 정책문서집」. 서울 : 한국장로교출판사, 2005.
_____. 「총회 사회선교 정책문서 자료집」. 서울 : 대한예수교장로회 총회 사회봉사부, 2007.
민경배. 「한국교회의 사회사(1885-1945)」. 서울 : 연세대학교 출판부, 2008.
_____. 「글로벌 시대와 한국, 한국교회 : 민족교회에서 글로벌 교회로」. 서울 : 대한기독교서회, 2011.
박원빈. 「레비나스와 기독교」. 서울 : 북코리아, 2010.
박응규. "역사신학적 접근에서 본 장애인 : 한국교회사적 고찰." 「신학으로 이해하는 장애인」. 서울 : 세계밀알, 2009.
박재순. "장애인에 대한 조직신학적 접근." 「장애인 차별과 교회」. 서울 : 한국기독교교회협의회, 2008.
이연숙. 「유니버설 디자인」. 서울 : 연세대학교 출판부, 2005.
이예자. "장애인의 평등과 참여의 세상을 위하여." 「장애인 차별과 교회」. 서울 : 한국기독교교회협의회, 2008.
이형기. 「하나님 나라와 교회」. 서울 : 한들출판사, 2005.
_____. "교회의 본질과 교회의 공적 책임." 「공적신학과 공적교회」. 서울 : 킹덤북스, 2010.
임희국. "한국교회의 공적책임 실천, 그 역사적 사례." 「공적신학과 공적교회」. 서울 : 킹덤북스, 2010.
임태수. 「제2종교개혁을 지향하는 민중신학」. 서울 : 대한기독교서회, 2002.
장신근. "공적신학이란 무엇인가?" 「공적신학과 공적교회」. 서울 : 킹덤북스, 2010.
정영숙·이현지. 「장애인복지론」. 서울 : 학현사, 2003.
최대열. "장애인신학의 역사와 전망." 「장애 너머 계신 하나님」. 서울 : 대한기독교서회, 2012.

한글 공인 성경들에 나타난 장애인 호칭과 그 의미 참고문헌

W. Arndt & F. Gingrich. *A Greek-English Lexicon of the NT and other Early Christian Literature*. Chicago & London : The University of Chicago Press, 1979.
나채운 번역·해석. 「예수셩교젼셔」. 서울 : 한국장로교출판사, 2002.
박희병. "병신에의 시선." 「고전문학연구」 24(2003), 309-361.
이요한. "1920~30년대 일제의 장애인 정책과 특징." 동국대학교교육대학원 역사교육전공 석사학위논문, 2009.
한국재활재단 편. 「한국장애인복지변천사」. 서울 : 양서원, 1997.
「예수셩교젼셔」.
「개역」/「개역개정」.
「표준새번역」/「새번역」.
「공동번역」/「공동번역개정」.

구약성경에 나타난 장애인의 삶과 장애인신학의 시도 참고문헌

안교성. 「장애인을 잃어버린 교회」. 서울 : 홍성사, 2003.
채은하. "구약성서의 제3세계인, 장애인과 그 신학의 모색." 「지구화시대 제3세계의 현실과 신학」. 서울 : 한들출판사, 2004, 40-58.
_____. "장애, 문화적/종교적 고통과 치유." 「신학과 사회」 19(2005), 121-142.
_____. "장애인의 현실과 장애인신학." 「구약논단」 27(2008), 28-50.
A. Anderson. *2 Samuel*. Dallas : Word Books, 1989.
W. Brueggemann. *First and Second Samuel*. Louisville : John Knox, 1990.
A. Ceresko. "The identity of the Blind and the lame in 2 Sam 5 : 8b." *CBQ*

63(2001), 23-30.
B. Cooper. "The Disabled God." *Theology Today* 49(1992), 173-182.
L. Davis. *Enforcing Normalcy*. London : Verso, 1995.
N. Eiesland. *The Disabled God*. Nashville : Abingdon Press, 1994.
N. Eiesland & D. Saliers(ed.). *Human Disability and the Service of God*. Nashville : Abingdon Press, 1998.
S. Horne. "Those Who Are Blind See : Some New Testament Uses Of Impairment, Inability And Paradox." in *Human Disability and the Service of God : Reassessing religious Practice*(N. Eiesland and D. Saliers〈ed.〉). Nashville : Abingdon Press, 1998.
L. Köhler. *Hebrew Man*. London : SCM, 1956.
F. Martinez. *The Dead Sea Scrolls Translated : The Qumran Texts in English*. Leiden. New York : E. J. Brill, 1992.
P. McCarter. *1 & 2 Samuel*. New York : Doubleday, 1965.
S. Melcher. "Visualizing the perfect cult : the Priestly rationale for Exclusion." in *Human Disability and the Service of God : Reassessing religious Practice*(N. Eiesland and D. Saliers〈ed.〉). Nashville : Abingdon Press. 1998, 55-71.
S. M. Olyan. *Disability in the Hebrew Bible*. Cambridge : Cambridge Uni. Press, 2008.
R. Raphael. "Things too wonderful : A Disabled Reading of Job." *Perspectives in Religious Studies* 31(2004), 399-424.
J. Schipper. "Reconsidering the Imagery of Disability in 2 Sam 5 : 8b." *CBQ* 67(2005), 422-434.
_____. *Disability Studies and the Hebrew Bible : Figuring Mephibosheth in the David Story*. New York & London : T & T Clark, 2006.
K. De Troyer, etc(ed). *Wholly Woman Holy Blood*. Harrisburg. London. New York : Trinity Press International, 2003.
G. Vermes. *The Dead Sea Scrools in English*. Penguin Books, 1990.

서양 중세교회의 장애인 인식 참고문헌

1. 고중세 문헌

Grégoire le Grand. *Morales sur Job*. Paris : Cerf, 1952(SC 32).
Luther, M. *Tischreden*. 「탁상담화」. 이길상 옮김. 크리스챤 다이제스트, 2005.
Thomas de Aquino. *Summa theologiae*. Cura et studio Instituti Studiorum Medievalium Ottaviensis. 5t. Ottawa, 1941-1945.
_____. *Super Evangelium S. Ioannis lectura*. R. Cai(éd). Turin-Rome, 1952.
_____. 「신학대전 : 자연과 은총에 관한 주요 문제들」(「신학대전」의 발췌 번역본). 손은실·박형국 옮김. 두란노 아카데미, 2011.

2. 현대 문헌

김홍덕. 「장애신학」. 대장간, 2010.
세계보건기구. 「WHO세계장애보고서」. 전지혜·박지영·양원태 옮김. 한국장애인재단, 2012.
안교성. 「장애인을 잃어버린 교회」. 서울 : 홍성사, 2003.
채은하. "성서와 장애인." 「교회와 세계」 235호(2005년 여름), 222-233.
한국기독교교회협의회 정의평화위원회 장애인소위원회 엮음. 「장애 너머 계신 하나님」. 서울 : 대한기독교서회, 2012.
Amundsen D. W. *Medicine, Society, and Faith in the Ancient and Medieval Worlds*. Baltimore. MD and London : Johns Hopkins University Press, 1996.
Barnes C. & Mercer, G. *Exploring Disability. A Sociological Introduction*. Cambridge : Polity Press, 2010.
Bredberg E. "Writing Disability History : problems, perspectives and sources." *Disability and Society* 14(2).
Collard F. & Samama, E.(sous la direction de) *Handicaps et sociétés dans l'histoire. L'estropié, l'aveuble et le paralytique de l'Antiquité aux temps modernes*. Paris : L'Harmattan, 2010.

Eyler J. R. *Disability in the Middle Ages. Reconsiderations and Reverberations.* Ashgate, 2010.

Geremek B. *Les marginaux parisiens aux XIVe et XVe siècles.* tr. du polonais par D. Beauvois, Flammarion, 1976. [영역 : *The Margins of Society in Medieval Paris.* Cambridge, 1987.]

Guillaume de Saint-Pathus. *Vie de Saint Louis.* Paris : A. Picard et fils, 1899.

Le Goff, J. *Saint Louis.* Paris : Editions Gallimard, 1996.

Jeffrey, R. *Sex, dissidence, and damnation : minority groups in the middle ages*(국역 :「중세의 소회집단」. 유희수·조명동 옮김, 느티나무, 2003).

Linton S. *Claiming Disability : Knowledge and Identity.* New York : NYU Press, 1998.

Mark D. *Diability : Controversial Debates and Psychological Perspectives.* London and New York : Routledge, 1999.

Metzler I. *Disability in Medieval Europe. Thinking about physical impairment during the high Middle Ages. c. 1100-1400.* London. New York : Routledge, 2006.

Mollat M. *Les pauvres au Moyen Age, étude sociale.* Hachette, 1978.

Stiker H.-J. *Corps infirmes et sociétés.* Paris : Dunod, 2005(3 edition).

Touati F.-O. *Maladie et société au Moyen âge : la lèpre, les lépreux et les léproseries dans la province ecclésiastique de Sens jusqu'au milieu du XIVe siè cle.* Paris ; Bruxelles : De Boeck université, 1998.

Weinstein D. and Bell, R. M. *Saints and Society.* Chicago : University of Chicago Press, 1982.

Collard F. Samama E.(sous la direction de) *Handicaps et sociétés dans l'histoire. L'estropié, l'aveuble et le paralytique de l'Antiquité aux temps modernes.* Paris : L'Harmattan, 2010.

Wheatley E. *Stumbling Blocks Before the Blind. Medieval Construction* of a Disability. The University of Michigan Press, 2010.

_____. "Blindness, Discipline, and Reward : Louis IX and the Foundation of the Hospice des Quinze-Vingts." *Disability Studies Quarterly*. 22(2002), p. 194-212.

Wood P. H. N. *International Classification of Impairments, Disabilities, and Handicaps : A Manual of Classifications Relating to the Consequences of Disease*. Geneva : World Health Organiation, 1980.

종교개혁사에 나타난 장애인의 삶과 신학 참고문헌

1. 일차 자료

WA 1, 233-238. Desputatio pro declaratione virtutis indulgentiarum.

WA 1, 267-277. Zwei deutsche Fastenpredigten von 1518.

WA 6, 63-75. Sermon vom Ban 1520.

WA 7, 500-511. Postille 1521 Mt. 11, 2ff.

WA 18, 479-530. Die sieben Bußsalmen 1525.

WA 18, 600-787. De servo arbitrio 1525.

WA 32, 4-7. Predigt am 3. Sonntag nach Epiphanias(1530. 1. 23).

WA 39 I, 82-126. Die 3. Thesenreihe über Römer 3, 28(1536).

WA Tr 5, Nr. 6023.

"독일 크리스찬 귀족에게 고함"(An der christlichen Ader deutscher Nation von des christlichen Standes Besserung, 1520). 「루터선집 9」. 컨콜디아, 133-228.

2. 이차 자료

Althaus Paul. 구영철 역. 「마르틴 루터의 신학」. 성광문화사.

Flood David. "Armut VI." *TRE 4*, 88-98.

Krause Gerhard. "Armut VII. 16-20. Jahrhundert." *TRE 4*, 104-105.

Mayer Alexander. *Eine Geschichte der Behinderten. Jubiläums-Dokumentation 40 Jahre Lebenshilfe Fürth.* Eigenverlag 2001.

Melhausen Joachimm. "Krankheit VI. Reformationszeit." *TRE 19*, 694-697.

Philippi Paul. "Diakonie I." *TRE 8*, 621-644.

Roeck Bernd. *Außenseiter, Randgruppen, Minderheiten.* Vandenhoeck & Rupprecht, 1993.

W. Soldan, H. Heppe, M. Bauer, Geschichte der Hexenprozesss, 2Bde. Hanau 3 Aufl. 1912, ND 1976.

김옥순. 「디아코니아 신학. 섬김과 봉사-교회의 디아코니아 활동을 위한 신학적 성찰」. 한들, 2011.

김홍덕. 「장애신학」. 대장간, 2010.

김홍덕. 「교회여 지적장애인에게 세례를 베풀라」. 대장간, 2013.

박경수. "16세기 종교개혁자들의 사회복지 사상 : 루터와 칼뱅을 중심으로." 「교회의 신학자 칼뱅」. 대한기독교서회, 2009.

황정욱. "J. L. Vives의 〈빈민 구제론〉의 역사적 의미." 「한국교회사학회지 26집」. 2010, 233-284.

장애인신학과 선교 참고문헌

김도현. 「차별에 저항하라 : 한국의 장애인운동 20년 1987-2006」. 박종철출판사, 2007.

김일권. 「사랑받아야 할 아름다운 이름 장애인 : 장애인부 운영지침서」. 글로리아, 2003.

김종인. 「희망은 장벽을 넘습니다 : 재활탐구-장애인천국 미국 이야기」. 토기장이, 2000.

김창엽. 「나는 '나쁜' 장애인이고 싶다」. 삼인, 2002.

헨리 누엔. 김명희 옮김. 「아담 : 하나님이 사랑하시는 자」. 한국기독학생회출판부, 2000.

아라이 다까시. 박천만 역. 「장애인 문제와 교회의 책임」. 알돌기획, 1993.

담장 허무는 엄마들 글. 「담장 허무는 엄마들」. 꿈꾸는사람들의블로그북봄날, 2007.
J. 몰트만. 김균진 역. 「삼위일체와 하나님의 나라」. 대한기독교출판사, 1982.
_____. 김균진 역. 「창조 안에 계신 하느님」. 한국신학연구소, 1987.
_____. 정종훈 옮김. 「하나님 나라의 지평 안에 있는 사회선교 : 사회선교를 향한 기독교 신앙인들의 발걸음」. 대한기독교서회, 2000.
J. 바니에. 성찬성 옮김. 「공동체와 성장」. 성바오로출판사, 1986.
_____. 오영민 신부 옮김. 「두 세계 사이의 하느님 나라 : 소외된 이들과 함께 하는 공동체」. 성바오로출판사, 1992.
박정세. "장애인선교 서설-장애인에 대한 성서 및 신학적 이해를 중심으로." 연세대 연합신학원. 「현대와 신학」 22집(1997), 148-172.
안교성. 「장애인을 잃어버린 교회」. 홍성사, 1993.
양동춘. 「예수사랑 장애인사랑 : 장애인선교 21년, 장애인선교 실무 보고서」. 예영커뮤니케이션, 1997.
예장총회사회부. 「함께 불러야 할 노래」. 한국장로교출판사, 1999.
이계윤. 「장애인선교의 이론과 실제」. 한국특수교육연구소 출판부, 1996.
이준우. 「소리 없는 세계를 향하여 : 농아인 선교 교육지침서」. 여수룬, 1995.
_____. 「장애인과 지역사회」. 한국밀알선교출판부, 2001.
일본 NCC 장애인과 교회문제위원회 편. 한국기독교교회협의회 장애인운동위원회 역. 「장애인신학의 확립을 지향하여」. 한국기독교교회협의회, 1994.
장동순. 「장애인 지역실태조사 결과보고서」. 성동장애인종합복지관, 2004.
채은하. "「여성장애인 의식조사」 결과에 따른 대안마련을 위한 제언." 「민주노동과 대안」 4호(1998. 1), 69-78.
_____. "구약성서의 제3세계인, 장애인과 그 신학의 모색." 한일장신대 기독교종합연구원 외 엮음. 「지구화 시대 제3세계의 현실과 신학」. 한들출판사/한일장신대학교출판부, 2004.
_____. "성서와 장애인." 「교회와 세계」 235호(2005년 여름), 222-233.
_____. "장애와 종교 : 문화적 고통과 치유." 한일장신대 「신학과 사회」 19권 (2005), 121-141.
_____. "장애와 한국교회." 「현대종교」 393호(2007년 7/8월), 58-66.

리스 에다 톱. 이준우 역. 「장애인을 책임지는 사회 : 현대 영국의 장애인복지정책」. 여수룬, 1997.

한국갤럽조사연구소. 「한국 장애인과 일반인의 의식」. 한국갤럽조사연구소, 2001.

한국장애인연구소. "정신지체인 주일학교 교육정책세미나," 1999.

_____. "정신지체 장애인의 교육과 선교," 2000.

_____. "장애인을 일깨운다 : 아름다운 예배 만들기," 2000.

_____. "정신지체장애인의 교육과 선교," 2000.

_____. "21세기 장애인복지선교전략 : 제4회 장애인선교 지도자 세미나," 2001.

Boff Leonardo. trans. by Paul Burns. *Trinity and Society*. Orbis Book, 1988.

Browne Elizabeth. *The Disabled Disciple : Ministering in a Church Without Barriers*. Liguori Publications, 1997.

Carder Stan. *A Committed Mercy : You and Your Church Can Serve the Disabled*. Baker Books, 1995.

Colston Lowell G. *Pastoral Care with Handicapped Persons*. Fortress Press, 1978.

Eiesland Nancy L. *The Disabled God : Toward a Liberative Theology of Disability*. Abingdon Press, 1994.

Eiesland Nancy L. & Saliers Dan E.(eds). *Human Disability and the Service of God*. Abingdon Press, 1998.

Hauerwas, Stanley. *Suffering Presence : Theological Reflections on Medicine, the Mentally Handicapped, and the Church*. University of Notre Dame Press, 1986.

Hull, John M. *Touching the Rock*. Pantheon Books, 1991.

_____. *On Sight and Insight : a Journey into the World of Blindness*. Oneworld Publications, 1997.

_____. *In the Beginning There Was Darkness*. Trinity Press International, 2002.

Lee Jung Young. *Marginality : The Key to Multicultural Theology*. Fortress Press, 1995.

―――――. *The Trinity in Asian Perspective*. Abingdon Press, 1996.

Müller-Fahrenholz, Geiko(ed). *Partners In Life : The Handicapped and the Church*. WCC, 1979.

Newman Gene & Tada Joni Eareckson. *All God's Children : Ministry to the Disabled*. Zondervan Publishing House, 1987.

장애인선교신학 정립을 위한 한 시도 참고문헌

김도현. 「차별에 저항하라 : 한국의 장애인운동 20년 1987-2006」. 박종철출판사, 2007.
김일권. 「사랑받아야 할 아름다운 이름 장애인 : 장애인부 운영지침서」. 글로리아, 2003.
김종인. 「희망은 장벽을 넘습니다 : 재활탐구-장애인천국 미국 이야기」. 토기장이, 2000.
김창엽. 「나는 '나쁜' 장애인이고 싶다」. 삼인, 2002.
헨리 누엔. 김명희 옮김. 「아담 : 하나님이 사랑하시는 자」. 한국기독학생회출판부, 2000.
아라이 다까시. 박천만 역. 「장애인 문제와 교회의 책임」. 알돌기획, 1993.
담장 허무는 엄마들 글. 「담장 허무는 엄마들」. 꿈꾸는사람들의블로그북봄날, 2007.
J. 몰트만. 김균진 역, 「삼위일체와 하나님의 나라」. 대한기독교출판사, 1982.
―――――. 김균진 역. 「창조 안에 계신 하느님」. 한국신학연구소, 1987.
―――――. 정종훈 옮김. 「하나님 나라의 지평 안에 있는 사회선교 : 사회선교를 향한 기독교 신앙인들의 발걸음」. 대한기독교서회, 2000.
J. 바니에. 성찬성 옮김. 「공동체와 성장」. 성바오로출판사, 1986.
―――――. 오영민 신부 옮김. 「두 세계 사이의 하느님 나라 : 소외된 이들과 함께 하는 공동체」. 성바오로출판사, 1992.

박정세. "장애인선교 서설-장애인에 대한 성서 및 신학적 이해를 중심으로." 연세대 연합신학원. 「현대와 신학」 22집(1997), 148-172.
안교성. 「장애인을 잃어버린 교회」. 홍성사, 1993.
양동춘. 「예수사랑 장애인사랑 : 장애인선교 21년, 장애인선교 실무 보고서」. 예영커뮤니케이션, 1997.
예장총회사회부. 「함께 불러야 할 노래」. 한국장로교출판사, 1999.
이계윤. 「장애인선교의 이론과 실제」. 한국특수교육연구소 출판부, 1996.
이준우. 「소리 없는 세계를 향하여 : 농아인 선교 교육지침서」. 여수룬, 1995.
_____. 「장애인과 지역사회」. 한국밀알선교출판부, 2001.
일본 NCC 장애인과 교회문제위원회 편. 한국기독교교회협의회 장애인운동위원회 역. 「장애인신학의 확립을 지향하여」. 한국기독교교회협의회, 1994.
장동순. 「장애인 지역실태조사 결과보고서」. 성동장애인종합복지관, 2004.
채은하. "「여성장애인 의식조사」 결과에 따른 대안마련을 위한 제언." 「민주노동과 대안」 4호(1998. 1), 69-78.
_____. "구약성서의 제3세계인, 장애인과 그 신학의 모색" 한일장신대 기독교종합연구원 외 엮음. 「지구화 시대 제3세계의 현실과 신학」. 한들출판사/한일장신대학교출판부, 2004.
_____. "성서와 장애인." 「교회와 세계」 235호(2005년 여름), 222-233.
_____. "장애와 종교 : 문화적 고통과 치유." 한일장신대 「신학과 사회」 19권 (2005), 121-141.
_____. "장애와 한국교회." 「현대종교」 393호(2007년 7/8월), 58-66.
리스 에다 톱. 이준우 역. 「장애인을 책임지는 사회 : 현대 영국의 장애인복지정책」 여수룬, 1997.
한국갤럽조사연구소. 「한국 장애인과 일반인의 의식」. 한국갤럽조사연구소, 2001.
한국장애인연구소. "정신지체인 주일학교 교육정책세미나," 1999.
_____. "정신지체 장애인의 교육과 선교," 2000.
_____. "장애인을 일깨운다 : 아름다운 예배 만들기," 2000.
_____. "정신지체장애인의 교육과 선교," 2000.
_____. "21세기 장애인복지선교전략 : 제4회 장애인선교 지도자 세미나," 2001.

Boff Leonardo. trans. by Paul Burns. *Trinity and Society*. Orbis Book, 1988.

Browne Elizabeth. *The Disabled Disciple : Ministering in a Church Without Barriers*. Liguori Publications, 1997.

Carder Stan. *A Committed Mercy : You and Your Church Can Serve the Disabled*. Baker Books, 1995.

Colston Lowell G. *Pastoral Care with Handicapped Persons*. Fortress Press, 1978.

Eiesland Nancy L. *The Disabled God : Toward a Liberative Theology of Disability*. Abingdon Press, 1994.

Eiesland Nancy L. & Saliers Dan E.(eds). *Human Disability and the Service of God*. Abingdon Press, 1998.

Hauerwas Stanley. *Suffering Presence : Theological Reflections on Medicine, the Mentally Handicapped, and the Church*. University of Notre Dame Press, 1986.

Hull John M. *Touching the Rock*. Pantheon Books, 1991.

_____. *On Sight and Insight : a Journey into the World of Blindness*. Oneworld Publications, 1997.

_____. *In the Beginning There Was Darkness*. Trinity Press International, 2002.

Lee, Jung Young. *Marginality : The Key to Multicultural Theology*. Fortress Press, 1995.

_____. *The Trinity in Asian Perspective*. Abingdon Press, 1996.

Müller-Fahrenholz, Geiko(ed.). *Partners In Life : The Handicapped and the Church*. WCC, 1979.

Newman Gene & Tada Joni Eareckson. *All God's Children : Ministry to the Disabled*. Zondervan Publishing House, 1987.

디아코니아 신학과 장애인신학 참고문헌

김기홍. 「장애인에 대한 사회적 태도」. 서울 : 홍익재, 2003.
김남순. 「통합교육의 이론과 실제」. 파주 : 교육과학사, 2008.
김은수. 「기독교사회복지」. 서울 : 형지사, 2008.
대한특수교육 편. 「특수교육의 개혁과제」. 서울 : 도서출판 특수교육, 1992.
독일개신교연합. 홍주민 역. 「디아코니아신학과 실천」. 청주 : 디아코니아 연구소, 2006.
박동현. "성경에서 말하는 섬김." 대한예수교장로회 총회 제93회 총회 주제해설 「섬겨야 합니다」. 서울 : 한국장로교출판사, 2008.
신민선·박용순 공저. 「기독교와 아동복지」. 서울 : 예영커뮤니케이션, 2003.
이만열. 「한국기독교 특강」. 서울 : 성경읽기사, 1996.
이소현·박은혜 공저. 「장애유아 통합유치원 교육과정」. 서울 : 학지사, 2001.
이승렬. "한국교회 디아코니아의 갱신을 위한 진단과 전망." 한아봉사 1999 겨울호/통권 제12호.
정장복. 「예배학 개론」. 서울 : 종로서적, 1985.
최길성. 「한국무속연구(한국 샤마니스무스 연구)」. 서울 : 아시아 문화사, 1978.
최민숙. 「장애 아동을 위한 가족참여와 지원」. 서울 : 학지사, 2007.
한국재활재단 편. 「한국장애인복지 변천사」. 서울 : 양서원, 1997.
Adam Gottfried/Kollmann, Roland/Pithan Annebelle(Hg.). *Wege religiöser Kommunikation ; Kreative Ansätzeder Arbeitmitbehinderten Menschen*. Comenius-Institut, Münster 1990.
Bach Ulrich. *Getrenntes wird versöhnt*. Neukirchener 1991.
Beuers Cristoph. *Die frühe religiöse Sozialisation von Kindern mit geistiger Behinderung, Religionspä dagogische Perspektiven* ; Bd 25. Die Blaue Eule Verlag, Essen 1996.
Bindung K. und Hoche A. *Die Freigabeder Vernichtunglebensunwerten Lebens*, Leipzig 1920.
Bonhoeffer Dietrich. *Ethik*. Eberhard Bethge(Hg.). Chr. Kaiser Verlag, München 1981.

Götzelmann Arnd. "Dere vangelische Kindergarten als Nachbarschaftszentrumn in der Gemeinde." *Diakonischewissenschaftliche Studien* 9, Heidelberg 2006.

Herbst R. Hans. *Behinderte Menschen in Kirche und Gesellschaft*. W. Kohlhammer Verlag, Bonn 1998.

Hesse H. "FrühföderungbehinderterKinderalspädagogischeAufgabe." in : HeeseG.(Hg.) : *Frühföderung behinderter und von Behinderung bedrohter Kinder*, Berlin 1978.

Kastantowicz. *Wege aus der Isolation*. Heidelberg 1982.

Lee Seung-Youl. *Die Geschichte der Diakonie in den protestantischen Kirchen Koreas und Perspektiven fuer die Erneuerung ihrer diakonischen Arbeit*. Peter Lang Europaeischer Verlag der Wissenschaften. Frankfurt am Main. Berlin. Bern. Bruxelles. NewYork. Wien, 1999.

Luther Martin. *Von der Freiheit eines Christenmenschen(1520)*. LWBd. 2.

Offermann Dieter. "Zur Theorie und Praxis einer Integrativen Behindertenpädagogik." In : Ulrich Kasztantowicz(Hrsg.) : *Wege aus der Isolation*. Heidelberg 1982.

Singer Peter. *Praktische Ethik*. Stuttgart 1984.

Speck Otto. "Frühe Hilfen für Behinderte aus pädagogischer Sicht." in : *Bundesvereinigung Lebenshilfe*(Hg.), 1977.

Störig Hans-Joachim. *Kleine Weltgeschichte der Philosophie*. Stuttgart 1952.

Strohm Theodor. "Sanctity or quality of life? Zum Stand der Wissenschaftsethischen Debatte." in : *Zeitschrift für Theologiesche Urteilungsbildung*. 1991.

Thierfelder. *Kurzbericht zur Situation der Diakonie in der Bundesrepublik Deutschland. Bestandsaufnahme und theologische Anfragen*(Veröffentlichungdes Diakonischen Werks der EKD). Stuttgart, 1986.

Von Rad G. "vom Menschenbild des Alten Testaments." in : *DER alte und der neue Mensch*(Beiträge Evanang. Theologische Abhandlungen 8)

hg. v. E. Wolf, München 1942.
Weber Max. *Wirtschaft und Gesellschaft*. hg. Von Johannes Winckelmann, Tübingen 1980.
Weber Max. "Konfuzianismus und Taoismus." in : *Gesammelte Aufsätze zur Religionssoziologie*. Tübingen 1978.
Wichern J. H. "Die Innere Mission der deutschen evangelischen Kirche. Eine Denkschrift an die deutsche Nation."(1839) In : Meinhold(Hg). *Wichern, SW*. Berlin und Hamburg, 19.

디아코니아 관점에서 본 장애인과 함께하는 교회공동체 참고문헌

김옥순. 「디아코니아학 입문」. 서울 : 한들출판사, 2010.
_____. 「디아코니아 신학」. 서울 : 한들출판사, 2011.
Bach U. *Boden unter dem Füßen hat keiner, Plädoyer für solidarische Diakonie, 2. durchgesehene Auflage*. Göttingen, 1986.
_____. *Dem Traum entsagen, mehr als ein Mensch zu sein. Auf dem Wege zu einer diakonischen Kirche*. Neukirchen-Vluyn, 1986.
_____. "Die diakonische Kirche als Freiraum für uns alle." ed. Ders. Boden unter den Füßen hat keiner, Plädoyer für eine solidarische Diakonie. Göttingen, 1980, 193-218.
_____. "Problemanzeigen." ed. Ders. *Boden unter den Füßen hat keiner, Plädoyer für eine solidarische Diakonie*, Göttingen, 1986, 133-192.
_____. *Ohne die Schwächsten ist die Kirche nicht ganz, Bausteine einer Theologie nach Hadamar*. Neukirchener, 2006.
Bonhoeffer, D. *Widerstand und Ergebung. Briefe und Aufzeichnungen aus der Haft*. ed. E. Bethge. München, 1954.
Crüsemann, F. "Das Alte Testament als Grundlage der Diakonie." ed. G. K. Schäfer/Th. Strohm, *Diakonie-biblische Grundlagen und Orientierungen, Ein Arbeitsbuch zur theologischen Verständing*

über den diakonischen Auftrag. Heidelberg. 1990, 67-93.

_____. "Gottes Fürsorge und menschliche Arbeit. Ökonomie und soziale Gerechtigkeit in biblischer Sicht." ed. Rainer Kessler/Eva Loos. *Eigentum : Freiheit und Fluch. Ökonomische und biblische Einwürfe (KT 175)*. Gütersloh. 2000, 43-63.

_____. "Soziales Recht und freiwilliges soziales Engagement im Alten Testament." ed. H. Schmidt/R. Zitt, *Diakonie in der Stadt*. Stuttgart. 2003, 25-43.

Gmelch M. *Gott in Frankreich. Zur Glaubenspraxis basiskirchlicher Lebensgemeinschaften*. Würzburg, 1988.

Kessler R. "Die Rolle des Armen für Gerechtigkeit und Sünde des Reichen. Hintergrund und Bedeutung von Dtn 15,9 ; 24,13.15." ed. F. Crüsemann/Ch. Hardmeier/R. Kessler, *Was ist der Mensch...? Beiträge zur Anthroplogie des Alten Testaments*, FS H. W. Woff. Münche. 1992, 153-163.

Krüger H./Müller-Römheld W. (Ed). *Bericht aus Nairobi. Ergebnisse, Erlebnisse, Ereignisse. Offizieller Bericht der fünften Vollversammlung des Ökumenischen Rates der Kirchen. 23. November bis 10. Dezember 1975 in Nairobi/Kenia. 2. Auflage*. Frankfurt, 1976.

Luther M. Luther. *Deutsch. Die Werke Martin Luthers in neuer Auswahl für die Gegenwart*, Bd. V, 2Auflage. ed. Kurt Aland, Stuttgart/Göttingen, 1969.

Luz U. "Biblische Grundlagen der Diakonie." ed. G. Ruddat/G. K. Schäfer. *Diakonisches Kompendium*. Göttingenm 2005, 17-35.

_____. *Das Evangelium nach Matthäus(Mt 18-25)*, EKK I/3. Neukirchen-Vluyn, 1997.

Moltmann, J. *Diakonie im Horizont des Reiches Gottes, Schritte zum Diakonentum aller Gläubigen*. Neukirchen-Vluyn, 1984.

Ott H. "Menschsein und Menschenwürde des geistig Behinderten." *ThP4* (1980), 307ff.

Wolf E. "Barmen." *RGG*, Bd. I(1963), 873-879.

기독교윤리적 관점에서 본 장애인의 삶과 신학 참고문헌

김성원. "장애인의 존재론적 정체성에 관한 기독교 철학의 인간론적 해석."「철학논총」 64, 2011년 4월.
김정열. "편견의 법제와 장애인 수용 시설의 현실."「당대비평」 14, 2001년 3월.
김혜란. "장애인에 대한 편견."「한국여성신학」, 2005년 10월.
김홍덕.「장애신학」. 대전 : 대장간, 2010.
박승탁. "장애인 전환계획과 사정전략."「신학과 목회」 17, 2002년 5월.
박형진. "엠마우스를 통해 본 천주교의 장애인복지운동."「종교와사회」 1권 1호, 2010년 1월.
신현기. "장애와 차별 극복을 위한 기독교 교육."「기독교교육정보」 9, 2004년 10월.
신효진·손신. "장애인, 진정한 자립을 위한 패러다임의 전환 : 강점 바라보기와 역량강화."「장신논단」, 2011년 7월.
유경동. "장애인신학과 삼위일체."「신학과세계」 72, 2011년 12월.
이재서.「신학으로 이해하는 장애인」. 서울 : 세계밀알, 2006.
한국기독교교회협의회 장애인소위원회 편.「장애 너머 계신 하나님」. 대한기독교서회, 2012.
한승진. "한국교회의 장애와 장애인관에 대한 비판적 고찰 : 성서윤리적 관점."「신학연구」 58, 2011년 6월.
Giddens Anthony. 김미숙 외.「현대사회학」. 서울 : 을유문화사, 2011.
Hauerwas Stanley. 문시영 역.「교회됨」, 서울 : 북코리아.

총회의 장애인복지선교 현황과 장애인신학의 전망 참고문헌

총회 사회봉사부(2008).「총회사회선교정책 문서 자료집」.
총회 사회봉사부(2001).「교회에서 활용할 수 있는 장애인복지 프로그램」.
총회 사회봉사부 편(2005).「총회 사회선교 정책 문서집」. 한국장로교출판사.

총회 사회부 편(1999). 「함께 불러야 할 노래」. 한국장로교출판사.
이재서 외 공저(2009). 「신학으로 이해하는 장애인」. 도서출판 세계밀알.
대한예수교장로회 총회(2012). 「작은 이들을 위한 교회」. 한국장로교출판사.
대한예수교장로회 총회(2008). 「대한예수교장로회 예배·예식서」.
대한예수교장로회 용천노회(2007). 「총회 장애인복지선교 정책 마련을 위한 기초 조사 보고서」.

장애인
신학

초판인쇄	2015년 4월 1일
초판발행	2015년 4월 10일
지은이	김옥순 · 김한호 · 손은실 · 안교성 · 이계윤 · 이범성 이종원 · 이예자 · 채은하 · 최대열 · 홍지훈 · 황홍렬 공저
기획편집	대한예수교장로회총회 사회봉사부
편집인	총무 이승열
주 소	110-470 / 서울특별시 대학로3길 29 한국교회100주년기념관 404호
전 화	(02) 741-4358 / 팩스 (02) 747-0043
발행인	채 형 욱
발행소	한국장로교출판사
주 소	110-470 / 서울특별시 대학로3길 29 한국교회100주년기념관 별관
전 화	(02) 741-4381 / 팩스 (02) 741-7886
영업국	(031) 944-4340 / 팩스 (031) 944-2623
등 록	No.1-84(1951. 8. 3.)

ISBN 978-89-398-4104-8 / Printed in Korea

값 15,000원

※ 이 출판물은 저작권법에 의해 보호를 받는 저작물이므로 무단전재와 무단복제를 할 수 없습니다.